JN172255

Kenkyu Sosho No.634

研究双書

ポスト・マハティール時代の マレーシア

政治と経済はどう変わったか

中村正志・熊谷聡：編

IDE-JETRO アジア経済研究所

研究双書　No. 634

中村正志・熊谷聡　編

『ポスト・マハティール時代のマレーシア——政治と経済はどう変わったか——』

Posuto Mahateiru Jidai no Mareshia: Seiji to Keizai ha Do Kawatta ka

(Malaysia in the Post-Mahathir Era: Changes in the Politics and the Economy)

Edited by

Masashi NAKAMURA, and Satoru KUMAGAI

Contents

〔Kenkyu Sosho（IDE Research Series）No. 634〕

Published by the Institute of Developing Economies, JETRO, 2018

3-2-2, Wakaba, Mihama-ku, Chiba-shi, Chiba 261-8545, Japan

　2016年の7月から11月にかけて，クアラルンプールのペトロナス・ツインタワーに程近いギャラリーで「マハティール時代」と題した現代美術の展覧会がおこなわれた（http://www.ilhamgallery.com/exhibitions/era-mahathir/）。

　マハティール・モハマドが首相を務めた1981年から2003年までのあいだ，マレーシアの人々は急速な工業化と経済発展を経験したが，この時代はそうした社会経済的変化に対する批評としての美術が栄えた時期でもあったという。たしかに，都市化とともに移りゆく景観を批判的なまなざしでとらえた作品が多かったように思う。この時代の抑圧的な政治と，それへの抗議を暗示する作品もあった。ただしいずれも理知的な印象を与えるもので，感情よりも知性に訴える作品であるように思われた。結局のところ，マハティール時代はすでに過去として冷静に回顧される対象なのである。なによりもマハティール自身の行動が，時代の変化の激しさをよく表している。展覧会期間中の最後の週末，マハティールは新たに結成されたばかりの野党の指導者として，ナジブ・ラザク首相の退陣を求める街頭デモに参加していたのだから。

　では，現在われわれが目にしているポスト・マハティール時代とはどのような時代なのだろうか。かつてマハティールが先進国入りの期限目標に設定した2020年が近づくいま，マレーシアはどんな地点にいるのか。

　政治面では，変化の激しさこそポスト・マハティール時代の特徴である。2014年の夏に本書の企画案を書いた時点では，マハティールが91歳で新党を立ち上げ，かつて自身が投獄した政敵と手を組んで野党連合の代表になるなどとは想像すらできなかった。本書では，政党間の関係性の変化のほか，政治にかかわる制度，有権者の意識，市民社会の動向など，多方面で生じた政治的変化を把握し，その要因を推察する。

　経済的には，1990年代末のアジア通貨危機を経てマレーシアは安定成長期に入った。しばしば「中所得国の罠」に捕らわれていると指摘されるものの，ポスト・マハティール時代も5％前後の成長が続いており，高所得国の仲間入りを果たすのは時間の問題である。成長と分配のバランスを政府はどう図ってきたのか，その現状と課題を把握することが経済面での本書の焦点である。

　本書は，2015年度から2016年度にかけてアジア経済研究所が実施した『ポスト・マハティール期のマレーシアにおける政治経済変容』研究会の最終成果である。アジア経済研究所では，マレーシアの政治経済を総合的に検討する研究会を数度にわたって実施しており，今回はマハティール政権期を扱った前回研究会以来，11年ぶりの研究会となった。なお前回研究会の成果は，鳥居高編『マハティール政権下のマレーシア──「イスラーム先進国」をめざした22年』（アジア経済研究所，2006年）として刊行されている。本書とあわせてご覧いただけたら幸いである。

　前回研究会の委員だった中村と熊谷が，今回はそれぞれ政治篇と経済篇のとりまとめ役を務めた。諸先輩が築いた伝統をきちんと引き継げたかと問われれば心許ない。それでも，学術研究としての基準を満たしたうえで社会の情報需要にも応えられる本にするべく力を尽くしたつもりである。

　本書の執筆にあたり，多くの方々から助言をいただいた。研究会主査の中村と鷲田任邦委員，鈴木絢女委員の3名は，本書所収の論文に関してアジア政経学会2017年度春季大会で報告する機会を得，討論者の金子芳樹先生（獨協大学教授）から貴重なコメントを頂戴した。また出版にあたり，2人の匿名査読者から多くの有益な指摘をいただいた。編集・出版アドバイザーの勝康裕さんからも多くのアドバイスをいただいた。記して謝意を表したい。

2017年9月

編　者

目　　　　次

第Ⅰ部
政治篇

〔略語表〕

1MDB	1Malaysia Development Berhad（ワン・マレーシア開発公社）
ABIM	Angkatan Belia Islam Malaysia（マレーシア・イスラーム青年隊）
ABS	Asian Barometer Survey（アジアン・バロメーター・サーベイ）
AEC	ASEAN Economic Community（ASEAN 経済共同体）
AIM	Amanah Ikhtiar Malaysia（マレーシア・マイクロクレジット）
APU	Angkatan Perpaduan Ummah（ムスリム共同体統一戦線）
AWAM	All Women's Action Society Malaysia（全女性行動結社）
ASB	Amanah Saham Bumiputera（ブミプトラ投資信託）
ASEAN	Association of Southeast Asian Nations（東南アジア諸国連合）
ASLI	Asian Strategy & Leadership Institute（アジア戦略リーダーシップ研究所）
ASN	Amanah Saham Nasional（国民投資信託）
BEE	Bumiputera Economic Empowerment（ブミプトラ経済活性化）
BIMP-EAGA	Brunei Darussalam, Indonesia, Malaysia, the Philippines - East ASEAN Growth Area（ブルネイ＝インドネシア＝マレーシア＝フィリピン東 ASEAN 成長地域）
BN	Barisan Nasional（国民戦線）
BR1M	Bantuan Rakyat 1Malaysia（ワン・マレーシア国民支援）
CDRC	Corporate Debt Restructuring Committee（企業債務再編委員会）
CEEMA	Central & Eastern Europe, Middle East and Africa（中東欧・中東・アフリカ）
CIJ	Center for Independent Journalism（独立ジャーナリズム・センター）
DAP	Democratic Action Party（民主行動党）
EPF	Employees Provident Fund（従業員積立基金）
EPU	Economic Planning Unit（経済計画局）
ETP	Economic Transformation Programme（経済変革プログラム）
FDI	Foreign Direct Investment（海外直接投資）
FELDA	Federal Land Development Authority（連邦土地開発公社）
FGV	Felda Global Ventures Bhd（フェルダ・グローバル・ベンチャーズ社）
FMM	Federation of Malaysian Manufacturers（マレーシア製造業者連盟）
FRU	Federal Reserve Unit（連邦予備隊）

GAGASAN	Gagasan Demokrasi Rakyat（人民民主主義構想）
GERAK	Gerakan Keadilan Rakyat Malaysia（マレーシア市民公正運動）
GLC	Government-Linked Company（政府関連企業）
GLIC	Government-Linked Investment Company（政府投資機関）
GMS	Greater Mekong Subregion（大メコン圏）
GSP	Gross State Product（州総生産）
GST	Goods and Services Tax（物品サービス税）
HICOM	Heavy Industries Corporation of Malaysia Berhad（マレーシア重工業公社）
HINDRAF	Hindu Rights Action Force（ヒンドゥー権利行動隊）
HIS	Household Income Survey（家計所得調査）
ICA	Industrial Coordination Act（工業調整法）
IFDI	Inward FDI（対内直接投資）
IMT-GT	Indonesia-Malaysia-Thailand Growth Triangle（インドネシア＝マレーシア＝タイ成長三角形）
JAC 法	Judicial Appointments Commission Act 2009（司法人事委員会法）
JIM	Jamaah Islah Malaysia（マレーシア・イスラーム改革結社）
JKKK	Jabatankuasa Keselamatan Kemajuan Kampung（村落安全開発委員会）
JSR	Jabatankuasa Syurah Rakyat（人民評議委員会）
KLIA	Kuala Lumpur International Airport（クアラルンプール国際空港）
Komas	Pusat Komunikasi Masyarakat（社会コミュニケーション・センター）
KPI	Key Performance Indicators（重要業績評価指標）
KWAP	Kumpulan Wang Persaraan（公務員年金基金）
LDP	Liberal Democratic Party（自由民主党）
LTAT	Lembaga Tabung Angkatan Tentera（軍人年金基金）
LTH	Lembaga Tabung Haji（巡礼基金）
MACC	Malaysian Anti-Corruption Commission（マレーシア反汚職委員会）
MAFREL	Malaysians for Free and Fair Election（自由で公正な選挙に賛同するマレーシア人）
MARA	Majlis Amanah Rakyat（国民福祉評議会）
Margma	Malaysian Rubber Glove Manufacturers Association（マレーシア・ゴム手袋製造業協会）
MAS	Malaysia Airlines System Bhd.（マレーシア航空）
MCA	Malaysian Chinese Association（マレーシア華人協会）
MCMC	Malaysian Communication and Multimedia Commission（マレーシ

ア・コミュニケーション・マルチメディア委員会）

MEB	Majilis Ekonomi Bumiputera（ブミプトラ経済評議会）	
MEF	Malaysian Employers Federation（マレーシア経営者連盟）	
MIC	Malaysian Indian Congress（マレーシア・インド人会議）	
MoF Inc	Minister of Finance Incorporated（財務大臣持株会社）	
MTUC	Malaysian Trades Union Congress（マレーシア労働組合会議）	
NDP	National Development Policy（国民開発政策）	
NEAC	National Economic Advisory Council（国家経済諮問評議会）	
NEM	New Economic Model（新経済モデル）	
NEP	New Economic Policy（新経済政策）	
NFPE	Non-financial Public Enterprise（非金融公企業）	
NUCC	National Unity Consultative Council（国家統合諮問評議会）	
NVP	National Vision Policy（国家ビジョン政策）	
OBA	Off-Budget Agency（予算規制枠外機関）	
OFDI	Outward FDI（対外直接投資）	
PAS	Parti Islam Se-Malaysia（汎マレーシア・イスラーム党）	
PBB	Parti Pesaka Bumiputera Bersatu（統一ブミプトラ伝統党）	
PBS	Parti Bersatu Sabah（サバ統一党）	
PCG	Putrajaya Committee on GLC High Performance（GLC の好業績のためのプトラジャヤ委員会）	
PEMANDU	Performance Management and Delivery Unit（業績評価局）	
PERNAS	Perbadanan Nasional Berhad（国営企業公社プルナス）	
PH	Pakatan Harapan（希望連盟）	
PKR	Parti Keadilan Rakyat（人民公正党）	
PLC	Performance Linked Compensation（業績連動報酬）	
PNB	Permodalan Nasional Berhad（PNB 社）	
POTA	Prevention of Terrorism Act（テロリズム予防法）	
PPBM	Parti Pribumi Bersatu Malaysia（マレーシア統一プリブミ党）	
PPP	Public Private Partnership（官民パートナーシップ方式）	
PR	Pakatan Rakyat（人民連盟）	
PR1MA	Perumahan Rakyat 1Malaysia（ワン・マレーシア国民住宅）	
PRI	Partido Revolucionario Institutional（制度的革命党）	
PRM	Parti Rakyat Malaysia（マレーシア人民党）	
Proham	Persatuan Promosi Hak Asasi Manusia（人権推進連合）	
PSM	Parti Sosialis Malaysia（マレーシア社会主義者党）	
RDAs	Regional Development Authorities（地域開発機構）	
RIATS	Roadmap for Integration of Air Travel Sector（航空輸送部門統合に	

向けたロードマップ）

RIDA	Rural Industrial Development Authority（村落工業開発公社）
RISDA	Rubber Industry Smallholders Development Authority（ゴム産業小農開発公社）
S46	Semangat '46（46年精神党）
SAPP	Sabah Progressive Party（サバ進歩党）
SEDC	State Economic Development Corporation（州経済開発公社）
SIJORI	Singapore-Johor-Riau（シンガポール－ジョホール－リアウ）
SOSMA	Security Offences (Special Measures) Act（治安違反（特別措置）法）
SUARAM	Suara Rakyat Malaysia（マレーシア人民の声）
SUPERB	Skim Usahawan Permulaan Bumiputera（ブミプトラ起業スキーム）
SUPP	Sarawak United People's Party（サラワク統一人民党）
SSKM	Sabah Sarawak Keluar Malaysia（サバ・サラワク・マレーシア離脱）
TERAJU	Unit Peneraju Agenda Bumiputera（ブミプトラ・アジェンダ指導局）
TFP	Total Factor Productivity（全要素生産性）
TPP	Trans Pacific Partnership（環太平洋パートナーシップ協定）
TUBE	Program Tunas Usahawan Belia Bumiputera（ブミプトラ青年企業家育成プログラム）
UPB	Unit Pembangunan Bumiputera（ブミプトラ開発局）
UMNO	United Malays National Organisation（統一マレー人国民組織）
UPKO	United Pasokmomogun Kadazandusun Murut Organization（統一パソクモモグン・カダザンドゥスン・ムルト組織）
YPB	Yayasan Pelaburan Bumiputera（ブミプトラ投資基金）
アマナ	Parti Amanah Negara（国民信託党）
グラカン	Gerakan Rakyat Malaysia（マレーシア人民運動党）
ブルシ	Gabungan Pilihanraya Bersih dan Adil（クリーンで公正な選挙を求める連合）
プルカサ	Pertubuhan Pribumi Perkasa（勇敢な先住民の会）

マレーシア地図

（出所）編者作成。

凡例

- ●人名のカタカナ表記は，日本の新聞等で広く使用されているものを本書でも用いた（例：アブドラ前首相，アンワル元副首相）。
- ●人名・組織名の原語（マレー語／英語）表記は，略語表または索引に記載した（例外あり）。

ポスト・マハティール時代のマレーシア

ポスト・マハティール時代の解読にむけて

中 村　正 志

本書のねらい

　マハティール・モハマド首相退任後のマレーシアについて，政治と経済の総合的なイメージを提供すること。これが本書の全体を通じてわれわれがめざす目標である。ここ数年，日本の企業やマスコミの方々と話をした際に，マハティール元首相が退任した後のマレーシアは印象が薄くてイメージがわかないという指摘をしばしば耳にした。こうした声に研究者の立場から応答したい。2003年10月にマハティールが首相を退任してから今日までのあいだに，政治面でも経済面でも重要な変化が生じた。本書では，誰が何を変え，何が変わらなかったのかを整理し，なぜ変わったのか（変わらなかったのか）を探求する。この作業を通じて，いまのマレーシアの政治経済状況を総合的に把握するのがわれわれの目的である。

　1981年から2003年まで首相を務めたマハティールは，日本で例外的に高い知名度を誇るマレーシアの政治家である。彼は日本経済新聞の名物企画「私の履歴書」に初めて登場したアジアの政治家であり[1]，毎日新聞に連載コラムをもっていたこともある[2]。

　日本でマハティールの知名度を高めたのは，第1にその外交政策である。経済発展のモデルを日本に求めたルック・イースト政策や，石原慎太郎衆議院議員（当時）との共著『「NO」と言えるアジア』（マハティール・石原 1994）

などにみられる反欧米・アジア重視の姿勢が関心を集めた。第2に，マハティール時代のマレーシアは日本の家電メーカーや半導体メーカーの一大生産拠点となり，日本との結び付きを通じて高度成長を実現したことでも注目された。第3に，マハティールはメディアや労働組合，NGO を抑圧し，政敵の逮捕も辞さない強権的な政治家として悪名も高かった。ひとことで表すなら，マハティールには「親日的な辣腕政治家」というイメージがあり，マハティールの「リーダーシップ」を賞賛する者と「独裁」を批判する者のどちらもこのイメージを共有していた[3]。

学術研究においては，マハティール政権は開発主義，開発体制の一例とみなされた。開発主義とは，経済成長を何よりも重視し，そのために国家による資源の管理・動員と社会統制を認めるイデオロギーである。一方，開発体制とは国家主導型開発を実現するための統治制度を指す（岩崎 1994; 末廣 1998; 堀金 2004）。マハティール政権は，開発政策実施のための行政機構を整備し（鳥居 2003; 2006），国営製鉄会社や国民車メーカー・プロトン社を設立したほか，高速道路網の整備やクアラルンプール国際空港の建設，行政都市プトラジャヤの開発などいくつもの巨大事業を手がけた。

開発を進めるにあたり，マハティール政権は労働運動を規制したほか，環境破壊を告発した NGO を抑圧するなど，強権行使も辞さなかった。くわえてマハティール政権は，経済開発の担い手としてブミプトラ（先住民）の企業家を育てようとしたが，この政策は与党幹部に近い人物がコネを生かして利益を得る縁故主義を悪化させた。

マハティール政権中盤の10年にわたる高度成長を経て，マレーシアは1997年にアジア通貨危機に見舞われる。政府が育成したブミプトラ企業が破綻したほか，与党・統一マレー人国民組織（UMNO）内部の権力闘争が激化してアンワル・イブラヒム副首相の解任，逮捕にいたるなど，通貨危機を契機に開発体制の負の側面が顕著に表れた。政権末期のマハティールは，経済危機と政治危機への対応に追われる。経済的には金融機関の再編や不良債権の処理，政治的には与党 UMNO の立て直しに筋道をつけたところでマハティー

ルは首相の座を退いた。

　光と影を併せもつマハティール時代の政治経済体制を，開発主義，開発体制という枠組みを通じてわれわれは総合的に把握することができた。この枠組みの中心に位置したのは，政策の決定権を牛耳っていたマハティールである。マハティール時代を総括した Welsh ed.（2004）は，マハティールの影響力がいかに広範囲に及んだかを示している。46章からなるこの本では，国内政治と経済，外交にくわえ，教育，メディア，文化，宗教，都市，移民，ジェンダーなど多様なトピックが扱われている。そのすべてにおいて，良きにつけ悪しきにつけ，マハティールがメインアクターとしてかかわっていたのである。それゆえマハティールのことばと行動を追えば，その時々の政治と経済の状況と政府の対策を大づかみに把握することができた。Khoo（1995）はマハティールの政治経済思想を読み解き，彼が誰といかなる論争を繰り広げたかを跡づけることを通じて，マハティール政権前半期の政策と政局の展開を活写した。

　だがこのような時代はもう終わった。マハティールが政策決定過程の要の位置を退いてからすでに14年もの年月が経過している。では，われわれがいま目にしているポスト・マハティール時代とはいったいどのような時代なのだろうか。

先行研究

　マハティール首相退任後の政治や経済を扱った書籍は，マレーシアで多数出版されている。だがその多くは，政党政治や選挙，新経済政策（いわゆるブミプトラ政策）など，特定のイシューに焦点を絞った論考である。本書の問題関心に照らしてとくに重要な文献は，マレー人政党である UMNO と汎マレーシア・イスラーム党（PAS）との競合を分析した Gomez ed.（2007），野党が躍進した2008年総選挙を扱った Ooi, Saravanamuttu and Lee（2008）や Tan and Lee eds.（2008），2013年選挙の投票結果を分析した Saravanamuttu,

Lee and Mohamed Nawab eds.（2015），新経済政策を批判的に検討した Gomez and Saravanamuttu eds.（2013），格差問題を扱った本書 9 章の著者の著作 Muhammed（2014）などである。これらの文献には必要に応じて，関連するトピックを扱う章で言及する。ここでは，アブドラ政権期を中心にポスト・マハティール期の政治の特徴を論じた Muhamad Takiyuddin（2014）にふれておきたい。

マハティールの後継者であるアブドラ・バダウィが2008年総選挙を経て早期退任に追い込まれたのは，アブドラ陣営の新保守主義とマハティールを筆頭とする旧来型の保守主義との対立の帰結だとタキユディンは論じた。ここで保守主義とは，伝統を尊び社会秩序の現状維持を志向して平等化に抵抗するイデオロギーを意味する。一方新保守主義は，保守主義の流れを汲みつつ，環境の変化に適応するための改革を志向するものとされる。アブドラ政権は，成長が最優先だったマハティール時代の政策を是正し，農業の復興や地域開発の促進を図るなどバランスのとれた開発をめざした。政治的には批判を受け入れる姿勢を表明したため，改革志向のメディアや市民社会組織が台頭し，これを追い風に2008年総選挙で野党が躍進した。その結果，アブドラは党内守旧派から弱腰な姿勢を批判され，ナジブ・ラザクへの政権の禅譲を強いられた。

マハティール退任後の政策と政局の軌跡を，改革の試みとその挫折ととらえる見方はほかの文献にもみられる。「ポスト・マハティールのマレーシアをどう理解するか」と題したエッセイにおいて Ooi（2006, 35）は，シンガポールとの関係改善や大規模インフラ開発の凍結などアブドラ政権初期の政策について，「マハティール政権の行き過ぎや不作為，有害な副作用を是正する試みだと認識すべきだ」と述べた。改革に取り組む姿勢を新政権の特徴ととらえたのである。それから10年後に出版された『マレーシア・ポスト・マハティール』の編者は，守旧派のマハティールがアブドラ政権の「開かれた政治」やナジブ政権の新経済モデル（第 6 章参照）などの改革路線に反対したことを強調し，マハティールを「首相キラー」（PM slayer）と呼んでい

る（Chin 2015）。

　本書もまた，改革の試みと挫折，反動という揺らぎをポスト・マハティール期の特徴ととらえ，主要政策の変遷を跡づけるとともに，揺らぎをもたらした要因を探る。

　先行研究のなかには，政治，経済，社会に幅広く言及した著作もある。ひとりの著者が多様なトピックを扱ったものには，ウーイの一連の著作（Ooi 2006; 2008; 2009; 2010）や Loh（2009）がある。どちらも新聞や雑誌に掲載したエッセイをまとめたもので，執筆時点のホット・イシューを扱っている。そのため時間軸を貫く解釈の枠組みは明示していないが，当時の社会の雰囲気をよく表しており，政治の自由化やガバナンスの改善，多文化主義的な政策への転換など，リベラル改革を求める機運が高まっていく様を描き出している。

　複数の著者による論文集で幅広く社会問題を扱ったものには，Saw and Kesavapany eds.（2006）や Lemière ed.（2014），Chin and Dosch eds.（2015）がある。だがいずれも，政治経済の総合的な理解を目的とするものではなく，一見すると雑多なトピックを扱った論文集のようにみえる。これらの書籍に収録された論文が行っているのはおもに統治制度や政策の批判的検討であり，その目的は，Lemière ed.（2014）の裏表紙の推薦文に書かれているとおり，各々のトピックについて「もうひとつの物語」（alternative narratives）を提示することにある。

　マレーシアでは言論の自由が十分に保障されておらず，新聞やテレビの報道は著しく政府・与党寄りに偏向している。政局や政策課題に関する主流メディアの報道は政府・与党の見解に沿ったものばかりで，野党や NGO による対抗言説に市民が触れる機会は限られていた。このような環境下でマレーシアの知識人は，統治のあり方や政策の妥当性をただし，代替策を提示するという社会的役割を積極的に担ってきた。かれらは，統制されたメディアを通じて流布される政府・与党の社会観や政策論に対抗し，「もうひとつの物語」を意識的に提供してきたのである。こうした活動は学術研究であると同

時に，言論戦を通じて与党 UMNO のヘゲモニーに対抗する政治的行為でもある。

一方，本書はもっぱら日本の読者に向けて日本語で書かれており，為政者相手の言論戦に加わることはわれわれの目的ではない。もちろん，政府・与党批判を主目的とする文献についてもその学術的な知見は参照する。だがわれわれ自身の目的は，社会科学の手続きをふまえて政治と経済を幅広く考察し，ポスト・マハティール時代の総合的なイメージを提供することにある。

本書の構成

かつてマハティールが先進国入りの期限目標に設定した2020年が近づくいま，マレーシアはどんな地点にいるのか。本書では，政治と経済の両面からそれを考察する。第 I 部では政治を，第 II 部では経済を扱い，全篇を通じて得られた知見を終章で総括する。いずれの章でも，マハティール時代とは何が変わり，何が変わらなかったのかを見定め，なぜ変わったのか（変わらなかったのか）を推論する。マハティール時代からの継続と変化について，客観的なデータと事実関係の緻密な検討を通じて推論を重ね，そうして得られた知見を組み合わせることでポスト・マハティール時代のイメージを導く。

第 I 部の政治篇では，まず，マハティール退任後の政治の展開を時間軸に沿って概観する（第 1 章）。政治篇の総論にあたるこの章では，アブドラ政権期に始まった政治改革が一進一退を繰り返したのち，第 2 次ナジブ内閣のもとで大きく反動に振れるという流れを示す。その過程で，次章以降の各論部で扱うトピックと，改革と反動のあいだを揺らぐ政治の流れとの関連を示す。

つづく第 2 章は政党システムの変容を扱う。2008年総選挙を機に与党連合・国民戦線（BN）の一党連合優位制が崩れた。BN と野党連合の人民連盟（PR）が並び立つ二大政党連合制が成立し，この政党システムのもとで改革への期待が高まった。ところが2015年には PR が瓦解し，政党間関係が流動

化することになる。ここでは，2013年総選挙がもたらした BN と PR の質的な変化が二大政党連合制の不安定化を招いたことを示す。

　第3章では，政党システムの歴史的変化をもたらした選挙を詳しく分析する。2008年総選挙で BN が大きく議席を減らした要因を明らかにするとともに，2013年総選挙の前後に始まった改革から反動への路線転換に選挙対策の側面があったことを示す。

　第4章は改革と反動のあいだで揺れた政治制度改革の展開を扱う。ここでは，首相が総選挙を意識したときに政治制度改革が進み，党内対策を優先すると反動に振れる傾向にあったことを示す。

　第5章はポスト・マハティール期になって急速に活発化し，野党台頭の一因ともなった社会運動を扱う。動員力と政治的影響力がもっとも大きい「クリーンで公平な選挙を求める連合」（通称ブルシ）をとりあげ，ブルシがなぜ勃興し，その帰結として何をもたらしたのかを示す。

　第II部・経済篇では，まず第6章でポスト・マハティール期の経済を概観する。マハティール政権期と比較し，経済構造の面では一次産品関連輸出の再拡大と内需の拡大，経常収支の黒字化がマハティール後の特徴であることを示す。経済政策の面では，ブミプトラ企業家育成から政府関連企業（GLC）重視への転換，ならびに成長重視から分配重視への転換がこの時期の特徴である。

　各論部では，成長の担い手である企業と，成長のパイの配り方，すなわち分配の問題を重点的に扱う。

　第7章では，ブミプトラ企業にかかわる政策の転換を扱う。マハティール時代のブミプトラ企業家育成策は通貨危機で行きづまり，主要なブミプトラ企業は再国有化された。ポスト・マハティール期には，政府保有のまま経営を改善する GLC 改革プログラムが実施される。ここでは GLC 改革プログラムを概観し，その理論的妥当性を検証する。

　第8章ではポスト・マハティール期に活発化したマレーシア企業の海外進出を扱う。2000年代半ば以降マレーシアから外国に向かう投資が急増し，海

外直接投資の流出額が流入額を上回った。本章ではグローバル化を果たした代表的な企業を紹介し，海外展開を促した要因を探る。

　第9章では貧困と所得格差を扱う。新経済政策が導入されてから現在までに貧困率は大幅に低下し民族間の所得格差も縮小したが，民族内の格差は依然として高いことを示す。また本章は，既存研究がとりあげてこなかった資産格差の実態を明らかにし，所得よりも資産の格差の方が大きいことを示す。

　第10章では，地域間格差の是正を目的とする地域開発政策の展開を扱う。マハティール政権末期以降，州政府は財政面で連邦政府への依存を深めている。そうしたなかでアブドラ政権は地域開発を重視し，5つの経済回廊の創出を計画した。本章では，これまでの政策の展開と成果を整理し，今後の見通しを示す。

　最後に終章において，各章の考察によってもたらされた知見を総括する。ポスト・マハティール期の経済は，ペースは鈍ったものの堅調な成長が続き，上位中所得国から高所得国への移行が視界に入ってきた。ところが政治的には，民主主義とガバナンスの改善に向けた動きが鈍って反動に向かい，先進国の仲間入りにはほど遠い地点にいる。こうしたアンバランスな発展のあり方の是正を促す外圧も弱く，当面は現在の状況が続くと考えられることを示す。

〔注〕────────────
(1) マハティールの「私の履歴書」は1995年11月に連載された。1998年1月にはインドネシアのスハルト大統領，1999年1月にはシンガポールのリー・クアンユー元首相がとりあげられている。
(2) 「どくとるマハティールの世界診断」とのタイトルで1999年2月から2000年6月にかけて掲載され，のちに書籍化された（マハティール 2000）。
(3) 賞賛派の例として坪内（1994），批判派の例として林田（2001）を参照されたい。

〔参考文献〕

＜日本語文献＞

岩崎育夫　1994.「ASEAN諸国の開発体制論」岩崎育夫編『開発と政治——ASEAN諸国の開発体制』アジア経済研究所　3-48.

末廣昭　1998.「発展途上国の開発主義」東京大学社会科学研究所編『20世紀システム4 開発主義』東京大学出版会　13-46.

坪内隆彦　1994.『アジア復権の希望マハティール』亜紀書房.

鳥居高　2003.「マレーシアにおける"開発"政策策定・実行メカニズム——マハティール政権を中心に」『法学新報』110(3-4)　8月　627-654.

——— 2006.「マハティール政権『イスラーム先進国・マレーシア』をめざした22年——その内容と枠組み」鳥居高編『マハティール政権下のマレーシア——「イスラーム先進国」をめざした22年』アジア経済研究所　25-68.

林田裕章　2001.『マハティールのジレンマ——発展と混迷のマレーシア現代史』中央公論新社.

堀金由美　2004.「『開発主義』の系譜——開発独裁, developmental state, 開発主義」『政經論叢』73(1-2)　9月　141-171.

マハティール・モハマド　2000.　加藤暁子訳『アジアから日本への伝言』毎日新聞社.

マハティール・石原慎太郎　1994.『「NO」と言えるアジア——対欧米への方策』光文社.

＜英語・マレー語文献＞

Chin, James. 2015. "A Decade Later: The Lasting Shadow of Mahathir." In *Malaysia Post-Mahathir: A Decade of Change?* edited by James Chin and Joern Dosch. Singapore: Marshall Cavendish Editions, 16-40.

Chin, James and Joern Dosch eds. 2015. *Malaysia Post-Mahathir: A Decade of Change?* Singapore: Marshall Cavendish Editions.

Gomez, Edmund Terence ed. 2007. *Politics in Malaysia: The Malay Dimension*. London and New York: Routledge.

Gomez, Edmund Terence and Johan Saravanamuttu eds. 2013. *The New Economic Policy in Malaysia: Affirmative Action, Ethnic Inequalities and Social Justice*. Petaling Jaya: Strategic Information and Research Development Centre.

Khoo Boo Teik. 1995. *Paradoxes of Mahathirism: An Intellectual Biography of Mahathir Mohamad*. Kuala Lumpur and New York: Oxford University Press.

Lemière, Sophie ed. 2014. *Misplaced Democracy: Malaysian Politics and People*. Petaling Jaya: Strategic Information and Research Development Centre.

Loh, Kok Wah, Francis. 2009. *Old vs New Politics in Malaysia: State and Society in Transition*. Petaling Jaya: Strategic Information and Research Development Centre.

Muhamad Takiyuddin Ismail. 2014. *Saga Neokonservatif: Abdullah Badawi, UMNO dan Konservatisme*. Bangi: Penerbit Universiti Kebangsaan Malaysia.

Muhammed Abdul Khalid. 2014. *The Colour of Inequality: Ethnicity, Class, Income and Wealth in Malaysia*. Petaling Jaya: MPH Group Publishing.

Ooi, Kee Beng. 2006. *Era of Transition: Malaysia after Mahathir*. Singapore: Institute of Southeast Asian Studies.

———— 2008. *Lost in Transition: Malaysia under Abdullah*. Singapore: Institute of Southeast Asian Studies.

———— 2009. *Arrested Reform: The Undoing of Abdullah Badawi*. Kuala Lumpur: Research for Social Advancement.

———— 2010. *Between UMNO and a Hard Place: The Najib Razak Era Begins*. Singapore: Institute of Southeast Asian Studies.

Ooi, Kee Beng, Johan Saravanamuttu and Lee Hock Guan. 2008. *March 8: Eclipsing May 13*. Singapore: Institute of Southeast Asian Studies.

Saravanamuttu, Johan, Lee Hock Guan and Mohamed Nawab Mohamed Osman eds. 2015. *Coalitions in Collision: Malaysia's 13th General Elections*. Singapore: Institute of Southeast Asian Studies.

Saw, Swee-Hock and K. Kesavapany eds. 2006. *Malaysia: Recent Trends and Challenges*. Singapore: Institute of Southeast Asian Studies.

Tan, Nathaniel and John Lee eds. 2008. *Political Tsunami: An End to Hegemony in Malaysia?* Kuala Lumpur: Kini Books.

Welsh, Bridget ed. 2004. *Reflections: The Mahathir Years*. Washington, D.C.: Southeast Asia Studies Program, The Paul H. Nitze School of Advansed International Studies (SAIS), Johns Hopkins University.

第 I 部

政 治 篇

第 1 章

ポスト・マハティール期の政治

——改革，挫折，反動——

中 村 　 正 志

はじめに

　第Ⅰ部・政治篇のイントロダクションである本章では，時間軸に沿ってポスト・マハティール期の政治の展開を概観する。

　あらかじめ述べておくと，マハティール退任後の政治の特徴は変化の激しさにある。有権者の投票は，選挙ごとに政党のあいだで揺れた。政党は与野党ともに，内部対立と分裂，合従連衡を繰り返した。政局の動きに連動して，政府の政策も大きく揺らいだ。政治の自由化が進んだかと思えば反動政策が始まり，ブミプトラ政策の緩和と再強化が繰り返された。しかも政策のぶれは，同一政権のもとで生じている。アブドラ政権の政策がナジブ政権によってひっくり返されたわけではなく，どちらの政権のもとでも一貫性を欠く政策決定がなされてきた。

　換言すると，ポスト・マハティール期には，マハティール時代の政策や政治の仕組みを守ろうとする試みと，変えようとする試みが複雑に交錯してきた。政府・与党のなかだけをみても，改革派と守旧派の対立が繰り返し生じている。そこに野党やNGOが，ときには改革者として，ときには保守派として重大な影響を及ぼしてきた。本書第Ⅰ部では，改革と反動がせめぎ合うポスト・マハティール時代の政治のありさまを解きほぐしていく。その手始

めとして，本章ではマハティール政権期の政治の仕組みを簡潔に示し（第1節），次いでアブドラ政権期（第2節），ナジブ政権期（第3節）に区切って政治の展開を概観する。その後で，第2章から第5章までで扱うトピックの関係性を示す（おわりに）。

第1節　マハティール政権期の政治
——集権的な政治制度の確立——

　マハティール政権期の政治体制はしばしば開発独裁だといわれた。しかしマハティールには，同じく開発独裁の指導者とされるシンガポールのリー・クアンユーやインドネシアのスハルト，フィリピンのマルコスとは大きく異なる点がある。それは，近隣諸国の指導者が独立過程やクーデターを経て統治の仕組みを自ら構築した「創業者」だったのに対して，マハティールは先達が築いた組織を引き継いだ「後継者」だったことである。マハティールが第4代首相に就任する前から，マレーシアの首相は大きな裁量権をもっていた。マハティールはそれを存分に活用し，さらには強化していったため，当時の政治を「個人化された政治」（personalized politics）と呼ぶ論者もいるが（Hwang 2003），決して個人支配（personal rule）になったわけではない。マハティールは，既存の制度を少しずつ修正し，首相や与党総裁というポストに付与された権限を拡張していったのである。

　マハティールが継承し修正を加えた制度は，後継者のアブドラにそっくり引き継がれた。その制度と組織をどのように運用し，時代の要請にあわせていかに修正するかが，マハティール後の政権にとって重要な課題になっていく。ここではまず，ポスト・マハティール期の出発点にあった集権的な政治の仕組みが，マハティール政権下でいかに確立されていったかを簡単に振り返っておこう。

1．UMNO における総裁の優位

　マレーシアの歴代首相はみな統一マレー人国民組織（UMNO）の出身であり，UMNO は与党連合のなかの最大党派であり続けている。マハティールは，UMNO 内部の競争に勝ち続けてきたからこそ，22年にもわたり首相を務めることができたのである。だがマハティールは，最初から党内で傑出した力をもっていたわけではなかった。抜きんでた力がないにもかかわらず，しばしば党内の根回しなしに首相として重要政策を決めてしまったために，マハティールはライバルたちの反発を買った。その結果，1987年の党総裁選挙では僅差で勝利したものの，対立候補のトゥンク・ラザレイ・ハムザ商工相にあと一歩のところまで追い詰められた。

　この党総裁選挙の後，マハティールはラザレイとその支持者を更迭し，ラザレイらは離党することになる。くわえて，党役員選挙のルールを変更し，現職総裁への挑戦を困難にした。当時 UMNO の中央役員選挙は，党総会における秘密投票で行われていた。党総会出席者の大多数は，下院選挙区ごとにある地域支部（bahagian / division）の代表である。中央役員選挙に先立ち，各支部は総裁，副総裁らの候補を推薦する。このときのルール改正によって，支部の推薦を得た候補に票が加算されることになった（Hwang 2003, 173-174）。これがなぜ現職総裁を有利にするかといえば，総裁は総選挙の公認候補選定に関して強い影響力をもつからである。下院選挙，州議会選挙の公認候補になるのは，多くの場合，地域支部の幹部である。党総裁選挙で現職に逆らって対立候補を推薦した場合，もし現職が再選されたらつぎの総選挙で候補から外されるかもしれない。一方，現職をサポートして再選に貢献すれば，予算配分などの面で便宜供与が期待できる。このルール改正によって党総裁選挙は実質的に秘密投票ではなくなり，選ばれる側が選ぶ側を飴と鞭で懐柔できるようになったのである。

　マハティールは，アジア通貨危機のさなかにアンワル・イブラヒム副首相

と対立して彼を解任，逮捕したときにも，党役員選挙のルールを変更している。1998年のこの規約改正によって，地域支部の30％以上から推薦を獲得できた者しか総裁選挙に出馬することができなくなり，現職への挑戦はますます困難になった。

2．立法府，司法府に対する執政府の優位

執政−議会関係においてはもともと執政が優位にあり，マハティールはその仕組みにもとづいて政策決定過程で存分にリーダーシップを発揮することができた。

一般的に議院内閣制のもとでは，権力分立が徹底した大統領制とは異なり，議会と執政の権力が政党を介して融合している。執政長官である首相が議会多数派の指導者でもあるため，執政の意向を議会で認めさせるのは比較的容易である。マレーシアの場合，議会における党規律は徹底しており，政府法案の採決で与党議員が反対することはほとんどない。議会制度は極端な本会議主義で，上院・下院のどちらにも政策領域別の常設委員会はなく，閣僚ではない議員が実質的な法案策定を行う場がない。必要に応じて特別委員会を設ける制度はあるが，マハティール政権下では1984年に危険薬物特別予防措置法案の審議のための特別委員会が設けられたのが唯一の例である[1]。

ただしかつては，議会を通過した法案に対する拒否権を国王がもっていた。マハティールはこの制度を廃止すべく1983年に憲法改正を試みるが，議会を通過したこの憲法改正法案への同意を国王が拒否するという事態に陥り，このときは国王側への妥協を強いられた。その10年後，UMNO内で傑出した力をもつようになったマハティールは再び制度改正に挑み，国王から法案に対する拒否権を奪うことに成功している（鳥居 1998, 48-50）。

司法と執政の関係をみると，もともとは司法が高い独立性を有していたが，マハティール政権期には行政決定に対する司法審査を実施できなくするための法改正が多くなされ，司法の権限が狭められた。さらには，首相の強権行

使によって司法が執政に対して従属的な立場におかれることになる。その
きっかけになったのは，1987年の党総裁選挙後に勃発したラザレイ派とマハ
ティール派の法廷闘争である。自らに不利な判決が下されると，マハティー
ルは最高裁長官を弾劾裁判にかけて罷免したのである。この一件は，司法府
の実質的な独立性を深く傷つけた（金子 2004; 木村 1989）。政権末期までには，
連邦裁判所判事の人事が首相の意向をふまえて行われるようになっていたと
の疑いもある（本書第4章参照）。

3．中央政府の地方政府に対する優位

　マレーシアは連邦制国家だが，州の独立性は政治的にも経済的にも高くな
い。政治面では，マハティール政権が発足した時点ではすべての州政権が中
央政府と同様に政党連合・国民戦線（BN）の政権であった。当時，華人が
マジョリティのペナンではグラカンから，サバとサラワクではそれぞれの地
方政党から州首相が輩出していたが，その他の州では UMNO が州首相のポ
ストを得ていた。UMNO から州首相を出す場合，州組織のトップである連
絡委員会の委員長ないし副委員長が選ばれることが多い。この2つは選挙で
はなく党総裁の裁量で任命するポストである。つまり，首相は13州のうち10
州において州首相を指名する実質的な権限をもっていたのである[2]。
　州に対する連邦の優位は，1990年総選挙で部分的に崩れる。クランタン州
では汎マレーシア・イスラーム党（PAS）が勝利し，サバ州では選挙公示後
にサバ統一党（PBS）が BN を離脱したため，両州が「野党州」になったの
である。その後もクランタン州では，今日まで PAS 政権が続いている。一方，
サバ州には UMNO が進出してつぎの選挙で政権を奪還した。もともと
UMNO は，サバとサラワクには組織を設けず，地元のブミプトラ政党との
競合を避けてきた。州政権を失ったのを契機に UMNO がサバに進出するこ
とになり，結果的に同州の政治的自立性は低下したともいえる。
　その後1999年選挙で UMNO はトレンガヌ州政権を失ったが，州政府への

石油ロイヤリティの支払いを停止し，かわりに連邦政府が直接公共事業を行うという強引な対抗措置をとり，つぎの選挙で州政権を取り戻すことに成功した。

4．国家による社会の統制

マレーシアの前身であるマラヤ連邦は植民地国家を「マラヤ化」することで独立を果たした。マラヤ化とは，イギリス人が担っていた役割を現地人が引き継ぐことを意味する。つまり，独立によって人は入れ替わったが，制度はそっくり残ったのである。そこには社会統制を目的とする法律も含まれる。典型例は，1948年に制定された扇動法である。予防拘禁を認める国内治安法が制定されたのは1960年だが，この法律は1948年の非常事態勅令を引き継ぐかたちで制定されたものである[3]。

マハティールは，治安維持のための法律を政敵抑圧のために用いており，国内治安法を適用した大量逮捕を2度行っている。1度目は1987年10月に民族間の緊張を背景として実施された「オペラシ・ララン」，2度目は1998年9月のアンワル元副首相と支持者の逮捕である。どちらのケースも，逮捕されたのはほとんどがマハティールの政敵であった。

くわえてマハティール政権下では，情報統制が強化された。1985年にブミプトラ銀行の子会社ブミプトラ・マレーシア・ファイナンスを舞台とする汚職疑惑が発覚したのを契機に，政府・与党は国家機密法と印刷機・出版物法を改正し，役人とメディアに圧力をかけた[4]。

また，マハティール政権は街頭デモを禁じていた。当時は刑法と警察法の規定により，5人以上の集会を開催するには警察の事前許可を得る必要があった。事実上，集会の自由は認められておらず，デモやピケはまれにしか行われなかった。アンワル元副首相が逮捕されると支持者らが抗議デモを繰り返し開催するようになったが，そのたびに警察が出動してデモを解散させ，参加者を逮捕した。

5．集権的な制度を用いた開発，ブミプトラ企業家育成とその挫折

　では，集権的な政治制度を用いてマハティールは何をしたのか。もともとマハティールは，1960年代後半に党内急進派として台頭した「マレー・ウルトラ」の代表格であった。マレー・ナショナリズムこそ彼の思想の根底にあるイデオロギーである。一方で，権力の座についてからは経済開発，国土開発に熱心に取り組んでいる。マレー人の社会的・経済的地位の向上と経済成長との両立こそマハティールが追求した目標であり，その考え方は1991年に発表した「ビジョン2020」に端的に表現されている（中村2006）。

　成長とマレー人支援を両立させるため，マハティールは1970年代のばらまき型地方開発を改め，民営化による企業家育成にブミプトラ政策の重点を移した。政策変更は一部のUMNO幹部の反発を買い，党内対立の一因にもなった。だが，企業家育成策を党資金の確保につなげ（Gomez 1994; Gomez and Jomo 1997），一時は党地方幹部らへのレント供給と経済成長の両立に成功した。

　ところが，1997年から1998年にかけて生じたアジア通貨危機によって，マハティール政権が支援してきたレノン・グループなどブミプトラのコングロマリットが破綻した。その結果，マハティール自身が企業家育成政策の失敗を認め，「マレー人は杖を捨てよ」と演説するに至る（Mahathir 2002）。また，政府の通貨危機対策がUMNO内の不満を生み，それを背景としてマハティール首相とアンワル副首相とのあいだで深刻な権力闘争が生じた。マハティールはアンワルを投獄して権力闘争に勝利したが，1999年の総選挙ではマレー人有権者の支持を失った。急進マレー民族主義者として政界入りしたマハティールだったが，皮肉なことに，マレー人の支持を失って引退したのであった。

　集権的な権力構造を引き継いだものの，政策的には政治面でも経済面でも新たな課題が山積している。そのようななかでアブドラ政権は出発した。

第2節　アブドラ政権期の政治——中途半端な改革の挫折——

　2003年10月31日，アブドラ・アフマド・バダウィが第5代首相に就任した。アブドラの祖父は，ペナン州のムフティー[5]を務めたイスラーム法学者シェイク・アブドラ・ファヒム，父のアフマド・バダウィ・アブドラ・ファヒムもイスラームに通じた政治家であった。アブドラ自身もマラヤ大学でイスラーム学を専攻し，卒業後は公務員を経て，1978年の総選挙で亡き父の選挙区を引き継ぎ当選，下院議員になった。1981年のマハティール政権発足後は首相府相，教育相，国防相を歴任し，党内でも1984年の中央役員選挙で副総裁補（Naib Presiden / Vice President）に当選した。だが1987年の役員選挙ではラザレイ陣営に加わったため，マハティールによる報復の対象となり閣僚の座を失う。アブドラは，ラザレイが新党・46年精神党（S46）を結成した後も UMNO にとどまり，1991年に外務相として内閣に復帰，1999年までその座を維持した。

　1999年1月，前年9月にアンワル副首相が解任，逮捕されたことを受けて，党内ナンバー3の座にあったアブドラが副首相に抜擢される。アブドラは温厚な人柄で知られ，メディアでしばしば「ミスター・クリーン」と評された人物であり，剛腕でもなければ野心家でもなかった。権力闘争を仕掛けるタイプではなく巻き込まれてしまう側だったのだが，時の巡り合わせで副首相になり，ついには首相となった。

1．アブドラ政権による改革

　首相に就任した後のアブドラは，そのキャラクターにふさわしく，ガバナンス改革を追求する姿勢を示した。とくに力を注いだのが汚職対策である。首相として主催した最初の閣議で，アブドラは汚職の一掃をめざすと宣言する。3カ月後の2004年2月には，汚職取締庁が UMNO に所属するカシタ・

ガダム土地・協同組合開発相と，国営製鉄会社プルワジャ・スティールの元社長エリック・チアを逮捕した。同年 4 月，政府は国家健全化計画を発表し，2008年までの目標の筆頭項目として汚職の削減を掲げる（Malaysia 2004, 26）。

アブドラは政府のみならず，与党の浄化にも取り組んだ。2005年 5 月の演説でアブドラは，マレーシア企業が経営のノウハウを獲得する努力を怠り，有力者とのコネクション（know who）形成に腐心する「レント・シーキング中毒」に陥っていると警告する（Abdullah 2005a）。その 2 カ月後の UMNO 年次総会では，党内にはびこる「仲介人文化」（middlemen culture）を批判した（Abdullah 2005b）。またこの年には，UMNO 副総裁補を務めていたモハマド・イサ・サマド連邦領相が，前年の党役員選挙での票買いを理由に 3 年間の役職停止処分を受けている。

ガバナンス改革の点では，汚職対策と並ぶ目玉が「開かれた政治」の実現であった。具体的には，連邦議会の活性化と市民参加の促進，メディア統制の緩和などである。

アブドラは，首相就任後最初の下院演説で，批判を受け入れることの重要性を強調し，民主主義制度としての議会を重視すると述べた[6]。2004年 7 月には，下院に20年ぶりとなる特別委員会を設置する。この特別委員会は刑法と刑事訴訟法の改正法案を審議するためのもので，法改正に関心をもつ団体や個人の見解を聴取するために意見書を募集するとともに，各地で公聴会を開催した。その結果，女性保護や人権擁護につながる法改正が実現している[7]。

メディアについては，アブドラ政権下では目立った制度改革はなかったものの，批判に寛容な政権の姿勢を受けて，主要紙が野党政治家のロング・インタビューを掲載するなど報道の内容に変化が生じた。国境なき記者団による報道の自由度ランキングでは，一時，東南アジアでは東ティモールに次いで 2 番目に自由度が高いと評価された（RSF 2006）。またこの時期はインターネット利用の普及にともない，独立性の高いニュースサイトや政治批評のブログが登場し，多くの読者を獲得した。

　アブドラはガバナンス改革に取り組んだだけでなく，開発政策の見直しにも着手した。首相就任からまもない時期に，マラヤ鉄道複線電化事業の凍結を閣議決定し，メガプロジェクトより農業・農業関連産業や，イスラーム金融，バイオ産業の育成を重視する方針を打ち出した[8]。2006年4月にはシンガポールとジョホールを結ぶコーズウェイ（土手道）の橋梁化事業を中止することを閣議決定し，一方で同年9月にバイオ産業育成策を発表している。

　開発政策の見直しには，政治的な目的もあった。アブドラは，2005年7月のUMNO年次総会で「仲介人文化」を批判した際，ブミプトラ零細企業に対して建設業から農業・農業関連産業への業態転換を促している。マハティール政権下で誕生したブミプトラ企業の多くは建設業者で，アブドラの演説によればその数は1992年の2049社から2005年には4万6000社に激増していた（Abdullah 2005b）。官庁工事を優先的に受注できるブミプトラ建設事業者は，下請企業への仲介役を果たすだけで利益を得ているケースも多かった。だが，数が増えすぎたために経営難に陥る企業が出てきた。行き詰まった土建政治から脱却するために，アブドラはブミプトラ企業家に業態を転換して政府から自立するよう促したのである。

　アブドラはまた，自らの開発政策をイスラームの名のもとに正当化しようと試みた。そのために用いられたのがイスラーム・ハッドハリ（文明的なイスラーム）なる概念である。2004年1月にアブドラがこの概念を発表したときの定義は，「学問と物質的・人的開発，保健，経済・金融システムの点で生活の質の向上をもたらす指針の実践としてのイスラーム」というものであった。それはまた，「包括的な開発にもとづく」ものであり，「農業やバイオテクノロジー，情報通信技術などの分野を含む」ものとされた（Abdullah 2004）。2006年3月に発表された第9次マレーシア計画（5カ年計画）の中では，イスラーム・ハッドハリは「物理的な開発と精神的な開発の均衡を達成するため」の，「包括的かつ普遍的な開発枠組み」であり，つぎの10原則からなるものと定義された。①アッラーへの信仰，②公正で信頼できる政府，③自由な人民，④知識の追求・獲得，⑤バランスよく包括的な経済開発，⑥

良好な生活の質，⑦マイノリティと女性の権利保護，⑧文化的・倫理的高潔，⑨環境保全，⑩強固な防衛能力（Malaysia 2006）。

　このようにアブドラ政権は，（1）ガバナンスを改善（汚職撲滅と参加型政策決定）しつつ，（2）産業分野間のバランスのとれた経済開発をめざし，その過程で（3）ブミプトラ企業家の自立を促そうと試みた。これはマハティール政権期の，（1）効率的な，ときに強権的な行政によって，（2）迅速な工業化と国土開発をめざし，その過程において（3）政府の積極的支援によりブミプトラ企業家を育成する，という方針とは対照的であり，マハティールの政策の負の遺産を是正する試みといえる。

2．頓挫した改革

　アブドラ政権によるこれらの改革は，結果的にはほとんど成果を上げられないまま頓挫した。改革に抵抗するUMNO内部の守旧派と，より抜本的な改革を求める在野勢力から挟撃されるかたちになり，支持を得られなかったのである。

　汚職対策については，大物は捕まえられないとの批判がつきまとった。実際，2007年5月にはプルワジャ・スティール元社長のエリック・チアに無罪判決が下された[9]。カシタ・ガダム元土地・協同組合開発相も，アブドラの首相退任後の2009年8月に無罪になっている[10]。モハマド・イサUMNO副総裁補の処分も，党規律委員会は6年間の党籍停止という厳罰を勧告したにもかかわらず，最高評議会が妥協し，3年間の役職停止という大幅に軽い処分に改めたのであった。

　開発政策の点でもアブドラは妥協を重ねた。首相就任直後に凍結したマラヤ鉄道複線電化事業は，3年後に再開した。コーズウェイ代替橋梁建設計画については，事業を実施するよう強く求めるマハティール前首相の要求を退けたものの，それが原因で前首相と激しく対立することになった。

　またアブドラは，ブミプトラ企業家に自立を求める一方で，政府調達の

60％をブミプトラ企業に割り当てるという制度を新たに実施した[11]。アブドラが「仲介人文化」を批判し，零細企業は建設業から農業に転換して自立せよと訴えた2005年の UMNO 年次総会では，むしろブミプトラ支援策の拡充を求める「マレー・アジェンダ」が焦点になっていた。結局，翌2006年の UMNO 総会でアブドラは，零細建設事業者支援のための追加的財政支出を約束している。またこの年は，ブミプトラの株式保有率30％の実現をめざすという，1973年から続いている政策目標の扱いが問題になった。マハティール前首相の長男が所長を務めるアジア戦略リーダーシップ研究所（ASLI）傘下のシンクタンクが，ブミプトラが保有する株式は2005年 9 月末の時点でクアラルンプール証券取引所の上場株式時価総額の45％あまりに達していたとの推計を発表したためである（CPPS 2006）。この数値は，2004年時点でのブミプトラの株式保有比率は18.4％とした政府推計と大きく異なる。政府関係者は，政府関連企業（GLC）の株式がブミプトラ保有株に組み込まれていることなどを不適切と断じ，シンクタンクの推計は誤りだと主張した。アブドラは結局，ブミプトラ企業に対する支援の継続を選択したのである。

　「開かれた政治」も長くは続かなかった。アブドラ政権期には，政府と協調して立法過程に参加するような市民社会組織だけでなく，政府を批判する社会運動が勃興した。2007年11月には，「クリーンで公正な選挙を求める連合」（ブルシ）の最初のデモ（本書第 5 章参照）と，インド系市民の団体であるヒンドゥー権利行動隊（Hindraf）のデモが首都の中心部で行われている。どちらも数千から 1 万人の参加者を集めた大規模な示威行動であった。アブドラ政権は，街頭デモは認めないというマハティール政権の方針を踏襲しており，どちらのデモも警察が介入して解散させ，負傷者を出す事態となった。

　中途半端な改革とその挫折により，アブドラは有権者と UMNO 党員のどちらの支持も失って失脚することになる。

　アブドラ政権下での最初の総選挙は，首相交代からわずか 4 カ月後の2004年 3 月に実施された。このときは，前回選挙で野党に流れたマレー人票が与党に戻り，BN が下院議席の 9 割を得る完勝を収めた。有権者がアブドラ政

権の業績に初めて評価を下す選挙となったのが，2008年3月に実施された第12回総選挙である。社会運動の弾圧からまもない時期に実施されたこの選挙では，都市部で野党が躍進し，BNの議席が初めて下院定数の3分の2を割った。

　第12回総選挙で躍進した人民公正党（PKR）と民主行動党（DAP），PASの3党は，選挙後に政党連合・人民連盟（PR）を結成する。これにより，長年続いたBNの一党連合優位の状況が崩れ，二大政党連合制が成立した。

　総選挙で多数の議席を失ったことで，UMNOの内部ではアブドラへの不満が高まり，早期退陣を求める声があがった。マハティール前首相がアブドラの辞任を公然と要求したほか，州政権を失ったペラ州の地方幹部らがナジブ副首相に接触し，早期の首相交代を実現するよう求めた[12]。同年8月の補欠選挙で下院議員として返り咲いたアンワル元副首相による揺さぶりも，与党の危機を深めた（本書第2章参照）。アブドラが予定どおり総裁選挙に出馬すれば，対立候補が登場して1987年以来の投票が実施されることも十分にありえた。こうした状況のなか，アブドラは総裁選挙への出馬を見送り，翌年3月に退任すると発表した[13]。

第3節　ナジブ政権期の政治
——改革推進から反動政策へ転換——

　2009年4月3日，ナジブ・ラザクが第6代マレーシア首相に就任した。ナジブは，1953年7月23日にのちの第2代首相アブドゥル・ラザク・フセインの長男として生まれた。第3代首相のフセイン・オンは伯父にあたる[14]。1974年にイギリスのノッティンガム大学を卒業した後，ナジブは国営石油会社ペトロナスに職を得るが，1976年1月に父ラザクが首相在任のまま病死，その補欠選挙に当選して22歳で下院議員になる。1978年にエネルギー・通信・郵政副大臣として入閣，マハティール政権下で最初の選挙となった1982

年選挙後には弱冠28歳で地元パハンの州首相に就任する。1986年に文化・青年・スポーツ相として再び入閣し，国防相と教育相を経験した後，2004年1月に副首相に就任した。UMNO副総裁の子として生まれ，若くして政界に入り重職を歴任したナジブは，前任者のアブドラとはちがい，早くから将来の首相候補と目されてきたエリート中のエリートである。

1. 2013年選挙以前

ナジブ政権発足当初の政策は，2008年3月の総選挙で与党が多数の議席を失ったことの教訓をふまえたものとなった。ナジブは首相就任直前の演説で，「知識が豊富なうえ，要求が厳しく非常に批判的な」有権者が台頭したと述べている[15]。この選挙で躍進した野党・人民公正党は，民族にこだわらない再分配政策の実施と政治の自由化の実現を前面に打ち出した公約を掲げていた（PKR 2008）。そこでナジブ政権は，野党のアジェンダを先取りして，これまでにない思い切った改革に着手した。

ブミプトラ政策については，アブドラの退任表明後まもなく，ナジブはこれを段階的に撤廃すると発言して注目を集めた[16]。首相就任後まもなく，27業種についてブミプトラへの株式割当制度を撤廃し，その2カ月後には，上場に際しブミプトラに株式の30％を割り当てる制度の廃止[17]を発表している[18]。くわえてナジブは，開発戦略を抜本的に見直すために国家経済諮問評議会（NEAC）を設置する。2010年3月30日にNEACが発表した『マレーシアのための新経済モデル』（通称NEM）では，民族別割当制を段階的に廃止し，下位40％の世帯所得の引き上げをアファーマティブ・アクションの目的とすることが提言された（NEAC 2010）。この提言を受け，同年10月に政府が発表した第10次マレーシア計画（Malaysia 2011）では，下位40％世帯の平均月収に関して数値目標が設定された（2009年の1440リンギを2015年には2300リンギへ引き上げる）。

民族にこだわらない再分配政策を正当化するために，ナジブ政権は「ワ

ン・マレーシア」（1Malaysia）というスローガンを多用する。ワン・マレーシアの名を冠した社会政策のなかで，とりわけ国民生活へのインパクトが大きかったのは，2012年に始まったワン・マレーシア国民支援（BR1M）プログラムである。BR1M は低所得層に対する現金給付事業であり，開始当初は月収3000リンギ未満の世帯に500リンギの一時金を支給した。2012年時点での平均世帯月収は5000リンギちょうど，中央値は3612リンギであり，BR1M の支給対象は340万世帯に及んだ。その後は給付対象の拡大と給付金額の引き上げを繰り返しつつ現在まで続いている。

　このほかにも，中間層世帯を対象に住宅を供給するワン・マレーシア国民住宅（PR1MA）事業，１回１リンギで診療を施すワン・マレーシア・クリニックの設置など，さまざまな施策が実施された[19]。これらの施策はいずれも，民族の枠組みにとらわれず，低所得層や都市中間層，学生，高齢者といったグループをターゲットとする福祉政策である。

　しかし，UMNO 内部にはブミプトラ政策見直しへの反発があり，ナジブ政権は妥協を強いられた。NEM については，マハティール元首相らから強い批判を受けたこともあり，第10次マレーシア計画ではブミプトラの株式保有比率を30％に引き上げるという従来の政策目標が引き継がれることになった。

　第１次ナジブ内閣は政治制度についても思い切った改革に着手した。平和的集会法を制定してデモを合法化し，抑圧的な悪法として国際的に名高かった国内治安法を廃止するなど，さまざまな法改正を実施した。

　政府による社会統制がアブドラ政権期以上に緩和されるなかで，政治改革を求める社会運動はいっそうの盛り上がりをみせた。その動きをリードしたのが選挙制度改革を求める市民団体「ブルシ2.0」である。ブルシは一般市民を引き付けて未曽有の大規模デモを実現し，政府に圧力をかけた。政府はブルシの要求を一部受け入れるかたちで選挙制度改革を実施したが，市民の理解は得られず，むしろ不十分な改革への不満がさらに大きなデモとなって表出されることになった。

2．2013年選挙以後

2013年5月に実施された第13回総選挙ではPRがさらなる躍進を遂げ，政権交代は果たせなかったものの得票率ではBNを上回った。とくに党勢を拡大したのは非ブミプトラ・非ムスリムを支持母体とするDAPであった。ナジブ政権による改革は，華人・インド人からの支持には結び付かなかったのである。BNでは華人が主体のマレーシア華人協会（MCA）とマレーシア人民運動党（グラカン）が惨敗を喫したため，第2次ナジブ内閣は事実上の「ブミプトラ内閣」となった。

総選挙を境に，ナジブ政権の政策は民族融和と政治的自由化を基調としたものからマレー民族主義，権威主義の方向へと急激に逆戻りする。

総選挙から4カ月後の9月14日，ナジブ首相は「ブミプトラ経済活性化アジェンダ」を発表した。この新たな政策パッケージでは，ブミプトラの人材育成，株式所有の拡大，非金融資産（おもに不動産）の拡大，企業家精神の育成，政策実行システムの強化という5つの目標が設定され，それぞれについて目標の実現に向けた具体策が盛り込まれた（表1-1参照）。今回の目玉ともいうべき事業は，国営持株会社PNBによる新たな投資信託スキームASB2の設立と，起業支援スキーム（SUPERB）の立ち上げである。

ASB2は，ブミプトラだけに購入を認める低リスク・高利回りの金融商品の第2弾であり，1口・1リンギで100億口の販売を予定している。一人当たりの購入上限は，1990年に発売された第1弾のASBでは2000リンギだったのに対し，ASB2では20万リンギ（20万口）へと大幅に引き上げられた。

SUPERBは最大で50万リンギの事業開始資金をブミプトラ企業家に融資するスキームである。企業家育成に関しては，2億リンギ規模の事業拡張基金の新設と研修プログラムの導入が追加策として2014年3月に発表されている。

これらを除くと，ブミプトラ経済活性化アジェンダに掲げられた具体策の

表1-1　ブミプトラ経済活性化アジェンダ

1．人材育成
- 低学歴・低技能の青年向け研修施設の強化と研修プログラムの拡充。
- 未就労大卒者研修プログラムの増員。
- 重要部門，ハイテク部門の高度人材育成を目的とする大学既卒者向け教育プログラムの拡大。
- 会計士，専門医師，建築家，エンジニア，保険数理士など専門家向け研修の拡充。

2．株式所有の拡大
- 国営持株会社 PNB による新たなブミプトラ投資信託スキーム（ASB2）の設立（100億口）。2014年4月2日に1口・1リンギで販売を開始（購入上限は20万口）。同年8月15日までに5万3345人に計10.7億口を販売。
- ブミプトラ企業に対する上場支援事業を首相府のブミプトラ・アジェンダ指導局（TERAJU——2011年2月設立）から政府系資産運用会社エクイナス（2009年9月設立）に移管して強化。2014年11月までに10社が支援を申請。

3．非金融資産の拡大
- ブミプトラ不動産投資公社（Pelaburan Hartanah Berhad）などを通じた戦略的立地における商工業用地の開発・取得。
- 中所得層向け住宅供給を目的に2012年に設立した政府系住宅供給会社のワン・マレーシア国民住宅（PR1MA）社などを通じたブミプトラ向け住宅供給の拡充。
- 政府関連企業によるブミプトラ向け不動産開発の強化。
- イスラム基金（Malaysian Wakaf Foundation）の会社化。

- 都市部での住宅，商工業施設開発の支援を目的とする政府系不動産開発会社 UDA の強化。

4．企業家精神の育成
- 貧困世帯向けマイクロ・クレジット基金（Amanah Ikhtiar Malaysia）に5年間で3億リンギを追加支給。受給者を35万人から2015年までに50万人に増やす。
- 農業・農業関連産業省傘下のブミプトラ企業家支援機関（TEKUN Nasional）に7億リンギを追加支出。支援対象企業を2013年の27万社から2015年には37万社に拡大する。
- 政府関連企業のブミプトラ・ベンダー育成プログラムの強化（2014年8月までに17社をアンカー企業に指定）。政府関連企業の調達等におけるブミプトラ参加率目標の設定と，経営者業績評価基準への組込。
- 省庁，政府系企業による大型事業での入札でブミプトラ企業を優遇する。
- ブミプトラ起業スキーム（SUPERB）を設置し，3年間で1億リンギを割当。SUPERB は最大で50万リンギの事業開始資金を融資する。
- ブミプトラ事業拡張基金を設置し2億リンギを割当（2014年3月10日発表）。技術系企業の事業拡張に融資する。
- ブミプトラ青年企業家育成プログラム（TUBE）を設置し1000万リンギを割当（2014年3月10日発表）。研修・支援により500人の企業家の育成をめざす。

5．政策実行システムの強化
- 全省にブミプトラ開発局（UPB）を設置。

（出所）　新聞報道，政府関連機関ウェブサイト等をもとに作成。

ほとんどは既存事業の強化策である。そのため，さほど重大な政策変更では
ないとみることもできよう。ただしブミプトラ経済活性化アジェンダの発表
を機に，政府はブミプトラ政策を着実に実施するための努力を強化した。首
相を議長とするブミプトラ経済評議会（MEB）を設置し，月に一度のペース
で会合を開いて政策実施状況を監視している。MEB 会合ののちには，ナジ
ブ自身が記者会見で政策の成果を報告する。ワン・マレーシアを強調してい
た頃と比べると，ナジブ政権のブミプトラ政策にかける意気込みは明らかに
高まったといえる。

　政治制度については，廃止を約束していた扇動法を維持・強化し，批判者
をつぎつぎに逮捕したほか，社会統制のための新たな立法を行っている。

　2013年総選挙を経て，政党間の関係も大きく変化している。選挙後は BN
議員の９割近くをブミプトラが占め，PR の側では非ブミプトラ議員が過半
数を占めることになった。この変化が引き金となって政党システムに新たな
変化が生じ，現在に至るまで政党間関係が流動化した状態にある。

おわりに

　ここまで，改革と反動のあいだで揺れたマハティール退任後の政治の動き
を振り返った。次章からは，とくに重要なトピックについて掘り下げて分析
する。そのトピックどうしの関係性について，ここで簡単に言及しておきた
い。

　第２章では政党システムの揺らぎを扱う。政党システムの変化は主要アク
ター間の力関係の変化であり，長年続いた BN の一党連合優位制が崩れたこ
とはポスト・マハティール期の政治においてもっとも重要な変化のひとつと
いえる。2008年総選挙を経て二大政党連合制が成立したが，2015年の PR の
瓦解を経てさらなる変化が生じている。この章を通じて，政党システムの変
化がときには政策の変化を促す要因となり，ときには逆に，政策の変化が政

党システムの変化を促す要因となったことを示す。

　第 3 章では選挙における投票結果の変化を扱う。投票結果の変化は政党システム変容の主因であり，ポスト・マハティール期の政党政治のダイナミズムを生み出した根源的な要因といえる。この章では，マハティール政権末期に実施された選挙区割りの変更という制度的要因と，有権者の政治意識のあり方との組み合わせが2008年総選挙での野党躍進を促したことなどを示す。

　第 4 章では，この時代の改革の本丸ともいうべき政治制度改革を扱う。マハティール時代の政治の仕組みの何をどう変えるべきかをめぐって，与野党間のみならず，与党の内部でも鋭い対立が生じた。政治アクター間の力関係の変化の帰結として改革が進んだり停滞したりするという側面がある一方で，改革をめぐる対立がアクター間の関係性の変化を促すという側面もある。この章では首相の権力維持という観点から政治制度改革をめぐる政策の揺らぎを説明する。

　第 5 章ではポスト・マハティール期に入ってさかんになった社会運動を扱う。この時期の社会運動は，いかに多くの市民が政治改革を望んでいるのかを顕在化させ，それが改革を求める機運のさらなる高揚につながった。その意味で，社会運動こそが社会の内部に改革へのモメンタムを生み出した要因だったと考えることもできる。

　これらのほかにも，ポスト・マハティール期に生じた重要な政治的変化はいくつもある。しかし，そのすべてを本書で扱うことはできない。残された課題については終章で言及する。

〔注〕————————————————

(1)　それ以前にも，特別委員会（Special Select Committee）が設置された事例は 4 件しかなかった（Ahmad 1969, 144; *New Straits Times*, June 30, 2006）。

(2)　法的には，州首相の任命権は各州のスルタン（または知事）がもつ。マハティールによれば，彼が首相在任中には各州のスルタンに州首相候補を 1 人だけ推薦し，各州スルタンはそれを問題視することなく受け入れたという（*The Malaysian Insider*, September 11, 2014）。ところが，2008年総選挙後には

プルリス州とトレンガヌ州のスルタンが，アブドラが推薦した現職の州首相の再任を拒んだ。どちらも州内の UMNO 組織において十分な支持がなかったためにスルタンが介入したものとみられている（Ahmad Fauzi and Muhamad Takiyuddin 2012, 933-934）。

⑶　マラヤ共産党（Communist Party of Malaya）の武装蜂起にともなう非常事態令が1960年に解除され，1948年非常事態勅令が失効したために国内治安法が制定された。

⑷　これらの法改正については鈴木（2010）が詳しい。鈴木によれば，国家機密法の改正には情報公開の手続きを公的に制度化するという側面もあった。

⑸　ムフティーとは，ファトワー（イスラームの法規定に関する権威ある見解）を出すことを職務とする法学者である（小杉 2002）。マレーシアでは州ごとにムフティーが任命されている。

⑹　*Penyata Rasmi Parlimen Dewan Rakyat*, November 3, 2015, 16-17（2003年11月3日付連邦議会下院公式議事録）。

⑺　詳しくは中村（2007）を参照されたい。

⑻　*New Straits Times*, December 18, 2003.

⑼　*New Straits Times*, May 27, 2007.

⑽　*New Straits Times*, August 13, 2009.

⑾　ただしこの制度は，退任の前日にマハティール首相が発表した第8次マレーシア計画中間報告書のなかで提示されたものである（Malaysia 2003, 82）。つまり，運用が始まったのはアブドラ政権になってからだが，立案したのはマハティール政権だった。

⑿　*New Straits Times*, April 15, 2008.

⒀　*New Straits Times*, October 9, 2008.

⒁　ラザクの妻ラハ・ノアは，フセインの妻スハイラ・ノアの妹である。フセインの長男で現国防相のヒシャムディン・フセインはナジブのいとこにあたる。

⒂　*New Straits Times*, March 25, 2009.

⒃　*New Straits Times*, October 24, 2008.

⒄　ただし，ブミプトラに株式を割り当てる制度が完全に廃止されたわけではない。このときの制度改正により，新規公開株の12.5％をブミプトラに割り当てればよいことになった。

⒅　*New Straits Times*, April 23, July 1, 2009.

⒆　詳しくは，ワン・マレーシア事業の紹介サイト（http://www.1malaysia.com.my）を参照されたい。

〔参考文献〕

＜日本語文献＞

金子芳樹　2004.「マハティール体制の確立過程――マレーシアにおける政治体制とリーダーシップ」関根雅美・山本信人編『現代東アジアと日本４ 海域アジア』慶應義塾大学出版会　201-230.

木村陸男　1989.「1988年のマレーシア――ポスト90年体制の構築に向けて」アジア経済研究所編『アジア動向年報』アジア経済研究所　356-386.

小杉泰　2002.「ムフティー」大塚和夫・小杉泰・小松久男・東長靖・羽田正・山内昌之編『岩波イスラーム辞典』岩波書店　987-988.

鈴木絢女　2010.『＜民主政治＞の自由と秩序――マレーシア政治体制論の再構築』京都大学学術出版会.

鳥居高　1998.「マハティールによる国王・スルタン制度の再編成」『アジア経済』39(5)　５月　19-58.

中村正志　2006.「ポスト1990年問題をめぐる政治過程――ビジョン2020誕生の背景」鳥居高編『マハティール政権下のマレーシア――「イスラーム先進国」をめざした22年』アジア経済研究所　69-113.

―――　2007.「アブドゥラ政権下の政治開放――成果と限界」『アジ研ワールド・トレンド』(136)　１月　40-46.

＜英語・マレー語文献＞

Abdullah Ahmad Badawi. 2004. "Pelancaran dan Perasmian Islam Hadhari Pengurusan Negara Islam." (http://www.pmo.gov.my/ucapan/?m=p&p=paklah&id=2830).

――― 2005a. "Speech at the Harvard Club Malaysia Dinner." (http://www.pmo.gov.my/ucapan/?m=p&p=paklah&id=2945).

――― 2005b. "Speech at the UMNO 56th Annual General Assembly." (http://www.pmo.gov.my/ucapan/?m=p&p=paklah&id=2969).

Ahmad bin Abdullah. 1969. *The Malaysian Parliament (Practice & Procedure)*. Kuala Lumpur: Dewan Bahasa Dan Pustaka.

Ahmad Fauzi Abdul Hamid and Muhamad Takiyuddin Ismail. 2012. "The Monarchy and Party Politics in Malaysia in the Era of Abdullah Ahmad Badawi (2003-09): The Resurgence of the Role of Protector." *Asian Survey* 52(5): 924-948.

Chin, James. 2015. "A Decade Later: The Lasting Shadow of Mahathir." In *Malaysia Post-Mahathir: A Decade of Change?* edited by James Chin and Joern Dosch. Singapore: Marshall Cavendish Editions, 16-40.

36

CPPS (Centre for Public Policy Studies). 2006. "Corporate Equity Distribution: Past Trends and Future Policy." (http://www.cpps.org.my/downloads/d_%20corporate_ equity_distribution.pdf).

Gomez, Edmund Terence. 1994. *Political Business: Corporate Involvement of Malaysian Political Parties*. Townsville: James Cook University of North Queensland.

Gomez, Edmund Terence and Jomo K. S. 1997. *Malaysia's Political Economy: Politics, Patronage and Profits*. Cambridge: Cambridge University Press.

Hwang, In-Won. 2003. *Personalized Politics: The Malaysian State under Mahathir*. Singapore: Institute of Southeast Asian Studies.

Mahathir Mohamad. 2002. "Speech at the Harvard Club Malaysia Dinner." (http://www. pmo.gov.my/ucapan/?m=p&p=mahathir&id=1149).

Malaysia, Government of. 2003. *Mid-Term Review of the Eighth Malaysia Plan 2001-2005*. Kuala Lumpur: Percetakan Nasional Malaysia Berhad.

—— 2004. *National Integrity Plan*. Kuala Lumpur: Integrity Institute of Malaysia.

—— 2006. *Ninth Malaysia Plan 2006-2010*. Kuala Lumpur: Percetakan Nasional Malaysia Berhad.

—— 2011. *Tenth Malaysia Plan 2011-2015*. Kuala Lumpur: Percetakan Nasional Malaysia Berhad.

NEAC (National Economic Advisory Council). 2010. *New Economic Model for Malaysia Part I: Strategic Policy Directions*. Kuala Lumpur: Percetakan Nasional Malaysia Berhad.

Ooi, Kee Beng. 2006. *Era of Transition: Malaysia after Mahathir*. Singapore: Institute of Southeast Asian Studies.

PKR (Parti Keadilan Rakyat). 2008. *A New Dawn for Malaysia*.

RSF (Reporters Sans Frontiers). 2006. "Worldwide Press Freedom Index 2006." (https:// rsf.org/en/worldwide-press-freedom-index-2006).

＜新聞，インターネット・メディア＞
New Straits Times
The Malaysian Insider

第 2 章

幻の二大政党制

——変わる政党システム，変わらない UMNO のヘゲモニー——

中 村 正 志

はじめに

2008年 3 月に実施された第12回総選挙によって，マレーシアに国民戦線（BN）と人民連盟（PR）からなる二大政党制（two-party system）もしくは二大政党連合制（two-coalition system）が誕生したといわれた（山本編 2013; Saravanamuttu 2012）。独立いらい半世紀も続いた一党優位制が崩れ，政党間の勢力配置が様変わりしたのであり，これこそポスト・マハティール期におけるもっとも重要な政治的変化だといっても過言ではない。

ただし，2 つの政党連合が並び立つ状況は長くは続かなかった。2008年総選挙を契機に発足した PR は2015年 6 月に瓦解した。その後，与野党の双方に内紛が生じ，有力政治家による新党結成が相次いでいる。マハティール・モハマド元首相もまた，いまでは新政党の指導者である。そのマハティールが，かつて自身が投獄したアンワル・イブラヒムやリム・キッシャンら野党指導者と手を組む一方，ナジブ・ラザク首相の率いる統一マレー人国民組織（UMNO）は長年のライバルである汎マレーシア・イスラーム党（PAS）に接近している。政党間の関係は非常に流動的だ。

このダイナミックな政党システムの変化を把握することが，本章の目的である。一国のうちにある複数の政党は，相互作用を通じて全体としてひとつ

のシステムを形成している。社会のなかの多様な利益は，この政党システム
を通じて集約され，公的意思決定の場に表出される。したがって政党システ
ムは，誰のいかなる利益が政策に反映されやすいのかや，政策の変わりやす
さ，振れ幅など，政治過程のあり方と帰結を規定する。だから，ある国の政
治の基本的な特性を知るには，その国の政党システムの様態を知ることが欠
かせない。

　マレーシアで2008年総選挙を境に政党システムが変化したのは，野党の議
席が劇的に増えたためである。この選挙で野党が躍進できた理由については
第3章（鷲田論文）で扱う。一方，本章が取り組む中心的な問いは，2013年
総選挙の後しばらくして二大政党連合制が崩れ，政党間関係が流動化したの
はなぜかという問題である。

　これまでの研究は，2013年総選挙で野党が続伸したことを受けて，BN優
位の時代はすでに終わり，今後はBNとPRとが並び立つシステムが続くと
みていた。Saravanamuttu（2015, 59）は，2008年総選挙が決定的分岐点とな
り，二大政党連合制が続く経路依存性が生じたとさえ述べている。

　こうした見方の背景には，1990年代以降，野党連合・代替戦線の誕生など
を契機として「新しい政治」が発展してきたという通念がある。Loh（2003,
279）は，旧来の民族志向（ethnicism）に加えて開発主義や参加型民主主義へ
の志向が育ち，それぞれの立場からの主張，競合が行われるようになった状
況を「新しい政治」と呼んだ。2008年選挙を経てPRが台頭すると，民族利
益の追求は古い政治，民族の垣根を越えた利益の追求が新しい政治とみなさ
れるようになる。Yang Razali Kassim（2015, 25）は，2013年総選挙はBNが
担う古い政治とPRがもたらす新しい政治との争いだったと主張した。一方
を「新しい」，他方を「古い」と呼ぶレトリックは，新しいものが古いもの
にとってかわっていくはずだという予見を暗に含む。

　しかし，このレトリックにはロジックがなかった。先行研究は二大政党連
合制を堅牢なものとみていたが，堅牢さを支えるメカニズムや条件を明示し
なかった。したがって，PRが瓦解して政党システムが流動化したいま，そ

うなった理由を先行研究の知見から導くことはできない。

　一時は堅牢にみえた二大政党連合制が急速に不安定化したのはなぜか。この問いに取り組むにあたり，本章はまず，マハティール政権期とポスト・マハティール期の政党間勢力配置状況を把握する作業から始める（第1節）。最初に有効政党数の変遷をみて，政党システムの基本的な特徴を量的に把握する。この作業から，与党連合 BN の加盟政党を別々の政党としてカウントした場合，マレーシアの政党システムはマハティール政権期から現在まで一貫して多党制であることがわかる。一方，BN をひとつの政党とみなした場合，「一党連合優位制から二大政党連合制へ」の変化が明瞭になる。この作業から，単独で突出した勢力をもつ政党が存在しないマレーシアでは，合従連衡のあり方が政党システムを決定的に左右することがわかる。つぎに，「一党連合優位制から二大政党連合制へ」の変化のなかで，もともとあった一党連合，すなわち BN にいかなる質的な変化があったかを検討する。そのための作業として，BN の内部における勢力配置（得票率，議席率，閣僚ポスト数等）の基本構造と変化をみる。この作業から，「1 から 2 へ」という数のうえでの変化と並行して，BN の内部では「UMNO のヘゲモニー下で非ブミプトラ政党も得票率と同程度の比率の閣僚ポストを得るシステム」から「実質的なブミプトラ政党連合」へという質的な変化が生じていたことがわかる。

　つづいて，PR がいかなる環境のもとで誕生し，どのような活動を行い（第2節），いかにして瓦解したのか（第3節）を整理する。PR を結成したのは，アンワル元副首相が率いる人民公正党（PKR），華人が主力の民主行動党（DAP），イスラーム主義政党の PAS の 3 党である。まずは PR 結成当時の政治状況を振り返り，かれらが発表した文書を用いて基本政策を整理する。そのうえで，現地の新聞やインターネット・メディアの報道にもとづき，PR がいかにして瓦解したのか，その過程を跡づける。一連の作業を通じて，PR においてはとくに PAS が政策面での妥協を強いられ，にもかかわらず2013年総選挙での党勢拡大に失敗したことからイスラーム主義に回帰して

DAP と対立したこと，その背景に PAS の宗教政策に対する UMNO の協力があったことを示す。

最後にここまでの考察を統合して，二大政党連合制がなぜ不安定化したのかを推察する（おわりに）。2度の総選挙を経て，BN では非ブミプトラ政党の議席が著しく減少したため，UMNO にはかれらに配慮する動機が薄れると同時に，その余裕がなくなった。一方 PR の側では，PAS が政策面で妥協したにもかかわらずその議席は伸びず，DAP の勢力が拡大するなかで PAS の影響力のさらなる低下が見込まれた。2013年総選挙によって生じた BN，PR 双方の内部における勢力配置の変化が，野党どうしを競わせることで自身の議席を守りたい UMNO と，政策的影響力を確保したい PAS のウラマー（宗教知識人）幹部の接近を促した。こうして最大民族のマレー人を代表する2党が与野党の垣根を越えて接近する事態が生じ，2つの多民族政党連合からなる政党システムが不安定化した，というのが本章の結論である。

第1節　数値でみる政党間勢力配置の構造と変化 (1982～2013年)

マレーシアではこれまで一度も政権交代が生じていない。UMNO を中心とする与党連合は，独立からマハティール政権期までほぼ一貫して[1]，連邦議会下院議席の7割以上を保持してきた（図2-1）。直近の2013年選挙は過去最低の成績となったが，それでもまだ，BN の議席占有率は59.9％という高い水準にある。

政権交代がないことを重視すれば，マレーシアの政党システムは一党優位制ないし覇権政党制の事例とみなせる。この2つの類型のちがいは民主主義か否かのちがいである（サルトーリ 2000）。かつて日本の自由民主党がそうであったように，長期間，特定の政党が自由で公正な選挙に勝ち続けているのが一党優位制である。一方，非民主的な法律や慣行があるために野党に勝ち目がない場合は覇権政党制である。マレーシアの場合，言論の自由や結社

図2-1　下院選挙における与党連合の議席占有率と得票率の推移

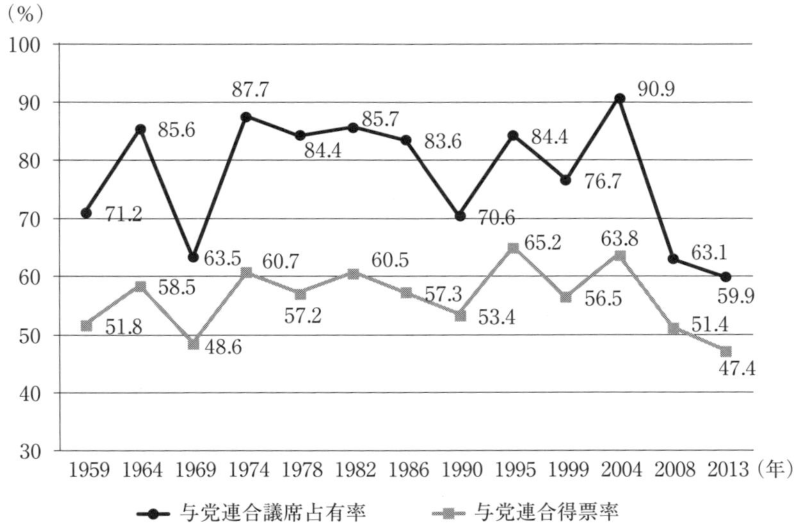

(%)

(出所)　ECFM (1960) ならびに ECM (1965; 1975; 1980; 1983; 1988; 1992; 1997; 2002; 2006; 2009; 2015) をもとに筆者作成。

(注)　1959年選挙，1964年選挙，1969年選挙についてはマレー半島部のみが対象。1969年選挙については本章の注1を参照のこと。

の自由に対する制約が厳しく，野党議員や市民団体幹部の逮捕も珍しくないため，政治体制は完全な民主主義とはいえない[2]。したがって，その政党システムは覇権政党制と評価するのが妥当といえる。

　しかし，完全な民主主義ではないという点だけを重視して，マレーシアの政党システムはいまも昔も覇権政党制だと何の留保もなしに断定することには，少なくとも2つの問題がある。第1に，ポスト・マハティール期に生じた変化が把握できなくなってしまう。マレーシアの場合，州政府では政権交代があり，下院選挙でも閣僚がしばしば落選するなど選挙の競争性は高い。最近の政治体制論では，非民主制のなかでも民主主義に近い制度をもつ競争的権威主義の一例とされている (Levitsky and Way 2010)。選挙の競争性が高いからこそ，二大政党制が誕生したとメディアで報じられるような変化が生

じたのである。

　第2に，どの政党がマレーシアの覇権政党なのかは，じつは自明なことではない。覇権政党制に関する比較政治学の文献では，歴代首相が所属するUMNOがマレーシアの覇権政党だとされるが（Brownlee 2007; Magaloni 2006），UMNOが下院の過半数議席を得たことは一度もない。マレー人の民族政党であるUMNOは，ほかの民族を代表する政党と連携して議会の多数派を構成してきた。独立当初からのUMNOのパートナーは，現在のマレーシア華人協会（MCA）とマレーシア・インド人会議（MIC）の2党[3]で，当時この3党は連盟（Alliance）という名の政党連合を形成していた。1963年にマレーシアが結成されると，連盟はサバ，サラワクの政党と連携し，1973年にBNへと改組・改名して現在に至る。

　ただし，UMNOを覇権政党とみなすのは過誤であるともいえない。UMNOは，首相・副首相をはじめ，内相，外相，国防相，財務相[4]など重要閣僚ポストを占めているからである。したがって，覇権政党というレッテルをUMNOとBNのどちらに貼るのが正しいのかを問うてもはっきりした答えは出ないし，この問い自体があまり有意義ではない。重要なのは，選挙での投票がいかなるプロセスを経てUMNOの権力を増幅させてきたのか，また他の政党はどの程度の票とポストを得ているのか，ポスト・マハティール期にいかなる変化が生じたのかなど，BN内部の政党間関係の具体的なあり方を確かめることであろう。

　そこで本節では，マレーシアの政治体制が完全な民主主義ではないということはいったん棚上げして，マハティール政権期とポスト・マハティール期における政党間勢力配置の状況を，有効政党数などいくつかの指標を用いて確かめる。

1．有効政党数の変遷

　図2-2は，議会における有効政党数と選挙における有効政党数の変遷を示

したものである。マハティール政権下で初めて行われた総選挙（1982年）か
ら直近の総選挙（2013年）までを対象とした。有効政党数とは，政党間の勢
力の差を勘案して政党の数を表現する指標である。もし2つの政党が議席を
半分ずつ分け合っていればそれはまさに二大政党制だが，一方の議席が全体
の75％で他方の議席が25％の場合は二大政党制とは言い難い。このような差
を勘案して政党数を算出するための代表的な指標が，Laakso and Taagepera
（1979）のつぎの指標である。

$$N = \frac{1}{\sum_{i=1}^{n} p_i^2}$$

　議会における有効政党数を計るなら p_i は政党 i の議席占有率であり，選挙
時のそれを計るなら p_i に各党の得票率を用いる。
　たとえば，2つの政党が選挙に参加したものとしよう。両党の勢力が同一
のとき有効政党数は，

$$N = \frac{1}{(0.5)^2 + (0.5)^2} = 2$$

である。一方の政党が75％を占め他方が25％の場合，有効政党数は，

$$N = \frac{1}{(0.75)^2 + (0.25)^2} = 1.6$$

となる。本章では便宜的に，議席占有率を用いて算出した有効政党数を議会
有効政党数，得票率を用いて算出した有効政党数を選挙有効政党数と呼ぶこ
とにする。
　図2-2が示すように，マレーシアの場合，BN の加盟政党をそれぞれ別々
の政党として有効政党数を計算したときと，BN を1党として計算したとき
では数値が大きく異なる。BN加盟政党を別々の政党とみるなら，マハ
ティール政権期からポスト・マハティール期にかけて，マレーシアの政党シ

図2-2　マハティール政権期とポスト・マハティール期における有効政党数

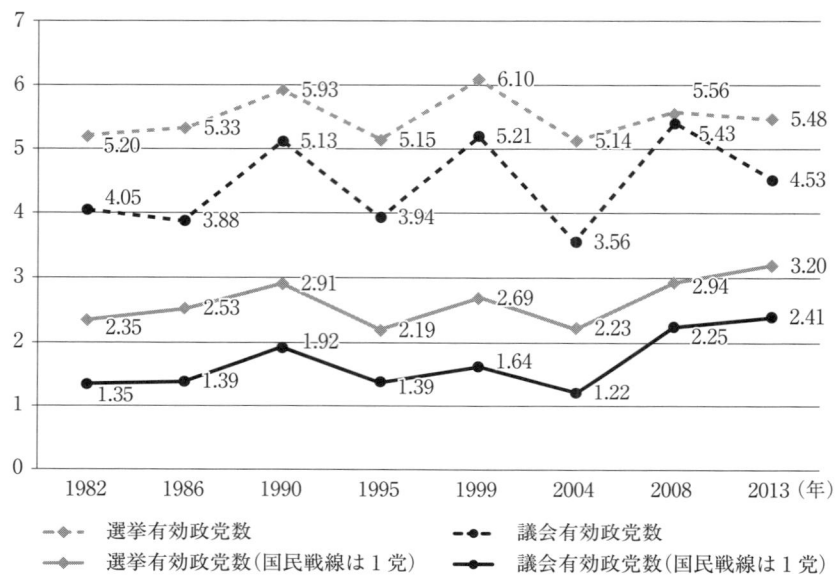

- - ◆ - - 選挙有効政党数　　　　　　　　- - ● - - 議会有効政党数

─── ◆ ─── 選挙有効政党数（国民戦線は 1 党）　　─── ● ─── 議会有効政党数（国民戦線は 1 党）

（出所）　ECM（1983; 1988; 1992; 1997; 2002; 2006; 2009; 2015）より算出。国民戦線加盟政党別の
　　　得票率と議席数はアジア経済研究所（各年版），新聞報道等を参照して算出した。

ステムは一貫して多党制であった。議会有効政党数の最小値は3.56（2004年），
最大値は5.43（2008年）である。3 党から 5 党までのシステムを限定的多党
制，5 党以上のシステムを極端な多党制とするサルトーリ（2000）の分類に
したがえば，この時期のマレーシアは 2 つの類型のあいだを行き来していた
ということになる[5]。

　有効政党数は，選挙制度と社会的亀裂のあり方との組み合わせによって決
まる（粕谷 2014; Cox 1997; Chhibber and Kollman 2004）。マレーシアの選挙制度
は，1 人区制で最多得票候補が当選するという，イギリスと同じルールであ
る（単純小選挙区制）。この制度は政党の数を減らす効果をもち，二大政党制
をもたらしやすいといわれるが（Duverger 1954; 1986），言語や宗教，部族な
どによって社会が多数の集団に分断されている場合は多党制になりうる。マ

レーシアやインドがその例である。

　単純小選挙区制は二大政党制を生むとは限らないものの，多くの死票を出し，議会における有効政党数を下げる効果をもつ。その効果は，選挙有効政党数と議会有効政党数との差として表れる。BN 加盟政党を別々の政党としてみた場合，議会有効政党数は選挙有効政党数の81.1％に圧縮されている（対象期間の平均値）。

　さきほど図2-1でみたように，2008年総選挙以降，与党連合である BN の得票率と議席占有率は急速に低下している。しかし BN を別々の政党としてみると，議席占有率と得票率のどちらで計っても，有効政党数には2004年総選挙までと2008年総選挙以降とのあいだにはっきりした傾向のちがいがない。与野党のあいだで票や議席が大きくスイングしても，それが有効政党数の変化に直結しないのである。マレーシア社会は民族的な多様性に富み，それが政治に色濃く反映されている。与野党間の票の移動が有効政党数にあまり影響を与えないという事実は，与野党のどちら側にも，ひとつの政党が包括政党として台頭しづらい環境があることを示している[6]。

　ただし BN は恒常的な政党連合であり，議会の議決ではつねに与党としての規律が保たれ，選挙ではすべての選挙区で統一候補を擁立していることから，加盟政党を別々の政党とみるのではなく丸ごとひとつの政党として数えるのが適切とも考えられる[7]。

　BN をひとつの政党としてみると，2004年選挙までの一党優位の状況が鮮明に浮かび上がる。議会有効政党数は，おおむね1.3程度で推移してきた。1990年選挙では1.92と例外的に高い数値になったが，これはおもに，前年に UMNO が分裂したことと，選挙の直前にサバ統一党（PBS）が BN から脱退したことによるものである。このときほどではないが，1999年選挙の際も1.64と例外的に高い数値となった。これは，人気の高かったアンワル副首相が前年に解任・逮捕されたことなどによって UMNO が大きく議席を減らしたことによるものである。

　BN を１党とみなすと，2004年選挙までと2008年選挙以降でははっきりし

た傾向のちがいがある。2008年選挙では，議会有効政党数（2.25）と選挙有効政党数（2.94）のどちらも過去最大の値となった。2013年選挙ではそれをさらに上回り，選挙有効政党数は3.20，議会有効政党数も2.41まで伸びた。図2-1でみた与党後退・野党躍進を反映した数値である。DAPとPKR，PASの3党が構成するPRをも1党とみなすと，2008年の議会有効政党数は1.87，2013年のそれは1.92と，二大政党制と呼びうる数値になっている[8]（選挙有効政党数は2008年に2.04，2013年は2.07）。

またBNを1党とみなす場合，別々の政党とみなした場合に比べて選挙有効政党数と議会有効政党数との乖離が大きくなる。対象期間を平均すると，議会有効政党数は選挙有効政党数の63.7％に圧縮されている。与党各党は，政党連合を形成することで票を効率的に議席に転換してきたのである。

2．BN内部の勢力配置

では，単純小選挙区制がもたらすこの効果を，より多く享受してきたのはどの党だろうか。また，ポスト・マハティール期に入って一党連合優位が崩れるなかで，どの党が割を食うことになったのだろうか。以下では，BN加盟政党を（1）UMNO，（2）非ブミプトラ3党（MCA，MIC，グラカン），（3）サバ・サラワクの地方政党，の3つのグループに分けて，マハティール政権期とポスト・マハティール期におけるBN内部の勢力配置を確認する。

図2-3は，下院選挙におけるUMNOの得票率と議席占有率，BN議席に対するUMNOのシェア，ならびにUMNOの閣僚職占有率の変遷を示したグラフである。一見して，UMNOが得票を効率的に政治職に転換してきたことがわかる。

選挙での得票率は，1995年選挙と2004年選挙では例外的に35％を超えたが，その他の選挙では30％前後だった。対して議席占有率は，最低でも35.6％（2008年），最高で49.8％（2004年）を記録し，つねに得票率より高い。この期間の平均値をとると，UMNOの議席占有率は得票率より10.6ポイント高い。

図2-3　UMNO の勢力の変遷（1982〜2013年）

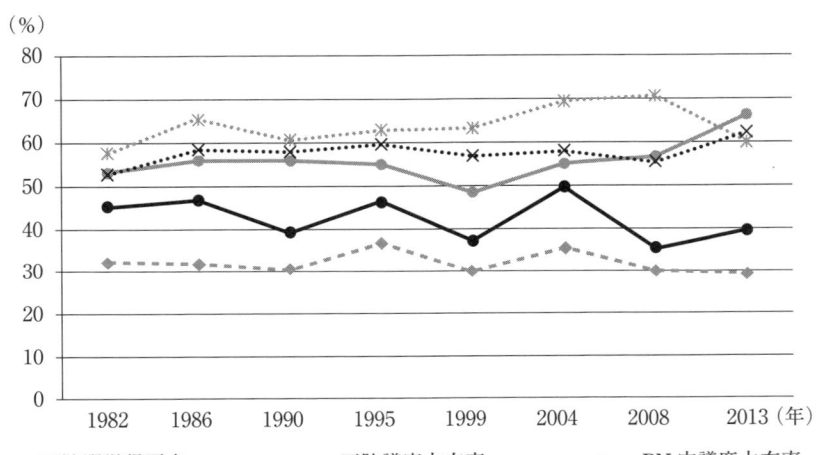

- ◆- 下院選挙得票率　　　—●— 下院議席占有率　　　—●— BN 内議席占有率
··×·· 閣僚職占有率（正副大臣）　··×·· 閣僚職占有率（正大臣のみ）

（出所）　得票率と議席占有率については図2-2に同じ。閣僚職占有率については新聞報道にもと
づく。

ただし，前述したとおり UMNO が単独で下院議席の過半数を得たことはな
い。

　UMNO の議席は単独で政権をとれるほどには及ばないが，与党連合の主
導権を握るには十分なサイズといえる。BN の内部で UMNO の議席が占め
る割合は，おおむね50％台半ばで推移してきた。50％を割ったのは1999年選
挙（48.6％）のときだけである。この選挙では，アンワル副首相解任・逮捕
の影響などにより UMNO が苦戦したが，MCA など非ブミプトラ政党は好調
を維持した。逆に2013年選挙では，MCA とグラカンが惨敗する一方，
UMNO の成績は持ち直したため，UMNO のシェアは66.2％とこれまでにな
く高くなっている。

　閣僚ポストについてみると，正副大臣ポストの総計に対する UMNO の
シェアは，マハティール政権期からポスト・マハティール期に至るまで，お
おむね50％台で安定的に推移してきた。これは，与党連合内における

UMNOの議席シェアとほぼ同水準か，やや高い値である。1999年選挙の際は議席シェアが下がったにもかかわらず，執政職のシェアは維持された。正大臣ポストに限るとUMNOのシェアはさらに高く，6割弱から7割に及ぶ。とくにアブドラ政権期（2004年，2008年）の数値が高い。鷲田（2015）の計量分析によれば，首相の在任期間が短く，首相と同じ州から選出されたUMNO議員が少ないときほど，UMNOが得る正大臣ポストのシェアが高くなる傾向がある（対象期間は1971年から2013年）。新任首相や地盤の小さい首相は，資源配分にあたり，連立パートナーとの関係強化よりも自党からの要求の充足を優先せざるをえないのだと考えられる。アブドラの場合はまさに，在任期間が短く，小さいうえにマレー人が少ないペナン州の出身のため子飼いの議員が少なかった。そのため，党内支持基盤を固めるための資源として閣僚ポストを使わざるをえなかったのだろう[9]。

　平均的にみると，マハティール政権期とポスト・マハティール期を通じてUMNOは，3割強の得票率で議席の4割強を得，与党連合内部では55％程度の議席シェアをもつ過半数勢力として君臨してきた。正副大臣ポストのシェアは与党連合内の議席シェアと同水準，正大臣職に限れば6割から7割をUMNOが占めてきた。BNを通じてUMNOは，選挙での支持を効率的に議席に転換し，さらには議席に対して過大な執政ポストを得てきたのである。UMNOのヘゲモニーは，このような仕組みを通じて成り立っている。

　つぎに非ブミプトラ3党（MCA，MIC，グラカン）のデータをみると，UMNOとは対照的に，票を効率的に議席に結び付けることができていないことがわかる（図2-4）。1982年選挙以降，議席占有率が得票率を1ポイント以上上回ったのは1999年選挙だけで，ほかの選挙ではほぼ同じか，議席占有率が得票率よりも低かった。とりわけポスト・マハティール期に入ってから票を議席に転換する効率が著しく悪化しており，2008年選挙では得票率15.1％に対して議席占有率9.0％，2013年選挙では得票率12.2％に対して議席占有率5.4％であった。図2-1でみたようにBN全体としてはつねに得票率より高い議席占有率を得てきたが，非ブミプトラ3党は受益者ではなかったの

図2-4　非ブミプトラ 3 党（MCA, MIC, グラカン）の勢力の変遷（1982〜2013年）

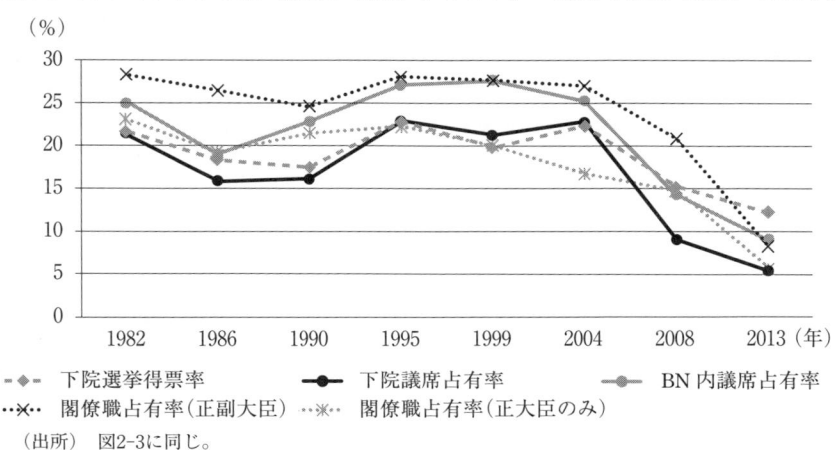

- ‒◆‒ 下院選挙得票率　　　━●━ 下院議席占有率　　　━●━ BN 内議席占有率
- ⋯✕⋯ 閣僚職占有率（正副大臣）　⋯✱⋯ 閣僚職占有率（正大臣のみ）

（出所）　図2-3に同じ。

である。

　票と議席のギャップが UMNO と，のちにみるサバ・サラワクの地方政党にのみ有利に働いているのは，農村部の選挙区がこれらの政党に割り当てられ，かつ農村部が過大代表されているからである（Lee 2015; Lim 2003; Rachagan 1987; 1992; 1993）[10]。非ブミプトラ 3 党は登録有権者数の多い都市部の選挙区をおもに担当しているため，得票数に対して少ない議席しか得られない。票と議席のギャップをもたらす一票の格差が，とくに近年，野党だけでなく与党の非ブミプトラ 3 党にも不利に働いているのである[11]。

　マハティール期からポスト・マハティール期にかけての変化をみると，非ブミプトラ 3 党の選挙での成績は UMNO に比べて変化の幅が大きい。得票率については，マハティール政権期から2004年選挙までのあいだ，好調時には22％前後，不調時には17％から18％で，変動幅は同時期の UMNO のそれと大差ない。しかし1986年選挙と1990年選挙では票の減少幅より議席の減少幅が大きく，この 3 党が構造的に不利な状況におかれていることがわかる。3 党の得票率は，2008年選挙では15.1％に低下した。この値は，マハティール政権下での最低値である1990年選挙の数値（17.4％）と比べれば 2 ポイン

トあまりしかちがわない。ところが，1990年選挙での３党の議席占有率が16.1％だったのに対し，2008年選挙では前述のとおり9.0％まで落ち込んだ。票と議席のギャップを生む制度のもと，得票率16％から18％のあたりに非ブミプトラ３党にとっての分水嶺があり，この数値を超えることができなければ，連立パートナーを有利にする制度が３党には大きな不利益をもたらすようだ。

　BN内部における３党の議席のシェアは，マハティール政権期から2004年まではおおむね４分の１前後で推移しており，２割を切った1986年選挙（18.9％）は例外だった。ところが2008年選挙以降は２度続けて激減し，2013年選挙では１割を割った（9.0％）。

　閣僚ポストのシェアは，正副大臣の合計ではUMNOの場合と同様にBN内の議席シェアと同水準のことが多い。1986年選挙や2008年選挙のように議席シェアが急落したときには閣僚ポストのシェアも下がるが，下げ幅は抑制されてきた。ただし2013年選挙については，前回選挙よりも成績が悪ければ入閣を辞退するとMCAとグラカンの執行部が事前に公約したため，新内閣はもっぱらUMNOとサバ・サラワクの政党で構成される「ブミプトラ内閣」の様相を呈した。その後MCAとグラカンでは執行部が交代し，MCAのリャオ・ティオンライ総裁，グラカンのマー・シュウキョン総裁らが入閣したため，2016年末時点で３党のシェアは18.3％になっている。

　正大臣に限ってみると，非ブミプトラ３党のシェアはBN内の議席シェアを下回っており，1990年選挙以降はその傾向が顕著である。前述のように正大臣のポストはUMNOの取り分が多く，非ブミプトラ３党が割を食っている。

　このように，非ブミプトラ３党はUMNOに比べて不利な立場におかれている。それでも得票率と閣僚ポストのシェアとを比較すると，２党が自ら入閣を拒んだ2013年選挙を除けば，正副大臣の合計では閣僚ポストのシェアが得票率より平均で6.5ポイント高く，正大臣に限ると２つの数値はほぼ同一であった。すなわち非ブミプトラ３党の支持者は，その勢力に比例する分よ

図2-5　サバ・サラワクの地方政党の勢力の変遷（1982〜2013年）

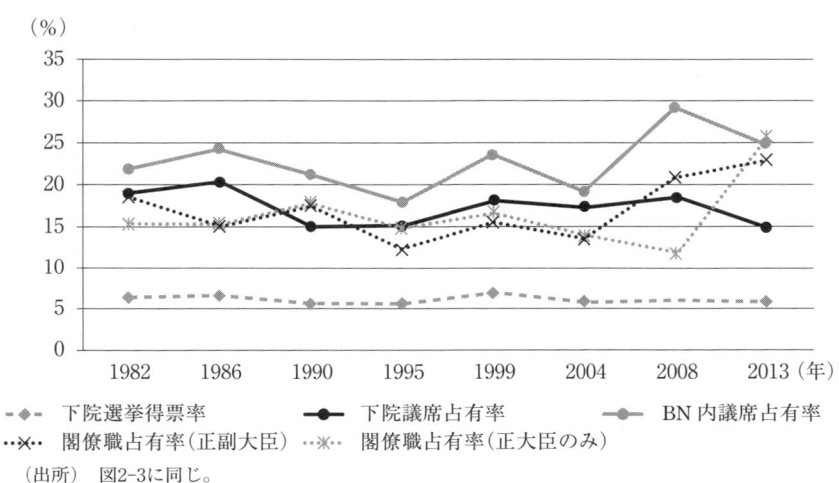

- ◆ 下院選挙得票率　　─●─ 下院議席占有率　　─●─ BN 内議席占有率
- ×‥ 閣僚職占有率（正副大臣）　‥※‥ 閣僚職占有率（正大臣のみ）

（出所）　図2-3に同じ。

りもやや多い数の代表を閣内にもっていたのである。

　最後にサバ・サラワクの地方政党についてみると，得票に対して著しく過大な議席を得ている。得票率は 6 ％前後で推移しているが，議席占有率は15％前後から20％に達しており，平均で得票率の2.8倍にも及ぶ。このように極端なギャップが生じるのは，サバ州とサラワク州がマレー半島部の諸州に比べて過大代表されているからである。これは，1963年にサバ，サラワクとシンガポール[12]がマラヤ連邦とともにマレーシアを結成した際，両州への配慮からとられた措置であり，この措置が憲法規定（161E 条）によって維持されてきた。

　一方で，サバ・サラワクの政党への閣僚ポスト配分は少なく，閣僚ポスト占有率は BN 内部における議席のシェアをつねに下回っている。これは両州の政党がいずれも州内にのみ組織をもつ地方政党であり，党首を含む幹部の多くが州政権の運営に携わっていることによる。

　変化に着目すると，マハティール政権期には1990年選挙を境に議席占有率が目立って低下している。これは前述のように，この選挙の直前に PBS が

BN を脱退したことによるものである。PBS の脱退を受けて，1995年総選挙では UMNO がサバに進出した。一方，サラワクにはおもにマレー・ムスリムの利益を代表する政党として統一ブミプトラ伝統党（PBB）が存在するため，UMNO はいまでも同州には進出していない。

ポスト・マハティール期については，やはり2008年選挙での変化が目立つ。この選挙では UMNO と非ブミプトラ３党が苦戦したため，与党連合におけるサバ・サラワクの地方政党のプレゼンスが急速に高まった。続く2013年選挙では両州でも野党が伸びたが，それでも依然として，与党にとってサバ・サラワクの政党の重要性は高い。2008年選挙，2013年選挙ともに，マレー半島部では BN の議席が85，PR の議席が80と与野党が伯仲しており，サバ，サラワクの政党が連立の相手を変更すれば政権交代が実現する状況が続いている。重要性の高まりを反映して，2008年選挙からサバ・サラワクへの閣僚ポスト配分が増えている。

以上のように，マハティール政権期からポスト・マハティール期の政党システムは，政治体制が完全な民主主義ではなく政権交代がないことを重視すれば覇権政党制とみなせるが，見方によっては一貫して多党制ともみなせる複雑なものであった。多党制を生み出すような社会構造のもとで，民族政党が寄り集まって政党連合を組むことで「一党連合優位」の状況が生まれた。この仕組みのもと，一票の格差の恩恵を受ける UMNO のヘゲモニーが実現する一方，華人やインド人の利益を代表する政党も得票率に相当する数の閣僚ポストを得，サバ州とサラワク州からは人口に比して過大な数の議員が選ばれてきた。

変化に着目すると，マハティール首相の退任から半年足らずのうちに実施された2004年選挙は，マハティール政権期の傾向を引き継いだものであった。アブドラ政権の実績を，事実上はじめて問う選挙となった2008年選挙では，一党連合優位が崩れ，「権威主義体制下の二大政党連合制」という珍しい状況が生まれた。BN の側でとくに多くの議席を失ったのは非ブミプトラ政党であり，この傾向は2013年選挙でも続いた。権威主義体制下での「一党連合

優位制から二大政党連合制へ」の変化と，それと裏表の関係にある非ブミプトラ与党の劇的な勢力退潮が，ポスト・マハティール期の政党システムの特徴といえる。

　次節からは，二大政党連合制をもたらした PR の成り立ちと，その崩壊のプロセスを振り返る。

第 2 節　人民連盟（PR）の成り立ちと活動（2008年選挙から 2013年選挙まで）

1. PR の成り立ち

　2008年 3 月 8 日に実施された第12回総選挙では，下院選挙（定数222）で野党の PKR と DAP，PAS がそれぞれ31議席，28議席，23議席を獲得し， 3 党合計での議席占有率が36.9％に達した。野党第 1 党となった PKR はブミプトラと非ブミプトラの双方で構成される民族横断政党だが，DAP は事実上の非ブミプトラ政党，PAS はほぼマレー人のみで構成されるイスラーム政党であり，民族，宗教がからむ問題では 3 党間に大きな立場の隔たりがある。それでも総選挙から 3 週間後の 4 月 1 日， 3 党は PR を旗揚げし，BN と PRとが並び立つ二大政党連合制が成立する。

　二大政党制とは，通常，全国レベルの政党システムのありようを指すことばだが，マレーシアで二大政党連合制が成立するうえでは国政選挙以上に地方選挙が重要だった。下院選挙と同時に実施された州議会選挙において，主要野党が連立すれば政権を獲れるという状況が複数の州で生じ，かつては激しく対立していた野党どうしが連携する誘因になったからである。

　このときの州議会選挙では，クランタン，クダ，ペナン，ペラ，スランゴールの 5 州で BN の議席が過半数に満たなかった。クランタンでは PASが単独で過半数議席を得ていたが，クダでは PAS と PKR が連立すれば過半

数，ペナンではDAPとPKRが連立すれば過半数，ペラとスランゴールでは3党が連立すれば過半数に達するという状況であった。

　州の執政官は，スルタン制がある9州では統治者（スルタン），それ以外の4州[13]では知事によって任命される。統治者ないし知事は，まず，自身の判断によって「過半数の議員の信任を得られるであろう議員」を州首相[14]に任命し，つぎに州首相の助言にもとづいて執政評議会の委員を任命する[15]。執政評議会は州の内閣に，その委員は大臣に相当する。このような手続きであるため，選挙後に連立政権を形成しようとする政党は，誰を州首相にするかについて早急に合意する必要がある。

　選挙の直後から3党は連立のための協議を開始し，原則，3党のうちの最大党派から州首相を出すことで短期間のうちに合意した。もともとPASが州政権を握っていたクランタン州では引き続き同党のニック・アジズ・ニック・マットが州首相を務める。同じくPASが第1党となったクダ州では，同党のアジザン・アブドゥル・ラザクが州首相に就任した。一方，ペナン州議会ではDAPが半数近くの議席を獲得し，同党のリム・ガンエン書記長が州首相となった。スランゴール州では，3党のうちもっとも多くの議席を得たPKRの幹事長アブドゥル・カリド・イブラヒムが州首相になった。

　唯一の例外はペラ州である。3党のなかの最大勢力はDAPだったが，ペラ州王室はPASのモハマド・ニザール・ジャマルディンを州首相に指名した。DAPから州首相が選ばれなかったのは，スルタン制のある9州では，「マレー人でイスラーム教徒」（of the Malay race and professes the Muslim Religion）である人物しか州首相に任命できないと州憲法で規定されているからである。ペラのDAPにはマレー人議員がいなかった。DAPの指導者は一時，ペラ王室の判断に抗議したが，まもなく抗議を撤回し，選挙の9日後にはモハマド・ニザールが州首相に就任して決着した[16]。

　これらの連立合意が速やかに成立したのには訳がある。3党はそれぞれ独自のマニフェストを掲げて別々に選挙を戦っていたものの，水面下では不戦協定が結ばれていたのである。選挙の1年前にあたる2007年3月，PASの精

神的指導者であり党の意思決定に強い影響力をもつニック・アジズが，つぎ
の選挙で DAP と共闘する可能性を示唆した[17]。その5カ月後には，PKR の
ワン・アジザ・ワン・イスマイル総裁が，候補者を一本化することで同党と
PAS，DAP が合意したと述べた[18]。選挙運動を別々に行っていたので目立た
なかったが，翌年の総選挙で3党は，マレー半島部の下院選挙区165区，州
議会選挙区445区において，候補者調整をほぼ完遂していた[19]。この選挙で
初当選を果たした DAP 所属の下院議員リュウ・チントンによれば，3党間
の協議において，候補者を一本化しつつ選挙運動は各自で行うのが議席を増
やすうえで得策との判断がなされたのだという[20]。

　野党が候補者調整を実施するのはこれが初めてではなかった。野党間協調
は，1990年代から断続的に行われてきた。1990年総選挙の際には，UMNO
非主流派が新たに結成した46年精神党[21]（S46）を仲立ちに，同党と DAP，
PAS の候補者調整が実現した。このときは，S46が PAS ほかマレー人政党3
党とムスリム共同体統一戦線（APU）を組み，他方で DAP や左派の民族横
断政党であるマレーシア人民党（PRM）など4党と「人民の力」を構成した
（Khong 1991, 8-12）。PAS と DAP のあいだには宗教政策に関して大きな選好
の隔たりがあったが，中間派の S46を介して間接的な協力関係が成立したの
である。

　1999年総選挙では一歩踏み込んで，PAS と DAP が初めて直接手を結んだ。
このとき仲介役となったのは，PKR の前身・国民公正党である。3党は
PRM とともに「代替戦線」を結成し，候補者調整を実施したのに加え，統
一公約を掲げて選挙に臨んだ。この統一公約は，加盟政党間で隔たりのある
宗教政策には言及せず，首相任期の制限（2期まで）や報道の自由化，所得
税免除枠の拡大，最低賃金制度の導入など，4党の利害が一致する政策を盛
り込んだものであった（Barisan Alternatif 1999）。2001年には宗教政策をめぐ
る対立が先鋭化して DAP が代替戦線を脱退したが，2004年総選挙での惨敗
を経て，PAS，DAP ともに中道，穏健路線を模索しはじめた[22]。2008年総選
挙における3党間の候補者調整と州レベルでの連立政権樹立，PR の旗揚げ

は，こうした歴史のうえに実現したものであった。

2．PR の活動

PR は，結成から2013年総選挙までの 5 年間，大過なく州政権を運営した。この間も宗教政策やブミプトラ政策をめぐる対立が間欠的に表面化したものの，それが激化することはなかった。州レベルとはいえ，PAS と DAP がともに政権運営に参画し，政権党としての任務を 1 期まっとうしたことが，PR と過去の野党協調との決定的なちがいである[23]。

ただしペラ州では，2009年 2 月に PKR 所属州議会議員 2 人と DAP 所属議員 1 人が離党し，無所属議員として BN 支持に回ったため，BN が州政権を奪還している[24]。この政権交代は，一部の PR 議員が BN の多数派工作に屈したために生じたものであり，イデオロギー対立のために PR 政権が瓦解したわけではない。この一件が教訓となり，DAP が主導するペナン州議会は2012年11月に議員の任期中の離党を禁じる州憲法改正法案（Anti-hopping Bill）を可決した。この州法は翌年 2 月に施行され，同州では州議会議員が離党したら失職するというルールが導入された[25]。

州政権を獲得したことで地方政府の運営に携わることになったのは，州首相や執政評議会の委員だけではない。市などの地方自治体の幹部にも PR 加盟 3 党の党員が登用された。マレーシアの地方自治体はイギリスのカウンシル制度をモデルにしており，「議会が自治体という位置づけ」（齋藤 1998, 157）にある。地方議会（local council）は地方自治体における意思決定の最高機関であり，議長が首長である。議員は，独立前後の時期には選挙で選ばれていたが，地方自治体選挙は1965年に停止され，以降，議員・議長ともに州政府によって任命されている。つまり州議会選挙を制した政党は，州内にある地方自治体の首長と議員の任命権をも手中に収めたことになるのである。たとえばスランゴール州の場合，12の地方自治体に合わせて288の議員ポストがあり，2016年初頭の時点では120議席が PKR に，92議席が DAP に，67

が PAS に配分されていた[26]。5つの州議会を制したことで，3党合わせて数百人の地方幹部が，連立パートナーと協力して自治体を運営する経験を積んだのである。

　一方，国政においては，2008年3月の総選挙後しばらくのあいだ，PR は BN から議員を引き抜いて政権交代を実現しようと画策する。のちに BN がペラ州で仕掛ける工作を，中央政界を舞台に PR が仕掛けていたのである[27]。9月半ばまでの政権交代をめざした多数派工作が不首尾に終わると，PR は与党に対抗して独自の予算案を策定・公表するなど，野党としての活動に専念することになった。

　翌2009年の12月，PR は第1回大会を開催する。各党から500人ずつ，計1500人を集めたこの大会で，3党は共同政策綱領を発表した[28]。それは四大項目，すなわち（1）透明性ある真の民主主義，（2）高度で持続可能かつ公平な経済の推進，（3）社会的公正と人間開発，（4）連邦−州関係と外交政策，のもとに具体策を列記した包括的な政策パッケージである。

　共同政策綱領（Pakatan Rakyat 2009）の特徴を，ここでは4点指摘したい（詳しくは章末の資料2-A を参照）。第1の特徴は，民族間関係を規定した憲法条項の遵守を明記し，PR が「護憲派」であることを示した点にある。連邦憲法は，イスラームを国教，マレー語を国語と定め，マレー人とその他の先住民の「特別の地位」を認めている。一方で憲法は，宗教や人種による差別を禁じ，信仰の自由，マレー語以外の言語の使用，教育，学習の権利を保障している。これらの規定は独立期の政治過程から生まれたものであり，当時の UMNO-MCA-MIC 連盟の合意にもとづく。「独立協約」とも呼ばれるこの憲法規定を，PR の側でも遵守すると宣言したのである。国家−社会関係を大きく変えることはないと最初に宣言することで，野党が政権を獲ったら何をするかわからないという，有権者が政権交代に抱く不安を払拭するのがひとつの狙いであろう。

　では，PR の政策は BN の政策とどうちがうのか。第2の特徴として指摘できるのは，共同政策綱領の全体に通じる強い平等志向である。所得格差，

地域間格差（州間，半島部−サバ・サラワク間），ジェンダー格差への対策が多く盛り込まれたほか，青年層向けの職業訓練や住宅政策，高齢者向けの年金政策，農村向けの教育支援策など，社会各層のニーズに合わせた支援策も提示された。

　第3の特徴は，ガバナンス改革への志向である。これには，政治制度改革と汚職対策の2種がある。政治制度改革としては，抑圧的法律の廃止，司法の信頼性回復，連邦議会の強化など，汚職対策としては，議会による反汚職委員会（MACC）の監視，国家オンブズマン局の創設，入札制度の改革，警察改革があげられている。民主化と汚職撲滅は，従来から野党が前面に打ち出してきたアジェンダである。

　これらに加えて，この政策文書に「何が欠けているか」という点を第4の特徴として指摘したい。政府の政策と比べたとき，具体的なブミプトラ支援策とイスラーム振興策を欠いているのがこの文書の特徴である。「ニーズにもとづく格差是正策」が再分配政策や教育支援策の基本方針に掲げられており，特定のエスニック集団をターゲットとする支援策は一切ない。イスラーム政策としては，巡礼基金などの経営強化が謳われているのみである。宗教政策としてむしろ，民事法（civil law）とイスラーム法（syariah law）の重複の解決や，信仰の場と埋葬用地の確保など，非ムスリムのニーズを意識した施策が目立つ。

　あらためて簡単にまとめると，国がよってたつ基本理念・制度は変えず，ガバナンスを改善し，民族や宗教にはこだわらずに庶民のニーズに合わせた政策を実施する，というのが共同政策綱領で示された方針である。その後のPRの政策は，この方針に則して組み立てられていく。2010年12月の第2回大会で採択された政策文書「いま変革を，マレーシアを救え！」（通称「オレンジ本」）では，共同政策綱領を実行に移すうえでとくに重視する領域としてつぎの8項目が掲げられた。(1) 国家機関の解放，(2) 公正な所得分配を通じた繁栄，(3) 可処分所得の増額，(4) 政府の可視化による国民への権限付与，(5) 教育と教育者の重視，(6) 大学改革，(7) 汚職取締，(8) 対等な

パートナーとしてのサバ・サラワク（Pakatan Rakyat 2010）。2013年総選挙の統一公約「人民のマニフェスト」（Pakatan Rakyat 2013）は，産業振興策や公共交通整備計画なども含むより包括的な政策パッケージになったが，やはり共同政策綱領の基本方針に沿った内容であった。

　野党である以上，こうした政策を PR が主体的に実施することはできない。しかし PR が掲げた政策の一部は，BN 政権，とりわけ初期のナジブ政権によって実施されることになった。ナジブ政権が取り組んだ下位40％の家計をターゲットとする再分配政策（本書第6章参照）や国内治安法廃止などの法制度改革（第4章参照）は，あきらかに PR の政策を意識したものである。くわえて，連邦議会に選挙制度改革案を討議する特別委員会が設置され，消えないインクの使用などの改革が実現したことは，PR と市民社会組織による共闘の成果といえる（第5章参照）。

　以上のように PR は，2008年選挙からの5年間，州政府と地方自治体の運営を通じて実務能力を証明し，国政においては少数派ながらも訴求力のある代替政策を示して政府の政策に強い影響を与えた。これらの実績が二大政党連合制の誕生を印象づけ，政権交代への期待を生み，2013年の下院選挙で PR が BN を上回る票を獲得するという結果につながったのだと考えられる。

第3節　政党間関係の流動化（2013年選挙以降）

1. PR の瓦解，希望連盟（PH）の旗揚げ

　2013年5月の第13回総選挙において，PR は前回に比べ7議席増の89議席を獲得し，議席占有率は40.1％に達した。ただし内訳をみると，DAP が前回比10議席増となる38議席を得た一方，PKR の獲得議席は1議席減の30，PAS の議席は2議席減って21となった。PR 内部の勢力図が大きく変わったのである。州議会選挙では，クダ州を失い，ペラ州政権の奪回にも失敗して，

PR 政権が続いたのはクランタン，ペナン，スランゴールの 3 州のみになった。前回選挙後，クランタン，クダ，ペラの 3 州で PAS から州首相が選ばれていたことをかんがみれば，州議会選挙についても PAS の勢力後退が目立つ。

PR において従属的な立場におかれた PAS は独自の政策を追求しはじめ，DAP，PKR との対立を厭わぬようになる。そして本章の冒頭に記したように，総選挙の 2 年後には PR の解体に至る。

PR の内部対立の引き金となり，解体の根源的理由ともなったのがハッド刑[29]の問題である。ハッド刑とは，「クルアーンまたはハディースに言及され，その量刑を変えることができないイスラーム刑法上の身体刑」（森 2002）であり，姦通罪と姦通についての中傷罪，飲酒罪，窃盗罪，追いはぎ罪が対象となる。これらの犯罪に対し，既婚者の姦通罪なら石打ちの刑，窃盗罪なら手足の切断などと処罰が決められている。1970年代以降，イスラーム世界においてシャリーア（イスラーム法）の実施を求める動きが強まるなかで，ハッド刑を施行することの意義が強調されるようになった（遠峰 1982）。

PAS にとってシャリーアにもとづく統治体制の確立は，結党以来の党是である。1990年総選挙で12年ぶりにクランタン州政権を奪取した際，PAS は同州においてハッド刑を実施するための法案を上程し，州議会がこれを可決した[30]。この州法，1993年シャリーア刑法 II は，公布されたものの施行には至らなかった。連邦憲法（第 9 付則）において，刑法の立法権は連邦政府の管轄事項と定められているためである。

ハッド刑を実施するための法律は存在するが施行できないという状況は，今日まで続いている。PAS は長らく，現状維持を許容しているようにみえた。第13回総選挙の半年前にあたる2012年11月の党総会では，アブドゥル・ハディ・アワン総裁（以下ハディ総裁）が，PAS と DAP はハッド刑の施行について「合意しないことに合意している」と述べた。この発言は，前日のウラマー部会（Dewan Ulamak）総会でハルン・タイブ部会長が，PAS が議会の過半数を制したらハッド刑を含むシャリーアを実施することで PR は合意して

いると述べたことへの対応である[31]。ハディ総裁自身もウラマーであるが，このときはDAPとの関係や選挙への影響をおもんぱかってハッド刑問題の争点化を回避しようとしたのだと考えられる。

　ところが，2013年5月の総選挙から半年ほどが過ぎると，状況は大きく変わっていく。決定的な転機になったのが，隣国ブルネイの動きである。2013年10月22日にブルネイのハサナル・ボルキア国王は，6カ月以内にハッド刑を実施すると発表した。そして実際に，2014年4月22日にハッド刑実施のための法律が施行された[32]。ブルネイの動きはクランタン州政府高官を刺激した。州首相のアフマド・ヤコブは，ブルネイの発表を受けてハッド刑の実施に対する自信を深めたと述べ，まもなく州副首相のモハマド・アマル・ニック・アブドラが，ハッド刑に関する州の技術委員会の初会合を2014年の年初に開催すると発表した[33]。この委員会は，形式的には2年以上前に発足していたものの事実上休眠状態にあった。だがこの時期を境に，1993年シャリーア刑法IIの施行に向けた準備の担い手になっていく。

　ハッド刑を実施するためには憲法改正が必要というのが，これまでの定説だった。ところがクランタンのモハマド・アマル州副首相らは，1993年シャリーア刑法IIの施行には憲法改正は不要だと主張した[34]。かれらは，連邦議会がその管轄事項を州議会に移管する権限をもつことを定めた連邦憲法76条A(1)を根拠に，連邦議会の過半数の賛成で州の立法権を拡大できると考えていたのである[35]。州副首相は，1993年シャリーア刑法IIの施行に必要な連邦法の改正を，2014年末までに議員立法によって実現するとの見通しを述べた[36]。

　クランタン州政府は，法律の整備に加えて刑執行の準備にも着手した。モハマド・アマル州副首相は，ハッド刑実施のための技術委員会の委員長でもあり，手足の切断は外科医が行うと述べた。この発言に全国医師会の会長が反発すると，四肢切断はそのための専門家が行うとの方針を技術委員会が示し，イスラーム法の運用を司る州のムフティー[37]がこれを追認した[38]。

　クランタン州政府の動きを，党中央も支持した。2013年11月の党総会期間

中にハディ総裁は，1年前とは真逆の態度を示す。クランタン州政府のハッド刑実施計画を党が総力を挙げて支援することを承認し，DAP の意向にかかわらずハッド刑を実施する，UMNO と協議する用意があるなどと述べたのである[39]。これ以降ハディ総裁は，DAP と対立し，UMNO と協調してでもハッド刑の実施をめざすという態度をはっきり示すようになっていく。

2014年12月14日，クランタンのアフマド州首相は，1993年シャリーア刑法 II を改正するための臨時議会を同月29日に開催すると発表した。アフマドはこの法改正について，クランタン州でハッド刑を実施するための議員立法案を連邦議会に上程する手続きの一環だと説明した[40]。

一方 DAP は，ちょうどこの日に年次総会を開催しており，ハッド刑実施に反対することを決議していた。リム・ガンエン書記長は，PR はつぎの総選挙で勝ってもハッド刑を実施しないと宣言すべきだと述べた[41]。

このころ，マレー半島の東岸部を中心に大雨が続いており，クランタン州では大規模な洪水が発生した。そのため同州政府は臨時議会の召集を見送り，3カ月後の2015年3月18日に1993年シャリーア刑法 II の改正法案を州議会へ上程，翌日に全会一致で可決した。

クランタンでの動きにあわせて，連邦議会では下院議員である PAS のハディ総裁が，4月9日までの会期中に1965年シャリーア裁判所（刑事裁判権）法改正の動議を希望する旨を議会事務局に申告した。この連邦法は，シャリーア裁判所が下すことができる刑罰の上限を禁固3年，むち打ち6回，罰金5000リンギおよびこれらの組み合わせと定めたもので，クランタン州でハッド刑を実施するには改正する必要がある[42]。このときは会期末に間に合わず実現しなかったが，その後もハディは法改正の動議の申告を繰り返すことになる。

PAS がハッド刑実施に向けた法整備を始めたことによって，同党と DAP との関係は転機を迎えた。DAP は2015年3月24日に中央執行委員会の緊急会合を開き，PAS のハディ総裁と断交することを決定した。その前日にリム・ガンエン書記長は，ハディ個人をターゲットとして批判し，PR をひと

りで出て行くべきだと主張していた。PAS のなかには「進歩派」と呼ばれる一群の指導者がいて，かれらはウラマーであるハディ総裁らとは異なり，ハッド刑の施行を急ぐより DAP，PKR との共闘体制の維持を重視していた。その頭目は，モハマド・サブ党副総裁である。このとき DAP は，PAS の内部で力関係に変化が生じ，モハマド・サブら進歩派が主導権を握る可能性に一縷の望みをつないだのかもしれない。だとすれば，その期待は裏切られることになる。

　クランタン州議会が1993年シャリーア刑法 II を改正したとき，PAS では 6 月の中央役員選挙に向けた前哨戦が始まっていた。各地域（kawasan）の大会で候補者を推薦する手続きが進められていたのに加え，モハマド・サブ副総裁がハディ総裁の追い落としを画策している証拠とされる音源がインターネットで公開されるなど，暗闘が繰り広げられた[43]。3 月28日にはウラマーで副総裁補のトゥアン・イブラヒム・トゥアン・マンが副総裁選挙でモハマド・サブに挑戦する意思を表明した。また，これまで総裁選挙は単一候補（現職ないし代行）が無投票で信任されるのが慣例となっていたにもかかわらず，今回は挑戦者が現れた。ハディ総裁に挑戦したのは，過去に副総裁補を務めた経験をもつベテランのアフマド・アワンである。アフマドは，ハディ総裁とウラマー評議会（Majlis Syura Ulamak）の独断専行を批判していた[44]。

　党総会開幕の日の前日にあたる 6 月 3 日，ウラマー部会が役員選挙の推薦候補者リストを配布した。党のウラマー組織がこのように露骨なやり方で役員選挙に影響力を行使するのは前例のないことである。さらにウラマー部会は，この日行われた総会で DAP との断交を求める緊急動議を採択した。

　翌日，総裁（1 人），副総裁（1 人），副総裁補（3 人），執行委員（18人）の座をめぐる中央執行委員会選挙が実施された。当選者は，執行委員 1 人を除き，すべてウラマー部会が推薦した候補であった。モハマド・サブら PR を重視する進歩派幹部は文字どおり完敗した。

　その 2 日後，新たに選出された中央執行委員会とウラマー評議会は DAP

との断交を求めるウラマー部会の動議を支持することを決め，党総会で採択した。この党総会決議により，事実上，PASとDAPの協調関係に終止符が打たれた[45]。その日のうちにペナン州首相のリム・ガンエンは，PASに所属する州執政評議会委員に辞表を書くよう迫った[46]。DAPは6月15日の中央執行委員会会議で，同党との断交を決めたPAS総会決議を受け入れることを決め，リム書記長がPRは消滅したと宣言した。この流れを受けて，当初は対立する2党をとりなそうとしたPKRもDAPに追従し，ワン・アジザ総裁がPRは死んだと述べるに至る[47]。7月11日にPASの最高意思決定機関であるウラマー評議会があらためてDAPとの断交を認め，PRは完全に終焉した。

PASの役員選挙に勝ったウラマー幹部がDAPとの断交を選んだのに対し，敗れた進歩派幹部18人は6月16日に会合を開き，新たな政治運動を立ち上げることを決める。G18と呼ばれたかれらの動きは，当初から新党設立を視野に入れたものであった[48]。かれらはまず，7月13日に「新希望運動」なる組織を立ち上げる。暫定運営委員会の委員長に就任したモハマド・サブは，結成式後の記者会見で，イスラームにもとづく新政党を立ち上げると言明した[49]。

G18はPRを重視する立場のため，新党の旗揚げは新たな野党連合の結成とセットで構想されていた。7月5日の時点でDAPのリム・ガンエンは，PRに替わる政党連合は経済問題に専念すべきだと語っており，新連合の設立時期について，しかるべき時期にモハマド・サブが発表するだろうと述べていた[50]。G18が新党設立に向けた行動をとりはじめると，PAS執行部はかれらをDAPの傀儡とみなして非難した。ハディ総裁は，DAPを保護者として仰ぐなと党員に警告し，G18に従って党を去る者が出ていることについては，異分子の離党はむしろ歓迎すると述べた[51]。

9月16日，モハマド・サブらが新党結成を発表する。党名は国民信託党で，略称はアマナである[52]。アマナは小政党のマレーシア労働者党を改名改組したもので，10月2日に結社登録官から正式な承認を受けた。PASの下院議員21人のうち，6人が新党へ移籍している[53]。

　ただし，末端党員の数は少ない。PAS の党員数は，2015年3月時点で100万人に達していた。対してアマナの党員数は，結党時は3万人で年内に10万人に増員するのが目標とされた[54]。PAS が宗教を紐帯とする大衆政党であるのに対し，現時点のアマナは幹部政党の性格が強い。

　アマナの旗揚げからまもない9月22日，DAP と PKR，アマナの3党は新たな政党連合・希望連盟（PH）を結成した。結果的に，PR の解体からわずか3カ月あまりで野党連合が再生したことになる。PH は2016年1月9日に第1回大会を開催し，行動規範を採択した。これは，「合意しないことに合意する」という緩やかな連合のあり方が PR の崩壊を招いたことへの反省からとられた措置である。採択された行動規範は，(1) 合意にもとづく決定，(2) 政治統合の促進，(3) 制度を通じた紛争解決，(4) 選挙における統一候補の擁立，(5) 憲法にのっとった共通政策の策定，(6) 合意による首相，州首相の選出，(7) 政党連合としての地位の保全，の7点である[55]。

　PH は，実質的に PR から PAS のウラマー幹部とその支持者を排除したものであり，連合内における DAP のプレゼンスが際立つことになった[56]。下院の保有議席数は，DAP が37，PKR が29，アマナが6で，過半数が DAP の議席である。議員の民族構成をみると，ブミプトラ25人に対してノン・ブミプトラは47人で，ノン・ブミプトラがほぼ3分の2を占める。2013年総選挙を経てブミプトラ議員が9割近くを占めるようになった BN とは対照的である。

2．UMNO と PAS の接近

　ハディ総裁らウラマー党幹部がハッド刑実施に向けた法的手続きを強引に進めた結果，PAS は分裂し，PR は解体した。では，ウラマー幹部が法改正に突き進んでいったのはなぜなのか。先にみたとおり，一部の PAS 指導者が隣国ブルネイにおけるハッド刑導入に触発されたのは間違いない。だがハッド刑の施行は PAS にとって長年の目標だったから，このタイミングで

法的手続きを進めた理由としては弱い。じつは，PAS 主導の法改正への動きが進んだ背景には，UMNO の協力があった。UMNO は，最初はあまり目立たないかたちで PAS に協力しはじめ，やがては連邦議会の場で表立って PAS を支援することになる。

2014年4月の時点でクランタン州政府首脳がハッド刑実施へのステップとして連邦議会での議員立法をめざすと発表した際，UMNO 総裁であるナジブ首相は，連邦政府はハッド刑に反対したことはないと述べた[57]。これに先立ち，華人が主体の与党 MCA，グラカン，サラワク統一人民党（SUPP），サバの自由民主党（LDP）は，ハッド刑に反対する共同声明を発表していた[58]。つまりナジブ首相は，連立パートナーの意向を無視して PAS に秋波を送ったのである。UMNO の対応はリップサービスにとどまらず，PAS に対して，同党の議員立法案について協議すること，ならびにハッド刑に関する連邦政府レベルの技術委員会を設置することを提案した[59]。この委員会は，クランタン州のシャリーア法廷首席判事を委員長として7月に発足し，ハッド刑に関する超党派の協議の場となる[60]。

前述のとおり，2015年3月に PAS のハディ総裁は，1965年シャリーア裁判所（刑事裁判権）法改正案の発議を試みた。一部の報道によれば，この改正法案は連邦政府とクランタン州政府の技術委員会が合同で準備したものである。もともとは，各州スルタンと州知事が構成する統治者会議の同意を得たうえで，政府法案として連邦議会に上程されるはずであったという。ところが統治者会議で法改正への支持が得られず，政府法案としての提出ができなくなったため，ハディが議員立法としての動議を申告することになったと報じられている[61]。

PAS が求める法改正を，UMNO が BN の友党の反対を無視してサポートしたのはなぜか。目的のひとつは，PR の内紛を誘発することであったにちがいない。PAS がハッド刑実施に向けた具体的な行動をとれば，DAP と対立するのは確実だったからだ。二大政党連合制は主要3野党が協力体制を築いたからこそ実現したのであって，PAS が離反すれば野党連合の勢力は縮み，

政権交代のリスクは下がる。それどころかスランゴール州では，PRの内部対立にPKRの内紛がからんで，一時はPASとUMNOによる統一政府が実現しかかった[62]。

　2015年6月にPRが瓦解したことで，UMNOの目的は達せられたかにみえた。しかし，ナジブ首相はその後ますます積極的にPAS指導部との関係を深めていく。その背景には，この時期に激しさを増したUMNOの内紛があった。

　ナジブ首相は，2009年に自らのイニシアティブで設立した国営投資会社ワン・マレーシア開発公社（1MDB）の巨額負債，ならびに同社と子会社を舞台とする汚職疑惑により，2014年中頃から批判を浴びてきた。とくに，同年9月にマハティール元首相が1MDBの経営状況に疑念を呈すると注目度が高まり，不透明な資金運用に関する疑惑が詳しく報道されるようになる。年末にはUMNOの内部から1MDBの経営者を警察に告発する者が現れ，2015年3月にはムヒディン・ヤシン副首相が1MDBへの公的資金注入に反対するなど，この問題をめぐって党内，閣内に軋轢が生じた。

　2015年7月には，『ウォールストリート・ジャーナル』の報道により，ナジブ首相の個人口座に7億ドル近い現金が送金されていたことが発覚する。さらには，この金の出所は国庫であり，1MDBと子会社，取引企業による資金洗浄を経て首相の手に渡ったのではないかとの疑惑が浮上した。ナジブ首相は，この問題で自身の意向に反する言動を行う者はすべからく更送するという措置をとり，7月28日には検察を率いるアブドゥル・ガニ・パタイル司法長官を退任に追い込むと同時に，ムヒディン副首相の解任を含む内閣改造を断行した[63]（中村 2015a）。

　首相のこうした対応は，社会の強い反発を招いた。これまで選挙改革を求めてきた市民社会組織のブルシは，首相の退陣を求めて2日間にわたり首都でデモを開催し，10万人を動員した（本書第5章参照）。このデモにはナジブ批判の急先鋒となったマハティール元首相が参加し注目を集めた。また，DAP，PKRと，新党結成に向けて動いていたPASの進歩派は，BNに対し

てナジブ抜きの連立政権結成を呼びかけていた[64]。おおかたの UMNO 地方幹部は首相への支持を表明していたものの[65]，その外側では一時，ナジブ包囲網ができかかっていた。

　このとき，窮地の首相にとって心強い味方となったのが，野党連合と決別したばかりの PAS 指導部であった。党の精神的指導者であるハロン・ディン[66]は，先の『ウォールストリート・ジャーナル』報道を「非論理的」と評し，その信憑性に疑念を呈した[67]。内閣改造後にはハディ総裁が，新内閣が責務を果たせるかまずは様子をみようと呼びかけ，首相がこれに感謝するという一幕もあった[68]。

　10月に連邦議会の会期が始まると，新たに結成された PH の議員がそろって「26億リンギ（7億ドル）はどこへ？」というプラカードを掲げたが（括弧内は筆者による），PAS はこれに加わらなかった。さらに，実質的な内閣不信任の措置として PH が2016年度予算案の否決をめざしたのに対し，PAS は党としてはこの動きに加わらず，予算案に反対したのは14人の下院議員のうち3人だけだった。

　こうした PAS の態度に首相は感謝し，12月の UMNO 党総会開会演説で，PAS に対して関係強化を呼びかけた[69]。党総会の開会演説は，UMNO 総裁にとって自身の施政方針を示すもっとも重要な場であり，野党に協調を呼びかけるのは異例の事態である。

　2016年に入ると，UMNO と PAS の協力が実質をともなうものへ深められていく。2月にはアフマド・ザヒド・ハミディ副首相によって，連邦政府に対する諮問機関であるイスラーム諮問評議会のダアワ（教導・布教）部門の長にハロン・ディンが任命された[70]。

　5月には，ついにハディによる議員立法の発議が実現する。これには政府・与党の協力が不可欠だった。連邦議会の審議においては政府法案が優先されるため，これまでハディには動議の機会が与えられずにいた。その前に会期が終了してしまうからである。だがこのときは，議会担当首相府相のアザリナ・オスマンがハディ法案を優先的に審議する動議を発議し，これが採

択されたために，ハディに議員立法案を発議する機会が与えられた[71]。その内容は，1965年シャリーア裁判所（刑事裁判権）法を改正し，「禁固3年，むち打ち6回，罰金5000リンギ」と定められた刑の上限を「死刑以外」に修正するというものであり，四肢切断などの実施に道を開くものとみなされた[72]。

　ただしこの時点では，ハディの法案が議会で審議されるには至らなかった。ハディ自身が次回会期への審議の繰り延べを申し出たからである。その理由は，各党に改正法案の中身を検討する時間を与える，というものであった。

　ハディの動議は，10月17日からの会期で再び議題一覧表に掲載される。今度は UMNO と PAS のあいだで法改正の実現に向けた妥協が成立した。

　会期末を2日後に控えた11月22日，ザヒド副首相がムスリム議員を集めて超党派の会合を開催し，ハディに再び法改正の動議の機会を与えること，ならびにこの法改正に関する議会特別委員会の設置を閣議に提案することを説明した。PAS 主導の法改正を後押しすることに対して理解を求めたのである。だがザヒドの説明に，UMNO を除く BN 加盟政党の幹部は納得しなかった。サラワク BN を指揮するアデナン・サテム州首相は，同州出身の与党議員に対してハディ法案に反対するよう命じている。

　こうした動きに対して，PAS 側からは法案の中身に関する妥協が示される。会期最終日の11月24日にハディが発議した改正法案は，刑の上限を「死刑以外」ではなく「禁固30年，むち打ち100回，罰金10万リンギ」に修正するというものであった。加えて PAS のタキユディン・ハッサン幹事長によって，この法改正が実現してもクランタン州でハッド刑は実施しないという方針が示された[73]。

　ハディの改正法案がハッド刑の実施に道を開くものではないことが明確になると，UMNO はハディ法案を引き取って政府法案として法改正を実現する方針を示す。マレーシアの議会では，議員立法はまず議員によって法案の動議がなされ，この動議が可決された場合，法案に関連する問題を所管する大臣が引き取り，その後は政府法案として審議と採択に付されることになっている（下院議事運営規則49条）。UMNO 年次総会が開幕した12月1日，ナジ

ブ首相とアザリナ首相府相がそれぞれ，政府がハディ法案を引き取る予定だと明言した[74]。

　このように，UMNO と PAS のあいだでは1965年シャリーア裁判所（刑事裁判権）法の改正をめぐる合意が成立したが，2017年3月に始まったつぎの会期でも法改正は実現していない。MCA やサバ，サラワクの BN 加盟政党が引き続きこの法改正に強く反対したためである。BN 最高評議会が改正法案を政府法案とはしない旨を決定したため，結局，法改正の動議は PAS のハディ総裁が行った。このときは議長の判断により，法案の審議はつぎの会期に先送りされた[75]。

　UMNO にとって，他の BN 加盟政党の不興を買ってでも PAS 主導の法改正に協力し続けることのメリットは，引き続き野党を割れた状態にとどめおくことにある。ナジブ首相が率いる UMNO 最高評議会は，2016年6月にムヒディン元副首相とマハティール元首相の子であるムクリズ・マハティール元クダ州首相[76]を除名，シャフィ・アプダル元農村・地域開発相[77]を党籍停止処分にするなど，反ナジブ派を一掃した[78]。これで党内は固まったが，放逐された者たちは新党を立ち上げてナジブ政権に対抗しようとしている。ムヒディンは8月にマハティール元首相とともにブミプトラ政党のマレーシア統一プリブミ党（PPBM）を結成，シャフィは10月に地元サバで新党サバ伝統党を旗揚げした[79]。12月には，PPBM が次回総選挙で統一候補を擁立する協定を PH と結んでいる[80]。今後，野党連合が再びスケールアップする可能性もある。

　つぎの選挙までに PAS が DAP と和解して PH に参加する見込みは薄いが，政策面では対立しつつも候補者調整には応じるという選挙戦術はありうる。連邦議会でハディ法案に関する妥協が成立する2〜3週間前には，ハディ総裁らが相次いで他党との候補者調整の可能性に言及していた[81]。とくに，PPBM とは協議がもたれており，同党のムヒディン総裁は PH との協定締結を発表した際，PAS 側にも協力の意思はあると述べた[82]。

　PAS が他の野党との候補者調整に応じるなら，UMNO にとっては大きな

痛手になる。マレーシアの選挙制度は単純小選挙区制のため，野党支持票が割れれば与党が俄然有利になるが，野党の候補者一本化が実現すると，このメリットが失われるからだ[83]。UMNO の選挙戦略のうえでは，PAS に独自路線をとり続けてもらうのが都合がよい。そのため，PH や PPBM とは徹底的に対立するのとは対照的に，PAS に対してはかれらが強く求める宗教政策の点で歩み寄っているのだと考えられる。

　では，PAS の側には UMNO との協力にいかなるメリットがあるのか。党の分裂後，ハディ総裁は繰り返し，PAS は政府に対するアドバイザーの役割を担っていくと述べている。「われわれは政府に従うのではなく，その座を争うのでもなく，政府を改善しようとしている。首相の退陣は望んでいない。政策の是正を望んでいるのだ」というのがハディのスタンスである[84]。

　少なくともハディ総裁にとっては，野党連合のなかで従属的な立場におかれるより，政策上の自立性を確保したうえで政府に影響を与えることのできる現状のほうが望ましいのであろう。PR では政権交代への期待はもてたが，政策面で大きな妥協を強いられた。しかもその妥協は，2013年選挙では PAS の党勢拡大につながらなかった。それならば連邦の与党となるのはあきらめ，党本来の政策を追求することを優先して，信仰をともにする UMNO の政治家と是々非々の関係を築く方針へと転じても不思議ではない[85]。

　　おわりに

　マレーシアの政党システムは，BN 加盟政党を独立した政党とみれば，マハティール政権期から現在に至るまで一貫して多党制であった。BN 加盟政党は，政党連合を組むことで一票の格差を有効に利用し，一党連合優位の状況をつくり出していたのである。だがそれは，2008年選挙での野党の躍進によって崩れ，二大政党連合制が出現した。

　PR が誕生し，2013年選挙でさらなる躍進を遂げた陰で，BN は「UMNO

のヘゲモニー下で非ブミプトラ政党も得票率に相当する割合の閣僚ポストを得るシステム」から「実質的なブミプトラ政党連合」へ変質した。またPRの側でも，2013年選挙を通じてDAPの勢力が拡大しPASのプレゼンスが低下するという変化が生じていた。

　2013年選挙を経てブミプトラ議員が9割近くに達したBNと，非ブミプトラ議員が過半数を占めるPRの二大政党連合制は，長くは続かなかった。イスラーム政党のPASと，非ブミプトラ・非ムスリムが主力のDAPが宗教政策をめぐって激しく対立し，PRが内側から崩壊したのである。そのきっかけは，これまでPRにおいて政策面での妥協を強いられていたPASが方針を変え，ハッド刑の実施に向けた法整備に乗り出したことにあった。また，PASがイスラーム法制度改革にのめり込んでいった背景にはUMNOの後押しがあった。UMNOは，連立パートナーである非ブミプトラ与党の意向より，PRの内部対立を促すことを優先した。非ブミプトラ与党の議席が著しく減少したなかでは，UMNOにはかれらに配慮する余裕はなかったのである。一党連合優位から二大政党連合へ，という数のうえでの変化の陰で同時に生じていた，両政党連合の質的な変化が，政党システムのさらなる変化を促したといえよう。

　たった1度の総選挙によってBNとPRのそれぞれの構成に質的変化が生じ，その影響で政党間関係が流動化したことは，二大政党制と二大政党連合制は似て非なるものであることを表している。二大政党制が，選挙を通じて2つの政党に権力が収斂するような社会条件と制度に支えられているのに対し，二大政党連合制のベースは多党制である。群雄割拠をもたらす社会的・制度的条件のもと，政治家の戦略的判断による合従連衡の結果として政党が2つのグループにまとまった状況が二大政党連合制なのである。したがって二大政党連合制は，選挙と選挙のあいだの政局に左右されやすく，本質的に二大政党制より不安定なシステムだと考えられる。このちがいに気づかぬまま，BNとPRが並び立つ状況に英米型の二大政党制の誕生を見て取った人がいるとすれば，それは勘違いだというよりほかない。

　PR は瓦解したが，PAS の進歩派が結成した新党アマナが PAS にとってかわり，野党連合は PH として再生した。したがって二大政党連合制は短期間の中断を挟んだだけで復活したともいえる。だが，野党連合は PAS 本体の離脱によってスケールダウンし，その内部では DAP のプレゼンスがますます際立つようになった。

　一党連合優位制から二大政党連合制の成立・解体・再生を経て，現在は政党間関係が流動的になっている。ポスト・マハティール期に入って政党システムは大きく変化してきたが，そのなかで UMNO のヘゲモニーは揺らいでいない。本章第 2 節で触れたとおり，UMNO が主導する BN に野党が協調して対抗する動きは，マハティール政権期から繰り返されてきた。民族や宗教にかかわる政策志向の相違を棚上げできているあいだは野党共闘が実現し，民族・宗教問題が争点化すると共闘体制が崩れるというサイクルが続いている。野党間の政策対立が激しくなるときには，その陰にいつも UMNO による揺さぶりがあった。

　では，PR の結成と瓦解というサイクルは，マハティール政権期のサイクルと同じ現象を繰り返しただけだったのだろうか。あるいは，何か新しい要素が加わっていたとみるべきなのだろうか。その評価は，次章以降での考察を通じて得られる知見を援用して，終章で試みることとしたい。

〔追記〕

　2017年 3 月20日，マハティール元首相率いる PPBM が PH に正式に加盟した。これを受けて，PAS は PPBM との連携協議を打ち切った。また本章が査読を通過した後の 7 月14日，PH は政党連合としての指導体制を発表し，マハティール元首相が「会長」（chairman），ワン・アジザ PKR 総裁が「総裁」（president），収監中のアンワル元副首相が「事実上の指導者」（de fact leader）に就任した。最大党派の DAP からはリム・ガンエン書記長が 3 人の副総裁のひとりに選ばれている。マハティールは自身が PH の最高実力者

(top dog) だと述べたが，PPBM の下院議員はムヒディン前副首相だけである。それでも PH がマハティールを前面に打ち出したねらいは，彼の人気に頼って農村部の UMNO 議席を奪うことにある。ただし，仮に野党連合幹部の予言のとおりつぎの総選挙で「マレー人の津波」が生じ，PH が議席を増やしても，二大政党連合制の定着につながる保証はない。それが合従連衡の組み替えによって生じたものである以上，先に指摘した二大政党連合制の本質的な不安定性は解消されないからである。

〔注〕
(1) 唯一の例外は，1969年に行われた第3回総選挙の直後の時期である。この選挙では，マレー半島部での投票が5月10日に一斉に実施される一方，遠隔地の投票所が多いサバ州では2週間，サラワク州では4週間にわたって順次投票が行われる予定であった。ところが5月13日にクアラルンプールとその近郊で大規模な民族暴動が発生したため，非常事態宣言が布告されてサバとサラワクでの選挙は延期され，議会は停止された。この選挙では，当時の与党連合である連盟が苦戦し，マレー半島部では6割強の議席しか獲得できなかった。サバ，サラワクでの選挙は1970年の6月から7月に実施され，サバでは与党のサバ連盟が完勝したものの，サラワクではサラワク連盟が苦戦し，与党連合の議席占有率は総計で65％にとどまった。だがサラワクでの選挙の直後にサラワク統一人民党（SUPP）が連盟と連携し，連立与党の議席率は7割弱に達した。連邦議会は翌1971年の2月に再開されるが，これにあわせて連盟がマレーシア人民運動党（グラカン）とも提携したため，この時点で連立与党の議席率は7割を超えた（ECM 1972, 37-46; Mauzy 1983, 48-59）。
(2) ただし，独立当初は完全な民主主義であった。政治体制の国際指標であるPOLITY IV は，もっとも開放的な体制を10，もっとも閉鎖的な体制をマイナス10として各国の体制を数値化しているが，1969年までのマレーシアの評価値は10である。1969年総選挙の直後，注1で述べたとおり大規模な暴動が生じ，政府は議会を停止した。この時期の評価値は3で，議会再開後は権威主義化が進んだため4から6のあいだで推移している。ただしこの値は，近隣諸国で同じく開発独裁といわれたシンガポール（一貫して-2），民主化以前のタイ（-7から3），スハルト政権期のインドネシア（-7），マルコス政権期のフィリピン（初期は2，のちに-9から-6）に比べるとかなり高い（Marshall, Gurr and Jaggers 2016）。
(3) MCA は，1949年にマラヤ華人協会（Malayan Chinese Association）の名で結

成された。MIC もまた，マラヤ・インド人会議の名で，1946年に結成された。両党と UMNO が連盟を結成する過程については，中村（2015b, 3章），Khong（1984），Means（1970），Von Vorys（1976）を参照されたい。

(4)　財務相の座は，独立期から1974年選挙の前までは MCA に与えられていた。1974年選挙後の組閣でフセイン・オン副首相が財務相を兼任することとなり，以降，財務相ポストは UMNO が保持してきた。

(5)　ただし，サルトーリの分類はラークソ・タゲペラ指標の使用を前提とするものではない。分類にあたり，サルトーリも政党の勢力規模を勘案する必要性を認めているが，一方でどんなに小さな政党でも，連立の組み方など政党間競合のあり方に影響を与えるなら数に含めるべきだとする（サルトーリ 2000, 211-216）。そのうえでサルトーリは，原子化政党制の例としてマレーシアを挙げている（サルトーリ 2000, 223）。原子化政党制とは，優勢な政党が一切なく，正確に数を数えるのが無意味なほど政党数が多いシステムである。この評価は，マレーシアの与党連合の規模や頑健性，UMNO の優位性などを無視したものであり，適切とは言い難い。

(6)　この現象の背景には，マレー半島部では同じ民族を代表する政党どうしが競合する選挙区の比率が高いという事情がある（中村 2015b, 107）。与党から野党へ大きく票がスイングしたときにも，UMNO の票の多くはイスラーム政党の PAS へ，MCA の票の多くは華人が主体の DAP へ流れるのであって，ひとつの政党に収斂することはない。

(7)　レイプハルト（2014, 58-60）は，同盟関係にある政党をひとつの政党とみなすべきか否かの判断基準を4点あげている。(1) 選挙で競合するか否か，(2) 単一の議会内グループを形成し，党幹部会を共同で開催するかどうか，(3) 組閣にあたって各党がひとつの政党のように行動するか否か，(4) 同盟関係が長期間に及ぶか否か。BN の場合，どの基準に照らしてもひとつの政党とみなすのが妥当だということになる。

(8)　この3党は1999年選挙時にも野党連合・代替戦線を組んでいたので，これを1党としてみなすと，選挙有効政党数は2.11だが議会有効政党数は1.57であった。票と議席の乖離が大きく，議会における代替戦線の勢力は二大政党制と呼べるほどに大きくはならなかった。

(9)　アブドラ政権下では，UMNO のシェアが高まっただけでなく，ポストの数が増えた。正大臣ポストは1999年選挙時の30から2004年選挙時には36に増えている。これも UMNO からの要求に応えるための措置であろう。同時に，副大臣ポストも28から38へと大幅に増えた。これは，連立パートナーにも応分の資源を与える必要からとられた措置であろう。後述するように，副大臣ポストは非ブミプトラ政党に多く与えられてきたが，これはかれらに分配される正大臣ポストの不足を補うための措置と考えられる（鷲田 2015, 注23）。

UMNO への正大臣ポスト付与を増やしたアブドラには，同時に非ブミプトラ政党に与えるための副大臣ポストを増やす必要があったのである。

⑽　得票率と議席占有率のギャップを生み出す要因としては，一票の格差だけでなく，野党どうしの競合がある。たとえば2014年12月に実施された日本の衆議院選挙において自民・公明両党は，小選挙区選出議席の78.6％を49.5％の得票率で獲得した。票と議席のギャップは，2013年選挙における BN のそれより大きい。日本の選挙にも一票の格差はあるものの，世界最悪水準のマレーシアに比べれば軽微である。日本の場合，得票率50％未満で与党が得た議席の割合が39.7％に達しており，多くの選挙区で複数の野党が競合していることがギャップの主因と考えられる。一方マレーシアでは，事実上の与野党一騎打ちとなる選挙区が多いため，与党が得票率50％未満で得た議席は5.3％にすぎない。マレーシアの場合，一票の格差が票と議席のギャップをもたらす主因である（中村 2016a）。

⑾　都市部の過小代表に対しては，野党の DAP だけでなく，MCA もマハティール政権期から公に懸念を表明してきた（Lim 2005, 266-267）。

⑿　シンガポールは1965年8月9日にマレーシアを離脱し独立した。

⒀　かつてイギリスの直轄植民地だったペナン，マラッカ，サバ，サラワクにはスルタン制が存在しない。この4州では，連邦政府の首相の助言にもとづいて国王が知事を任命する（連邦憲法第8付則19A）。知事はスルタン制がある州の統治者と同様の政治的役割を担う。

⒁　州政府の執政長官の役職名は，スルタン制がある州では Menteri Besar，ない州では Chief Minister である。本書ではどちらも州首相と呼ぶ。

⒂　州首相と執政評議会委員を任命する手続きは，すべての州に共通のものである。マレーシアは連邦制ではあるが，連邦憲法第8付則によって州憲法に盛り込まなければならない条項が定められており，各州の憲法はよく似ている。

⒃　*New Straits Times*, March 13-14, 18, 2008.

⒄　*New Straits Times*, March 8, 2007.

⒅　*New Straits Times*, August 8, 2007.

⒆　クダ州議会のドゥルガ選挙区（N11）で DAP と PKR が競合したのが唯一の例外であった。ただし，サバ州では下院25区中6区，州議会60区中9区，サラワク州では下院31区中2区で PKR と DAP が競合した（サラワク州では州議会選挙は行われなかった）。

⒇　リュウ・チントン議員からの聞き取り（2011年10月6日）。

21　46年精神党は，1987年の UMNO 総裁選挙でマハティールに敗れたトゥンク・ラザレイ・ハムザらによって1989年に結成された。1994年に46年精神マレー人党（Parti Melayu Semangat 46）に改名し，1996年に解散した。

⑵　DAP は2006年3月の結党40周年大会を機に，シンガポールの人民行動党から引き継いだ結党以来のスローガン「マレーシア人のマレーシア」（Malaysian Malaysia）に代わり，「マレーシアを第1に」（Malaysian First）を新たなスローガンに採用した。PAS は2006年6月の年次総会で，華人票を取り込むために次回総選挙でノン・ムスリムを公認候補に擁立する方針を合意した（中村 2007）。

⑵　クダ州では地方自治体運営などをめぐって PAS と DAP の対立が深刻化し，一時は DAP の州組織が PR からの離脱を宣言する事態となった（*The Star Online*, July 1-2, 2009）。しかし，このときの対立は10日ほどで沈静化している。

⑵　*New Straits Times*, February 2-6, 2009.

⑵　*The Star Online*, November 2, 2012, March 5, 2013.

⑵　*The Malaysian Insider*, January 3, 2016.

⑵　この動きの中心にいたのは，野党第1党となった PKR の顧問を務めるアンワル元副首相である。アンワルは1998年9月から6年にわたり服役し，被選挙権が停止中だったため総選挙には立候補できなかったものの，選挙の1カ月後には被選挙権を取り戻した。公職復帰が可能になった4月14日にアンワルは，国民戦線から人民連盟への鞍替えに水面下で合意した議員の数が政権交代に必要な人数に達したと述べ，翌月には9月までに政権交代を実現すると宣言した（*The Star Online*, April 14, 2008および，*The Straits Times*, May 13, 2008）。仮に多数派工作に成功したとしても，アンワルが首相になるには議員になる必要がある。7月末に妻であるワン・アジザ PKR 総裁が下院議員の職を辞し，それにともなって8月26日に実施された補欠選挙にアンワルが立候補して勝利した（*New Straits Times*, August 1, 27, 2008）。この時期，UMNO の内部には首相の早期退任を求める声があり，アンワルが政権交代の期限に指定した9月16日を控えて与党の下院議員41人が農業研修の名目で台湾に送り出されるなど，アブドラ政権は動揺する。しかし，アブドラが半年後に退任する意向を示すと与党は安定を回復し，アンワルは政権交代を急がないと述べた（*New Straits Times*, October 24, 2008）。

⑵　*The Star Online*, December 20, 2009.

⑵　複数形はフドゥード（hudud）。マレーシアでは，ハッド刑のことを hudud と呼ぶのが一般的である。

⑶　*New Straits Times*, November 26, 1993.

⑶　*The Star Online*, November 16-17, 2012.

⑶　ブルネイのハッド刑法案起草のアドバイザーを務めたマレーシアのアブドゥル・ハミド・モハマド（Abdul Hamid Mohamad）元連邦裁長官によれば，ブルネイ政府はハッド刑施行のために30年を費やして準備してきたという（*Bernama*, January 7, February 11, 2014）。

⑶ *New Straits Times*, October 28, November 7, 2013.
⑷ *New Straits Times*, April 17, 2014.
⑸ *New Straits Times*, October 21, 2014.
⑹ *New Straits Times*, April 10, 2014.
⑺ ムフティーについては第1章注2を参照されたい。
⑻ *New Straits Times*, April 24–25, October 24, 2014.
⑼ *New Straits Times*, November 23, 2013 および，*Bernama*, November 24, 2013.
⑽ *The Malaysian Insider*, December 14, 2014.
⑾ *Bernama*, December 14, 2014.
⑿ *The Malaysian Insider*, February 10, March 18, 23, 2015.
⒀ *The Malaysian Insider*, February 23, March 4, 2015.
⒁ *The Star Online*, April 27, May 14, 2015.
⒂ このあと，PASの幹部からDAPとの断交は最終決定ではないとの趣旨の発言が相次いだ。リム・ガンエンによるPR消滅宣言の翌日にも，PASのハディ総裁がPRはまだ死んでいないと強弁している。これらの発言は，PR解体の責任が自らにあるわけではないと主張するためのポーズと考えられる。
⒃ *The Malaysian Insider*, June 6, 2015.
⒄ *The Malaysian Insider*, June 16–17, 2015.
⒅ ただし，マフズ・オマール（Mahfuz Omar）とフサム・ムサ（Husam Musa）の2人（どちらも副総裁選挙に立候補して落選）はPASに残った。また，カマルディン・ジャファール（Kamarudin Jaafar）はのちにPKRに移籍した。
⒆ *The Malaysian Insider*, June 17, July 13, 20, 2015.
⒇ *The Malaysian Insider*, July 5, 2015.
(51) *The Malaysian Insider*, July 23, August 13, 2015.
(52) この名は，インドネシアのイスラーム政党である国民信託党（Partai Amanat Nasional: PAN）に酷似している。アマナのアヌアル・タヒル（Anuar Tahir）幹事長は，PANと党名が似ているのは偶然であり，PANをまねるのではなく，マレーシアの進歩的イスラーム政党に必要とされる独自のモデルを追求すると述べている（*theantdaily*, September 3, 2015）。
(53) 当初はPASの7議員が新党に参加する見込みだったが，そのうちのひとりであるカマルディン・ジャファールは新党ではなくPKRに加わった（*The Malaysian Insider*, August 31, September 11, 2015）。したがって，分裂によってPASの下院議員は21人から14人に減った。
(54) *The Malaysian Insider*, March 15, September 16, 2015.
(55) *The Malaysian Insider*, January 10, 2016.
(56) マレーシア社会主義者党（PSM）のPH加盟は見送られた。これにより，PHはPSM所属の下院議員（1人）を失ったことになる。この議員，マイケ

ル・ジャヤクマール・デヴァラジ（Michael Jeyakumar Devaraj）は，選挙には
PKR所属候補として出馬していた。また元スランゴール州首相のカリド・イ
ブラヒムは下院議員でもあり，PKRから除名されたことによって無所属議員
になった。

⒄　*New Straits Times*, April 25, 2014.

⒅　*New Straits Times*, April 18, 2014.

⒆　*Bernama*, April 27, 2014.

⒇　*New Straits Times*, May 3, July 4, 17, 2014.

(61)　*The Malaysian Insider*, March 25, 2015. この報道の翌日，統治者会議側がクラ
ンタン州でのハッド刑実施に関して協議はしていないとの声明を発表してい
ることから（*Bernama*, March 26, 2014），法案を統治者会議の事前審査にかけ
る手続きがあったとされる点には疑いが残る。しかし，連邦政府の技術委員
会がクランタン州政府と連携してハッド刑実施に向けた準備を進めてきたと
の報道への異論は出ていない。

(62)　スランゴール州におけるUMNOとPASの統一政府構想については，本書の
中間報告書所収の中村（2016b, 15-18）を参照されたい。

(63)　ガニに代わって司法長官に就任したモハムド・アパンディ・アリは，2016
年1月26日に捜査の結果を発表した。その内容は，(1)ナジブの口座に海外か
ら振り込まれた6.81億ドルはサウジの王族からの献金であり違法性はなく，う
ち6.2億ドルは2013年8月に返金された，(2)1MDBの子会社SRC International
の4200万リンギがナジブの個人口座に流れた件についても，首相がこれを指
示した証拠や入金を関知していた証拠がなく違法性はない，というもので，
これをもってアパンディ司法長官は捜査終結を宣言した。一部の報道によれ
ば，MACCは横領容疑でナジブを起訴するよう進言していたが，司法長官が
証拠不十分と判断したという（*The Malaysian Insider*, January 27, 2016）。一方
アパンディ司法長官は，自身の判断に疑義を唱えるのは憲法違反だと主張し
た（*The Malaysian Insider*, January 27-28, 2016）。

(64)　*The Malaysian Insider*, August 27, 2015.

(65)　1MDBへの公的資金注入をめぐって閣内の対立が表面化した2015年3月，
ナジブは191のUMNO地域支部のうち160の支部長を集めて1MDBの状態につ
いて説明し，理解を求めた（*Bernama*, March 8, 2015）。また7億ドル受領問
題が発覚する直前の同年6月末には，UMNO最高評議会が2016年に行われる
予定だった党中央役員選挙を18カ月延期することを決めている（*Malay Mail
Online*, June 29, 2015）。この決定により，つぎの総選挙はナジブ総裁のもと
で戦うことが規定路線となったため，地域支部の幹部は公認候補の決定権を
握るナジブ総裁に逆らうのが困難になった。ナジブは2015年12月のUMNO
年次総会の際に地域支部長を集め，7億リンギ問題について説明した（*The*

Malaysian Insider, December 8, 2015）。

(66)　「ウラマーの指導」を原則とする PAS の最高意思決定機関はウラマー評議会であり，同評議会の議長が PAS の最高指導者（Mursyidul Am）である（塩崎 2016, 194, 239）。最高指導者は，党組織を統括する党総裁（Presiden）とは異なり，「精神的指導者」とも呼ばれる。1991年からはカリスマ的指導者のニック・アジズ・ニック・マットがその座にあったが，2015年 2 月12日に死去したため，ハロン・ディンが後を継いだ。そのハロン・ディンも，2016年 9 月15日に死去したため，現在はプルリス州議会議員のハシム・ジャシンが最高指導者を務めている。ニック・アジズは PR を戦略的に重視し，UMNO との連携に反対していた（塩崎 2013, 41-42）。そのため，ニック・アジズの死去も PAS の路線転換に影響を与えたと考えられる。

(67)　*Utusan Malaysia*, July 5, 2015.

(68)　*Berita Harian*, July 28, 2015 および，*The Malaysian Insider*, July 31, 2015.

(69)　*The Malaysian Insider*, December 10, 2015.

(70)　*Sinar Online*, February 13, 2016.

(71)　*The Star Online*, May 26-27, 2016.

(72)　*The Star Online*, June 9, 2016.

(73)　*The Star Online*, November 22-25, 2016.

(74)　*The Star Online*, December 1, 2016.

(75)　*The Star Online*, March 29, April 6, 2017.

(76)　ムクリズは2013年総選挙の後にクダ州首相に抜擢されたが，マハティールとナジブの対立が深まるなか，2016年 1 月20日に同州内の15の地域支部のうち14支部から退任を求められ，2 月 4 日に辞職した。この「クーデター」はナジブ首相の差し金によるものである。首相に近い閣僚は，この一件がマハティールによる首相批判に対する報復だと認めている（*The Malaysian Insider*, February 25, 2016）。

(77)　シャフィはムヒディンとともに，1MDB への公的資金注入に対して公の場で疑義を唱え，2015年 7 月の内閣改造で大臣の職を失った。

(78)　*The Star Online*, June 24, 2016.

(79)　*The Star Online*, August 9-10, October 17, 2016.

(80)　*The Star Online*, December 13, 2016.

(81)　*The Star Online*, November 2, 2016 および，*Malaysiakini*, November 7, 2016.

(82)　*The Star Online*, December 13, 2016.

(83)　2016年 6 月に行われた 2 つの選挙区での補欠選挙は，野党分裂の効果をあらためて実証した。この選挙は UMNO 議員 2 人の事故死にともない実施されたものだが，2013年の総選挙ではどちらもごく僅差での勝利だったため，UMNO にとっては必ずしも楽観視できる状況ではなかった。ただし，前回は

実質的に UMNO 候補と PAS 候補の一騎打ちだったのに対し，今回はアマナの候補が加わり，2 つの選挙区のどちらも UMNO と PAS，アマナの三つ巴の戦いになった。野党支持票が二手に割れたため，UMNO 自身の得票はさほど伸びなかったにもかかわらず，同党候補は 2 番手候補に大差をつけて勝利できた。

(84)　*Sinar Online*, November 1, 2015.

(85)　ハディは，サラワク州政権の第 1 党である PBB に対しても同様の姿勢をとっており，2016年 5 月の州議会選挙に際し，「ムスリムのブミプトラが州首相になるべき」「われわれは政府のアドバイザーになりたい」などと述べている（*The Star Online*, May 7, 2016）。

〔参考文献〕

＜日本語文献＞

粕谷祐子　2014.『比較政治学』ミネルヴァ書房.

齋藤友之　1998.「マレーシア」森田朗編『アジアの地方制度』東京大学出版会 139-166.

サルトーリ，ジョバンニ　2000.　岡沢憲芙・川野秀之訳『現代政党学——政党システム論の分析枠組み』早稲田大学出版部.

塩崎悠輝　2013.「なぜ PAS は『UMNO にとって代わる』ことが出来なかったのか——マレーシア・イスラーム党（PAS）の変遷」山本博之編「二大政党制は定着するのか——2013年マレーシア総選挙の現地情勢報告と分析」（JAMS Discussion Paper 3）日本マレーシア学会　39-43.

——— 2016.『国家と対峙するイスラーム——マレーシアにおけるイスラーム法学の展開』作品社.

遠峰四郎　1982.「刑罰」日本イスラム協会・嶋田襄平・板垣雄三・佐藤次高監修『イスラム事典』平凡社　167-168.

中村正志　2007.「アブドゥラ政権下の政治開放——成果と限界」『アジ研ワールド・トレンド』（136）　1 月　40-46.

——— 2015a.「ナジブ首相の 7 億ドル受領疑惑とマレーシアの政治危機（1）（2）（3）」
（http://www.ide.go.jp/Japanese/Research/Region/Asia/Radar/201507_nakamura_1.html）.
（http://www.ide.go.jp/Japanese/Research/Region/Asia/Radar/201507_nakamura_2.html）.
（http://www.ide.go.jp/Japanese/Research/Region/Asia/Radar/201508_

82

nakamura_1.html）．

─── 2015b.『パワーシェアリング──多民族国家マレーシアの経験』東京大学出版会．

─── 2016a.「一強多弱からの脱却には選挙協力が鍵──マレーシアと日本」『アジ研ワールド・トレンド』（251）　8月　10-11.

─── 2016b.「政党システムの変質──2013年総選挙後の変化」中村正志編「ポスト・マハティール期のマレーシアにおける政治経済変容」アジア経済研究所　9 -27.

森伸生　2002.「ハッド刑」大塚和夫・小杉泰・小松久男・東長靖・羽田正・山内昌之編『岩波イスラーム辞典』岩波書店　764-765.

山本博之編　2013.「二大政党制は定着するのか──2013年マレーシア総選挙の現地情勢報告と分析」（JAMS Discussion Paper 3）日本マレーシア学会．

レイプハルト，アレンド　2014.　粕谷祐子・菊池啓一訳『民主主義対民主主義──多数決型とコンセンサス型の36カ国比較研究』原著第2版　勁草書房．

鷲田任邦　2015.「多民族国家における政党政治と（非）デモクラシー──マレーシア与党連合内政治と閣僚配分」日本比較政治学会編『政党政治とデモクラシーの現在』ミネルヴァ書房　127-153.

＜英語文献＞

Barisan Alternatif. 1999. *Towards A Just Malaysia*.

Brownlee, Jason. 2007. *Authoritarianism in an Age of Democratization*. New York: Cambridge University Press.

Chhibber, Pradeep and Ken Kollman. 2004. *The Formation of National Party Systems: Federalism and Party Competition in Canada, Great Britain, India, and the United States*. Princeton: Princeton University Press.

Cox, Gary W. 1997. *Making Votes Count: Strategic Coordination in the World's Electoral Systems*. New York: Cambridge University Press.

Duverger, Maurice. 1954. *Political Parties: Their Organization and Activity in the Modern State*. London: Methuen.

─── 1986. "Duverger's Law: Forty Years Later." In *Electoral Laws and Their Political Consequences*, edited by Bernard Grofman and Arend Lijphart. New York: Agathon Press, 69-84.

ECFM (Election Commission, Federation of Malaya). 1960. *Report on the Parliamentary and State Elections 1959*. Kuala Lumpur: Jabatan Percetakan Negara.

ECM (Election Commission Malaysia). 1965. *Report on the Parliamentary (Dewan Ra'ayat) and State Legislative Assembly General Elections 1964*. Kuala Lumpur: Jabatan Chetak Kerajaan.

——— 1972. *Report on the Parliamentary (Dewan Ra'ayat) and State Legislative Assembly General Elections 1969*. Kuala Lumpur: Jabatan Percetakan Negara.

——— 1975. *Report on the Parliamentary (Dewan Rakyat) and State Legislative Assembly General Elections 1974*. Kuala Lumpur: Jabatan Percetakan Negara.

——— 1980. *Report on the General Elections to the House of Representatives and the State Legislative Assemblies other than the State Legislative Assemblies of Kelantan, Sabah and Sarawak 1978*. Kuala Lumpur: Jabatan Percetakan Negara.

——— 1983. *Report on the Malaysian General Elections 1982*. Kuala Lumpur: Jabatan Percetakan Negara.

——— 1988. *Report on the Malaysian General Elections 1986*. Kuala Lumpur: Jabatan Percetakan Negara.

——— 1992. *Report on the Malaysian General Elections 1990*. Kuala Lumpur: Jabatan Percetakan Negara.

——— 1997. *Report of the General Election Malaysia 1995*. Kuala Lumpur: Percetakan Nasional Malaysia Berhad.

——— 2002. *Report of the General Election Malaysia 1999*. Kuala Lumpur: Percetakan Nasional Malaysia Berhad.

——— 2006. *Report of the General Election Malaysia 2004*. Kuala Lumpur: Percetakan Nasional Malaysia Berhad.

——— 2009. *Report of the 12th General Elections 2008*. Kuala Lumpur: Percetakan Nasional Malaysia Berhad.

——— 2015. *Report of the 13th General Election 2013*. Kuala Lumpur: Percetakan Nasional Malaysia Berhad.

Khong, Kim Hoong. 1984. *Merdeka! British Rule and the Struggle for Independence in Malaya, 1945–1957*. Petaling Jaya, Selangor: Institute for Social Analysis.

——— 1991. "Malaysia's General Election 1990: Continuity, Change, and Ethnic Politics." Research Notes and Discussions Paper No. 74. Singapore: Institute of Southeast Asian Studies.

Laakso, Markku and Rein Taagepera. 1979. "'Effective' Number of Parties: A Measure with Application to West Europe." *Comparative Political Studies* 12(1) January: 3–27.

Lee, Hock Guan. 2015. "Mal-apportionment and the Electoral Authoritarian Regime in Malaysia." In *Coalitions in Collision: Malaysia's 13th General Elections*, edited by Johan Saravanamuttu, Lee Hock Guan, Mohamed Nawab Mohamed Osman. Singapore: Institute of Southeast Asian Studies, 63–89.

Levitsky, Steven and Lucan A. Way. 2010. *Competitive Authoritarianism: Hybrid Regimes After the Cold War*. New York: Cambridge University Press.

Lim, Hong Hai. 2003. "The Delineation of Peninsular Electoral Constituencies: Amplifying Malay and UMNO Power." In *New Politics in Malaysia*, edited by Francis Loh Kok Wah and Johan Saravanamuttu. Singapore: Institute of Southeast Asian Studies, 25–52.

―――― 2005. "Making the System Work: The Election Commission." In *Elections and Democracy in Malaysia*, edited by Mavis Puthucheary and Norani Othman. Bangi: Penerbit Universiti Kebangsaan Malaysia, 249–291.

Loh, Kok Wah, Francis. 2003. "Towards a New Politics of Fragmentation and Contestation." In *New Politics in Malaysia*, edited by Francis Loh Kok Wah and Johan Saravanamuttu. Singapore: Institute of Southeast Asian Studies, 253–282.

Magaloni, Beatriz. 2006. *Voting for Autocracy: Hegemonic Party Survival and Its Demise in Mexico*. New York: Cambridge University Press.

Marshall, Monty G., Ted Robert Gurr and Keith Jaggers. 2016. *Polity IV Project: Political Regime Characteristics and Transitions, 1800–2015*. Vienna: Center for Systemic Peace.

Mauzy, Diane K. 1983. *Barisan Nasional: Coalition Government in Malaysia*. Kuala Lumpur and Singapore: Marican & Sons.

Means, Gordon P. 1970. *Malaysian Politics*. London: University of London Press.

Pakatan Rakyat. 2009. *The Policies of Pakatan Rakyat*.

―――― 2010. *Pakatan Agenda: Change Now, Save Malaysia!*

―――― 2013. *Manifesto Rakyat*.

Rachagan, S. Sothi. 1987. "The Apportionment of Seats in the House of Representatives." In *Government and Politics of Malaysia*, edited by Zakaria Haji Ahmad. Singapore: Oxford University Press, 56–70.

―――― 1992. "Constituency Delimitation in Malaysia: A Geographical Interpretation." In *The View From Within: Geographical Essays on Malaysia and Southeast Asia*, edited by Voon Phin Keong and Tunku Shamsul Bahrin. Kuala Lumpur: Malaysian Journal of Tropical Geography, Department of Geography, University of Malaya, 383–411.

―――― 1993. *Law and the Electoral Process in Malaysia*. Kuala Lumpur: University of Malaya Press.

Saravanamuttu, Johan. 2012. "Twin Coalition Politics in Malaysia since 2008: A Path Dependent Framing and Analysis." *Contemporary Southeast Asia* 34(1) April: 101–127.

―――― 2015. "Power Sharing Politics and the Electoral Impasse in GE13." In *Coalitions in Collision: Malaysia's 13th General Elections*, edited by Johan Saravanamuttu, Lee Hock Guan, Mohamed Nawab Mohamed Osman. Singapore: Institute of

Southeast Asian Studies, 37-62.

Von Vorys, Karl. 1976. *Democracy without Consensus: Communalism and Political Stability in Malaysia*. Kuala Lumpur and Singapore: Oxford University Press.

Yang Razali Kassim. 2015. "New Politics or Old Politics in New Clothing?" In *Coalitions in Collision: Malaysia's 13th General Elections*, edited by Johan Saravanamuttu, Lee Hock Guan, Mohamed Nawab Mohamed Osman. Singapore: Institute of Southeast Asian Studies, 19-36.

＜新聞，インターネット・メディア＞
Berita Harian
Bernama
Malay Mail Online
Malaysiakini
New Straits Times
Sinar Online
theantdaily
The Malaysian Insider
The Star Online
The Straits Times
Utusan Malaysia

資料2-A　人民連盟共同政策綱領（抄訳）

1．透明性のある真の民主主義

A．立憲主義と法の支配

憲法，国教としてのイスラーム，他の宗教を信仰する権利の擁護。マレー人とその他の先住民の特別の地位，ならびに他の人種の正当な権利の保護。立憲君主制の擁護。マレー語使用の支持とあらゆる人種の母語使用の保障。国内治安法など抑圧的法律の廃止。公正な連邦-州関係。

B．権力分立

司法の信頼性の回復。連邦議会の強化。選挙管理委員会等各種委員会と政府系企業の議会による監督。警察長官，司法長官らの人事の議会承認。国家オンブズマン局の創設。地方政府の民主主義強化。メディアの自由化。公共部門の業績改善。市民参加の促進。

C．清廉で自由，公正な選挙システム

18歳以上の市民の自動有権者登録。選挙人名簿の整備，国内郵便投票の廃止，在外投票を認める，消えないインクの使用。1人1票の原則にのっとった選挙区割りの見直し。政党助成金の導入。選挙不正の厳罰化。

2．高度で持続可能かつ公平な経済の推進

A．高度な経済

全産業に対する教育・訓練機会の保障。全労働者に対する訓練機会の保障。在外専門家の帰国促進。

B．民主的で透明な経済

入札制度の改革。国民の負担となる民営化の廃止。累進税制の実施。

C．州経済運営の分権化と強化

貧困州に配慮した開発予算配分。経済行政権限の州政府への付与。バランスのとれた地理的開発。州政府の権限を強化し高度長期成長のための政策を重視。

D．ニーズにもとづく格差是正策

ニーズにもとづく公平な経済支援。全人種を対象に周縁化集団を支援。ターゲット集団に直接現金給付。必要と能力に応じた奨学金付与。平等な経済的機会による社会的流動性の確保。汚職撲滅による貧困対策資金の確保。

E．労働

全国民を対象とする最低賃金制の導入。機会平等法の制定。中小企業支援。農民・漁民の生産性改善支援。外国人労働者依存緩和のための政策再編。インフォーマル・セクター支援。

F．ソーシャル・セーフティ・ネット

従業員積立基金（EPF）の強化と民間雇用者のための年金制度導入。失業補償基金の設立。60歳までの定年延長。

G．住宅

低価格住宅の供給強化のための住宅公団の設立。住宅開発による不法占拠問題の解決。不法占拠に関する紛争調停制度導入。低価格住宅の改善支援。集合住宅の公共設備改善。住宅ローン改善のための金融部門改革。住宅政策保全のための州政府との協力。

H．インフラと公共設備

すべての家庭に水と電気を安価に供給。運営会社と再交渉し高速道路料金を見直し。政府と地元代表による公共交通委員会の設立。高齢者等の運賃半額制導入。タクシー営業許可の個人企業家への優先付与。無料ブロードバンド・サービスの提供。

I．環境

リサイクル文化定着のための支援。森林伐採の統制確保。代替エネルギーへの移行のための基盤整備。丘陵地・汚染地域の開発を制限。国際基準を満たす炭素排出規制。

J．持続可能な成長と環境に配慮した開発

低炭素経済実現のためのインフラ整備。グリーン・テクノロジーにもとづく産業の開発。代替エネルギー，再生可能エネルギー開発でアジア地域を牽引。食料供給確保のための農業部門強化。

3．社会的公正と人間開発

A．統一と社会的公正

人種間，宗教間の関係改善努力。相互信頼回復に向けた関係者の努力の強化。人種差

別撤廃のための人種間関係法の制定。オープンな社会の原則・規範を堅持するための協力。人種政治解消に向けた努力。全人種に受け入れられるマレーシア文化の醸成。オラン・アスリ等少数派の福祉改善。

B．宗教

イスラームの国教としての地位の保全と全国民に対する信教の自由の保障。異文化・宗教間対話の促進。民事法とイスラーム法の重複の解決に向けた包括的メカニズムの構築。巡礼基金などイスラーム機関の経営強化。すべての宗教に対し，信仰の場，埋葬場所として適切な地域を確保。

C．教育

国民学校を国の教育制度の基礎とする一方，宗教学校，華語・タミル語学校等も平等に支援する。テスト偏重を改め，批判的・分析的思考にもとづく学びの重視へ。能力要件を満たすすべての学生に公立高等教育の機会を提供。学問の自由と大学自治のための大学・ユニバーシティカレッジ法の改正。学長等の能力にもとづく人事。サバ・サラワクの内陸部における教育設備の改善。教員に対する教育の質の改善。教員に対する高度訓練機会の提供。農村部の教員へのインセンティブ付与。能力にもとづく奨学金付与と，その他の財政支援の農村・内陸部の貧困学生への優先的付与。外国語学習の重要性の強調。落ちこぼれ対策の実施。学位認可委員会の対象拡大。

D．女性と家族

あらゆる分野で女性に対する公正な処遇を実現するための法律の制定。働く女性を10年で60％に増やす。政治・行政の指導的ポストの30％を女性に付与。家庭内暴力の厳罰化など対策強化。保育所など働く女性の支援強化。シングル・マザー支援。国家予算・政策策定においてジェンダーの観点を考慮。学校におけるジェンダー教育の導入。主婦（夫）の役割を評価。

E．青年

すべてのコミュニティの青年に対し潜在能力発揮の機会を平等に付与。すべての青年に適切な職業資格・訓練を付与。青年運動との対話を通じた青年の役割と貢献の認知。

F．治安

警察を犯罪防止と治安確保の職務に専念させる。犯罪対策の人員確保のための警官再配置。警察に最新の設備と訓練の供与。「警察の活動と運営の強化のための王立委員会」の勧告の実施。警官の労働条件の改善。犯罪予防に向けたコミュニティの役割の強化。

G．医療

公的医療機関の改善に向けた国家医療委員会の設立。公的医療サービスの拡充。公立病院のスタッフに対するインセンティブの増額。民営化した医療機関に対する監視。

H．文化

あらゆるメディアにおける表現の自由の確保。制約なく演劇や展覧会を行う権利。伝統文化とのつながりを重視する一方，すべての人種の異文化要素を受容。

4．連邦–州関係と外交政策

A．連邦システム

貧困対策費として石油収入の20％を州政府に付与。税収の一部を州に平等に還元。人口に応じた交付金の増額。

B．サバとサラワク

サバとサラワクに石油収入の20％をロイヤリティとして付与。移民問題解決のための王立委員会設立。先住民慣習地の保全。非倫理的経済活動による内陸住民抑圧の停止。

C．外交政策

市民間対話の促進。ASEAN加盟国等近隣諸国との外交・通商協力促進。国際機関での役割強化。

（出所）　民主行動党ウェブサイト（https://dapmalaysia.org/repository/The_Policies_of_Pakatan_Rakyat-EN.pdf）。

覇権政党の急激な後退と対抗

——区割りの誤算と新旧対立軸の相克——

鷲 田 　任 邦

はじめに

マレーシアは，政権党が野党に対して圧倒的優位を維持する権威主義体制（いわゆる覇権政党体制）の筆頭例に数えられてきた（e.g., Magaloni 2006）[1]。しかし，マハティール政権以後のマレーシア政治は，与党・国民戦線（BN）の急激かつ大幅な議席減少とその常態化によって特徴づけられる[2]。

BN は，マハティール退任直後に実施された2004選挙において地滑り的勝利を収めたものの，続く2008年選挙において，急激に議席を減らし，憲法改正要件であり安定多数である下院議席の 3 分の 2 を割り込んだ[3]。与党連合が安定多数を失うのは，（BN に再編される以前の連盟党時代を含めて）1969年以来初めてのことであった。2008年選挙において BN がある程度議席を減らすことは予想されていたが，実際の議席の減少幅は，多くの与野党関係者・有権者・ジャーナリスト・研究者らの予想をはるかに上回るものであり，「政治的津波」と称された。さらに，2013年選挙で BN は，過大代表された地域に依拠して議席の 6 割を維持したものの（Lee 2013; 2015; Ostwald 2013）[4]，得票数でみれば野党連合・人民連盟（PR）を下回った。

2008年選挙での後退が予想外の出来事だったのに対し，2013年選挙での低迷は，ある意味で第一党 UMNO による意図的な適応戦略の帰結でもあった。

BN は，2008年選挙後に民族融和・改革路線を打ち出すものの，失地回復が困難であるとわかるにつれ，マレー人優遇・権威主義的逆行へと舵を切るとともに，低所得者向けのバラマキ政策を展開していった。その結果，2013年選挙では，非マレー系が多い選挙区や都市部ではさらに後退することとなった一方で，マレー人を中心に一定程度支持の回復がみられた。

これまで，BN の急激な後退と適応の背景について，さまざまな議論が提起され，部分的な合意が蓄積されてきたものの，（後述するように）依然として議論・検証の余地が残されている。そこで本章では，下院選挙結果の集計データと有権者を対象としたサーベイデータの体系的分析をとおして，3つの課題に取り組む。すなわち，①2008年・2013年選挙で，誰が，どのような理由で BN から離反したのか，②2008年選挙に BN の得票減少が大幅な議席減少につながったのはなぜか，そして③2013年選挙に向けて BN（とくに UMNO）がマレー人優遇路線・権威主義的逆行・低所得者向けバラマキ政策へと舵を切ったのはなぜかという3つの課題である。

まず，後退の急激性・意外性の解明が鍵となる2008年については，BN の得票減少の要因を探るとともに（課題①），得票減少が大きな議席減少につながった選挙制度や得票構造上の背景を検討する必要がある（課題②）。課題①では，目立った政治経済上の業績悪化がみられないなかで得票が急減した背景を理解するために，業績評価だけでなく，有権者の認識枠組み自体が変化した可能性を視野に入れる必要がある。また，課題②については，得票減少が大幅な議席減少につながった背景を理解するために，単にスウィング効果を拡大しうる小選挙区制をとっていることだけでなく[5]，支持者や民族構成の地理的分布と区割り操作（ゲリマンダリング）との関連を検討する必要がある。

一方，2013年選挙の検討においては，2008年以降の BN（とくに UMNO）側の適応戦略を考慮に入れる必要がある（課題③）。支持回復が困難であるという現実に直面した UMNO は，選挙が近づくにつれ支持回復よりも支持基盤であるマレー票の固守へと戦略的重点を移して生き残りを図った（Kessler 2013; Chin 2013b）。つまり，意外性に特徴づけられる2008年選挙とは異なり，2013年選挙は，ある程度 UMNO の試行錯誤と選択の結果であったといえる。ただし，UMNO が左右することができた余地を過大視すべきではなく，苦戦の背景を理解するためには，やはり2008年選挙における後退との連続性のなかでとらえる必要がある。

　課題②がおもに選挙制度と区割りに関連するのに対し，課題①，③は有権者の政治意識と政党制が形成する争点空間に関連する。本章は，課題①，③に取り組むうえで，メキシコの制度的革命党（PRI）を事例に Greene（2008）が提示した，覇権政党の後退と対抗措置についての枠組みを援用する。すなわち，覇権政党が中位（メディアン）を占める伝統的対立軸（たとえば左右）に加えて新たな対立軸（たとえば民主化の是非）が生まれることで，伝統的対立軸上で分断されていた野党間の共闘が可能となるが，新たな対立軸で覇権政党が不利に立つ場合，覇権政党はあえて伝統的対立軸上で急進的な立場をとることで，野党共闘に揺さぶりをかけ，再び自らに有利な対立軸に引き戻そうとする「急進化攻勢」に出るという議論である[6]。

　本章は，Greene（2008）の議論は，BN の急激な後退とその後の適応戦略を理解するうえでも有用であると論じる。まず，2008年選挙での BN の後退の背景には，それまで野党を分断してきた民族的亀裂を横断しうる新しい対立軸の出現によって，野党連合が共闘・台頭する余地が生まれたことを確認する[7]。そのうえで，2013年選挙に向けた UMNO の路線転換は，この急進化攻勢としてとらえることができるということを，背景の有権者意識との関連性をふまえて論じる[8]。

　本章の構成は以下のとおりである。第1節では，既存研究をレヴューし，分析の方向性を探る[9]。第2節では，2004年以降の選挙結果の集計データを用いて，得票構造の変動の背景（課題①）と，得票減少が大きな議席減少につながった背景（課題②）について検討する。第3節では，2008年選挙前後に実施されたサーベイデータ（2007年・2011年の「アジアン・バロメーター・サーベイ」——以下 ABS）を用いて，2008年における得票減少（課題①）とそ

れ以降の BN の急進化攻勢の背景にある有権者意識の特徴（課題③）について検討する。

第1節　後退と低迷をめぐる議論内容の確認

1．2008年選挙をめぐる議論

　既存研究では，2008年選挙で BN から離反したのは，おもに非マレー人（とくに華人）である点についてはおおむね合意が得られているが，検討の余地は残されている。既存研究の課題を概観するため，3つの観点から論点を整理する。すなわち，BN 後退の要因を，与党の失策，野党の戦略，社会の変化に求める観点である。もちろん，既存研究はどれかひとつに絞って議論しているわけではなく，複数の要因を列挙し，ときに複合性を強調している。

⑴　与党の失策

　与党側の失策として頻繁に指摘される点としてはまず，高いインフレ率や経済成長の鈍化といった景気動向の悪化である。これらは，選挙前の世論調査においても重要な争点とみなされていた。しかし，以前と比べてとりわけ悪かったという証拠はない（中村 2009b）。図3-1は，一人当たり GDP の成長率，失業率，インフレ率を示しており，物価がやや上がっていたことを除けば，2008年（あるいは2013年）の経済状況が著しく悪かったとはいえない。後でみる，州ごとの経済指標との散布図を検討した既存研究も，BN の後退との関連性はみられないと論じている（Pepinsky 2009）。

　その他，汚職や治安悪化への不満，大規模デモに対する抑圧，首相のリーダーシップ不足と公約未達成，UMNO 内部の派閥争いやボイコットなどが指摘されている（Chin and Wong 2009; Moten 2009; 2013; Ufen 2008）。これらの短期的要因は無視できないにせよ，なぜこうした短期的要因が急激かつ民族

図3-1　マハティール政権後期以降の経済指標の推移（1995～2014年）

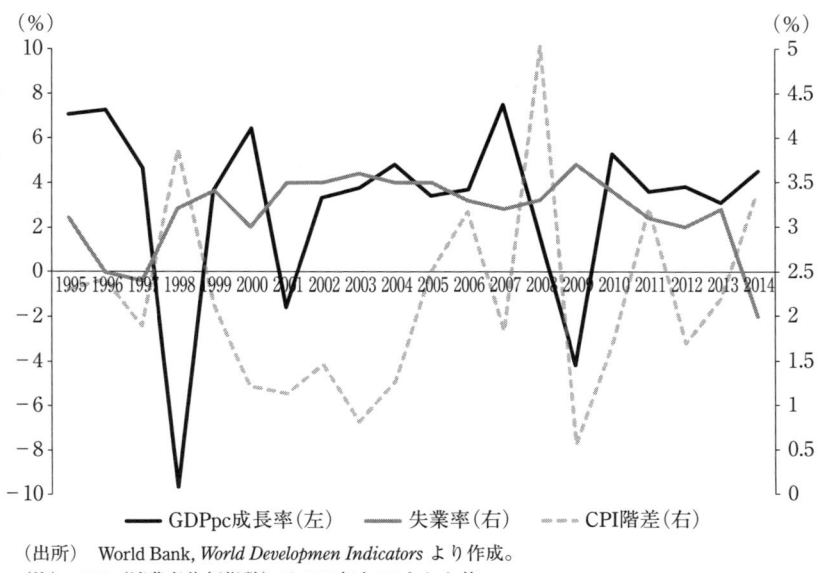

（出所）　World Bank, *World Developmen Indicators* より作成。
（注）　CPI（消費者物価指数）は2010年を100とした値。

的に不均一な離反として現れたのかを検討する必要がある。

　与党の失策を，民族間関係と関連づける観点からは，マレー人優遇政策や社会経済問題に対する非マレー人の不満の高まり（Brown 2008; 金子 2008; Moten 2009）[10]，野党側のマレー人優遇政策（新経済政策——以下 NEP）廃止公約，UMNO 内の一部（青年部のヒシャムディン・フセインなど）にみられた非マレー人の民族感情を刺激する急進的言動（鈴木 2008; Ufen 2008; Chin and Wong 2009; Bilveer 2009）も重視されている。また，そうした UMNO 内の過激な言動に対し，非マレー系 BN 政党が自民族の利益を保護することができないことへの怒り（篠崎 2008），あるいは，多民族国家における調整機能の限界，つまり自律性の低いアブドラ政権下での UMNO の閣僚ポスト配分上の非マレー系パートナーの疎外（鷲田 2015）なども挙げられている。ただし，UMNO の一部に過激な言動があったにしても，BN の立場自体が急激に変化

したとまではいいがたく，非マレー人の離反にとってどのような要因がどれ
ほど重要だったのかという点について，検討する余地が残る。

(2) 野党の戦略

　投票行動を説明するうえでは，野党側の変化や戦略も無視することはでき
ない。2008年選挙では，中道・民族協調路線の野党の人民公正党（PKR）を
軸に，マレー系野党の汎マレーシア・イスラーム党（PAS），華人系野党の民
主行動党（DAP）間で選挙協力が行われた（選挙後に正式にPRが結成された）。
選挙戦において，急進派の言動が目立つUMNOに代わってPKRが中道連
合を提示したことが奏功し，多くのリベラルな有権者の支持を集める要因と
なったといわれる（Ooi, Saravanamuttu and Lee 2008; 鈴木 2008; Weiss 2008; Mo-
ten 2009）。また，PASの穏健化（塩崎 2008; Moten 2009; Ufen 2009）は，非マ
レー票を呼びこむうえで一定の役割を果たしたと考えられる。ただし，2008
年に野党勢力に求心力が生まれた要因は，野党側の戦略だけでなく，有権者
の意識構造を含む社会的変化を抜きに語ることはできない。

(3) 社会の変化

　社会の変化として頻繁に言及される要因は，インターネットなどの情報技
術の革新・普及にともなう情報環境の変化である（伊賀 2008; Chin and Wong
2009; Moten 2009; 中村 2009b; 2011; 2015a; Ufen 2009）。UMNO党大会での差別
的発言の映像や，デモを鎮圧する映像がインターネット上で拡散したことは，
BNの失策の影響を拡大したと考えられる。また，情報環境の変化は，BN
優位の源泉であったメディアの独占と歪曲（Fong and Md Sidin 2014など）の
影響を削いだという意味でも看過できない。とはいえ，効果に対しては異論
もあり（Liow 2012），潜在的野党支持者が積極的に代替的情報源を求める内
生性など，選挙結果への影響を解釈するうえでは注意が必要である。

　インターネットの拡大が，対立軸の変化と相まって効果を発揮しうるとい
う立場もある。中村（2011; 2015a）は，アブドラ政権下で言論統制のタガが

緩み[11]，民族横断的争点（政治的左右）が出現したことが，BN後退の要因であると述べている。すなわち，BNはそれまで，意図的に民族争点のみを強調することで，民族横断的次元が顕在化することを防ぎ，票の共有効果が得られる混合区で高い議席シェアを占めてきたが，インターネットによって民族争点に縛られない投票行動が生まれたことで，共有効果が失われたという論理である。

　BNと野党勢力の中道をめぐる争いといった，対立軸を1次元でとらえる見方とちがい，2次元の争点空間のなかで投票行動の変化を理解するという視点は，野党協力が求心力を持ちえた背景やBNの急激な後退を理解するうえで重要な糸口となる。ただし，民族横断的な対立軸の有無やその具体的な内実，民族間の認識のちがい，さらに政党支持との関連性などについては，検討の余地が残っている。2次元の争点空間としてとらえる視点は，2008年選挙から2013年選挙の流れを理解するうえでも有用であるので，改めて後述する。

　一方，有権者の世代交代の影響も指摘されている（鳥居 2008）。民族的争点に縛られない層が増加したという意味では，新たな対立軸の形成とも関連している[12]。野党支持者やインターネットの利用者に若年層が多いということからみても，若い世代の政治参加が野党の共闘と躍進に寄与した可能性がある。世代交代や都市化のなかで拡大した無党派層が，アブドラ政権に期待し，結局落胆したことで，議席が乱高下した可能性もある。いずれにせよ，誰がなぜBNから離反したのかについて，体系的に検討する余地が残されている。

2．2013年選挙の特質と背景をめぐる議論

　2013年選挙に関しても，研究蓄積が進められてきた。2013年選挙結果からは，BNが地方マレー票を維持したものの，BNの得票減少が下げ止まらなかったことがわかる。しかし，誰がなぜ離反したのかという点については，

必ずしも合意は得られていない[13]。選挙結果や世論調査の集計結果などをも
とに解釈するアプローチには限界があるし，また，選挙結果の集計データに
もとづく分析についても，たとえば，地域的要因（都市部・地方）と民族的
要因のどちらが重要か（あるいは両者にどのような相互作用があったか）とい
う論争（Chin 2013a; Ng et al. 2015a; 2015b; Pepinsky 2015）を含め，検討の余地
がある[14]。以下では，先ほどと同様，与党・野党・社会という3つの観点か
ら，論点を整理する。

(1) BN の苦戦／善戦

　急激な後退というわかりやすい構図をもつ2008年選挙と異なり，2013年選
挙の結果については評価が分かれている。BN が支持を回復できずに得票数
で野党連合を下回ったという点を重視する立場からすれば，BN の失策に焦
点が当てられる（Choong 2013; Ufen 2013; Noor 2013）。2008年選挙の大敗を受
けてアブドラを引き継いだナジブは，民族融和路線（ワン・マレーシア）を
掲げて融和策を展開し，国内治安法の撤廃（代替立法で部分的に担保）などの
改革を進めたが，支持回復にはつながらなかった。むしろ，UMNO がマレー
人特権を擁護する極右団体「勇敢な先住民の会」（以下プルカサ）を放置・擁
護し，協力関係をもったことで，華人のさらなる離反を招いた。本書の第4
章・第5章でもみるように，「クリーンで公正な選挙を求める連合」ブルシ
の要求に対しても，議会特別委員会の設置など譲歩をみせたが，改革が中途
半端であるという評価が大勢を占め，また，改革姿勢を打ち出す一方でデモ
を抑圧するといった一貫性に欠ける対応は批判を招いた[15]。

　一方，BN（とくに BN 内でプレゼンスを増した UMNO）が，支持回復よりも
支持基盤（地方マレー票）の固守路線に切り替えたととらえると（Chin 2013b;
Kessler 2013; Hamayotsu 2013; Mohamed ed. 2014），異なる解釈もできる。BN が
マレー人優遇・権威主義的逆行へと明確に舵を切るのは，2013年選挙後であ
るが（Case 2013; 伊賀 2014; 中村 2015b; 本書第4章），支持回復が困難であるこ
とが明らかになるなかで，選挙前の時点からすでに，BN は徐々に戦略をシ

フトしていった。選挙が近づくにつれ BN は，華人票を多少犠牲にしてでも，民族主義的感情（特権喪失の恐怖）を煽ることでマレー票を固める「ソフトなプルカサ路線」（Kessler 2013）を展開していった。こうした観点からすれば，UMNO 議席の 9 増（半島部 8 増）と PAS の 2 減，マレーシア華人協会（MCA）の 8 減と DAP の10増（半島部 5 増）という対照的な結果は，UMNOの想定内あるいは善戦ととらえることもできる。2008年選挙に続き，半島部で過半数を辛うじて維持した点も成果といえる。

（2）　野党の躍進／伸び悩み

　野党側に着目した場合も，2013年の選挙結果を野党の躍進とみるか伸び悩みとみるかによって，選挙結果を解釈するうえでの力点が異なる。PR が得票数で BN を上回った（とくに DAP が躍進した）点を評価する観点からは，PR の成熟が指摘できる。政権交代の機運の高まりを背景として，二大政党的競争関係が維持され，民族対等路線（Welsh 2013）や既得権の打破（鈴木2013）といった BN に代わる代替的ビジョンを提示したことは，PR の善戦に寄与したといえる。また，2008年選挙以降，とくに経済規模の大きいスランゴール州やペナン州における州政権を共同運営することで，政権担当能力をアピールする機会を得たことは，PR 内対立や汚職の露呈などのデメリットを上回るメリットがあっただろう。協力関係を背景とする民族横断的投票への抵抗感の緩和は，PR にいっそうの票の共有効果をもたらしたといわれている（Lee and Thock 2014; 篠崎 2013; Oh 2014）。

　一方，政権交代が実現しなかった点を重視する立場からすれば，地方の過大代表などの，これまで BN 体制を支えてきた政権インフラ上の優位を，野党連合が乗り越えることができなかった点が重視される。既存研究で，とくに重視されてきた要因は，与野党間の資源格差である[16]。2013年選挙に向けて，2012年に低所得者層への現金給付である国民福祉政策（BR1M）（Noor 2013; Hamayotsu 2013; Suzuki 2013; Weiss 2013; Welsh 2013）をはじめとするバラマキ政策が開始され，近年では財政赤字の拡大が懸念されるに至っている

（鈴木 2016）。その他，選挙期間中のさまざまな選挙区での資源配分の活用（Weiss ed. 2014），連邦土地開発公社（FELDA）地域での組織力（Maznah 2015）と公務員の囲い込み（塩崎 2013）などが，野党（とくに PAS）の躍進を妨げた要因として指摘されている。また，官僚機構に対する影響力の格差も，BN の強みとされてきたが，今回の選挙でも，選挙管理委員会や結社登録局の中立性の欠如[17]，有権者名簿の改竄などの選挙不正が報告されており，選挙の公平性に改めて疑義が呈されている（SUARAM 2013）[18]。また，新聞やTV などの主流メディアにおけるバイアス（Anuar 2014; Gomez 2014; Mohd Azizuddin 2014）も，インターネットが普及していない地域や層に対する野党の進出を妨げる一因となっている。

(3) 社会の変化

　社会の変化としては，与野党それぞれにとって有利になる変化が存在した。2008年選挙前から盛り上がりをみせる社会運動や非主流派メディアの拡大・浸透は，民族協調ムードの広がり（Moten 2013）も相まって，PR の追い風となった（伊賀 2013; 本書第5章）。また，2013年選挙で初めて投票を行う有権者の多くは，野党寄りであったといわれる。その一方で，BN 後退を背景としてマレー人特権の危機を訴える極右団体が台頭したことは，先述の BN の戦略シフトにとって誘引・後押しとなった。また，メディア環境の変化への対応として，2008年選挙以降，BN はインターネット・メディアを重視する方針に転じ，BN の支持拡大を図るキャンペーンを張った（Chin 2013b）。若い有権者のなかでも，マレー系は BN に流れた層も少なからずいたといわれている。先ほどの，野党支持の主体が華人なのか都市部住民なのか，あるいは若者なのか，という点も含め，2013年選挙にかけての有権者意識については，さらなる検討の余地が残っている。

3. 計量分析を用いた既存研究

　既存研究を概観してきたうえで指摘できる点は，体系的なデータ分析を行う余地が残っていることである。既存研究は，多くの場合，選挙結果の記述統計にもとづき，選挙前後の出来事や世論の動向に関する報道と照らし合わせながら，後退や停滞の背景について論じることが多い一方，計量分析を用いた検討が不足している。

　2008年選挙前後について計量分析を用いた研究として，Pepinsky（2009）と中村（2015a）がある。Pepinsky（2009）は，まず各州の経済指標——州総生産（GSP）成長率，統合開発指標，貧困率，都市化率——と，下院選での勝率を散布図上で比較し，明確な関連がみられないと論じている[19]。そのうえで，選挙区の民族構成に着目し，非マレー人（華人やインド人）が多い（マレー人が少ない）選挙区で，BN の得票率が低い傾向を回帰分析によって確認し，非マレー系が離反の主体であると論じている。その後，集計データから個人レベルの行動を探る手法（エコロジカル推計）をもとに，政党別の与野党対立構図ごとに各民族の有権者の政党支持状況を推計し，票共有効果に加え[20]，非マレー系有権者が BN の非マレー系政党を支持しない傾向が顕著であることを示した。

　中村（2015a）は，これまでの下院・州議会選挙における各選挙区のマレー人比率（と曲線関係を把握するための二乗項）と与党得票率を，各年の選挙結果にもとづく OLS を用いて比較検討することで，2008年と2013年選挙において，これまでみられていた曲線関係（マレー人と非マレー人のどちらも多くない選挙区で得票が高い傾向）が弱まっていたことを示した。そのうえで，その背景を，インターネット利用の拡大にともなうイデオロギー空間の多次元化により，民族間の相互不信に依拠する票の共有効果が消失したためであると論じた。具体的には，アブドラ政権下で言論統制が弱まり，民族以外の争点が重要になるなかで，野党間が協調して民族以外の争点（汚職，経済，治

安，人権，政治体制，教育など）を掲げた選挙戦を展開し，民族横断的な投票行動を引き出したことが，BN 後退を理解する鍵であると説明している。裏づけのための計量分析として，州別のパネルデータにもとづき，経済状況の影響がみられない一方，インターネットのプロバイダー契約率が高い州ほど州別の BN 得票率の減少幅が大きいことを示すとともに，サーベイデータ（2007年のアジア・バロメーター）にもとづくカイ二乗検定により，インターネットで情報収集している有権者ほど，野党がマニフェストで掲げた争点で懸念を抱えていたことを示した。

一方，2013年選挙については，選挙結果の集計データを用いた分析をもとに，Ng et al.（2015a; 2015b）と Pepinsky（2015）らが，*Journal of East Asian Studies* 誌上で展開している論争がある。非マレー系（とくに華人）の BN からの離反が顕著だった2008年選挙と異なり，2013年選挙については，誰が与党・野党を支持したのかという点について合意が得られていない。2013年選挙を「華人の津波」と称したナジブの言説は，客観的な観測というよりも政治的な意味合いが強く，むしろ都市部の離反が重要であったとする立場もある（Boo 2013）。

Ng et al.（2015a）は，2013年の下院選の選挙区レベルの集計データにもとづき，都市化の代替指標として選挙区面積を用い，フラクショナルロジットによる推計から，とくに都市部の華人有権者のあいだで BN の支持が低く，したがって，民族構成と都市化の相互作用が重要であると論じた。それに対し Pepinsky（2015）は，変数や推計方法の問題点を指摘したうえで再分析し，非マレー人比率と都市化の双方が（独立して加法的に）野党支持と関連しており，Ng et al.（2015a）が述べるような相互作用はないと論じた。

以上がおもな計量分析を用いた既存研究であるが，集計データとサーベイデータ双方の面でさらなる分析の余地は残っている。まず，集計データ分析については，選挙区単位のパネルデータを用いて検討する余地がある。一方，サーベイデータについても，新たな対立軸の有無やその内実を含め，さらなる検証の余地がある。管見のかぎり，マレーシアの有権者の政党支持を検討

したサーベイデータ分析はみられない。サーベイデータは，それ自体の限界や問題点があるものの，エコロジカル推計よりも有権者の意識を直接把握するうえで相対的に有効であり，報道で断片的に報告される世論調査の集計結果よりも柔軟に，政治的態度と意識の関係を分析することを可能とする。以下では，下院選挙結果の集計データと2007年・2011年のABSのサーベイデータを用いて，改めて検討していきたい。

第2節　得票減少とスウィング効果拡大の背景
——集計データを用いた検討——

　本節では，2004年以降の下院選挙結果についての集計データを用い，得票減少の特徴と，得票減少が大幅な議席減少に結び付いた要因について検討する。なお，BN の後退がおもに半島部であること，また，半島部と島嶼部では民族構成や政党制のあり方が異なることから，本章における集計データ分析では，おもに半島部に焦点を当てる[21]。

1．華人，都市部有権者，あるいは都市部の華人か

　まずは，2004年選挙以降の得票分布の推移をみておきたい。図3-2は，2004年から2013年までの得票分布（カーネル密度）の推移である。2004年には得票率が6割を超える選挙区が多く，危なげなく勝利しているのに対し，2008年には分布が大きく左にシフトし，全体的に得票率が減少している。2013年には，議席数のうえでは微減にすぎず，分布の重心もさして変化していないものの，BN 得票分布はさらに脆弱なものとなっている。つまり，得票率が6割を超えていた選挙区が減少することで，分布が大きくくびれ，尖度が増している。得票率が5割付近で尖度が増しているということは，各選挙区でわずかに得票が減少しただけでも，多くの議席が失われることを意味

図3-2　得票分布の推移（2004～2013年）

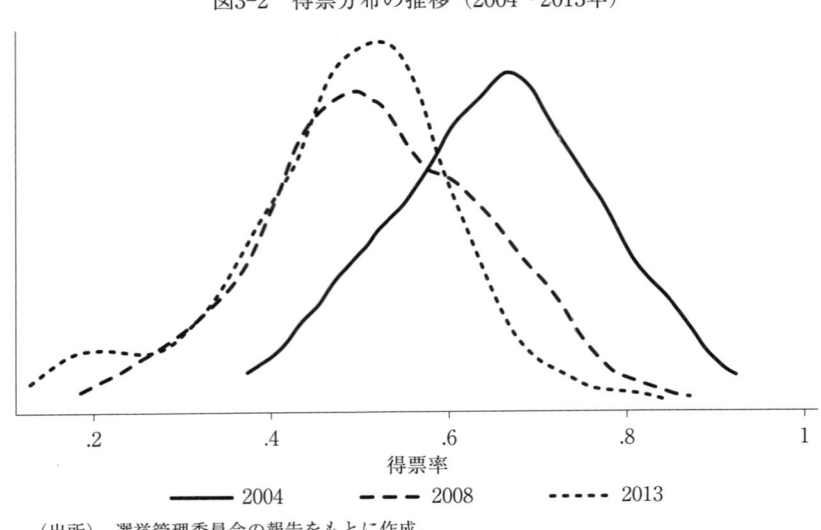

得票率

――― 2004　　- - - 2008　　----- 2013

（出所）　選挙管理委員会の報告をもとに作成。

している。その意味では，次回選挙は BN にとって，今回以上に油断ならない選挙となるだろう。民族構成別に検討すると，尖度が高まっているのは，マレー人多数区から混合区にかけてであり，2013年にマレー人多数区で BN が巻き返しているようにみえても，水面下ではより脆弱な得票構造になっているといえる。

　BN の得票構造の変動をより詳しく検討するため，パネルデータ分析を行う。従属変数は，既存研究と同様，BN の相対得票率〔有効投票数に占める BN 候補の得票数〕である[22]。説明変数として，Pepinsky（2009; 2015）などが検討してきた，有権者に占めるマレー人比率，都市化率の代理変数としての選挙区面積（対数）を検討する[23]。また，票共有効果を検証するために，マレー人比率二乗項を検討する。さらに，経済指標として，前年の各州における一人当たり GSP 成長率と失業率を検討するとともに，各州のダミー変数を加えた。本章では，選挙区と各選挙のパネルデータを用いた推計にあたって，変量効果モデルを用いた。さらに，各変数の影響が選挙ごとに変化する

表3-1　選挙区別得票率の分析（2004〜2013年）

	係数	標準誤差	
面積（対数）	0.014	(0.006)	**
面積（対数）×2008年	0.016	(0.004)	***
面積（対数）×2013年	0.017	(0.004)	***
マレー人比率	0.754	(0.132)	***
マレー人比率×2008年	− 0.343	(0.064)	***
マレー人比率×2013年	− 0.304	(0.085)	***
マレー人比率二乗	− 0.573	(0.115)	***
マレー人比率二乗×2008年	0.448	(0.055)	***
マレー人比率二乗×2013年	0.508	(0.066)	***
GSPpc 成長率	0.330	(0.535)	
GSPpc 成長率×2008年	− 0.370	(0.932)	
GSPpc 成長率×2013年	0.757	(0.715)	
失業率	− 2.001	(0.576)	***
失業率×2008年	− 1.472	(0.815)	*
失業率×2013年	− 1.000	(0.932)	
2008年	− 0.158	(0.092)	*
2013年	− 0.332	(0.047)	***
定数項	0.425	(0.065)	***
Wald χ -sq.	3,177.050		***

（出所）　筆者作成。
（注）　$N=495$。標準誤差は選挙区ごとにクラスター処理。州ダミーは表示していない。
　　　*** p < .01, ** p < .05, * p < .10.

ことをとらえるため，2004年を基準年として，2008年と2013年のダミー変数とそれぞれの変数との交叉項を加えた。

　分析結果（表3-1）からは，BN の支持基盤が，選挙区面積の大きい地方農村部，マレー人が多い地域と民族混合区であるという，一般的な認識と合致する傾向が確認できるが，都市化や民族構成の影響が，各選挙で変化してきたこともわかる。面積（対数）・マレー人比率・混合区ダミーという３つの変数それぞれと，2008年・2013年ダミーとの交叉項（基準年である2004年との比較）がいずれも有意であるということは，BN が，2008年，2013年選挙においては，2004年よりも地方農村部とマレー人が多い地域への依存を強めている一方，2004年にみられていた票の共有効果が，2004年よりも有意に減

図3-3　選挙区別集計データにもとづく得票率推計結果

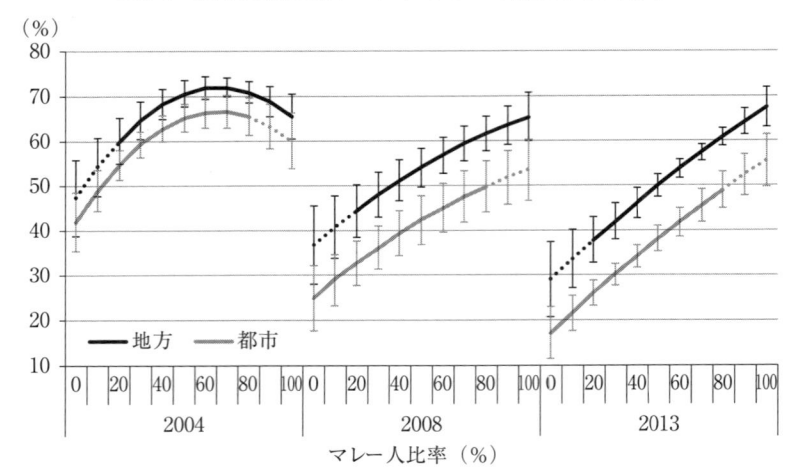

（出所）　筆者作成。
（注）　都市／地方はそれぞれ面積（対数）の10/90パーセンタイル。点線は，おおむねこの区間
　　　に対応する選挙区が存在しないことを示す。

退していたことを示している。たとえば，面積（対数）が1単位上がるごと
の得票率に対する推計効果は，2004年には1.4％ポイントであるのに対し，
2008年と2013年には3.0％ポイントである。マレー人比率と二乗項については，
表では解釈しづらいため，都市・地方（それぞれ面積の10・90パーセンタイル）
の比較も含めて推計得票率を示したものが，図3-3である。

　図からも，マレー人が多い選挙区への依存，票共有効果の減退，都市部と
農村部の乖離という傾向が確認できる。2008年選挙段階から，すでに非マ
レー系と都市部有権者の顕著な離反が進行していたといえる[24]。こうした支
持基盤の変化は，2013年選挙前にマレー人優遇や地方へのバラマキ路線へと
政策転換を推し進める要因となり，さらにそうした路線転換が2013年選挙で
の支持基盤の変化に拍車をかけたと考えられる。

　なお，経済状況についてみれば，成長率の係数は有意になっていないが，
失業率が高いほど得票が低い（統計的にも有意な）傾向が一貫して確認できる。

たとえば，2004年には失業率が1ポイント上がるごとに，得票率が2％ポイント程度下がる傾向にあり（2013年も同様），2008年にはさらに影響が増していたことが示唆されている。

2．スウィング効果拡大の背景

　以下では，2008年選挙における非マレー系や都市部の有権者の離反が，大規模な議席減少につながった要因について検討する。2008年選挙での下げ幅は，得票率・議席率ともに過去最大規模であり（それぞれ12％ポイント，27％ポイント減），半島部で顕著である（それぞれ14％ポイント，37％ポイント減）。そもそも小選挙区制は，得票変動を拡張する傾向があり，とくに得票率が50％付近で弾力性が高くなるため，わずかな得票減少が大幅な議席変動につながりうる制度であるといえる。ただし，こうした制度的効果は，得票分布に加え，離反の主体がどのような層であるか，そしてその層が各選挙区でどれほど選挙結果を左右しうるかという点に依存する。以下では，マハティール政権期において（2002年から進められ）2003年に確定された区割り変更が裏目に出たことで，議席減少幅が拡大されたことを示す。

　しばしば印象論で示唆されてきたように（Lee 2008; 2013; Saravanamuttu, Lee and Mohamed Nawab eds. 2015），2008年における議席減少の規模は，2003年の区割り変更の逆説的効果によって拡大されたと考えられる。2003年の区割りには，1999年選挙結果を受けた BN の戦略が反映されている。すなわち，1999年選挙で BN は，UMNO 内の対立に端を発した政争によって，マレー人のあいだで支持を大幅に減らした[25]。これを受けて BN は，マレー票への過度な依存を減らすために，2003年の区割り変更に際して，票の共有効果が期待できる混合区を増やしたといわれている（Brown 2005; Ong and Welsh 2005）。ただし，しばしば用いられる選挙区分類に従い，マレー人比率が30〜60％を混合区，60％以上をマレー人多数区とすると，マレー人増加率が相対的に高いこともあり，混合区よりもマレー人多数区が増えており，混合区

図3-4　1999年と2004年の民族構成比の比較

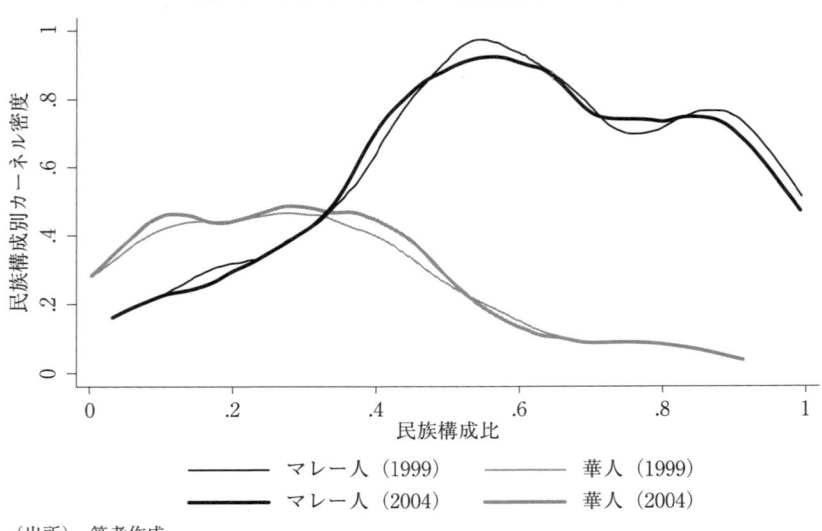

（出所）　筆者作成。
（注）　マレー人・華人の平均構成比によってウェイト付けしている。

　の半島部選挙区に占める区割り前後の比率をみても，４割程度でほぼ横ばい
である（1999年選挙の38.2％から，39.4％にわずかに増加）[26]。

　むしろ，2003年の区割り変更の特徴は混合区内部で民族混合が深化したこ
とである。図3-4は，区割り前後の1999年と2004年の選挙における選挙区ご
との民族構成の分布を示している。図から，区割り変更によって華人比率・
マレー人比率が，それぞれ40％前後の選挙区比率が増えていることがわかる。

　このように，マレー人の離反に対抗するために選挙区内の民族混合を進め
た結果，BNは華人票への依存を高めることとなった。票共有効果がうまく
機能し，非マレー人の支持を確保できていれば，こうした脆弱性は表面化せ
ず，2004年選挙のような地滑り的勝利も可能であるが，いったん非マレー票
が離反すると，多くの議席が一気に瓦解することになる。BNは，マレー人
の離反に対する脆弱性を減らすつもりが，逆説的に華人系有権者の離反によ
るスウィング効果を拡大していたといえる。

　2003年区割りがスウィング効果を拡大したもう一つの要因は，区割りによって，得票構造の尖度が増加していたことにある。小選挙区制では，50％を超える得票は余剰票となるため，少ない得票をより多くの議席に変換するうえでは，区割りの際に盤石な支持基盤をあえて分割し，周囲のより競合的な選挙区に支持者を「輸出」する（一方，野党支持者を少ない選挙区に集約させる）ことが効率的なゲリマンダリング戦略となる（Owen and Grofman 1988）。

　とくに BN は，PRI などのほかの覇権政党に比べて少ない得票率を，安定多数（下院議席の 3 分の 2）以上に膨らませることで，議会内での優位と政治的裁量を確保してきた。体系的な GIS データを用いて区割り戦略を検討した鷲田（2017a）が明らかにしたように，BN は（野党票をまとめることはせず）盤石な支持基盤を分割し，得票・議席変換率を効率化することで，より競合的な選挙区をつくり出してきた。したがって，与野党の支持基盤となっている選挙区を割ってより競合的な選挙区にするため，区割り前と比較して区割り後の得票分布の尖度は高まる傾向がある。とくに2003年の区割りによって，得票率 6 割弱の周辺を中心に尖度が高まっていた[27]。先述したように，勝敗ラインでの尖度の増加は，わずかな得票減少によるスウィング効果を拡大する。

　つまり，マレー票の減退への対抗措置として実施した2003年の区割り操作によって，混合区における華人票の離反に対する脆弱性を高めるとともに，議席変換の効率化をねらって得票分布の尖度を高めてきたことにより，皮肉にも BN は2008年での大敗の舞台を自ら用意していたといえる[28]。

第 3 節　対立軸の多元化と BN の急進化攻勢

　本節では，サーベイデータを用い，得票減少の背景について掘り下げていきたい。検討に入る前に，覇権政党に対して野党が協力して挑戦することが可能となる背景を論じた Greene（2008）の枠組みを足がかりに，2008年選

挙における新しい対立軸の内実と，選挙後の BN の戦略転換の背景について検討を行う。

1．覇権政党の後退と対抗に関する理論枠組み

Greene（2008）は，メキシコにおいて，左右に分断されてきた野党が共闘して PRI に挑戦することが可能になった背景として，有権者の意識構造の変化に着目した。メキシコではながらく，伝統的対立軸（左右）においてイデオロギーが相容れない野党が分断され，中道を占める覇権政党 PRI が選挙で有利に立ってきた。とくに，覇権政党の統治下では，与野党間に資源の圧倒的な差があるため，資源をもたない野党はそれぞれ特定のイデオロギーが重要な組織原理となり，結果として，異なるイデオロギーをもつ野党間での共闘が困難になる（Greene 2007）[29]。1990年代に入って野党共闘が可能となったのは，左右の立場を越えて野党どうしで協力して PRI と対峙することができる，別の対立軸（政治体制の民主化の是非）が重要になってきたことにあった。こうした対立軸の多元化によって，野党がイデオロギーのちがいを乗り越えて共闘することが可能になり，議会選挙（1997年）と大統領選挙（2000年）での勝利につながっていった[30]。

マレーシアでも同様に，野党は民族的亀裂を基底とする対立軸によって分断されてきた。マレー系の野党 PAS と非マレー（おもに華人）系の DAP のあいだでの協力は困難であり，たとえ1990年や1999年のように選挙協力が可能になったとしても，政権を脅かすまでには至らなかった。野党が分断されているかぎり，民族間協調・政治的安定のもとでの成長と分配を掲げる BN に，つねに分があった（Crouch 1996）[31]。

BN が，財政資源をはじめとする公的資源を積極的に活用してきたことは，ひろく知られている。とくに NEP 開始以降，行政機構と政党組織の融合が進展し，公的資源を末端まで効果的に配分する仕組みが形成された（鳥居 2003）。地方農村部の事例研究（Kessler 1978; Scott 1985; Shamsul 1986），州レ

ベルの記述統計の解釈（Jomo and Wee 2002），あるいは連邦政府と野党州政権の対立に着目した事例研究（Mohammad 2006; 河野 2009）は，BN が財政資源を賞罰の手段として活用してきたことを明らかにした。また，BN は，賞罰に加え，予算づけという投資によって票の掘り起こしを図ってきた（鷲田 2014; Washida 2014）。また，選挙前の財政緩和（あるいは選挙後の引き締め）によって生じる政治的財政循環についても多くの逸話があるが，財政収支については Pepinsky（2007）が，開発予算については Washida（2014）が，それぞれ計量分析によって確認している。

　BN 優位が続くなかで，1990年代末以降，汚職・縁故主義に対する批判を掲げたレフォルマシ運動を契機として，野党と社会運動の緩やかな協力が進展した。野党連合が結成と解体を繰り返すなか，2000年代半ば以降，ブルシを中心とする市民社会運動の台頭（本書第5章）や，インターネットを通じた代替的情報源の拡大により，民族以外の争点の重要性が増し，野党が協力して明確な対立構図を打ち出すことが容易になってきた（中村 2015a）。経済指標や汚職などについて大きな業績悪化がみられないなかで，急激に後退した背景には，民族的亀裂を超えた野党連合が結成・躍進しやすい対立軸が生まれていた可能性がある。

　1999年における野党運動の盛り上がりは，おもにアンワル解任を背景としてマレー人を中心に展開され，十分非マレー人を巻き込むことができなかった一方，2008年選挙前においては，民族的亀裂を横断しうる対立軸が形成されていた可能性がある。ただし，2008年選挙では，とくに非マレー人（おもに華人）有権者の離反が顕著であったことは，新しい対立軸においても民族的な相違があった可能性を示唆している。

　次項では，ABS の2007年データをもとに，はたして政党支持に関連するかたちで，新たな対立軸あるいは争点が有権者意識に見い出すことができるか，その内実とはどのようなものか，また，民族間でどのようなちがいがあったのかに着目して検討する。つづいて，ABS の2011年データをもとに，UMNO の路線転換の背景について検討する。

２．2008年選挙に向けた民族横断的対立軸の萌芽

　現在 ABS で利用可能なデータは，2007年（7～10月実施）と2011年（10～11月実施）という，2008年選挙を挟んだ2波の調査である[32]。同じサンプルを追跡したパネル調査ではなく，調査年ごとに質問項目が若干ずれる項目もあるため，通時的変化をとらえるうえでは限界があるが，集計データからはみえない BN 支持・不支持の要因を探る有益な手がかりとなる。BN 支持要因の分析に入る前に，変数について説明していきたい[33]。まず，従属変数として，調査時点における BN 支持の度合いを用いる。具体的には，野党支持を1，どちらでもないという回答を2，さらに BN 支持者を支持の度合いに応じて弱(3)，中(4)，強(5) に割り振った，5段階の順序尺度である。

　説明変数としては，属性に加え，伝統的争点と新しい争点に関する政治的態度を検討する。まず，属性として，女性ダミー，年代（6段階尺度），教育水準（7段階尺度），所得水準（5段階尺度），失業者ダミー，都市部ダミー，各民族ダミーを検討する[34]。失業，地域，民族は，集計データを用いた分析において BN の得票率と密接に関連していた。なお，民族を直接尋ねる質問項目がないため，宗教に関する質問項目を用い，ムスリムをマレー系，仏教徒・道教徒・儒教徒を華人系，ヒンズー教徒・シーク教徒をインド系，その他に分類し，（全サンプル分析で参照カテゴリーとする）マレー系を除く各ダミー変数を作成した。

　つぎに，伝統的争点と考えられる変数として，経済業績への評価，大きな政府の支持度，非常時特権の容認度を検討する。BN は選挙戦において，マレー人優位のもとでの穏健的協調という民族的立場を基底としつつ，政治的安定下の経済発展における成果を強調してきた。そこで，経済業績評価の変数として，景気・家計についての総合評価（5段階尺度）を用いる[35]。同様に，成長の果実を（とくにマレー人に）いかに分配するかという点も，BN（とくに UMNO）が自らの存在価値の証左として強調してきた争点であり，NEP

をはじめ BN 政府は積極的に経済に介入してきた。経済的便益の分配は，UMNO が民族的に穏健な立場を維持しつつも，マレー人に対する配慮を示すことができるという意味で，民族融和路線の補填手段としても重要であった。そこで，大きな政府に対する有権者の選好についても検討する[36]。ただし，非マレー系は必ずしも分配の恩恵に与っていないともいわれており，NEP からの脱却が争点とされた2008年選挙時には，小さな政府を志向する非マレー人が，BN から離れた可能性がある。

　BN は，経済成長と分配の前提条件として，民族間協調と政治的安定を重視してきた。BN は，1969年選挙後の人種暴動以来，民族間調整によって秩序を担保する主体として自らを位置づけ，1969年の記憶を頻繁に喚起しながら，権威主義的支配を正当化してきた（Slater 2010）。BN は，仮に選挙でBN が負ければ1969年と同様の混乱が生じかねないと示唆し，不安感を煽るとともに，民族的立場が急進的な野党は危険であり，野党連合が試みられる際には選挙目当ての無責任な野合にすぎないと批判してきた。BN に政治的秩序の担保役を期待する意識の影響を検討するため，非常時において政府による超法規的措置を許容する度合い（5段階尺度）を検討する。

　こうした民族的亀裂を基底とする伝統的争点に対して，民族的亀裂に縛られない新たな争点の出現は，野党間の協調と躍進にとって追い風となる。そうした新しい争点の候補として，本章ではまず，民主化への態度を検討する。具体的には，それぞれの有権者にとっての，マレーシアに適した水準の民主主義度と現状の民主主義度との乖離（民主主義の赤字）の度合いを検討する[37]。

　ただし，選挙の際のフォーカルポイントとしては，民主主義の赤字についての評価よりも，より具体的な争点の方が有用であろう。とくに，レフォルマシ運動以来の汚職問題や，近年のブルシの盛り上がりにみられるような自由で公正な選挙の要求といった政治改革争点は，民族間・野党間の協力を提供し，野党の台頭・躍進の契機となる。そこで，中央政府における汚職の度合いについての評価と，選挙の公正性に対する疑念に関する変数を用いる（いずれも5段階尺度）[38]。

　BN支持への影響を検討する前に，調査時点でいかなる争点空間がみられたかを，争点変数を用いた主成分分析によって検討しておきたい。結果（表3-2）をみれば，「経済業績評価（－）」・「政府汚職認知（＋）」・「選挙不公正感（＋）」によって規定される「経済より政治改革」というべき新しい対立軸（Ⅰ軸）と，「大きな政府支持（＋）」・「非常時特権容認（＋）」を中心とする「権威主義下の分配」というべき伝統的対立軸（Ⅱ軸）の2つの軸が確認された。「民主主義の赤字」は，政治改革の文脈よりも，むしろ分配と秩序

表3-2　2007年における争点空間の主成分分析

	Ⅰ	Ⅱ
民主主義の赤字	0.358	**0.583**
政府汚職認知	**0.674**	−0.039
選挙不公正感	**0.685**	0.007
経済業績評価	**−0.657**	−0.174
大きな政府支持	−0.214	**0.628**
非常時特権容認	−0.281	**0.595**

（出所）　ABS2007年にもとづく。
（注）　太字は0.5以上。

図3-5　2008年選挙前の争点空間と野党連合

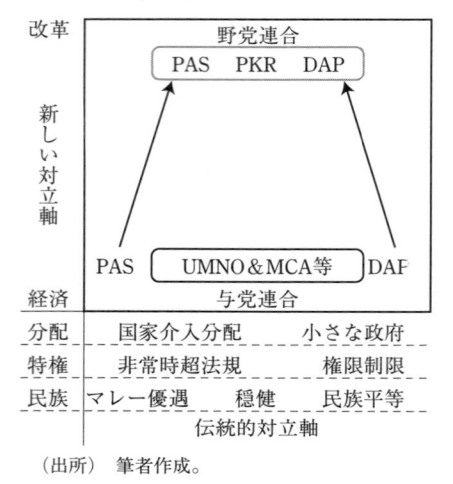

（出所）　筆者作成。

維持を担保するうえで許容されるものとしてとらえられていた。いずれにせよ，2008年選挙前に，新たな対立軸が生まれていたことが示唆される。

　こうした争点空間を整理したものが，図3-5である。伝統的対立軸（II軸）は，民族的亀裂を基底としており，現行の権威主義的制約を容認し，政治的安定下の分配をめざすか，あるいは，政府の恣意的な権力行使を拒絶し，（民族平等と）小さな政府をめざすかという次元であり，これまでの選挙戦が展開されてきた対立軸であるといえる。こうした伝統的対立軸が選挙競争を規定していれば，基本的にマレー人優遇・権威主義・国家介入を所与としながら，UMNO に対してイスラーム国家の建設や公平な分配を掲げて対抗する PAS と，これらを所与とせずに民族平等と小さな政府による民主的統治を志向する DAP とのあいだで協力関係を発展・維持させることは難しく，BN の代替的選択肢としての求心力は生まれにくい。一方，新しい対立軸（I軸）は，レフォルマシ以降の汚職撲滅や近年の選挙制度改革といった改革路線か，あるいは伝統的な経済重視路線かという次元である。こうした新しい対立軸は，伝統的対立軸において分断されてきた野党勢力間に協力の余地を与えるだけでなく，権威主義的統治下における成長と分配を掲げてきた BN にとっては，正統性を揺るがす対立軸となりうる。

　それでは，こうした争点における有権者の評価・意識は，BN 支持・不支持とどのように関連していたのだろうか。以下では，順序ロジットによって BN 支持の規定要因を検討する[39]。全サンプルを用いた推計と，マレー人と非マレー人（華人とインド人）にサンプルを絞った推計について，それぞれ，属性のみのモデルI と，属性以外の変数を加えたモデルII を検討する[40]。以下，分析結果を示した表3-3と，各変数の最大・最小値ごとに BN を強く支持する確率を推計した図3-6をもとに議論していきたい。

　まず，表3-3のモデルI をみると，華人が BN を支持しない傾向が顕著であり，集計データ分析と整合的である。失業者ダミーの係数は（やや弱いものの）有意である一方，都市部の離反傾向は確認できない。民族別分析の結果をみると，マレー人のなかでは教育水準が高い層，非マレー人のなかでは

表3-3　2007年における BN 支持要因の分析

	全体	マレー人	非マレー人
I 女性	-0.070 (0.104)	-0.017 (0.134)	-0.200 (0.216)
年代	-0.051 (0.041)	0.009 (0.053)	-0.221 (0.079) ***
教育水準	-0.110 (0.031) ***	-0.157 (0.039) ***	0.009 (0.062)
所得水準	-0.012 (0.053)	0.086 (0.074)	-0.078 (0.106)
失業者	-0.606 (0.356) *	-0.357 (0.418)	0.002 (0.427)
都市部	-0.119 (0.170)	0.063 (0.198)	0.849 (0.629)
民族：華人系	-1.005 (0.127) ***		-1.864 (0.290) ***
民族：インド系	0.423 (0.197) **		
民族：その他	0.073 (0.150)		
R^2 (*Nagelkerke*)	0.078	0.031	0.212
II 女性	-0.178 (0.105) *	-0.250 (0.135) *	-0.148 (0.224)
年代	-0.003 (0.042)	0.101 (0.055) *	-0.203 (0.083) **
教育水準	-0.113 (0.032) ***	-0.126 (0.040) ***	-0.024 (0.065)
所得水準	0.008 (0.056)	0.076 (0.077)	-0.059 (0.107)
失業者	-0.563 (0.365)	-0.278 (0.460)	-0.138 (0.410)
都市部	0.026 (0.175)	0.212 (0.203)	0.314 (0.798)
民族：華人系	-0.315 (0.146) **		-1.303 (0.332) ***
民族：インド系	0.474 (0.222) **		
民族：その他	0.356 (0.159) **		
民主主義の赤字	-0.159 (0.049) ***	-0.136 (0.065) **	-0.182 (0.097) *
政府汚職認知	-0.092 (0.052) *	-0.114 (0.068) *	-0.061 (0.109)
選挙不公正感	-0.504 (0.056) ***	-0.545 (0.069) ***	-0.400 (0.113) ***
経済業績評価	0.327 (0.049) ***	0.356 (0.061) ***	0.356 (0.115) ***
大きな政府支持	0.180 (0.058) ***	0.197 (0.073) ***	0.267 (0.117) **
非常時特権容認	0.092 (0.044) **	0.140 (0.057) **	-0.040 (0.090)
R^2 (*Nagelkerke*)	0.254	0.247	0.324
N	1,187	718	310

（出所）　ABS2007年にもとづき筆者作成。
（注）　括弧内は頑健標準誤差。*** p < .01, ** p < .05, * p < .10.

図3-6　2007年における BN 支持の推計確率

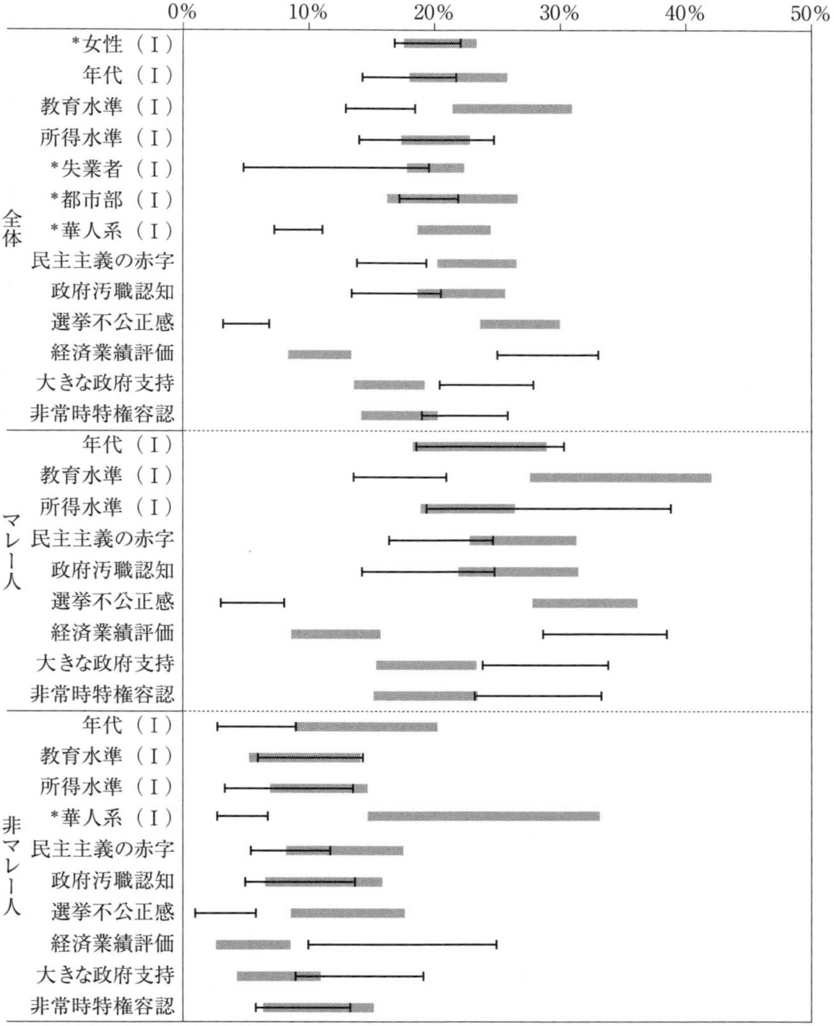

（出所）　ABS2007年にもとづき筆者作成。

（注）　黒細線／グレー太線はそれぞれ，変数の値が最大値／最小値をとる際の推計確率の95％信頼区間を示している（＊ダミー変数の場合は１と０，民族は参照カテゴリーとの比較）。属性はモデルⅠにもとづく推計。紙幅節約のため，民族別については属性変数の一部を表記していない。

（華人に加え）年長者が BN を支持しない傾向が強い。

　他の変数を加えたモデルⅡをみると，まず，選挙不正に対する懸念が，民族を問わず BN からの離反と密接に関連している。選挙の公正性をめぐる有権者の意識が，民族的亀裂を超えて拡大していたことが，野党の躍進に寄与したといえる。一方，レフォルマシ運動が掲げてきた汚職の問題は，マレー人のあいだでも BN 不支持と関連しているもののあくまで10％水準での有意にとどまり，また，マレー人を越えた広がりに欠ける。

　一方，全体・民族別いずれにおいても，経済業績評価と大きな政府志向が，BN 支持と関連している。政治改革よりも経済を重視し，経済状況を好意的に評価する層は，BN を支持する傾向が顕著である。同様に，再分配志向のマレー人が積極的に BN を支持する一方，小さな政府を支持する非マレー人が BN から離反する傾向にある。2008年選挙で NEP が争点となったが，国家の役割に対する非マレー人の不満が，BN の後退に寄与したと考えられる。一方，非常時の政府の超法規的措置については，マレー人のみで BN 支持と有意に関係している。マレー人のあいだでは，たとえ非民主的な手段を用いてでも，秩序や分配の担保する役割を UMNO に期待する意識が根強い。

　以上まとめると，2008年選挙に向けての BN からの離反は，属性でいえばおもに華人を中心としているが，教育水準が高いマレー人や年長の非マレー人にもみられた。また，選挙の公正性に疑義をもつ層が BN から離反する傾向が，マレー人・非マレー人ともにみられ，民族的亀裂を超えた新たな対立軸の萌芽がみられた。ただし，選挙改革や民主化の必要性は，多くの BN 支持者（とくにマレー人）に浸透しておらず，また，非常時特権や分配における国家の役割についてはマレー人と非マレー人との認識に依然として隔たりがあることも示唆された。次項では，ABS の2011年調査を用い，2013年選挙に向けて BN（とくに UMNO）が路線転換していく背景について考察する。

3．2008年選挙後の戦略転換の背景にあった意識構造

　先述したように，地方マレー票への依存が強化された2013年選挙結果は，「ソフトなプルカサ路線」にみられるように，部分的にはBN（とくにUMNO）が選んだ帰結でもあった。2013年選挙に向け，BNが民族融和・改革路線を撤回し，マレー人優遇路線とバラマキ政策を展開していった背景に，どのような有権者意識があったのだろうか。マレー人有権者の多くは，プルカサなどの極右的立場に必ずしもシンパシーを抱いていないにもかかわらず，BNが時代逆行的にも思える民族主義を打ち出した背景を考えるうえでは，BN内でUMNOのプレゼンスが増大した（Kessler 2013）ことだけでなく[41]，争点空間上の戦略を考える必要がある。すなわち，急進化攻勢（Greene 2008）の論理である。

　2013年選挙前の争点空間を確認するため，先ほどと同様，争点変数にもとづく主成分分析を行った結果が，表3-4である。2007年と同様に，経済業績・汚職・選挙不公正感によって規定される「経済より政治改革」という新しい対立軸と，大きな政府支持と非常時特権容認を軸とする「権威主義下の分配」という伝統的対立軸の2つの軸が確認された[42]。

　2013年選挙に向けたBNの路線転換は，図3-7に示すような，戦略的な急進化攻勢として理解することができる。2008年選挙後に失地回復をねらって

表3-4　2011年における争点空間の主成分分析

	I	II
民主主義の赤字	0.481	0.384
政府汚職認知	**0.558**	− 0.125
選挙不公正感	**0.656**	− 0.136
経済業績評価	**− 0.663**	− 0.261
大きな政府支持	− 0.107	**0.591**
非常時特権容認	− 0.204	**0.663**

　（出所）　ABS2011年にもとづく。
　（注）　太字は0.5以上。

図3-7　2013年選挙前後の争点空間と BN の急進化攻勢

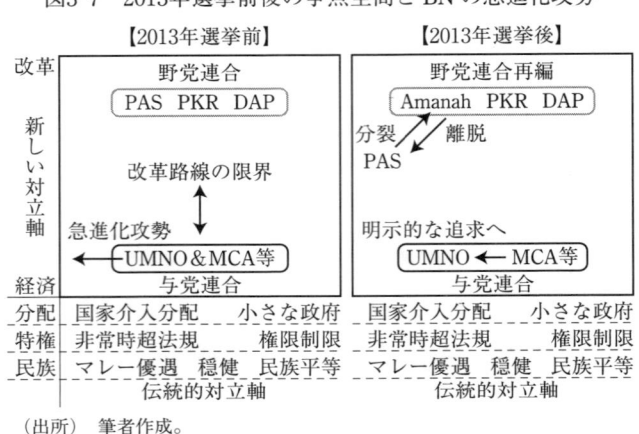

（出所）　筆者作成。

打ち出した改革・融和路線の限界が明らかになるにつれ（図3-7左側），BN は不利を強いられる新たな対立軸で戦うよりも，伝統的対立軸上で（多少の犠牲を覚悟で）中道からあえて急進的立場（マレー人優遇路線）へとシフトしていったと考えられる。そうすることにより，新しい対立軸の顕在化を抑制するだけでなく，直接競合する野党（PAS）内部やその支持者間に亀裂を生じさせることで，野党共闘に揺さぶりをかけることができる。

　2012年以降，BN がマレー人優遇への転向と並行して，権威主義的逆行や低所得者向けの積極的なバラマキ政策を展開したことは，伝統的対立軸においてマレー人優遇と権威主義的統制・再分配とが親和的である点をふまえれば首肯できる。こうした路線転換は，争点空間を伝統的対立軸に引き戻すことを企図したものであったと解釈することができる。BN は，改革志向の有権者や華人票の奪回が困難であると見切りをつけ，票田である過大代表されたマレー人票を固める方針に転換したといえる。

　2013年選挙後に，BN はマレー人優遇路線をより明確化したが，これも急進化攻勢の延長ととらえることができる。この路線が奏功し，BN は PR からマレー人優遇を重視する PAS の保守派を引き離すことに成功した（図3-7

の右側）。第2章でみたように，PASがPRから離脱し，PASを割って出た改革志向の少数派が国民信託党（アマナ）として新たな野党連合・希望連盟（PH）に加わった。結果的に，野党連合内ではマレー系の議席が減少する一方，DAPのプレゼンスが高まり，野党連合が地方マレー票に食い込むことがより困難になった。現在PASは，UMNOとの共闘も視野に入れ，方向性を模索している。

　以下では，路線転換の背景について，ABSの2011年調査をもとに検討していく。基本的な変数と推計方法については，ABS2007年の分析と同様である。ただし，2011年調査では，大きな政府志向に関する質問が，2007年調査と同じ質問項目が存在しないため，類似した質問項目を用いて4段階尺度を作成した[43]。先ほどと同様，全サンプルによる分析と民族別の分析を行った結果（表3-5）と，各変数値におけるBNを強く支持する推計確率（図3-8）をもとに議論していきたい。

　まず，表3-3の全サンプルを用いたモデルIの結果からみれば，華人がBNに不満をもつ構図は2007年と類似しているが，教育水準が有意でない点や，若者・高所得者・都市部居住者がBNを支持しない傾向が顕著である点で，2007年と異なっている。民族別分析においても，マレー人・非マレー人ともに，高所得者のあいだでBN離れがみられる。BNが2013年選挙に向けて低所得者向けのバラマキ政策を展開していった背景には，所得水準によって政党支持が分かれるなか，低所得者層の支持をつなぎ止め，掘り起こす意図があったと考えられる。

　モデルIIに移れば，権威主義的統治下の成長と分配はBN支持にプラスに，民主化の遅れや政治改革への不満はBN支持にマイナスに関連している点で，2007年の分析結果とおおむね類似している。ただし，非常時特権容認と大きな政府支持，そして汚職や選挙不公正といった政治改革変数の係数が有意なのは，マレー人に限られている。2007年において民族を架橋していた選挙改革争点は，2011年においては華人で有意とはなっていない。民主主義の赤字とBN不支持についてはマレー人・非マレー人ともに有意な関係がみられる。

表3-5　2011年における BN 支持要因の分析

		全体		マレー人		非マレー人	
I	女性	0.081 (0.104)		0.013 (0.141)		0.277 (0.200)	
	年代	0.199 (0.041)	***	0.176 (0.053)	***	0.227 (0.075)	***
	教育水準	−0.034 (0.032)		−0.020 (0.042)		0.025 (0.058)	
	所得水準	−0.198 (0.050)	***	−0.138 (0.065)	**	−0.244 (0.106)	**
	失業者	−0.308 (0.204)		−0.490 (0.274)	*	−0.683 (0.397)	*
	都市部	−0.288 (0.121)	**	−0.172 (0.160)		−0.252 (0.224)	
	民族：華人系	−0.660 (0.126)	***			−0.823 (0.312)	***
	民族：インド系	0.031 (0.262)					
	民族：その他	−0.307 (0.155)	**				
	R^2 (*Nagelkerke*)	0.106		0.048		0.105	
II	女性	0.029 (0.107)		−0.040 (0.144)		0.253 (0.208)	
	年代	0.208 (0.042)	***	0.196 (0.053)	***	0.206 (0.077)	***
	教育水準	−0.010 (0.033)		0.009 (0.043)		0.041 (0.061)	
	所得水準	−0.144 (0.052)	***	−0.097 (0.065)		−0.210 (0.108)	**
	失業者	−0.390 (0.200)	*	−0.711 (0.262)	***	−0.553 (0.422)	
	都市部	−0.236 (0.121)	*	−0.156 (0.161)		−0.272 (0.226)	
	民族：華人系	−0.382 (0.134)	***			−0.636 (0.319)	**
	民族：インド系	0.060 (0.278)					
	民族：その他	−0.102 (0.157)					
	民主主義の赤字	−0.182 (0.051)	***	−0.160 (0.072)	**	−0.278 (0.098)	***
	政府汚職認知	−0.179 (0.054)	***	−0.210 (0.070)	***	−0.099 (0.107)	
	選挙不公正感	−0.355 (0.056)	***	−0.452 (0.074)	***	−0.072 (0.108)	
	経済業績評価	0.224 (0.043)	***	0.209 (0.058)	***	0.203 (0.080)	**
	大きな政府支持	0.123 (0.058)	**	0.230 (0.080)	***	0.038 (0.114)	
	非常時特権容認	0.080 (0.040)	**	0.138 (0.052)	***	0.017 (0.079)	
	R^2 (*Nagelkerke*)	0.217		0.204		0.157	
	N	1,183		688		335	

（出所）　ABS2011年にもとづく。
（注）　括弧内は頑健標準誤差。*** p < .01, ** p < .05, * p < .10.

図3-8　2011年における BN 支持の推計確率

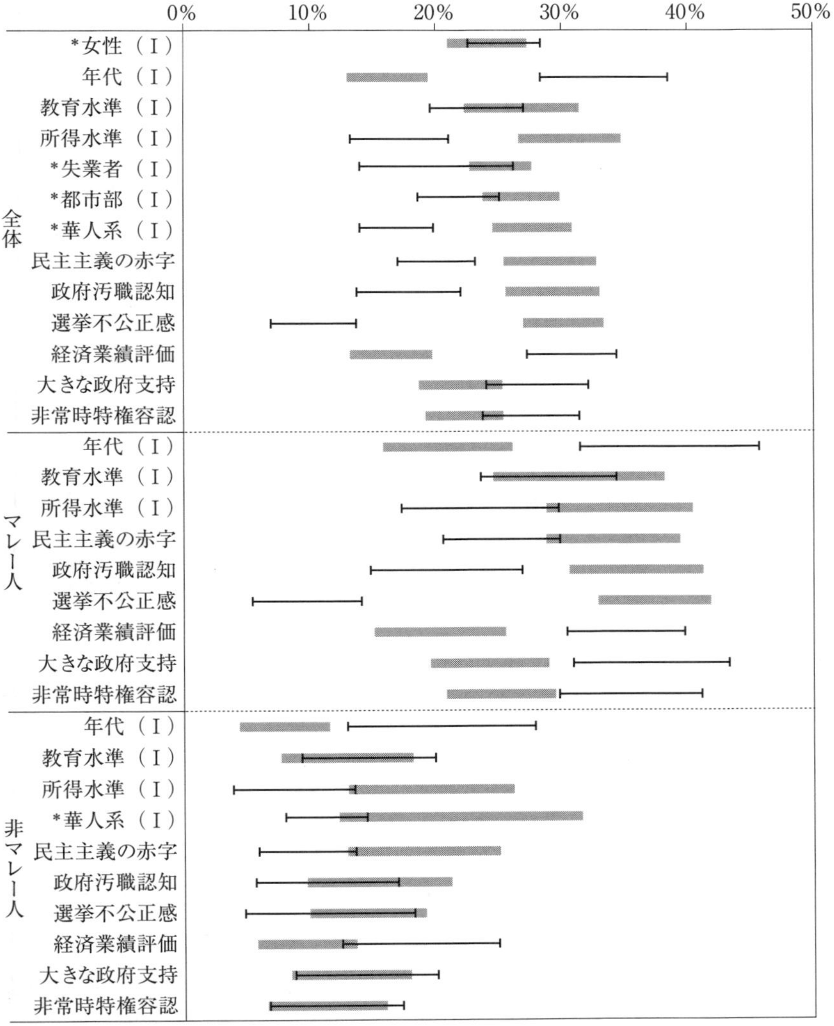

（出所）　ABS2011年にもとづき筆者作成。

（注）　黒細線／グレー太線はそれぞれ，変数の値が最大値／最小値をとる際の推計確率の95％信頼区間を示している（＊ダミー変数の場合は1と0，民族は参照カテゴリーとの比較）。属性はモデルIにもとづく推計。紙幅節約のため，民族別については属性変数の一部を表記していない。

　2008年選挙後にBN（とくにUMNO）は，一時的に試みた民族融和と改革路線から手を引き，マレー人優遇を掲げて積極的なバラマキ政策を展開していった。こうした路線転換を促したのは，権威主義的統治下の成長と分配という役割をBNに期待しつつも，政治改革についてはさほど懸念を抱かないマレー人の存在であった[44]。UMNOは，政治的津波によりマレー人特権が危険にさらされているとして不安感を煽り，自らをマレー人の特権と利益を守る守護者であると再確認させようと試みた。2013年の選挙結果は，こうしたUMNOの路線転換が，一定程度成功したことを示している。

　ブルシをはじめ，社会運動と連携して選挙改革を訴える野党の啓発活動は，たしかに非マレー人・若年層・高所得層・都市部居住者の心をとらえるに至ったが，マレー人・地方居住者・低所得者層・年長者には十分浸透しておらず，都市部でデモを組織化して注意を喚起するこれまでのアプローチは，限界に直面しているといえる。2007年にみた新しい対立軸の萌芽は，民族的亀裂に着目したUMNOにその隙を突かれることとなった。UMNOは，政治改革を望む層の票に見切りをつけ，伝統的役割を期待するマレー票を固守することで生き残りを図っている。

おわりに

　本章は，集計データとサーベイデータをもとに，3つの課題，すなわち，①2008年選挙・2013年選挙においてBNから離反したのは誰か（またその背景は何か），②2008年選挙での得票減少が大幅な議席減少につながった要因は何か，③2013年選挙に向けてBNがマレー人優遇政策と低所得者向けの積極的バラマキ政策を展開したのはなぜか，という3つの課題に取り組んだ。以下，本章の知見をまとめておきたい。

　まず，課題①については，BNは2008年選挙以降，民族混合区や都市部での地盤沈下が進み，地方のマレー人が多い地域への依存を高めていく傾向に

ある。失業への不満が一定程度離反に寄与していたが，失業を含め経済業績への不満だけでは2008年の選挙結果を説明することはできない。ABS2007年の分析では，とくに選挙の公正性に対する疑念が，民族を横断する新しい対立軸の萌芽として機能したことが確認できた。とはいえ，（教育水準が低い層をはじめ）一部のマレー人のあいだには選挙改革や体制変革という争点は十分浸透していなかった。また，マレー人と非マレー人のあいだでは，経済や秩序担保における国家の役割についての意識のズレがあり，非マレー人（とくに華人）がBNから離反した背景には，NEPに象徴される，大きな政府に対する不満があった。

　課題②については，2008年選挙における得票減少が，大幅な議席減少につながった要因として，2003年の区割り操作による逆説的効果が挙げられる。具体的には，得票を効率的に議席に変換するうえで，安定基盤を切り崩し，競合区の底上げを図るゲリマンダリング（鷲田 2017a）によって，得票構造の尖度が増し，結果的に得票変動のスウィング効果を高めてしまったこと，さらに，1999年選挙で経験したマレー人の票割れに対する対抗措置として，2003年の区割りの際に民族混合の深化を進め，非マレー系の票の動きに対する脆弱性を高めてしまったことが，2008年に結果的に裏目に出たといえる。

　課題③に移ると，2008年選挙後，BNは民族融和と改革路線を打ち出し，支持回復を図ったが，2013年選挙に向けて，マレー人優遇と低所得者層へのバラマキへと路線転換した。こうした路線転換は，単に改革路線の限界に直面したというだけでなく，BN（とくにUMNO）にとっての戦略的合理性を体現していた。すなわち，選挙改革などの政治改革争点を軸に，民族間亀裂を超えた野党共闘・社会連携が進むなかで，あえてマレー人優遇路線を掲げることで，非マレー票を多少犠牲にしてでも，票田である過大代表された地方マレー票を固めることを選択したのである。低所得者層へのバラマキ政策を同時に展開することで，改革よりも現行体制のもとでの便益享受という既定路線を強化し，選挙戦を有利に展開することができる。さらに，マレー人優遇を強調することで，民族的亀裂を超えて共闘を模索する野党連合内部に

揺さぶりをかけることができる。実際，マレー系野党 PAS は PR から引きはがされ，野党連合が再編された。

　課題①にも関連するが，こうした BN の急進化攻勢は，有権者意識の特質をふまえたものであった。2008年選挙でみられた新しい対立軸の萌芽は，伝統的対立軸における民族的亀裂によって疎外された。政治改革争点を軽視する傾向にある低所得の有権者は，バラマキ政策によって取り込みやすい。とくに，潜在的に便益配分に敏感な地方マレー人に対しては，マレー人中心主義のレトリックと組み合わせてアピールすることで，より効果的に支持を固めることができる。こうした路線転換が功を奏し，2013年選挙では UMNO は，過大代表された地方農村部を中心に支持を回復した。

　2013年選挙で BN が野党連合に対し得票数で下回ったにもかかわらず6割の議席を維持したことにより，選挙後に改めて一票の格差やゲリマンダリングなどの選挙の不公正さに関心が集まっている。また，ナジブ首相の政治資金スキャンダルも，汚職問題の根深さをあらためて印象づけた。次回選挙に向け，こうした争点が新たな対立軸の形成につながるか，形成されたとしてその受け皿となる野党再編が進むかどうか，あるいは BN が急進化攻勢によっていかにその芽を摘むか，新旧対立軸をめぐる攻防が続いている。

　権威主義体制研究では，複数政党間選挙の経験を積み重ね，野党間の学習と協調が進むことで，政権交代と民主化が起きるという指摘がしばしばなされる（e.g., Teorell and Hadenius 2009）。中長期的にみればマレーシアにもこうした指摘が該当する可能性はあるが，本書第2章や第4章にみるように，2008年選挙以降のマレーシア政治は，民族的急進化や権威主義的逆行，野党連合の分裂・変容という，一筋縄ではいかない展開をみせている。権威主義的なタガをはめつつも，民族間協調・政治的安定と開発を進めるという，マハティールの政権運営に体現されるような調整のあり方を，現在のマレーシアに見い出すことはますます困難になっている。もちろん，ときに強権的手段を用いて政敵や野党活動家らを排除してきたマハティール政権期の統治を，過度に美化することはできないが，マレーシア政治が新たな局面に入ったこ

とは確かである。

　今後も BN は，急進化攻勢とバラマキ政策によって過大代表されたマレー票を維持することで，政権を維持することができるかもしれない。しかし，そうした政権運営のあり方は，政治体制に対する正統性を損なうリスクをともなう。政治体制の正統性は，敗者の合意に依拠している。とくに，現在の BN 内，そしてマレーシア政治のなかでマージナライズされていく非マレー人が，政治体制に正統性を見い出すことができるかという点は，非対称的な人口増加により今後ますますマレー人比率が高まるマレーシアにとって，重要な課題となるだろう。民族的亀裂を横断する新しい対立軸をいかに育てていくことができるか，マレーシアの政治システムの真価が改めて問われている。

〔注〕————————————————
(1)　藤原（1994）は，類似した概念として「政府党体制」（民主制も含む）という概念を提起し，マレーシアも一例として扱っている。
(2)　2008年・2011年選挙をめぐる議論や選挙結果の概要については，本書第2章や，山本編（2008; 2013）などを参照のこと。BN は，マレー人に基盤をおく統一マレー人国民組織（UMNO）が主導する連合政党であり，前身の連盟党時代を含めれば1957年の独立期から政権を担い続けている。独立前に結成された連盟党は，1969年選挙で（過半数を維持したものの）安定多数を失い，人種暴動にともなう一時的な議会停止・権威主義的法改正を経て，1973年にかけて旧野党を含めて BN に再編された。多民族国家マレーシアは，マレー人（と島嶼部原住民）を含むブミプトラ（土地の子）67％，華人25％，インド人7％からなり（2010年国勢調査値），政党の多くは特定の民族（や地域）を基盤としている。連邦制をとるマレーシアは，地理的には半島部（11州と首都など）と島嶼部2州（サバ州・サラワク州）によって構成され，両地域は民族・政党の構成などの面で異なる。本章は，後述するように，おもに半島部に焦点を当てる。
(3)　BN は，頻繁に憲法を改正することで，政治的裁量を確保してきた。たとえば，各州の割当て議席数を変更するには憲法改正が必要となるが，BN は自らの支持基盤の票の重みを上げる議席割当てを行ってきた（Lim 2005; Lee 2013; 2015; 鷲田 2016b）。安定多数を失うことは，こうした裁量が確保できなくなることを意味する。

⑷　マレーシアの一票の重みの格差（選挙区当たりの有権者数の乖離）の程度は，世界的にみても大きく，アジアのなかでは最大である（Kasuya and Kamahara 2014）。

⑸　スウィング効果とは，得票率の変化に対する議席占有率の変化の弾力性（反応の良さ）である。たとえば，完全に比例的な選挙制度では，得票率の減少がそのまま議席占有率の減少に反映されるが，小選挙区制下で与野党伯仲区が多い場合，わずかな得票減少が大幅な議席減少につながりうる。

⑹　彼はこの戦略を，（伝統的対立軸で穏健路線を堅持するダウンズ的防御と対比して）ライカー的攻勢と呼んだが，本章では急進化攻勢と呼ぶこととする。

⑺　後述するように，中村（2015b）も，2008年選挙でのBNの後退の背景として新しい対立軸の出現があったと論じている。

⑻　本章の焦点は，2013年選挙に向けた争点空間上のUMNOの合理的戦略という観点からの議論である。2013年選挙後，UMNOはマレー系野党汎マレーシア・イスラーム党（PAS）との共闘関係も視野に政策協調を働きかけていった。PASやPR内部の政治力学をふまえた，UMNO・PAS関係の詳しい経緯については，本書第2章を参照されたい。

⑼　次節の1項，2項は，中間報告（鷲田 2016a）に依拠している。

⑽　インド人の改宗問題など，ほかにも民族感情を逆なでするような事件が起きていた。

⑾　批判に対するアブドラ政権の寛容な態度が，非マレー人のBNに対する異議申立てをやりやすくし，野党に投票する抵抗感を減じたという点もしばしば指摘される（中村 2009b; Pepinsky 2009）。

⑿　2008年選挙では，民族横断的投票が以前よりも顕著になったと指摘されている（Ooi, Saravanamuttu and Lee 2008; Tan and Lee eds. 2008）。

⒀　2013年総選挙については，後述する個別論文を含む，Chin（2013a）からはじまる *The Round Table* 誌の論考，Khoo and Nakamura eds.（2013），山本編（2013），Mohamed Nawab ed.（2014），Weiss ed.（2014），Saravanamuttu, Lee and Mohamed Nawab eds.（2015）などの論考集もある。

⒁　本来は相対的な問題であるが，ときにゼロサム的な表現がなされる背景には，党派的な思惑もある。つまり，華人に責任を転嫁したいUMNOは「華人の津波」として民族的側面を強調し，華人を越えて広範な支持を築きたいPRは，（過大代表を批判する意味でも）「都市部と地方の分断」を強調しがちである。

⒂　その他，2008年選挙と同様，生活コストの上昇や散発するスキャンダルなどに対しても，有権者は不満をもっていたことが，各種世論調査で示されている（ただし，経済指標は前回よりも良好であった）。くわえて，非マレー系政党の内部対立が，支持回復を妨げたという指摘もある（Lee and Tock 2014）。

⒃　公的資源の独占的配分は，政権党が優位を再生産するもっとも基本的な手段であり（Magaloni 2006; Greene 2007），BN も例外ではない（既存研究については後述する）。

⒄　選挙管理委員会の権限や歴史については，Lim（2005）を参照のこと。

⒅　マレーシアの選挙不正についての予備的分析については，鷲田（2017b）を参照のこと。

⒆　それ以前の得票率と経済状況についての関係性については，中村（2009a）などを参照のこと。

⒇　票共有効果とは，異なる民族集団をベースとする政党間で相互に支持を与え合うことで穏健的な政党協調が得票上利を得ることであり，たとえば，小選挙区下のマレー人比が高い選挙区においては，マレー人を代表する与野党間の争いになる傾向があるが，穏健マレー与党 UMNO と急進マレー野党 PAS が立つ選挙区では，華人有権者は後者よりも前者を好むため，穏健政党どうしの連合政党である BN が有利に立つ。詳しいレヴューや分析については，中村（2015a）を参照のこと。

㉑　本章で用いる変数の記述統計については，章末付票3-A を参照のこと。

㉒　ごく一部の無風区については，鷲田（2014）と同様の推計方法で補っている。なお，2013年選挙の下院選挙区パシルマスでは，BN は候補者を擁立せず，プルカサのイブラヒム・アリが無所属で立候補し，対立候補が PAS から立っているが，イブラヒム・アリを BN の候補者とみなした。いずれも，除外しても分析結果は同様である。

㉓　都市化が進んだ地域ほど選挙区の面積が小さいことを活用している（Ng et al. 2015a）。面積は，独自に構築した地理情報システム（Geographic Information System: GIS）上のデータベースを用いて算出した。なお，GIS データは，科研費若手研究 B「権威主義体制における政党支配と選挙区割りの戦略・効果」（16K17059）の成果の一部である。

㉔　なお，Ng et al.（2015a; 2015b）が指摘する，都市化と民族構成の相互作用について交叉項を検討したが，有意にはならなかった。サーベイデータであらためて検討したい。

㉕　PKR の実質的代表を務めるアンワル（当時副首相兼蔵相）が，マハティール（当時首相）の強権的措置によって職を追われたため，マレー人有権者の反発を招いた。

㉖　マレー人の人口増加率が相対的に高いことから，全体としてマレー人多数区が増加する傾向にある。

㉗　区割り後の得票分布は，GIS を用いて，古い選挙区割りのどの地域が新しい選挙区割りでどこに編入されたかをもとに推計している（分布の比較は，鷲田 2017a を参照のこと）。なお，区割りによって尖度は3.16から3.61に増加

している。

⑵⑻　こうした尖度拡大によるスウィング効果の拡大は，マレーシアに限ったものではなく，平成大合併以後の2009年衆院選（斉藤 2011）でみられたように，しばしば政権党の急激な衰退や政権交代の引き金となる。

⑵⑼　55年体制下の日本でも，集権的な財政構造のもとでの利益誘導によって求心力が働く自民党に対し，そうした利益誘導を利用できない野党が中選挙区制下で政策を掲げて競い合うことで分断されてきた（Scheiner 2006; Catalinac 2016）。

⑶⑼　大統領制よりも議院内閣制の方が，権威主義体制が安定する傾向にあるが，背景には，議院内閣制の方が政党組織化のインセンティヴが高く（Roberts 2015），細かい政治的操作が容易であり，ローカライズされた争点を活用することができるためであるといわれている（藤原 1994; Templeman 2012; 粕谷・東島 2017）。

⑶⑴　また，敏感問題を掲げた政治動員を憲法改正によって禁じることで，争点空間を制約した。

⑶⑵　World Values Survey（2012年調査）に基づく分析については，Washida (forthcoming) を参照のこと。なお，多くの逮捕者を出した，インド系マレーシア人のNGOであるヒンドゥー権利行動隊（Hindraf）によるデモは，2007年調査の実施後（11月）である。後述のように，調査段階においては，インド系の離反が顕著ではないのは，こうしたタイミングとも関連していると考えられる。一方，大規模デモ（ブルシ2.0）と警察による弾圧は，2011年の調査実施前（7月）であり，少なからず有権者の意識に影響を与えた可能性がある。

⑶⑶　変数に対応する質問コードと記述統計については，章末の付票3-Aを参照のこと。

⑶⑷　年代は，10代を1，20代を2というように，10歳ごとに区分し，60代以上を6にまとめている。教育水準は，初等以下と高等以上をそれぞれまとめている。所得水準が不明なサンプル（全体の2％程度）は，分析から除外している。また，失業者は該当者が少ないため，留意が必要である。2007年調査対象者は，2011年調査に比して都市部居住者が多いことにも留意が必要である。

⑶⑸　具体的には，景気と家計状況それぞれについての，現状・変化・予測について尋ねた6項目（クロンバックのアルファは0.76）の平均値を，5段階尺度にしたものを用いた。素点を用いても同様の結果が得られるが，解釈の容易さをふまえて順序尺度を用いる。

⑶⑹　2007年調査については，「政府は貧富の格差の拡大を防ぐ責務があるか」，「政府は主要な国営企業の所有を続けるべきか」という質問について，「強く

賛成」を 2，「やや賛成」を 1，「その他」を 0 とした合計値をもとに，1（0
の度数が少なかったため 1 にまとめた）から 4 までの 4 段階尺度を作成した
（0 を 1 にまとめない場合も同様の結果が得られる）。

(37)　具体的には，マレーシアが民主主義にどれほど適しているかという質問に
対する評価（無回答・不明を中立とする 11 段階尺度）から，調査時点でのマ
レーシアの民主主義の度合いについての評価（同じく 11 段階尺度）を引いた
ものを，解釈の容易さをふまえ 4 段階尺度にした（素点を用いても結論は同
様）。マイナス（最適な民主化度合いに達していないと評価）の場合を 1，ゼ
ロ（均衡）を 2，プラスの場合，3 以上かどうかで 3 と 4 を割り当てた。乖
離に着目することで，たとえば民主主義の度合いが低いけれども，マレーシ
アに適していると考えている人と，低いことに不満を抱いている人を区分す
ることができる。

(38)　なお，インターネットの使用頻度は有意にならなかった。調査時点での，
インターネットの使用自体の影響をみてもインターネットの影響を峻別する
ことは困難である。ただし，2 変数間検討では，インターネットの使用頻度
が高い有権者ほど，BN への支持が低いとともに，選挙の不公正性に不満を
もつ傾向がみられ（統計的にも有意），インターネットが新しい争点の認知や
BN からの離反に寄与したことが示唆される。

(39)　従属変数をダミー変数にしたロジット分析や，3 段階尺度にした多項ロジッ
ト分析なども試したが，同様の結果が得られる。

(40)　非マレー人に限定した分析における華人ダミーの参照カテゴリーは，イン
ド系ダミーである。

(41)　UMNO 組織内論理としては，党内選挙制度改革にともなう党内ポピュリズ
ムの要請（中村 2015b）が挙げられる。

(42)　「民主主義の赤字」は，2007 年においては伝統的対立軸とプラスに関連して
いるものの，2011 年においては関連が弱まっている。民主主義の赤字が分配
や秩序維持の観点から許容されにくくなったことが示唆される。

(43)　具体的には，政府に期待する役割として，「人々の福利の確保」，「貧富の格
差縮小」，「雇用機会確保」，「失業補償」という 4 項目について肯定的な回答
をした数をもとに，1（0 個）から 4（3 個以上）までの 4 段階尺度を作成し
た。「人々の福利への責任」については，「強く賛成」と「賛成」について
の選択肢があるため，この質問項目に絞った 3 段階尺度を代わりに単独で用
いても，同様の結論が得られる。

(44)　争点変数の代わりに主成分得点を用いた場合，基本的に新しい対立軸が BN
支持／不支持を分けるが，2011 年のマレー人のあいだでは，伝統的対立軸も
1 ％水準でプラスに有意になる。

〔参考文献〕

<日本語文献>

伊賀司　2008.「新世代と『オールタナティブ・メディア』：総選挙の裏側で起こっていた地殻変動」山本博之編『「民族の政治」は終わったのか？』日本マレーシア学会　89-104.

―――― 2013.「2013年総選挙と社会運動：ブルシはマレーシア社会の何を変えたのか」山本博之編『二大政党は定着するのか』日本マレーシア学会　66-72.

―――― 2014.「2013年のマレーシア：総選挙で現状維持，改革は後退ぎみ」『アジア動向年報』アジア経済研究所　362-378.

粕谷祐子・東島雅昌　2017.「選挙権威主義からの民主化：議院内閣制の脅威？」『日本比較政治学会年報19号：競争的権威主義の安定性と不安定性』ミネルヴァ書房　1-30.

金子芳樹　2008.「2008年マレーシア総選挙における3分の2議席割れの政治的意味」山本博之編『「民族の政治」は終わったのか？』日本マレーシア学会　36-44.

河野元子　2009.「マレーシアにおける開発と地方政治：トレンガヌ州にみるUMNO体制の生成と展開1961-2008」博士（学位）論文　京都大学.

斉藤淳　2011.「地方行財政改革と政権交代」樋渡展洋・斉藤淳編『政党政治の混迷と政権交代』東京大学出版会　175-189.

塩崎悠輝　2008.「マレーシア・イスラーム党（PAS）の新路線と第12回マレーシア総選挙」山本博之編『「民族の政治」は終わったのか？』日本マレーシア学会　74-80.

―――― 2013.「なぜPASは『UMNOにとって代わる』ことができなかったのか？：マレーシア・イスラーム党（PAS）の変遷」山本博之編『二大政党は定着するのか』日本マレーシア学会　39-43.

篠崎香織　2008.「華人がいま代表者に求めている役割」山本博之編『「民族の政治」は終わったのか？』日本マレーシア学会　62-73.

―――― 2013.「華人の政治意識の変化：『政治嫌い』，『イスラム嫌い』は解消されたのか」山本博之編『二大政党は定着するのか』日本マレーシア学会　61-65.

鈴木絢女　2008.「争点と政策空間の変容からBNへの投票行動を説明する」山本博之編『「民族の政治」は終わったのか？』日本マレーシア学会　45-53.

―――― 2013.「国民主導の『開発』と国民の『福祉』をめぐる政治から読み解く2013年マレーシア総選挙」山本博之編『二大政党は定着するのか』日本マ

レーシア学会　18-27.

——— 2016.「アジア通貨危機後のマレーシア：彷徨する国家と財政赤字」『国際政治』（185）　10月　66-81.

鳥居高　2003.「マレーシア『国民戦線』体制のメカニズムと変容：半島部マレーシアを中心に」村松岐夫・白石隆・恒川恵市編『日本の政治経済とアジア諸国（上）』国際日本文化研究センター　39-63.

——— 2008.「BN 体制とは何か」山本博之編『「民族の政治」は終わったのか？』日本マレーシア学会　13-19.

中村正志　2008.「データでみる第12回総選挙結果の特徴と投票行動の変化」山本博之編『「民族の政治」は終わったのか？』日本マレーシア学会　19-35.

——— 2009a.「マレーシア：亀裂投票がもたらす長期的傾向と業績投票による変動」間寧編『アジア開発途上諸国の投票行動：亀裂と経済』アジア経済研究所　211-263.

——— 2009b.「2008年のマレーシア：総選挙で野党が躍進，首相退任へ」『アジア動向年報』アジア経済研究所　312-340.

——— 2011.「言論統制は政権維持にいかに寄与するか：マレーシアにおける競争的権威主義の持続と不安定化のメカニズム」『アジア経済』52(9)　9月　2-32.

——— 2013.「マレーシア史上もっとも注目された選挙：何が変わったのか？」山本博之編『二大政党は定着するのか』日本マレーシア学会　28-34.

——— 2015a.『パワーシェアリング：多民族国家マレーシアの経験』東京大学出版会.

——— 2015b.「マレー民族主義と権威主義に回帰するナジブ政権」『アジ研ワールド・トレンド』（233）　3月　53-59.

藤原帰一　1994.「政府党と在野党：東南アジアにおける政府党体制」萩原宜之編『講座現代アジア 3 ：民主化と経済発展』東京大学出版会　229-269.

山本博之編　2008.『「民族の政治」は終わったのか？：2008年マレーシア総選挙の現地報告と分析』日本マレーシア学会.

——— 2013.『二大政党は定着するのか：2013年マレーシア総選挙の現地報告と分析』日本マレーシア学会.

鷲田任邦　2014.「集票インセンティヴ契約としての資源配分政治：マレーシアの開発予算・閣僚ポスト配分」『レヴァイアサン』（55）　10月　118-144.

——— 2015.「多民族国家における政党政治と（非）デモクラシー：マレーシア与党連合内政治と閣僚配分」『日本比較政治学会年報17号：政党政治とデモクラシーの現在』ミネルヴァ書房　127-153.

——— 2016a.「覇権政党の後退と対抗：マレーシア選挙政治をめぐる論点整理と予備的考察」中村正志編『ポスト・マハティール期のマレーシアにおける

132

政治経済変容』調査研究報告書　アジア経済研究所　28-45.

───── 2016b.「一票の格差の規定要因：マレーシアを事例に」日本政治学会研究
大会報告論文.

───── 2017a.「権威主義的政党支配下におけるゲリマンダリング：GIS を用いたマ
レーシアの事例分析」『日本比較政治学会年報19号：競争的権威主義の安定
性と不安定性』ミネルヴァ書房　57-83.

───── 2017b.「権威主義的政党支配下における選挙不正の検討：マレーシアを事
例に」日本政治学会研究大会報告論文.

＜英語文献＞

Anuar, Mustafa K. 2014. "Election Advertising in the Mainstream Print Media: Politics
for Sale during Malaysia's 2013 General Election." *Asia Pacific Media Educator*
24(1): 77-94.

Bilveer, Singh. 2009. "Malaysia in 2008: The Elections That Broke the Tiger's Back."
Asian Survey 49(1): 156-165.

Boo, Su Lyn. 2013. "GE13 an Urban, Not Chinese Swing, Says Analysts." *The Malay-
sian Insider*.

Brown, Graham K. 2005. "Playing the (Non) Ethnic Card: The Electoral System and
Ethnic Voting Patterns in Malaysia." *Ethnopolitics* 4(4): 429-445.

───── 2008. "Federal and State Elections in Malaysia, March 2008." *Electoral Studies*
27(4): 740-773.

Case, William. 2013. "Post-GE13: Any Closer to Ethnic Harmony and Democratic
Change?" *The Round Table* 102(6): 511-519.

Catalinac, Amy. 2016. "From Pork to Policy: The Rise of Programmatic Campaigning in
Japanese Elections." *The Journal of Politics* 78(1): 1-18.

Chin, James. 2013a. "Editorial: Chinese Tsunami or Urban Revolt? It is Both Actually."
The Round Table 102(6): 499-501.

───── 2013b. "So Close and Yet So Far: Strategies in the 13th Malaysian Elections."
The Round Table 102(6): 533-540.

Chin, James and Wong Chin Huat. 2009. "Malaysia's Electoral Upheaval." *Journal of
Democracy* 20(3): 71-85.

Choong Pui Yee. 2013. "Continuing Revolt of the Urban Chinese Voters: The Case of
Kepong." *The Round Table* 102(6): 549-556.

Crouch, Harold. 1996. *Government and Society in Malaysia*. Ithaca and London: Cornell
University Press.

Fong, Yang L. and Md Sidin Ahmad Ishak. 2014. "Framing Interethnic Conflict in Malay-
sia: A Comparative Analysis of Newspapers Coverage on the *Keris* Polemics."

Ethnicities 14(2): 252-278.

Gomez, James. 2014. "Social Media Impact on Malaysia's 13th General Election." *Asia Pacific Media Educator* 24(1): 95-105.

Greene, Kenneth F. 2007. *Why Dominant Parties Lose: Mexico's Democratization in Comparative Perspective*. Cambridge: Cambridge University Press.

────── 2008. "Dominant Party Strategy and Democratization." *American Journal of Political Science* 52(1): 16-31.

Hamayotsu, Kikue. 2013. "Towards a More Democratic Regime and Society? The Politics of Faith and Ethnicity in a Transitional Multi-Ethnic Malaysia." *Journal of Current Southeast Asian Affairs* 32(2): 61-88.

Jomo, K. S. and Wee Chong Hui. 2002. "The Political Economy of Malaysian Federalism: Economic Development, Public Policy and Conflict Containment." *WIDER Discussion Paper* 113.

Kasuya, Yuko and Yuta Kamahara. 2015. "Legislative Malapportionment in Asia." In *Building Inclusive Democracy in ASEAN*, edited by Mendoza, Ronald U., Edsel L. Beja Jr., Julio C. Teehankee, Antonio G. M. La Vina and Maria Fe Villamejor-Mendoza. Mandaluyong City: Anvil Publishing, 257-281.

Kessler, Clive. 1978. *Islam and Politics in a Malay State: Kelantan 1838-1969*. Ithaca: Cornell University Press.

────── 2013. "GE13: What Happened? And What Now?" *New Mandala*.

Khoo Boo Teik and Masashi Nakamura eds. 2013. *13th General Election in Malaysia: Issues, Outcomes and Implications*. IDE-JETRO.

Lee Hock Guan. 2008. "The Ethnic Voting Pattern for Kuala Lumpur and Selangor in 2008." In *March 8: Eclipsing May 13*, edited by Ooi Kee Beng, Johan Saravanamuttu and Lee Hock Guan. Singapore: ISEAS, 80-126.

────── 2013. "Steadily Amplified Rural Votes Decide Malaysian Elections." *ISEAS Perspective* 34: 1-11.

────── 2015. "Mal-apportionment and the Electoral Authoritarian Regime in Malaysia." In *Coalitions in Collision: Malaysia's 13th General Elections*, edited by Johan Saravanamuttu, Lee Hock Guan and Mohamed Nawab Mohamed Osman. Malaysia/Singapore: SIRD/ISEAS, 63-89.

Lee Kam Hing and Thock Ker Pong. 2014. "Thirteenth General Elections (GE13): Chinese Votes and Implications on Malaysian Politics." *Kajian Malaysia* 32(2): 25-53.

Lim Hong Hai. 2005. "Making the System Work: The Election Commission." In *Elections and Democracy in Malaysia*, edited by Mavis Puthucheary and Norani Othman. Bangi: UKM Press, 249-291.

Liow, Joseph Chinyong. 2012. "Malaysia's March 2008 General Election: Understanding the New Media Factor." *The Pacific Review* 25(3): 293-315.

Magaloni, Beatriz. 2006. *Voting for Autocracy: Hegemonic Party Survival and Its Demise in Mexico*. Cambridge: Cambridge University Press.

Maznah Mohamad. 2015. "Fragmented but Captured: Malay Voters and the FELDA Factor in GE13." In *Coalitions in Collision*, edited by Johan Saravanamuttu et al. SIRD/ISEAS, 37-62.

Mohamed Nawab, ed. 2014. *The 13th Malaysia Elections: Issues, Trends and Future Trajectories*. Singapore: Nanyang Technological University.

Mohammad Agus Yusoff. 2006. *Malaysian Federalism: Conflict or Consensus*. Bangi: Universiti Kebangsaan Malaysia Press.

Mohd Azizuddin Mohd Sani. 2014. "Malaysia's 13th General Election: Political Partisanship in the Mainstream Print Media." *Asia Pacific Media Educator* 24(1): 61-75.

Moten, Abdul Rashid. 2009. "2008 General Elections in Malaysia: Democracy at Work." *Japanese Journal of Political Science* 10(1): 21-42.

———— 2013. "Secular Dealignment and Party System Transition in Malaysia." *Japanese Journal of Political Science* 14(4): 473-497.

Ng, Jason Wei Jian, Gary John Rangel, Santha Vaithilingam and Subramaniam S. Pillay. 2015a. "The 2013 Malaysian Elections: Ethnic Politics or Urban Wave?" *Journal of East Asian Studies* 15: 167-198.

———— 2015b. "Rejoinder: The Authors Respond to 'Interpreting Ethnicity and Urbanization in Malaysia's 2013 General Election.'" *Journal of East Asian Studies* 15(2): 227-241.

Noor, Farish A. 2013. "The Malaysian General Elections of 2013: The Last Attempt at Secular-inclusive Nation-building?" *Journal of Current Southeast Asian Affairs* 32(2): 89-104.

Oh Ei Sun. 2014. "Malaysian Chinese in a Transitioning Malaysia." In *The 13th Malaysia Elections*, edited by Mohamed Nawab. Singapore: Nanyang Technological University, 36-50.

Ong Kian Ming and Bridget Welsh. 2005. "Electoral Delimitation: A Case Study of Kedah." In *Elections and Democracy in Malaysia*, edited by Mavis Puthucheary and Norani Othman. Bangi: UKM Press, 316-345.

Ooi Kee Beng, Johan Saravanamuttu and Lee Hock Guan eds. 2008. *March 8: Eclipsing May 13*. Singapore: ISEAS.

Ostwald, Kai. 2013. "How to Win a Lost Election: Malapportionment and Malaysia's 2013 General Election." *The Round Table* 102(6): 521-532.

Owen, Guillermo and Bernard Grofman. 1988. "Optimal Partisan Gerrymandering."

Political Geography Quarterly 7(1): 5-22.

Pepinsky, Thomas B. 2007. "Autocracy, Elections, and Fiscal Policy: Evidence from Malaysia." *Studies in Comparative International Development* 42: 136-163.

―――― 2009. "The 2008 Malaysian Elections: An End to Ethnic Politics?" *Journal of East Asian Studies* 9: 87-120.

―――― 2015. "Interpreting Ethnicity and Urbanization in Malaysia's 2013 General Election." *Journal of East Asian Studies* 15: 199-226.

Roberts, Tyson L. 2015. "The Durability of Presidential and Parliament-Based Dictatorship." *Comparative Political Studies* 48(7): 915-948.

Saravanamuttu, Johan, Lee Hock Guan and Mohamed Nawab Mohamed Osman eds. 2015. *Coalitions in Collision: Malaysia's 13th General Elections*. Malaysia/Singapore: SIRD/ISEAS.

Scheiner, Ethan. 2006. *Democracy without Competition in Japan: Opposition Failure in a One-Party Dominant State*. Cambridge: Cambridge University Press.

Scott, James. 1985. *Weapons of the Weak: Everyday Forms of Peasant Resistance*. New Hampshire: Yale University Press.

Shamsul, A. B. 1986. *From British to Bumiputera Rule: Local Politics and Rural Development in Peninsular Malaysia*. Singapore: ISEAS.

Slater, Dan. 2010. *Ordering Power: Contentious Politics and Authoritarian Leviathans in Southeast Asia*. Cambridge: Cambridge University Press.

SUARAM (Suara Rakyat Malaysia). 2013. *Malaysia Human Rights Report 2013: Civil & Political Rights*. Petaling Jaya: Suara Inisiatif Sdn Bhd.

Suzuki, Ayame. 2013. "The Contest for Parliament: Changing or Sustaining the Regime." In *13th General Election in Malaysia: Issues, Outcomes and Implications*, edited by Khoo B. T. and M. Nakamura. IDE-JETRO.

Tan, Nathaniel and John Lee eds. 2008. *Political Tsunami: An End to Hegemony in Malaysia?* Kuala Lumpur: Kini Books.

Templeman, Kharis Ali. 2012. "The Origins and Decline of Dominant Party Systems: Taiwan's Transition in Comparative Perspective." Diss., the University of Michigan.

Teorell, Jan and Axel Hadenius. 2009. "Elections as Levers of Democratization: A Global Inquiry." In *Democratization by Elections: A New Mode of Transition*, edited by Staffan I. Lindberg. Baltimore: The Johns Hopkins University Press, 77-100.

Ufen, Andreas. 2008. "The 2008 Elections in Malaysia: Uncertainties of Electoral Authoritarianism." *Taiwan Journal of Democracy* 4(1): 155-169.

―――― 2009. "The Transformation of Political Party Opposition in Malaysia and Its

Implications for the Electoral Authoritarian Regime." *Democratization* 16(3): 604-627.

——— 2013. "The 2013 Malaysian Elections: Business as Usual or Part of a Protracted Transition?" *Journal of Current Southeast Asian Affairs* 32(2): 3-17.

Washida, Hidekuni. 2014. "Mobilization Incentives under Authoritarian Party Dominance: A Theory of Distributive Politics with Evidence from Malaysia." Diss., the University of Tokyo.

——— forthcoming. "The Origins and Adaptation of a Dominant Party: The case of Malaysia." *Asian Journal of Comparative Politics*.

Weiss, Meredith L. 2008. "Malaysia's 12th General Election: Causes and Consequences of the Opposition's Surge." *Asia Pacific Bulletin* (12): 1-2.

——— 2013. "Malaysia's General Elections: Same Result, Different Outcome." *Asian Survey* 53(6): 1135-1158.

Weiss, Meredith L. ed. 2014. *Electoral Dynamics in Malaysia: Findings from the Grassroots*. Malaysia/Singapore: SIRD/ISEAS.

Welsh, Bridget. 2013. "Malaysia's Elections: A Step Backward." *Journal of Democracy* 24(4): 136-150.

付票3-A　記述統計

		N	平均	標準偏差	最小値	最大値	質問コード
集計データ	得票率	495	0.550	0.146	0.130	0.921	n.a.
	面積（対数）	495	5.792	1.533	1.765	9.032	n.a.
	マレー人比率	495	0.612	0.248	0.035	1.000	n.a.
	GSPpc 成長率	495	0.071	0.016	0.038	0.097	n.a.
	失業率	495	0.030	0.007	0.005	0.048	n.a.
ABS 全体 2007	BN 支持	1,187	3.181	1.318	1	5	q062-063
	女性	1,187	0.497	0.500	0	1	se002
	年代	1,187	3.404	1.443	1	6	se003a
	教育水準	1,187	4.400	2.028	1	7	se005
	所得水準	1,187	2.066	1.101	1	5	se009
	失業者	1,187	0.020	0.141	0	1	se012a
	都市部	1,187	0.829	0.377	0	1	level3
	民族：華人系	1,187	0.193	0.395	0	1	se006
	民族：インド系	1,187	0.068	0.252	0	1	se006
	民族：その他	1,187	0.134	0.341	0	1	se006
	民主主義の赤字	1,187	2.640	1.103	1	4	q100,103
	政府汚職認知	1,187	2.953	1.157	1	5	q115
	選挙不公正感	1,187	2.152	1.198	1	5	qII43
	経済業績評価	1,187	3.032	1.294	1	5	q1-6
	大きな政府支持	1,187	2.331	0.980	1	4	q140,II145
	非常時特権容認	1,187	2.954	1.236	1	5	q125
	マレー人 BN 支持	718	3.287	1.369	1	5	q062-063
	女性	718	0.493	0.500	0	1	se002
	年代	718	3.379	1.425	1	6	se003a
	教育水準	718	4.493	2.043	1	7	se005
	所得水準	718	1.937	1.039	1	5	se009
	失業者	718	0.025	0.156	0	1	se012a
	都市部	718	0.808	0.394	0	1	level3
	民主主義の赤字	718	2.565	1.083	1	4	q100,103
	政府汚職認知	718	2.708	1.083	1	5	q115
	選挙不公正感	718	2.086	1.207	1	5	qII43
	経済業績評価	718	3.301	1.234	1	5	q1-6
	大きな政府支持	718	2.446	0.981	1	4	q140,II145
	非常時特権容認	718	3.025	1.192	1	5	q125
	非マレー人 BN 支持	310	2.826	1.178	1	5	q062-063
	女性	310	0.516	0.501	0	1	se002
	年代	310	3.481	1.443	1	6	se003a
	教育水準	310	4.213	1.969	1	7	se005
	所得水準	310	2.455	1.125	1	5	se009
	失業者	310	0.010	0.098	0	1	se012a
	都市部	310	0.955	0.208	0	1	level3
	民族：華人系	310	0.739	0.440	0	1	se006
	民主主義の赤字	310	2.887	1.136	1	4	q100,103
	政府汚職認知	310	3.500	1.094	1	5	q115
	選挙不公正感	310	2.310	1.207	1	5	qII43
	経済業績評価	310	2.439	1.270	1	5	q1-6
	大きな政府支持	310	2.119	0.953	1	4	q140,II145
	非常時特権容認	310	2.903	1.311	1	5	q125

			N	平均	標準偏差	最小値	最大値	質問コード
ABS 2011	全体	BN 支持	1,183	3.272	1.399	1	5	q47-48
		女性	1,183	0.505	0.500	0	1	se2
		年代	1,183	3.645	1.482	1	6	se3a
		教育水準	1,183	4.609	2.004	1	7	se5
		所得水準	1,183	2.675	1.179	1	5	se13
		失業者	1,183	0.071	0.257	0	1	se9e
		都市部	1,183	0.438	0.496	0	1	level3
		民族：華人系	1,183	0.216	0.411	0	1	se6
		民族：インド系	1,183	0.068	0.251	0	1	se6
		民族：その他	1,183	0.135	0.342	0	1	se6
		民主主義の赤字	1,183	2.500	1.049	1	4	q92,94
		政府汚職認知	1,183	2.613	1.084	1	5	q117
		選挙不公正感	1,183	2.062	1.145	1	5	q37
		経済業績評価	1,183	3.304	1.332	1	5	q1-6
		大きな政府支持	1,183	2.342	0.884	1	4	q77,85,87-88
		非常時特権容認	1,183	2.828	1.386	1	5	q148
	マレー人	BN 支持	688	3.448	1.410	1	5	q47-48
		女性	688	0.509	0.500	0	1	se2
		年代	688	3.673	1.496	1	6	se3a
		教育水準	688	4.651	2.012	1	7	se5
		所得水準	688	2.647	1.172	1	5	se13
		失業者	688	0.058	0.234	0	1	se9e
		都市部	688	0.292	0.455	0	1	level3
		民主主義の赤字	688	2.424	1.041	1	4	q92,94
		政府汚職認知	688	2.576	1.064	1	5	q117
		選挙不公正感	688	1.987	1.102	1	5	q37
		経済業績評価	688	3.590	1.280	1	5	q1-6
		大きな政府支持	688	2.353	0.851	1	4	q77,85,87-88
		非常時特権容認	688	2.856	1.407	1	5	q148
	非マレー人	BN 支持	335	2.919	1.307	1	5	q47-48
		女性	335	0.507	0.501	0	1	se2
		年代	335	3.651	1.515	1	6	se3a
		教育水準	335	4.788	1.859	1	7	se5
		所得水準	335	2.919	1.059	1	5	se13
		失業者	335	0.078	0.268	0	1	se9e
		都市部	335	0.797	0.403	0	1	level3
		民族：華人系	335	0.761	0.427	0	1	se6
		民主主義の赤字	335	2.669	1.036	1	4	q92,94
		政府汚職認知	335	2.696	1.107	1	5	q117
		選挙不公正感	335	2.152	1.149	1	5	q37
		経済業績評価	335	2.872	1.285	1	5	q1-6
		大きな政府支持	335	2.281	0.902	1	4	q77,85,87-88
		非常時特権容認	335	2.770	1.384	1	5	q148

（出所）　集計データ：選挙結果は選挙管理委員会各報告書，民族構成は各種報道，面積は鷲田 (2017a)．経済指標は各5カ年計画と統計局データ（http://www.dosm.gov.my/）。サーベイデータ：Center for East Asia Democratic Studies, National Taiwan University, Asian Barometer Survey, 2007 (Wave 2) and 2011 (Wave 3)（http://www.asianbarometer.org/）。質問コードは，質問票ではなくデータセット内のコードである。

第4章

政治の自由化とリーダーの生存

——2015年扇動法修正法案を中心とした法制度改革の分析——

鈴 木 絢 女

はじめに

　ポスト・マハティール期のマレーシア政治の特徴のひとつとして，ゲームのルールそのものが政治的闘争の焦点となったことが挙げられる。

　イギリス植民地時代からマハティール・モハマド政権期にかけて積み重ねられていった市民的・政治的自由を制限する法律や，与党を利する選挙制度，行政や立法の意向に沿う司法は，政党や市民団体，個人といった政治的アクターの行動に一定の枠をはめ，政権を反対勢力の批判から守ることで，政治的競争を抑えるのに役立ってきた。こうした政治制度の特徴から，マハティール期のマレーシアにおいては，概して，強い反対勢力も社会運動も不在であった。

　しかし，ポスト・マハティール期の政治は，市民的・政治的自由を制限する法律に対する国民の不服従（civil disobedience）や，不公平な選挙制度の改革を求める社会運動などによって特徴づけられるようになっている。

　このような変化の契機は，マハティール政権末期に起きた「レフォルマシ」（改革）と呼ばれる社会運動にある。1997〜1998年のアジア通貨危機を契機とした副首相兼財務大臣アンワル・イブラヒムとマハティールの財政・金融政策および党内権力をめぐる闘争は，与党統一マレー人国民組織

（UMNO）の分裂をもたらす。UMNO 党首および首相としての地位を守るために，マハティールが扇動法，国内治安法，警察法，刑法を用いてアンワルと彼の支持者を逮捕すると，野党，人権 NGO，イスラーム団体，学生などが，「レフォルマシ」のスローガンのもと，街頭で政治の自由化や汚職撲滅，マハティールの辞任を主張した。レフォルマシ運動以降，政治の自由化や司法の独立は，マレーシア社会の重要な関心事となり，これらを争点とした野党の選挙協力の実現にも寄与し，選挙の競争性が高まる一因となった。

　2003年，禅譲によって首相に就任したアブドラ・バダウィは，勢力を拡大した野党連合や自由化を求める有権者からの圧力にさらされながら，政権を運営することになった。さらに，2008年総選挙での与党連合国民戦線（BN）の下院議席数後退を受けて，2009年に首相に就任したナジブ・ラザクも，政治の自由化や政府の透明性を求めて野党を支持する都市部や若年層有権者への対応を迫られることになった。

　2 人のリーダーは，野党票の切り崩しを狙い，政治制度改革を行った。しかし，結論からいえば，この制度改革はきわめて漸進的であるばかりか，ナジブ政権期の改革は，自由化に逆行するものとなった。ポスト・マハティール期の政治の自由化は，なぜ逆行したのか。

　本章は，ブエノ・デ・メスキータら（Bueno de Mesquita et al. 2003）の分析枠組みに一部依拠しながら，「首相の生存」という要因からマレーシアにおける政治の自由化の進展と後退を説明する。ブエノ・デ・メスキータらの理論は，リーダーの交代をめざす者からの挑戦に直面する現職リーダーが，みずからの生存のためにとる財の分配や制度選択に関する一般理論である。この理論では，リーダーと，リーダーの生存を決定的に左右する勝利連合（winning coalition），リーダーの選出に関与する権利をもつ有権者（selectorate），国民（residents）という同心円状のセットを分析枠組みとし，勝利連合と有権者の相対的な大きさから勝利連合の裏切りの可能性やリーダーの選択を説明する。本章では，リーダー，勝利連合，有権者という枠組みのみを借用し，マレーシアにおける政治の自由化の進展と後退を説明したい。

　マレーシアにおいて，選挙が権力掌握の唯一の手段となっていることを考えれば，与党党首でもある首相は，有権者からの支持を獲得する必要がある。ポスト・マハティール期の 2 人のリーダーによる政治の自由化イニシアティヴは，この観点から理解することができる。

　しかし，首相の権力を直接左右するのは，勝利連合である。マレーシアの場合は BN，とりわけ，党首を選ぶことで，実質的に連邦政府首相を決定している UMNO が，これに相当する。国民からの支持を広げるために，首相が自由主義勢力に応答しようとする一方で，勝利連合を構成する UMNO や BN は，政治の民主化や自由化に抵抗する。というのも，与党は，法律にもとづく抑圧による野党の弱体化や，マレー人の特別の地位やイスラームの優位が守られ続けることを志向するからである。

　野党支持の自由化勢力と保守的与党とのあいだでリーダーが綱渡りを強いられるこのような状況は，政治の自由化の動向を左右する。勝利連合内でのリーダーに対する挑戦が大きくない場合，リーダーは自由化によって野党支持勢力を切り崩し，選挙での勝利を果たすことで，勝利連合の忠誠を確固たるものとすることができる。しかし，勝利連合内からの挑戦に直面する場合，リーダーは自身の権力基盤強化をめざし，自由化を退行させるだろう。勝利連合に対して波風を立てるような決定をすれば，裏切り者による反抗が起き，権力喪失につながりかねないからである。

　本章は，上の枠組みにのっとりながら，ポスト・マハティール期の政治制度改革の概要を把握したうえで，政治の自由化とその揺り戻しを説明する。第 1 節では，アブドラ政権期の政治的自由を要求する運動の激化と政権による制度改革について論じ，この時期の改革がきわめて漸進的か，あるいは，具体的な制度変更をともなわない表層的なものにすぎなかったことを示す。第 2 節では，ナジブ政権期の自由化とその揺り戻しを概観する。自由化勢力からの強い圧力にさらされたナジブ政権は，政治の自由化に向けた法改正を進めた。しかし，2013 年総選挙での BN の獲得議席数減少と，2014 年以降のワン・マレーシア開発公社（1MDB）をめぐる首相自身のスキャンダルを契

機に，ナジブは自由化アジェンダを捨て，市民的・政治的自由の制限に再び乗り出す。第3節では，このような揺り戻しの原因を明らかにするために，2015年4月の扇動法修正法案の立法過程を分析する。ナジブがBNの失地回復と自身の支持率上昇をめざして扇動法の撤廃を宣言したものの，2013年総選挙におけるBNの議席数後退と自らのスキャンダルにより党内での地位が脆弱になった結果，扇動法の存続を決定したうえ，UMNOの意向に従った法改正を実施し，政治的自由の空間を狭めていく様子が描かれる。最終節では，政治の自由化が進みにくいマレーシア政治の構造を示す。

第1節　アブドラ政権による「自由化」と司法制度改革

1．レフォルマシと1999年選挙

アブドラ政権の政治制度改革は，もっぱらマハティール政権期の遺産への対応として理解することができる。1999年9月に起きたレフォルマシ運動に対して，マハティール政権は，既存法によるアンワルやその支持者の逮捕と，行政への従属を余儀なくされていた裁判所における有罪判決によって，対応した[1]。また，マハティール政権は，アンワル支持者による国民公正党（のちに人民公正党［PKR］）の結党を許可することで，街頭デモを政党政治の現場へと持ち込み，アンワル派を制度的反対勢力とすることにも成功した（増原・鈴木 2014）。

こうして，短期的にみれば，マハティールは政治危機を克服したが，レフォルマシは，ポスト・マハティール期にいくつかの遺産を残すことになった。なかでも，政治的自由やグッドガバナンス，汚職の根絶といった民族や宗教によらない争点を軸とした野党協力「代替戦線」が成立し，共通マニフェスト（*Toward a Just Malaysia*）を採用したことは，強力な野党協力の始まりとなった。さらに，アンワルに対するマハティールの苛烈を極める処遇

を嫌ったマレー人有権者が1999年選挙において野党を支持したことで，マレー人票は割れ，UMNO の下院における議席獲得数は89議席から71議席へと減少した。

2．脱マハティールと自由化への期待

マハティールの後継者となったアブドラは，2003年11月の首相就任後まもなく，「司法は独立機関である」と発言した[2]。控訴院におけるアンワルの異常性行為容疑に対する有罪判決を念頭においた発言である。これに続き，同年9月，連邦裁判所が控訴院判決をくつがえし，アンワルは無罪判決を勝ち取った。このような変化は，マハティール後の政治がより自由で公平なものとなるという国民の期待を喚起した。アンワルの党籍剥奪による繰り上げによって，UMNO 党首，連邦政府首相のポストにつくことになったアブドラにとって，世論を味方につけることは，党内支持の弱さを補完するという意味でも合理的だった。

出版の自由の事実上の拡大も，アブドラ政権期の特徴である。そもそも，政権の意思とは関係なく，出版の自由は実態として拡大しつつあった。1995年に0.1％だったインターネット使用者の割合は，2000年には21.4％，2004年には42.3％まで急増した[3]。これを背景に，『マレーシアキニ』（*Malaysiakini*）をはじめとするオンライン・メディアは，紙媒体を対象とする印刷機・出版物法[4]の規制の外側で情報を発信するようになり，オンライン・メディアとの競争にさらされた与党所有の主流メディア側にも，発行部数確保のためにある程度の報道の自由化が必要であるという意識が生まれた（Zaharom 2008; 伊賀 2012）。たとえば，2005年5月には，マレーシア・ジャーナリスト連合主催の「限界を試す」（Testing the Limits）と題するフォーラムが開催され，UMNO 所有の『ニュー・ストレイツ・タイムズ』（NST）紙の記者が，民族や宗教をはじめとする「敏感問題」（sensitive issue）についての報道が容認されるべきであると発言している[5]。こうした雰囲気のなかで，マレーシア

における出版の自由は，事実上拡大していった[6]。

　自由化への期待値の上昇とインターネットの普及は，政治制度改革を後押しする要因にもなった。たとえば，拘置所においてマレー人女性[7]に対して女性警察官が全裸でのスクワットを命じた事件（「Squatgate 事件」）や，連邦裁判所裁判官人事への首相やビジネスマンの関与を示唆する弁護士の会話を録画した「リンガム・テープ事件」は，ユーチューブなどの動画サイトを通じて国民の知るところとなり，アブドラ政権は警察と司法それぞれについて王立調査委員会を設置したうえ，委員会の勧告に従った制度改革を行った。

　この成果として2009年に成立した司法人事委員会法（以下 JAC 法）は，裁判官人事の透明化を謳っている。JAC 法の制定以前は，連邦裁判所，控訴院，高等裁判所などの上級裁判所裁判官の人事は，首相の助言のもと，国王が統治者会議と連邦裁判所長官に諮ったのちに任命するという不透明なプロセスによっていた。これに対して，JAC 法制定後は，各上級裁判所の長に加え，弁護士協会や検事総長などとの審議にもとづき首相が任命する有識者などからなる司法人事委員会が，裁判官候補者を首相に推薦し，これにもとづく首相からの助言により，国王が裁判官を任命するとことになった。

　JAC 法は，裁判官任命プロセスにおける法曹界の役割を拡大させるものと評価することができる。しかし，9人の人事委員のうち5人は首相の任命委員であるうえに，有識者メンバーの任命・解任権限は首相にあるため，委員会には行政の意向が反映されやすい。また，「首相が，委員会により推薦されたものを受け入れる場合（傍点は筆者による）」とする第28条の文言に示唆されるとおり，候補者リストを首相が受け入れる義務は明記されていない（Bari et al. 2015）。

　これまでのところ，JAC 法が司法の独立やその結果としての政治的自由の拡大につながったとは言い難いのが実態である。首相による推薦者リスト拒否の事例や[8]，政治的自由を制限する法律に対する違憲判決を出した控訴院判事らが連邦裁判所に昇進できない事例が散見され，裁判官人事における行政の優越は JAC 法によっても是正されていないのが実態である（鈴木 2017）。

表4-1　2009年司法人事委員会法の要点

条	項	要　　点
第2条　「司法の独立の擁護」	―	首相は，司法の独立を擁護しなければならない
第5条　「委員会の構成」	1項	委員会は，(a) 連邦裁判所長官，(b) 控訴院長，(c) マラヤ高等裁判所裁判長，(d) サバおよびサラワク高等裁判所裁判長，(e) 首相により任命される連邦裁判所裁判官，(f) 弁護士協会や検事総長などの関係機関との審議にもとづき首相が任命する4人の有識者からなる
第9条　「任命の撤回および辞任」	1項	第5条1項 (f) により任命された委員は，理由なしに首相により任命を撤回されうる
第21条　「委員会の機能および権限」	1項	委員会は，(a) 首相に対する上級裁判所裁判官候補者の推薦，(b) 上級裁判所空きポストへの就任希望者からの申請受付，(c) 選考および任用過程の策定や改善，(d) 首相に対する司法行政改善プログラムの助言などの機能をもつ
第22条　「選考過程」	2項	委員会は，(a) 高等裁判所の空きポストにつき3人以上の候補者，(b) 高等裁判所以外の上級裁判所につき2人以上の候補者を選考する
第23条　「選考基準」	2項	委員会は，つぎの基準を考慮し，候補者を選考する。(a) 誠実さ，能力，経験，(b) 客観性，中立性，公平性，道徳性，(c) 決断力，法文書作成能力，(d) 勤勉さと裁判管理能力，(e) 身体的・精神的健康
第26条　「推薦者に関する報告書」	1項	委員会は，(a) 当該ポストへの候補者，(b) 選考理由などを明記した報告書を首相に提出するものとする
第27条　「首相による追加候補者の要請」	―	首相は，報告書の受領後，2人の追加推薦者を委員会に要請することができる
第28条　「助言の提供」	―	首相は，委員会により推薦された者を受け入れる場合，憲法にもとづき，国王に対して助言することができる

（出所）　Judicial Appointment Commission Act より抜粋。

3．裏切られた自由化への期待と2008年総選挙

　自由化の期待値の上昇はまた，さまざまな要求の噴出をもたらし，新しい社会運動を活性化させた。しかし，これらの要求に対して，アブドラ政権が応答的でも自由主義的でもなかったことで，政権は支持を失うことになる。
　この時期の大きな論点としては，(1) 先住民族ブミプトラによる30%資本所有目標，(2) インド人の文化的・経済的権利，(3) 選挙制度改革，(4) イ

スラーム棄教者の地位や信教の自由などが挙げられる。このうち、（1）と（2）の契機になったのが、民間シンクタンクのアジア戦略リーダーシップ研究所（ASLI）によるレポートだった（Center for Public Studies 2006）。

ASLIのレポートのうち、もっとも論争を呼んだのが、政府系企業の株式を合算すれば、ブミプトラによる資本所有はすでに30％を超えているという主張と、ブミプトラに対する優遇政策が積極的に行われてきた一方で、インド人の貧困問題が深刻化しているという主張だった。これに呼応するようにして、メディアではブミプトラ優遇政策継続の是非が議論された。さらに、ヒンドゥ寺院の取り壊しを契機として、インド人の文化的および経済的権利を主張するヒンドゥー権利行動隊（HINDRAF）によるデモが起こった。

これに対するアブドラ政権の対応は、就任当初の自由化への期待を裏切るものだった。首相は、ブミプトラ資本所有30％目標の固守をめざして「マレー人の優位」（*Ketuanan Melayu*）を叫ぶUMNO党員による急進的な言動を容認したのみならず、5カ年経済計画文書『第9次マレーシアプラン』に、30％目標を明示的に書き込んだ。また、HINDRAFのデモは警察により鎮圧され、5人のリーダーが国内治安法のもとで逮捕された。

このほかにも、宗教や民族に関する言動を根拠とした政府による自由への介入も相次いだ。たとえば、ムハンマド風刺画を掲載した『サラワク・トリビューン』紙、喫煙、飲酒するキリストの肖像を掲載したタミル語紙『マッカル・オサイ』、前述の「Squatgate事件」を報道した『光明日報』紙が発禁処分を受けている。また、モスクにおける礼拝のボリュームについて異議を唱えたとされる野党議員、UMNO支部長による「華人は不法占拠者である」とする発言について報道した『星洲日報』紙の記者、ナジブ副首相（当時）による殺人事件への関与疑惑に言及したブロガーなどが、国内治安法により逮捕されている。

アブドラ首相が自由化の騎手でないことがより明確になったのが、「クリーンで公正な選挙を求める連合」（ブルシ）によるデモである（ブルシについては、本書第5章を参照のこと）。1999年選挙での失地回復をめざすアブド

ラ政権は，2003年に選挙区を改編し，UMNO の優位が確立していたジョホール州，スランゴール州，サバ州を中心に26の選挙区を新設した。2004年に行われた選挙では，野党汎マレーシア・イスラーム党（PAS）によるトレンガヌ州におけるイスラーム刑法の実施推進を理由に，野党選挙協力から民主行動党（DAP）が離脱したこともあり，BN は下院における222議席中，198議席を獲得した。

　しかし，不公平な選挙への不満を募らせていた野党や市民社会団体は，2006年11月に共同声明を発表し，一票の格差是正や幽霊投票者（phantom voters），郵便投票のごまかしをはじめとする政府・与党による選挙不正を糾弾し，2007年11月には，クアラルンプールにおいて数万人規模のデモを行った。このデモは，放水車や催涙ガスにより鎮圧され，約40人の参加者が違法集会等の事由で逮捕された。

　HINDRAF とブルシのデモが起きた2007年11月は，アブドラ政権の転機となった。「脱マハティール」への期待もあり，2004年11月のアブドラ首相の支持率は，91％というきわめて高い水準にあった。しかし，2007年10月にすでに71％まで下がっていた首相支持率は，この 2 つのデモへの対応を契機に翌月には61％まで下落した[9]。

　ブミプトラ政策や UMNO による急進化を容認し，市民の言論・出版・集会の自由を抑圧したアブドラ政権は，非ブミプトラや若年層を中心とした有権者の離反を招いた。その結果，2008年 3 月に行われた総選挙では，BN が下院議席の 3 分の 2 の維持に失敗したのである。

第 2 節　ナジブ政権期の自由化と揺り戻し

1．ナジブ政権期前半の漸進的な政治制度改革

2008年選挙で失った支持をどのように回復するか。これが，2009年 4 月に

首相に就任したナジブにとっての最重要課題だった。2013年総選挙までのナジブ政権の政策や制度改革は，もっぱら選挙に勝つための戦略として理解することができる。

たとえば，「多様性のなかの統一」を強調する「1 Malaysia」というスローガンは，非マレー人有権者に対する融和的なメッセージと捉えることができる。また，高所得国家入りのための青写真として提起された新経済モデル（NEM）では，規制緩和や民営化，労働生産性の向上などと並び，「透明性が高く市場友好的な優遇政策」や「下層40％の能力構築」を掲げた。ブミプトラ政策を核としてきたNEPからの脱却を謳うことで，非マレー人有権者の支持の回復を狙ったのである[10]。

これに加えて，政治の自由化も政権の重要な課題となった。ナジブはまず，首相就任時のスピーチで国内治安法の撤廃を言明した。しかも，アブドラ政権期とは異なり，この時期には，市民的自由や言論・出版・集会の自由に関するいくつかの法律が改正されたという意味において，実際に自由化が進展したということができる。

2011年7月に行われた2回目のブルシによるデモにおいて，政府が1667人を逮捕し，これを鎮圧したのを契機に，同年5月に65％だったナジブの支持率は，8月の調査では59％に下落した[11]。これを受けてナジブは，政治制度の自由化の推進を約束し，支持回復を狙った。

まず，2011年9月のマレーシア・デイのスピーチで，ナジブは，(1) 国内治安法を廃止すること，(2) 国内治安法に代わり，容疑者の拘束期間を短縮し，かつ容疑者拘束時の令状取得を義務づける2つの新規立法を成立させるが，テロの被疑者についてはこのかぎりでないこと，(3) 印刷機・出版物法のもとでの許可証の有効期限を1年間から，剥奪されるまでに変更すること，(4) 警察法27条（後述）を見直し，国際的な規範に従った集会の自由を保障することを約束した。

このスピーチに従い，実際にいくつかの法律が自由化された。まず，市民的自由の分野では，国内治安法の撤廃が目玉となった。国内治安法は，令状

なしの容疑者の逮捕と，原則として最長 2 年間にわたる容疑者の拘留を認めていた。これに代わって2012年に成立した治安違反（特別措置）法（SOSMA）は，容疑者の拘留期限を28日までとし，またこの期限についても 5 年ごとの議会の承認を要することが定められた。もっとも，「治安違反」の定義がきわめて広いことや，裁判における証拠の取り扱いの粗雑さなどの問題は抱えているものの，拘留期限を短縮し，容疑者の裁判権を認める SOSMA は，自由化への小さな一歩とみなすことができるだろう。

　政治的自由の分野では，2012年に成立したつぎの 3 本の法改正が重要である。まず，5 人以上の集会に際して警察からの許可取得を義務づけた警察法27条が撤廃された。これに代わって平和的集会法が制定され，非指定区域における集会は許可制から通知制へ変更され（第 9 条 1 項），他方で，公会堂やスタジアムなどの指定区域においては10日前までに所有者からの合意を得るべきこと（第11条，25条），通知・合意なしに集会を行った責任者には 1 万リンギ以下の罰金が科せられること（第 9 条 5 項）が定められた。

　また，学生の政党活動を禁じた大学・大学カレッジ法15条 5 項(a)も改正され，大学生の政党所属が合法化された。ただし，キャンパス内の政党活動は大学によって制限されるうえに（第15条 5 項），大学当局が「大学および大学の利益や福祉に反する」とみなす組織への参加や意見表明を禁止するという規定は残されており（第16条 1 項），限定的な自由化と評価するのが妥当であろう。

　さらに，出版分野の自由化として，印刷機・出版物法が改正された。これまでの 1 年ごとの許可証取得制度が改められ，許可証は剥奪されないかぎり有効であるとされた（第12条）。また，許可交付に関する内務大臣の決定は最終的であり，裁判所において異議申立てはできないと定めていた旧法（13A条，13B条）に対して，新法は，許可証剥奪や申請却下の場合の「意見が聞かれる権利」（Right to be heard）の保障や，大臣の「絶対的裁量」や「裁判所では異議申立てできない」といった文言を削除することで，内務省の決定に不満をもつ出版社や印刷業者の救済の道が開かれることになった。

　もっとも，2012年には，刑法が改正され，議会制民主主義を脅かす活動を した者に対して20年以下の懲役を課す124B条「議会制民主主義を害する活動」が挿入された。この規定は，2015年に議会の前でデモを行った学生らの逮捕などにつながっている。ただし，全体としてみれば，きわめて漸進的にではあれ，具体的な法改正をともなう政治制度の自由化が進んだと評価することはできるだろう。

2．2013年総選挙後の揺り戻し

　このようなナジブの改革努力にもかかわらず，この時期の政治の自由化は，有権者の支持回復にはつながらなかった。2013年5月に行われた総選挙では，閣僚の汚職疑惑[12]，物価上昇，ブミプトラに対する優遇政策を核とする「民族政治」に対する都市部有権者，非マレー人有権者の反発を背景に，BN内の華人政党が大きく得票を減らし，BNの獲得議席は222の下院議席のうち133議席と，前回2008年選挙の140議席からさらに減少した。得票率でBNを上回った野党連合人民連盟（PR）は，選挙後も結果の無効化を求める「ブラック505」集会を続け，BN政権の非正当性を主張した。

　失地回復に失敗したナジブに追い打ちをかけるようにして，2014年初頭頃から財務省100％所有でナジブを経営諮問委員会の長に据えるワン・マレーシア開発公社（1MDB）の債務問題や資金流用が取り沙汰されるようになる。同年4月以降，ナジブと対立するマハティールによる1MDB問題の追及が始まり，2015年7月になると，1MDB関連会社からナジブの銀行口座へ26億リンギの不正送金があったという疑惑に由来するナジブに対する不信感が，国内外で表明されるようになっていった。2013年総選挙のために先延ばしにしていた食料・燃料・電力補助金の削減や，物品サービス税の導入も相まって，2014年初頭から2015年にかけて，ナジブの支持率は40％台にまで落ち込んだ[13]。

　ブラック505集会や1MDB疑惑，さらには2010年に始まった2回目のアン

ワルの異常性行為裁判など，政権や政党政治の趨勢を左右する出来事が相次ぐと，政府は，扇動法による政治家，弁護士，出版関係者，大学教員，漫画家らの逮捕，起訴に乗り出した。2014年には，同法のもとで逮捕および捜査の対象となった者は29人，起訴を受けた者が12人，有罪判決が3人であり，2015年に入ると，それぞれ206人，11人，3人と増加した[14]。このような相次ぐ逮捕は，「扇動法底引き網」（Sedition dragnet）と呼ばれている。

　扇動法だけでなく，刑法や2012年に成立したSOSMAによる逮捕も相次いだ。たとえば，1MDBをめぐる公金横領疑惑について，香港やフランス，米国等の警察に対して1MDBの銀行取引の捜査の申立てをしていた元UMNO支部長とその弁護士が，SOSMAのもとで拘留され，起訴された。

　さらに，こうした既存法の適用だけでなく，市民的・政治的自由を制限する趣旨の新規立法が相次いだ。2015年4月には，市民的自由を制限する法律として，テロリズム予防法（POTA），犯罪予防法改正法，国家安全保障評議会法が成立した。なかでもPOTAは，1回かぎり延長可能な最長2年間の容疑者拘留を認めるものであり，いわば国内治安法の復活と理解するのが妥当である。さらに，国家安全保障評議会法は，首相を長とする8人の閣僚からなる評議会に対して，「主権，領土保全，防衛，社会政治的安定，経済的安定，戦略的資源，国家統合やその他の事案を含む国家安全保障について，政策および戦略的手段を策定する」権限を与えるものである。「社会政治的安定」や「経済的安定」の定義が不明瞭であることや，令状なしの逮捕も認められることから，つねに評議会が非常大権を行使できる状態にあると解釈することができる。

　既存法を利用した与野党政治家や弁護士，出版関係者の逮捕と，自由化に明らかに逆行する新規立法は，ナジブが「自由化の旗手」としてのブランディングを捨て，権威主義的な統治へと転回したことを示していた。

第3節　扇動法修正にみる揺り戻しのメカニズム

第2節でみたように，2013年総選挙を境に，ナジブ政権期の政治制度改革は，限定的な自由化から権威主義への揺り戻しへと変質した。このような揺り戻しは，どのような力学によって説明できるだろうか。

本節では，2015年扇動法修正法案を事例にして，説明を試みる。扇動法は，政府に対する批判や，民族や言語問題に関する言論の自由を制限する内容を含む法律であり，マレーシアの権威主義的政治制度の支柱のひとつといえる。2012年7月，政治の自由化を政権のアジェンダと定めていたナジブは，扇動法の撤廃を約束した。しかし，前節でみたような揺り戻しの一環として，結局，扇動法は保持されただけでなく，2015年4月には，刑罰の厳格化や言論の自由が制限される分野の拡大を含む修正案が提出され，国会で可決した。

以下では，約3年のあいだに大きな揺れを経験することになった扇動法に焦点を当てながら，自由化とその揺り戻しのメカニズムを説明する。

1．扇動法の概要

扇動法は，イギリス植民地期に制定された1948年扇動令を起源としている。扇動法により禁止される「扇動的傾向」とは，(a) 政府やスルタンへの憎悪

表4-2　2015年扇動法修正法案をめぐるタイムライン

年月日	で　き　ご　と
2012年7月11日	ナジブ首相，検事総長事務局において，扇動法撤廃を明言
2013年7月2日	ナジブ首相，BBCインタビューにおいて，扇動法撤廃を明言
2013年11月29日	国家統合諮問評議会（NUCC）設置
2014年6月11日	NUCCによる3つの法案原案策定
2014年11月29日	ナジブ首相，UMNO党大会において，扇動法修正を発表
2015年4月10日	下院において，扇動法修正法案可決

（出所）　新聞報道にもとづき，筆者作成。

等の喚起，（b）非合法な手段により，遵法的に定められた事項を変更しよう
とすること，（c）司法制度への憎悪等喚起，（d）国王・スルタンに対する不
満の惹起，（e）異なる民族や階級のあいだの敵意の助長を指す。1969年5月
に起きた民族暴動の翌年，非常事態（緊要大権）勅令により扇動法が改正さ
れ，「扇動的傾向」の定義として，（f）市民権，ブミプトラの特別の地位，ス
ルタンの宗主権，マレー語の国語としての地位とその他の言語の教授や使用
に関する憲法規定（いわゆる「敏感問題」）への異議申立てが，新たに「扇動
的傾向」として定義された。

　扇動法は，もともと植民地政府への反対運動をおもな対象としていたこと
から，被疑者の保護は必ずしも十分とはいえない。たとえば，処罰の対象と
なる「扇動的傾向」の定義がきわめて広いうえに，「扇動的傾向」のある言
動が行われたことが示されれば，犯罪意思の証明や，実際に当該の言動が暴
動や反乱を起こしえたことの証明が不要である。このような特徴から，扇動
法は行政による濫用を招きやすい法律として批判されてきた。

　2．扇動法撤廃に向けた動き

　2012年7月，ナジブ首相は，検事総長事務局での夕食会において，扇動法
廃止と同法に代わる新規立法を明言した。このなかで，首相は，新規立法が
「市民の言論の自由を保障するとともに，複雑な社会構造のバランスをとる」
ことを主旨とし，従来の扇動法が政府への批判を阻止するものと考えられて
いたのに対し，新法は政府に対する批判は封じず，「人権が守られ，個人が
自由に意見を表明することが歓迎され，個人と共同体の利益のバランスがと
れたマレーシア社会」を実現するものであると述べている[15]。

　扇動法撤回の意志は，総選挙後のBBCにおけるインタビュー（2013年7
月2日）においてもあらためて表明され，2013年11月には，与野党，NGO，
官僚経験者，法曹界，学識経験者からなる国家統合諮問評議会（NUCC）が
設置された。NUCCは，翌年6月11日に，扇動法に代わるルールとして，国

家調和和解法案，国家調和和解委員会法案，民族・宗教・憎悪犯罪法案の3本の法案の原案を策定した。

国家調和和解法案は，宗教，民族，出自，出身地，ジェンダー，障がいなどにもとづく不公正な差別を予防することを目的としている（前文）。同法は，連邦憲法，とりわけ法のもとの平等を定めた第8条の精神を体現し（第2条1項(i)），宗教，民族，出自，出身地，ジェンダー，障がいを理由とした差別を禁止し（第6～8条），不公正な差別については，国家調和和解委員会（後述）がしかるべき措置をとることを定めた。

国家調和和解法案により禁止された差別に対して措置をとるのが，国家調和和解委員会法案のもとで設置される委員会である。この委員会は，首相の助言にもとづき国王により任命される，民族，宗教，政治的，民族的背景の異なる30人の委員（障がい者，サバ・サラワク，オラン・アスリの代表を含む）からなり，法人格を有する（第4条）。委員会は，差別予防，基本的人権の尊重，社会に平等に参画する権利の奨励等を目的とし，不公平な差別についての通報に関する調査，政府への助言，その他適当な措置などを行う（第11条）。具体的には，差別に関する通報を受け，調査し，調停し，解決法を提示し（第15～21条），調停がうまくいかない場合は，委員会が「不正差別法廷」を構成して審理にあたり（第22～25条），当該行為が不公平な差別と判断された場合は，懲戒措置や禁止令を出すことができる（第26条）。

3つ目の法案は民族・宗教・憎悪犯罪法案であり，同法により，1948年扇動法が廃止されることが明記された（第8条）。民族・宗教・憎悪犯罪法案は，民族的，宗教的な憎悪（hatred）を罰すると同時に，個人の言論の自由の保護を目的としている（前文）。具体的には，スルタンに対する憎悪の喚起や侮辱を意図した行為（第3条），特定の民族，宗教に対する脅迫や身体的危害等を意図した行為（第4条，5条）に対して，5000リンギ以下の罰金もしくは7年以下の懲役を定めている。ただし，第3条については，スルタンの不正行為があった場合は，このかぎりでないことも明記された（第3条2項）。同時に法案は，第7条「表現の自由」において，同法が，特定の民族，宗教，心

情，慣行に関する議論や批判を禁ずるものではないとしている。

3 本の新規法案の原案は，従来の扇動法に比べると，（1）政府や政府機関に対する批判を容認し，（2）ブミプトラの特別の地位を含めた民族問題や宗教問題に関する言論の自由の空間を広げ，（3）犯罪の要件を明確にすることで，行政の恣意に一定の箍をはめるものとなっている。まず，扇動法において「扇動的傾向」と定義されていた第 3 条 1 項（a）政府への憎悪等喚起や，（b）非合法な手段により，遵法的に定められた事項を変更しようとすること，（c）司法制度への憎悪等喚起，に相当する規定は，新規法案の原案にはない。また，扇動法によって禁止されているマレー人およびその他のブミプトラの特別の地位（憲法第153条）や市民権（同第Ⅲ部），言語（同第152条），スルタンの地位（同第181条）に関する憲法規定への異議申立ても，新規法案においては禁止されていない。1970年の扇動法改正により異議申立てが禁止されたこれらの憲法規定に関しては，国家調和和解法案の目的（第 2 条）において，「憲法153条の規定を損なうものではない」（第 2 条 2 項）とした箇所で言及されるのみである。

さらに，禁止される行為の内容も，扇動法に比べて格段に明確である。民族や宗教グループ間の対立を助長しうる行為は，「差別」と「憎悪犯罪」とに区別され，「差別」については，国家調和和解委員会が裁定を行う。他方で，「憎悪犯罪」は刑事罰の対象となるが，脅迫等を「意図」した行為と明記されていることから，犯罪意思を証明する責任が検察側に生じる。しかも，議論や批判そのものは，憎悪犯罪にはあたらないと明記されており，これらの問題に関する言論の自由が，広がることになる。

3．与野党間の競争と「UMNO の核心的闘争」

マレーシアの政府と市民の関係，民族・宗教・ジェンダー関係の新たな時代を開くかにみえた 3 本の新規法案原案は，結局日の目をみることなく廃案となる。この背景として，扇動法の有用性を政府および与党が再認識する事

例が増えたことに加えて，UMNO やマレー人 NGO が扇動法の存続を訴えたことが指摘できる。

　まず，2013年選挙以降，与野党間の対立が続くなかで，扇動法による逮捕者が相次いだ。総選挙後の5月13日に行われたフォーラムでは，街頭行動による BN 政府の転覆を呼びかけたとされる5人の野党議員や活動家が逮捕，起訴された。さらに，首相夫人らのモノマネで非マレー語学校の存続（後述）や，政府関係者による公金横領，サバ州へのフィリピン人武装集団による武力攻撃などについて言及したビデオクリップを公表した野党民主行動党（DAP）議員，政治集会や雑誌上で UMNO を侮辱する発言をしたとされる野党 PKR 議員ら，さらに，アンワルの異常性行為裁判における有罪判決について裁判官を非難した野党議員らが，相次いで逮捕，起訴された。

　この時期にはまた，2013年選挙に向けて設置された警察のサイバー捜査対応センターによるソーシャル・メディア上の書き込みに対する捜査が盛んに行われるようになった。たとえば，2013年6月の国王誕生日に，国王が選挙結果を受け入れるよう国民に語ったことについて，これを批判したフェイスブック・ユーザーが捜査を受けている[16]。さらに，サバ州，サラワク州の連邦内における処遇に対する不満をもち，自決を主張し署名運動を展開するグループが運営する「サバ・サラワク・マレーシア離脱」（SSKM）とするフェイスブック・アカウントやブログも，警察による捜査の対象になった[17]。

　これらの事例の多くが，野党政治家や野党支持者を対象としている。また，2013年選挙において，サバ州とサラワク州が連邦レベルでの BN 議席を支えたことを考えれば，上記フェイスブック・アカウントへの警察の介入も，政党政治の文脈で理解することができる。一連の扇動法による逮捕は，政党政治の趨勢が BN にとって不利になることを防ぐうえで，扇動法が有用であることを，政府や与党にあらためて認識させることとなった。

　扇動法修正に向けた過程で，より重要なインパクトを与えたのが，UMNO やマレー人団体からの圧力である。扇動法撤廃は，UMNO をはじめとするマレー人団体にとっては，現状変更を意味していた。2014年6月に NUCC

表4-3　扇動法のもとでの起訴の代表的事例

氏　　名	起訴時点での職業・職位	起訴事実のあった年月日	起訴事実	判　　決
ヒシャムディン・ライス	活動家	2013年5月13日	街頭行動による政府転覆を呼びかける発言	高等裁判所において，有罪（2016年1月15日）
ティアン・チュア	下院議員（PKR）	2013年5月29日	街頭行動による政府転覆を呼びかける発言	下級裁判所において，有罪（2016年9月28日）
タムリン・ガファー	PAS党員	2013年5月13日	街頭行動による政府転覆を呼びかける発言	―
モハマド・サフワン・アナン	学生活動家	2013年5月13日	街頭行動による政府転覆を呼びかける発言	下級裁判所において，無罪（2016年12月21日）
ハリス・イブラヒム	活動家	2013年5月13日	街頭行動による政府転覆を呼びかける発言	下級裁判所において，有罪（2016年4月14日）
RSN. レイヤー	下院議員（DAP）	2014年5月20日	ペナン州議会におけるUMNOを侮辱する発言（Celaka UMNO）	下級裁判所において，無罪（2016年7月28日）
アブドゥッラー・ザイク・アブドゥル・ラーマン	ムスリムNGO会長	2014年5月6日	華人を「侵入者」とする記事を公表	下級裁判所において，有罪（2016年8月30日）
テレサ・コック	下院議員（DAP）	2014年1月27日	黄色い衣類をつけていると，流血の惨事に巻き込まれるとした発言を含むビデオを公表	起訴取り下げ（2015年11月21日）
エリック・ポールセン	弁護士	2015年1月10日	「イスラーム開発局が毎週金曜日に過激主義を助長」とするツイート	―
S. アルチェルヴァン	社会党書記長	2015年2月10日	アンワールの異常性行為裁判について，「裁判所は独立でなく，政治的な動機をもつ」とする記事を公表	下級裁判所において，有罪（2015年11月25日）
オン・ウェイアイ	下院議員（DAP）	2015年2月11日	アンワールの異常性行為裁判を批判する記事を公表	下級裁判所において，有罪（2015年11月5日）
M. ファクルルラジ・M. モクタール	国民信託党青年部部長	2015年2月21日	アンワールの異常性行為裁判を批判する発言	下級裁判所において，有罪（2016年8月25日）
R. シヴァラサ	下院議員（PKR）	2015年3月7日	アンワールの異常性行為裁判を批判する発言	下級裁判所において，有罪（2015年10月20日）
エリック・ポールセン	弁護士	2015年3月22日	イスラーム刑法による刑罰を残虐とする趣旨のツイート	―

（出所）　新聞報道にもとづき，筆者作成。
（注）　―は，判決の出ていない裁判。

による原案が広く回覧されたのを契機に，UMNO やマレー人 NGO から，扇動法撤廃への強い反対が表明されるようになった。たとえば，前警察長官や元官僚などの著名なマレー人をメンバーとするマレー審議委員会は，扇動法の存続を主張した。というのも，彼らによれば，NUCC はマレー人の感情を理解しておらず，新規立法の原案は，平等原則を重視するあまり，マレー人やマレー語の地位，スルタンの地位，市民権をはじめとする憲法規定に抵触しているからである[18]。

さらに UMNO 内部からも，ムヒディン・ヤシン副首相，シャハリザット・アブドゥル・ジャリル UMNO 婦人部部長，ヒシャムディン・フセイン内相[19]，ムクリズ・マハティール・クダ州首相，シャフィ・アブダル農村・地域開発相が扇動法の存続を主張した[20]。なかでも，扇動法撤廃に繰り返し反対の意を表明したのがシャハリザット婦人部部長とムヒディン副首相である。シャハリザットは，500人の婦人部部員とともに元警察長官らを講師に招き扇動法に関するセミナーを開催し，全会一致で扇動法の撤廃に反対した[21]。

ムヒディン副首相は，マレー人の特別の地位，スルタンの宗主権，イスラームの国教としての地位といった UMNO の「核心的闘争」(core struggle) に異議を唱えるものがいる事実にかんがみて，扇動法の保持が必要であると述べている[22]。なかでも，興味深いのが NST 紙によるインタヴューにおけるつぎの発言である。

　　　（UMNO）総会前に私が訪れたほとんどの支部において，（扇
　　　動）法が議論されていた。支部の党員たちは，政府に対して，
　　　思慮深くあること，また可能であれば，この法律を守ることを
　　　望んでいる[23]（括弧内は，筆者による）。

これと同様の発言は，ムクリズ・クダ州首相のインタヴューにもある。扇動法の撤廃に反対してきた自身の立場に対して，クダ州 UMNO がどのような意見をもっているかという NST 紙の質問に対し，ムクリズは，「自分の立

場は，同州 UMNO のリーダーだけでなく，平党員からも圧倒的な支持を受けている」と述べている[24]。

4．首相の生存と扇動法の存続

これらの発言は，ナジブ首相を取り巻く当時の UMNO 内政治の文脈に沿わせて読むべきである。前述のとおり，2014年4月頃から，1MDB をめぐる疑惑に関するマハティールによる追及が始まっていた。元首相は，同年7月にこの疑惑への釈明を求めるレターをナジブに送り，8月には，ブログでナジブへの支持撤回を表明した[25]。さらに9月になると，マハティールに近い元 NST 紙編集長のアブドゥル・カディル・ジャシンが，自身のブログでムヒディン副首相やムクリズ州首相らを名指しして，党首であるナジブに対して行動を起こすべきであると訴えた[26]。

反ナジブの狼煙をあげる分子としてマハティール陣営から名指しされたムヒディンやムクリズが，扇動法撤廃に対する UMNO 支部や平党員の反対を代弁していると主張したことは，ナジブにとって，脅威と映ったはずである。首相として扇動法撤廃を約束したものの，UMNO 党員の多くが反対する扇動法撤廃を進めれば，ムヒディンやムクリズによって自身の党首としての地位が脅かされ，いずれは首相としての地位も失うことになるかもしれない。とりわけ，自身のスキャンダルが国内外で耳目を集めていることにかんがみれば，このようなシナリオの現実性は高かったといえよう。

扇動法撤廃と自由主義的な新規立法という2012年時点のナジブの約束は，UMNO からの圧力を受け，妥協へ，最終的には反故へと向かった。NUCC の原案が回覧された後に行われた7月の UMNO 最高評議会において，ナジブは，国家和解法が「イスラームやマレー人の地位，スルタンの地位といった党の闘争に即したものとなる」と述べている[27]。9月には，「利害関係者の意見にもとづいて新規立法か扇動法の保持かを決定する」という選択肢を示した[28]。最終的にナジブは，11月の UMNO 党総会で，宗教に対する侮辱

の禁止，サバおよびサラワクの独立を促す発言の禁止を盛り込んだ扇動法修正法案が次期国会に上程されると発表し[29]，つぎのように述べ，UMNO 党員からスタンディング・オベーションを受けたのである。

> 首相として，私は1948年扇動法を保持し，少なくとも２つの規定によってこれを強化することを決定した。……このことは，扇動的な性質をもち，イスラーム，マレー人，スルタンを侮辱するような言葉，行為，演説が阻止されること，そして，われわれが命をかけて戦うことを意味している[30]。

この決定後も，同法による野党議員らの逮捕が続いた。たとえば，イスラーム開発局による「過激主義」的な説教やイスラーム刑法に関するツイートをした人権弁護士，アンワルの異常性行為に関する連邦裁判所判決に関して，裁判所の中立性に疑義をはさんだ議員らが，逮捕，起訴されている（表4-3）。起訴にまで至らない逮捕や捜査，通報まで含めると，扇動法はきわめて頻繁に適用されている。たとえば，各州スルタンからなる統治者会議が，イスラーム刑法に関する連邦法に反対していると報道した『マレーシアン・インサイダー』の編集者３人の逮捕（2016年３月），さらには，1MDB 問題をめぐりナジブと対立し，2015年７月に閣僚ポストを更迭，翌年６月にUMNO 党籍を剥奪されたムヒディンやシャフィ・アプダルら３人の元閣僚による議会内での1MDB に関する発言についての警察による捜査などが（2016年10月），これにあたる。

5．扇動法修正法案

こうした経緯を経て，2015年４月，扇動法修正法案が下院に上程された。法案について，NUCC 委員に諮られることはなかった[31]。法案内容は，検察，警察，コミュニケーション・マルチメディア省，コミュニケーション・マル

チメディア委員会との協議を経て，内務省内に設置した上級委員会（High Level Commttee）により策定された[32]。

　修正法案の要点は，大きく分けて4点ある。まず，「扇動的傾向」の定義（第3条1項）に関し，（a）「政府への憎悪や侮辱の喚起」，および，（c）「司法制度に対する嫌悪，侮辱，不満の惹起」が削除された。他方で，新たな（ae）が挿入され，「宗教的理由にもとづく嫌悪感等の喚起」が，新たに扇動罪の対象となった[33]。

　つぎに，定義について定めた第2条に「電子的な方法で」とする文言を書き込んだうえで，10条の改正および新たな第10A条の挿入により，「電子的手段による扇動的出版物」の禁止命令を出す裁判所の権限が定められた。

　さらに，刑期については，第4条1項および第10条の改正により，より重い刑罰が導入されることになった。たとえば，扇動罪を犯した者に対する刑罰は，改正前の条文では罰金もしくは懲役刑あるいはその双方とされていたが，改正後の刑罰は実刑のみになった。最後に，「いかなる者も，1人の証人による裏づけのない供述……によっては有罪とされえない」とした第6条1項が削除された。被告にとっては，きわめて不利な改正であるといえよう。

　このような改正に対して，野党議員はつぎの各点を指摘し，激しく抗議した。まず，審理中の法案を審議すべきではないという点である。2015年に起訴されたマラヤ大学講師アズミ・シャーロムをはじめとする被告らは，扇動法がもともとマラヤ連邦独立以前に植民地政府によって制定された勅令であったことが，議会に対して個人の自由を制限するための立法を行う権限を与える憲法10条2項に抵触するとして，扇動法の合憲性をめぐる訴えを起こしていた[34]。この裁判については，同年6月に連邦裁判所による合憲判決が出たものの，法案審議の時点では審理中であった[35]。

　第二に，扇動法が，議員も含めた個人の自由な言論を抑圧するという点である。とりわけ，「扇動的傾向」の定義が明瞭でないことが問題視された。実際に，行政の恣意的な解釈により，過去数年にわたり多数の野党議員や弁護士，活動家が相次いで逮捕，起訴された一方で，マレー人権利団体プルカ

表4-4　1948年扇動法および2015年扇動法修正法案の要点

条	項	新	旧	変更／挿入履歴
2条「定義」		「電子的手段により」の定義を挿入	—	2015年挿入
3条「扇動的傾向」	1項	「扇動的傾向」とは，つぎの傾向を意味する	—	
		（a）スルタンに対する憎悪や侮辱を喚起すること	（a）スルタンもしくは政府に対する憎悪や侮辱を喚起すること	2015年変更
		（b）非合法的な手段により，法的に定められた事項の変更を行うよう，国民を刺激すること	変更なし	
		—	（c）連邦もしくは州の司法を嫌悪，侮辱したり，不満を惹起すること	2015年削除
		（d）国王またはスルタンに対する不満や不平を惹起すること	変更なし	
		（e）異なる民族や階級のあいだでの嫌悪感や敵意もしくは憎悪を助長すること	（e）異なる民族や階級のあいだでの嫌悪感や敵意を助長すること	2015年変更
		（ea）宗教的な理由にもとづく個人または集団のあいだでの嫌悪感や敵意もしくは憎悪を助長すること	—	2015年挿入
		（f）憲法第Ⅲ部，第152条，153条，181条に定められた事項，権利，地位，身分，特権，主権，特権，大権に対して異議を唱えること	変更なし	1970年挿入
	3項	本法のもとでの犯罪の証明において，被疑者の言動等が扇動的傾向をもっているとされる場合，犯罪意思は無関係である	変更なし	—
4条「犯罪」	1項	（a）扇動的傾向のある言動を行う，あるいはその準備，共謀をした者，（b）扇動的言葉を発した者，（c）扇動的出版物を印刷，販売，配給，複写した者，（d）扇動的出版物を輸入した者は，初犯の場合は3年以上7年以下の懲役，二犯目以降の者は，5年以下の懲役に処する	（a）扇動的傾向のある言動を行う，あるいはその準備，共謀をした者，（b）扇動的言葉を発した者，（c）扇動的出版物を印刷，販売，配給，複写した者，（d）扇動的出版物を輸入した者は，初犯の場合罰金3,000リンギ以下の罰金もしくは3年以下の懲役，またはその双方，二犯目以上の者は，5年以下の実刑に処する	2015年変更
	1A項	身体への傷害や財産への損害を生じせしめた場合，5年以上20年以下の懲役に処する	—	2015年挿入
6条「証拠」	1項	—	いかなる者も，1人の証人による裏づけのない供述によっては，有罪とされえない	2015年削除

（表4-4　続き）

条	項	新	旧	変更／挿入履歴
10条「扇動的出版物の禁止に関する裁判所の権限」	1項	下級裁判所裁判官は，検察からの申し出にもとづき，扇動的出版物が，(a) 身体への傷害や財産への損害をもたらす，(b) 異なる民族や階級間の敵意を助長する，(c) 宗教的な理由にもとづく個人または集団間の嫌悪感や敵意もしくは憎悪を助長する可能性があると判断する場合，扇動的出版物に対して，禁止命令を出すことができる	裁判所は，検察からの要請にもとづき，非合法的暴力をもたらしうる扇動的出版物，もしくは，異なる民族や階級間の敵意を助長しうると思われる扇動的出版物の出版および回覧の禁止命令，および，禁止された出版物の複写物を所有する者に対する当該出版物の引き渡し命令を出すことができる	2015年変更
	1A項	第1項による禁止命令は，(a) 禁止された出版物の複写物を所有する者に対し，当該出版物の引き渡しを要求，(b) 禁止された出版物が電子的手段による場合は，(i) 当該出版物の作成，回覧をするものに対して，削除を要求する，(ii) 作成・回覧者に対して，電子機器への接触を禁止する	—	2015年挿入
	4項	第1項による禁止命令に違反した者は，初犯の場合，5,000リンギ以下の罰金，または3年以下の懲役，もしくはその双方に処する。二犯目以降の者は，有罪判決後1日当たり3,000リンギの罰金および1年以下の懲役に処する	禁止命令を出されながら，禁止された出版物を警察に引き渡さない者は，1,000リンギ以下の罰金，または1年以下の懲役，もしくはその双方に処する	2015年変更
	5項	禁止された出版物について感知している者は，(a) 警察に引き渡し，(b) 電子的手段による出版物の場合は，削除すること。そうしない場合，5,000リンギ以下の罰金，または3年以下の懲役，もしくはその双方，二犯目以降の者は，有罪判決後1日当たり3,000リンギの罰金を課し，支払いが遅滞した場合は1年以下の懲役に処する	禁止された出版物について感知しながら，警察に禁止された出版物を引き渡さなかった者は，1,000リンギ以下の罰金，または1年以下の懲役，もしくはその双方に処する	2015年変更
10A条「電子的手段による扇動的出版物に関する命令を出す特別権限」		下級裁判所裁判官は，検察からの申し出にもとづき，執筆者不明の電子的手段による扇動的出版物の作成や回覧が，(a) 身体への傷害や財産への損害をもたらす，(b) 異なる民族や階級間の敵意を助長する，(c) 宗教的な理由にもとづく個人または集団間の嫌悪感や敵意もしくは憎悪を助長する可能性があると判断する場合，当該出版物へのアクセス阻止を命令することができる	—	2015年挿入

（出所）　Sedition Act より抜粋。

サ会長イブラヒム・アリが「アッラー」の語を含む聖書を燃やすよう呼びかけた事件については，検事総長が「イスラームの神聖性を守るものであり，宗教的な分裂をもたらすものではない」として不起訴処分にしたことが，「ダブル・スタンダード」の典型として，問題とされた[36]。

　第三に，刑法の基本原則が尊重されていないことが指摘された。具体的には，犯罪要件として，扇動的傾向をもつ言動をした者が犯罪意思を有していたか否か[37]，またそのような言動の結果として実際に暴動などが惹起されえたか否かが裁判では問題とされえず，行政が「扇動的」と判断すれば，逮捕・起訴されてしまう点や，裁判における証人の取り扱いが問題とされた[38]。また，刑罰を実刑判決に限定することで，裁判所の裁量を制限している点にも，批判が集まった。

　議長は「審理中」の訴えを退け[39]，与野党それぞれの最初のスピーカーの持ち時間が30分，残りの議員が15分という時間制限のもと審議が始まった。

　与党側からは法案を上程したザヒド・ハミディ内相に加え，サバを代表する統一パソクモモグン・カダザンドゥスン・ムルト組織（UPKO）議員1人と，4人の UMNO 議員が発言している。ザヒド内相によれば，扇動法撤廃の約束を撤回したのは，「調和を壊す扇動的発言が増えた」ためである[40]。また，UMNO 議員らは国内治安法の撤回以来，ツイッターやフェイスブック，ユーチューブといったインターネット・メディアで言論の自由が乱用されてきたと主張する。とりわけ，イスラームの国教としての地位，スルタンの主権，マレー語の国語としての地位，ブミプトラの特別の地位に対する執拗な攻撃が行われており[41]，「宗教を侮辱する者……他（宗教）の説教に介入するもの……われわれの聖域を汚し，断食を侮辱する者（括弧内は筆者による）」によって，「宗教をめぐる問題は，十分に危険」な状態になっている[42]。

　この「宗教をめぐる問題」として，バリンのモスクの敷地内に豚の頭部がおかれた事件[43]，サラワクとサバの離脱を主張する SSKM による扇動的なポスティングに加え，ブロガーのアルビン・タンによるバクテーの写真つきのフェイスブック上のハリラヤ・メッセージ等が引き合いに出された[44]。この

ような事例を引き合いに出しながら，BN議員らは，修正扇動法を「イスラームやその他の宗教を守るための法律」として支持した[45]。

　また，BN議員によれば，政府や司法に対する扇動罪を削除した修正法は，より開かれた政府の証左であり，自由の制限という野党の批難は妥当でない。しかも，野党による「ダブル・スタンダード」の誹りは，野党議員が扇動的な意図をもち，言論の自由を乱用していることが原因であるとされる一方，恣意的な法の適用により起訴を免れたとされるプルカサについては，「イスラームの高潔性」を守る団体であり，扇動にはあたらないとする主張も展開された[46]。

　最後に，「UMNOの核心的闘争」が実現されるべきことが，あらためて強調された。ザヒド内相は，扇動法修正にあたり，憲法第Ⅲ部市民権，言語に関する152条，マレー人およびブミプトラの特別の地位に関する153条，スルタンの地位を定めた181条により保護されている権利，地位，特権，主権は剥奪されえないことが再確認されたと述べ，これを「（1969年の暴動後の）1970年8月18日の扇動法修正の精神にもとづくものである」としている（括弧内は筆者による）[47]。これら憲法規定の基礎となっているのは，UMNO議員によれば，「非マレー人も犠牲を払い，スルタンについての（憲法）規定をつくり，同時に，マレー人も犠牲を払い，非マレー人に市民権を付与することに合意（括弧内は筆者による）」することで結ばれた「社会契約」であり，この精神を扇動法に書き込む必要がある[48]。

　このように，下院における審議は，個人の自由や正当な手続き，法の公平性といった原則を重視した野党と，イスラームの神聖さや「社会契約」を根拠としたUMNOの対立により特徴づけられるものとなった。法案は採択に持ち込まれ，約12時間という短い審議ののち，賛成多数で可決された。「扇動的傾向」の定義の変更に関わる1971年憲法改正時に，6日間にわたる議論が行われたことを考えると，きわめて短い時間での可決である。

　この審議では発言しなかったBNの他政党も扇動法修正を支持している[49]。これらの政党にとっても，より制限的な扇動法は野党議員の逮捕という効用

をもつ。また，華語学校の存在が国民統合に与える影響に関する議論が UMNO 党員によって喚起されたことに対して，マレーシア華人協会（MCA）青年部が警察に通報した事例にも明らかなように[50]，BN の非マレー人政党は，扇動法を非マレー人の権利をも擁護するものとみなしている。BN 政党からの支持は，UMNO 議員が強調する「社会契約」パラダイムにのっとったものと理解することができるだろう。

おわりに

アジア通貨危機後のマハティール政権によるあからさまな政敵の抑圧と，それへの反発として起きたレフォルマシ運動を契機に，自由の制限や司法の行政への従属といった既存のゲームのルールが問題視されるようになった。マハティールの後を継いだアブドラは，より自由な政治への期待値を上げる一方で実体的な政治制度改革を行わず，有権者の反発を招いた。これに続くナジブは，いくつかの法改正による政治の自由化を，漸進的にではあれ，進めた。その一環としての2012年 7 月のナジブ首相による扇動法撤廃宣言の背景には，自由化や民族政治の終焉を志向し，野党を支持した有権者の票を回復しようという目論見があった。選挙に勝てるリーダーになれば，党内での支持拡大，ひいては自身の党首としての地位の安定も期待できるはずだった。しかし，行政の強制力を用いてブミプトラの特別の地位やイスラームの国教としての地位を保護することを志向する UMNO を中心としたマレー人エリートの扇動法への反対も，強力だった。

扇動法改正をめぐる議論は，1MDB 問題をめぐり，マハティール元首相をはじめとする UMNO 党員による反ナジブ機運が高まっていくとともに，自由化の方向から乖離していった。そもそも，マレー人の特別の地位やスルタンの宗主権，イスラームの国教としての地位といったマレー人エリートの核心的利益に踏み込む扇動法撤廃をすれば，党員からの反発は必至である。

しかも UMNO 内の反ナジブ勢力が扇動法撤廃への反対を表明していること
にかんがみれば，有権者に対する扇動法撤廃の約束を守ることは，党首とし
て，首相としての権力を失うことにつながりかねない。ナジブが，自身の生
存のために勝利連合である UMNO に妥協し，自由化アジェンダを捨てたこ
とは，「（ナジブ首相は）たしかに扇動法撤廃を約束したが，彼は同時に党内
民主主義におけるリーダー（括弧内は筆者による）」でもあるとするザヒド内
相の発言によっても裏づけられている[51]。

　政治の自由化を志向する野党やその支持者と UMNO とは，もともと政治
制度をめぐって対立する選好を有している。政治制度の自由化の是非は，こ
の 2 つのグループのいずれに首相がより強く応答するかに左右されている。
首相がどちらにより応答するのかを決定するのは，彼の勝利連合内支持の強
靱さである。ただし，マレーシアの勝利連合は，自由化を志向しない。この
なかから裏切り者が出る可能性のあるとき，リーダーはつねに自由化を押し
とどめる決定をせざるをえない。とりわけ，与野党間の競争が激しくなり，
選挙に勝つことによる権力の正当性の主張が難しくなっている今日のマレー
シアにおいて，リーダーの生存が，自由に優越する蓋然性は，ますます高
まっているといえるだろう。

〔注〕─────────────
(1)　マハティール政権期の司法制度については，Lee（1995）を参照のこと。
(2)　*New Straits Times*, January 2, 2004.
(3)　World Bank, "Internet Users (per 100 people)." （http://data.worldbank.org/
　　indicator/IT.NET.USER.P2　2017年 2 月12日最終アクセス）.
(4)　印刷機・出版物法は，印刷機の使用，出版，輸入，流通を律する法律であ
　　る。マハティール政権期の1987年に，出版許可証の 1 年ごとの取得，大臣に
　　対する「世論に不安を喚起しかねない出版物」の禁止権限の付与，出版許可
　　等に関する大臣の決定に関する司法審査の排除といった一連の改正が行われ，
　　出版の自由は著しく制限されることになった。
(5)　*New Straits Times*, May 6, 2004.
(6)　国境なき記者団（Reporters Without Borders）による「世界報道の自由度指
　　標」（World Press Freedom Index）によれば，マレーシアの順位は，2004年か

ら2006年にかけて，122位，113位，92位と上昇した。

(7)　当初は華人との報道。

(8)　たとえば，控訴院判事で自由主義的な判決を出してきたモハメド・ヒシャムディン・モハメド・ユヌスの人事をめぐり，ナジブ首相が人事委員会からの連邦裁判所への昇進勧告を拒否したことが報じられている（*The Star Online*, September 29, 2015）。ヒシャムディン判事の有名な判決としては，大学生の政党活動を禁じた大学・大学カレッジ法に対する違憲判決（*Muhammad Hilman Idham & Ors v. Kerajaan Malaysia & Ors*）などがある。

(9)　Merdeka Center（2007）*Voter Opinion Poll 4th Quarter 2007: Awareness and Perspectives on Demonstrations, the Economy, National Issues and Leadership.*

(10)　もっとも，ナジブの改革アジェンダは，保守的なマレー人からの反対にあい，結局骨抜きになってしまう。マレー人NGOプルカサ（Perkasa）やマハティール元首相らは，憲法に定められたマレー人の地位の保護を叫び，激しくナジブを糾弾し，マレー人経済団体も株式割当ての保持や，ひいてはその引き上げを求めた。こうしたマレー人団体の圧力にあい，結局ナジブは公共事業のブミプトラ企業への割当てを継続したばかりか，2010年に策定された『第10次マレーシアプラン』においても，ブミプトラによる資本所有30%目標が明記された。

(11)　Merdeka Centre（2014）*Public Opinion Survey 2014.*

(12)　シャハリザット女性・家族・大臣の家族による国営ナショナル・フィードロット・コーポレーション（National Feedlot Corporation）の経営をめぐる疑惑や，ナジブ首相が国防相時代に潜水艦を購入した際のリベート疑惑が，野党による選挙キャンペーンの焦点となった。

(13)　Merdeka Centre（2015）*Public Opinion Survey, Peninsular Malaysia Voter Survey*, 21st ‑30th January, 2015.

(14)　*Suaram, Human Rights Report: 2015 Overview*．（http://www.suaram.net/wordpress/wp-content/uploads/2015/12/SUARAM-HR-OVERVIEW-2015-combined-ver1.pdf）．

(15)　Prime Minister's Office, *Press Release*, July 12, 2012.

(16)　*New Straits Times*, June 16, 2013.

(17)　*The Star Online*, September 6, 2014; *The Borneo Post Online*, August 13, 2014.

(18)　*New Straits Times*, July 15, November 10, 2014.

(19)　*New Strais Times*, October 27, November 6, Novermber 21, 2014. ヒシャムディンは，「マレー人の多くが，法改正により，憲法153条に定められた権利が否定されるのではないかと恐れている」と述べている。

(20)　*New Straits Times*, November 21, 2014.

(21)　*New Straits Times*, November 10, 2014.

⑵　*New Straits Times*, November 2, 21, 2014.

⑵　*New Straits Times*, November 22, 2014.

⑷　*New Straits Times*, November 24, 2014.

⑸　*Che Det*, "Menegur,"（http://chedet.cc/?p=1438.　2017年 2 月12日最終アクセス）.

⑹　*The Scribe A Kadir Jasin*,（http://kadirjasin.blogspot.jp/2014_09_01_archive.html　2017年 2 月12日最終アクセス）.

⑺　*New Straits Times*, July 12, 2014.

⑻　*New Straits Times*, September 9, 2014.

⑼　*Bernama*, November 28, 2014.

⑽　*New Straits Times*, November 28, 2014.

⑾　*Penyata Rasmi Parlimen Dewan Rakyat (PRPDR)*, April 9, 2015, p. 84. NUCC 法政治部会委員長 Mujahid Yusof Rawa（PAS）の発言より。

⑿　*PRPDR*, April 9, 2015, p. 43. ザヒド内務大臣の発言。

⒀　下院における審議の段階では， 3 条 1 項(b)に「解説」として，「A が個人または集団に対して，B 州のマレーシアからの離脱を要求するよう喚起すること」とする条文が挿入される予定だった。しかし，これに対しては，野党議員だけでなく，BN 構成政党の統一パソクモモグン・カダザンドゥスン・ムルト組織（UPKO）からの反対もあり，委員会において削除された。

⒁　*Azmi Sharom v. Public Prosecutor* ほか。

⒂　*PRPDR*, April 9, 2015, p. 25. Gobind Singh（DAP）の発言。

⒃　*PRPDR*, April 9, 2015, pp. 51-53. Lim Guan Eng（DAP）の発言。*New Straits Times*, November 6, 2014.

⒄　ただし，2016年11月26日に，この規定（第 3 条 3 項）を違憲とする控訴院判決が出ている（*Mat Shuhaimi v. PP*）。

⒅　*PRPDR*, April 9, 2015, pp. 69-75, 80-91. N. Surendan（PKR）および Mujahid Yusuf Rawa（PAS）の発言。このほか，1963年の「マレーシア合意」の実効性について疑義をもつサバとサラワクの人々の権利を侵害するとした指摘もあった。

⒆　下院議長は，インド国民議会の先例および文献にのっとりながら，審理中であることを理由に国会における審議を中止することは，「立法が司法に従属することになり，また，審理中の議案ばかりになってしまう」と述べている。下院議長によれば，「議員は国民を代表しており，議会は司法による違憲判決を立法によって克服する」権能をもつのであり，審理中であることは立法の妨げにはならない（*PRPDR*, April 9, 2015, p. 29）。

⒇　*PRPDR*, April 9, 2015, p. 174.

㉑　*PRPDR*, April 9, 2015, p. 77. Irmohizam Ibrahim（UMNO）による発言。

㉒　*PRPDR*, April 9, 2015, p. 92. Noh Omar（UMNO）による発言。

⑷　*PRPDR*, April 9, 2015, p. 122. Madius Tangau（UPKO）による発言

⑷　*PRPDR*, April 9, 2015, p. 58, 124, 152. タンは，この投稿（2013年7月12日）で起訴されている。

⑷　*PRPDR*, April 9, 2015, p. 150. Shamsul Anwar Nasarah（UMNO）の発言。

⑷　*RPPDR*, April 9, 2015, p. 136. Che Mohamad Zuklifly Jusoh（UMNO）の発言。

⑷　*PRPDR*, April 9, 2015, p. 44. ザヒド内相の発言。

⑷　*PRPDR*, April 9, 2015, p. 95. Noh Omar の発言。

⑷　たとえば，マレーシア人民運動党青年部および婦人部（*New Straits Times*, October 9, 18, 2015），人民進歩党（*New Straits Times*, December 1, 2014）などが，扇動法の維持および修正について，賛成を表明している。

⑸　*New Straits Times*, October 12, November 21, 2014.

⑸　*PRPDR*, p. 147. ザヒド内相の発言。

〔参考文献〕

＜日本語文献＞

伊賀司　2012.「アブドゥラ政権下における主流メディアの変容」『マレーシア研究』（1）　73-92.

鈴木絢女　2017.「自由の守護者か，権力の擁護者か：マレーシアにおける政治的自由と裁判所」玉田芳史編『政治の司法化と民主化』晃洋書房　120-141.

増原綾子・鈴木絢女　2014.「二つのレフォルマシ：インドネシアとマレーシアにおける民主化運動と体制の転換・非転換」『体制転換／非転換の比較政治』日本比較政治学会年報16号　ミネルヴァ書房　207-231.

＜英語文献＞

Bari, M.E., M.E. Bari, and Safia N. 2015. "The Establishment of Judicial Appointment Commission in Malaysia to Improve the Constitutional Method of appointing the judges of the superior courts: a Critical Study." *Commonwealth Law Bulletin* 41(2): 231-252.

Bueno de Mesquita, Bruce, Alastair Smith, Randolph M. Siverson and James D. Morrow. 2003. *The Logic of Political Survival*. Cambridge: MIT Press.

Center for Public Policy Studies, Asian Strategy and Leadership Institute. 2006. *Corporate Equity Distribution: Past Trends and Future Policy*. Kuala Lumpur: Asian Strategy and Leadership Institute.

Lee, H.P. 1995. *Constitutional Conflicts in Contemporary Malaysia*. Kuala Lumpur: Oxford University Press.

Merdeka Center. 2007. *Voter Opinion Poll 4th Quarter 2007: Awareness and Perspectives on Demonstrations, the Economy, National Issues and Leadership.* Selangor: Merdeka Center.

——— 2014. *Public Opinion Survey 2014.* Selangor: Merdeka Center.

——— 2015. *Public Opinion Survey: Peninsular Malaysia Voter Survey, 21st-30th January, 2015.* Selangor: Merdeka Center.

Reporters Without Borders. "World Press Freedom Index" (https://rsf.org/en/world-press-freedom-index).

Suaram. 2015. *Human Rights Report: 2015 Overview.* (http://www.suaram.net/wordpress/wp-content/uploads/2015/12/SUARAM-HR-OVERVIEW-2015-combined-ver1.pdf).

World Bank. "Internet Users (per 100 people)." (http://data.worldbank.org/indicator/IT.NET.USER.P2).

Zaharom, Nain. 2008. "Regime, Media and the Reconstruction of a Fragile Consensus in Malaysia." In *Political Regimes and Media in Asia,* edited by Krishna Sen and Terrence Lee. London & New York: Routledge.

＜政府機関資料＞

Azmi Sharom v. Public Prosecutor

Penyata Rasmi Parlimen Dewan Rakyat (PRPDR), April 9, 2015.（2015年 4 月 9 日連邦議会下院公式議事録）

Prime Minister's Office, *Press Release,* July 12, 2012.

＜新聞＞

Bernama

New Straits Times

The Star Online

＜ブログ＞

Che Det, "Menegur," (http://chedet.cc/?p=1438)

The Scribe A Kadir Jasin (http://kadirjasin.blogspot.jp/2014_09_01_archive.html)

第5章

活性化した社会運動と市民社会の変貌

——ブルシ運動による街頭デモの日常化——

伊　賀　　司

はじめに——社会運動をめぐる論点——

　アラブの春，オキュパイ・ウォール・ストリート運動，スペインの15M運動，香港の雨傘運動，台湾のひまわり学生運動など近年，新興国か先進国かを問わず，世界中で街頭デモをともなう社会運動の活性化がみられる。ここに挙げた社会運動は2010年代の世界で起こったという共通性はあるものの，その形態や要求，結末はさまざまである。しかし，社会運動を研究対象とするならば，つねに問われてきた一連の重要な問いが存在する。それは，ある運動がなぜ発生し，どのように人々を動員したのか，運動がその社会の何を代弁するものなのか，運動は社会に何をもたらしたのか，といった問いである。これらの問いを追求しようとするときに最初の手掛かりになるのは，欧米で1960年代以降進んできた社会運動研究の動向である。

　1960年代以降に欧米で理論化が進んだ社会運動研究には伝統的に2つの流れがあるとされる。アメリカとヨーロッパの社会運動研究である（大畑 2004; 濱西 2006)。アメリカの社会運動研究では，政治的機会構造論，資源動員論，フレーム論，あるいはこれらの理論を総合した「たたかいの政治」(contentious politics) などと呼ばれるアプローチをとる。このアプローチが問題とするのは，社会運動の発生や拡大を「説明」することであり，たとえば，

なぜ革命が起こり，いかにして参加者をデモに動員したのか，といった問い
に関心を寄せる。

　ヨーロッパで発展した社会運動研究は「新しい社会運動論」とも呼ばれ，
社会運動の発生を「脱産業社会」や「後期資本主義社会」といったマクロな
社会構造の変化との関連で検討することを通じて，その時代のなかで社会運
動が何を意味しているのかという「解釈」に関心を寄せる。

　「説明」や「解釈」に関心を寄せる研究と比べて，社会運動がもたらすも
の，つまり「帰結」に関心を寄せる研究については立ち遅れが指摘されてい
る。重冨の議論に沿えば，社会運動がもたらす「帰結」に関する研究は，被
説明変数の特定，社会運動の目標の明確化，因果関係の特定といった点で困
難を抱えていることが研究の立ち遅れにつながっているという（重冨 2015,
69-70）。

　本章に与えられたテーマはポスト・マハティール期の社会運動である。そ
こで当然，本章も上記のような社会運動の「説明」，「解釈」，「帰結」を問う
必要があるだろう。ただし，ポスト・マハティール期の社会運動を扱った研
究は現在のところ依然として十分ではない。とくに本章で詳細にとりあげる，
選挙制度改革運動の「クリーンで公正な選挙を求める連合」（通称ブルシ
[Bersih[1]]）による運動については，その政治や社会に与えた影響の大きさが
認識されながらも，社会運動の「説明」，「解釈」，「帰結」を明確に意識した
研究は数えるほどしかなく，依然として大きな研究の余地がある。

　先行研究のうち比較的初期から継続的にブルシ運動に注目しているのが伊
賀の一連の研究である（伊賀 2007; 2011; 2013）。伊賀の研究は日本語で読める
ブルシ運動のほぼ唯一の研究である。ブルシ運動の動員を説明するとともに，
2013年総選挙との観点から帰結を論じたのがクー・イェンホイの研究である
（Khoo 2016）。クーはブルシ運動の動員が2013年総選挙での投票率の上昇や
野党の議席拡大につながったと論じる。クー・ゲッチンもブルシ運動と2013
年総選挙を論じているものの，彼女の場合は運動と選挙キャンペーンがもた
らした大衆レベルでのエスニック集団間および世代間の協力関係や抵抗のさ

まざまなバリエーションに関心があり，運動を通じた文化変容について論じている（Khoo 2015）。ゴビンダサミーとアエリアはブルシ運動を紹介しつつ，ポスト・マハティール期の政治状況の変化を論じている（Aeria 2012; Govindasamy 2015）。とくにゴビンダサミーはブルシ運動とともに，インド人の社会経済状況の改善を求めるヒンドゥー権利行動隊（HINDRAF）とマレー人至上主義を掲げるプルカサという異なる種類の運動を同時に論じている。

　本章のおもな目的は上記の先行研究も参照しつつ，ポスト・マハティール期に活性化した社会運動とそれがもたらした市民社会の変化を論じることである。その際に注目するのはブルシ運動であり，とくにこの運動の「説明」と「帰結」に焦点を当てて議論する。「解釈」に関しては社会運動に収まらない幅広い視点からの議論が必要となるため，本章では簡単に触れるにとどめる。

　本章の構成は以下のとおりである。第1節でマハティール政権末期からポスト・マハティール政権期にかけての社会運動の変化を概観しながら，マレーシアの社会運動に関する近年の動向を指摘する。第2節では，ブルシ運動の特徴を明らかにするとともに，それがなぜポスト・マハティール期のマレーシアで重要な運動であるのかを示す。第3節ではブルシ運動がなぜ，継続的で大規模な街頭デモを動員することができたのかを明らかにする。第4節ではブルシ運動がマレーシアの政治と社会に何をもたらしたのかを明らかにする。最後に，ブルシ運動とはポスト・マハティール期のマレーシアで何を意味しているのかを簡単に示す。

　本章の記述は，社会運動や政府組織などのウェブ・ページ，新聞やネット・メディア経由の情報，活動家やジャーナリストなどを対象にしたインタビューや非公式の会話，筆者がデモ現場で参与観察を行った経験やNGOや社会運動などが主催するセミナーやワークショップでの観察などにもとづく。

第1節　マレーシアにおける社会運動の概観

1．マハティール政権下の社会運動

マルチ・エスニック社会であるマレーシアでは，エスニシティや宗教といった伝統的な帰属意識にもとづいて動員を行う社会運動が長年活発に活動してきた。そうした社会運動の代表例は，ムスリムであるマレー人に強い影響力をもつイスラーム主義運動[2]であり，華人が主体となった華語教育運動[3]である。

1970年代から1980年代にかけて人権，環境，ジェンダー，消費者保護など比較的新しいアジェンダに立脚して活動を行う社会運動やNGOが登場するようになった[4]。これらのNGOの多くは数人程度の専従職員しかもたないものの，政府機関へのロビイングや一般市民も対象にしたアドボカシーを中心に活動をし，ときには政府の審議会などに参加して特定分野の政策決定過程で一定の発言力を確保することもあった。とはいえ，マハティール政権下ではこれらのNGOが多数の参加者を動員する大規模な街頭デモを通じて政府に圧力をかけていくような戦術をとることは基本的になかった。

例外は1990年代末のレフォルマシ（改革）運動[5]である。レフォルマシ運動では多数の参加者を動員する街頭デモが頻発したが，その特徴としてつぎの3点を指摘できる。第1に，レフォルマシ運動の最大の原動力となったのは，政府・与党から追放されて汚職と同性愛の容疑に問われたアンワル・イブラヒムに対する同情および，マハティール首相によるアンワルの扱いに対する怒りであった。アンワルは，その雄弁さやイスラーム主義者および活動家としての過去のキャリアからカリスマ的指導者としてレフォルマシ運動の支柱であったが，逮捕されて以降は参加者を引き付けるうえでの運動のシンボルともなった[6]。したがって，レフォルマシ運動が一貫して強く要求したのは，抑圧的で権威主義的な指導者とみられたマハティール首相の退陣と逮

捕されたアンワルの解放であった。

　第 2 に，レフォルマシ運動の主力となったのはマレー人であった。アンワルの政府・与党からの追放と逮捕は華人やインド人にも衝撃を与えたが，とりわけ大きな衝撃を与えたのは，アンワルの熱狂的な支持者である20代や30代の比較的若い世代のマレー人男性であり，彼らのアンワルへの熱狂的支持がレフォルマシ運動に活力を与えた（Weiss 2006, 134）。

　第 3 に，レフォルマシ運動はイスラームの要素を強くもつ運動でもあった。レフォルマシ運動の動員組織として大きな役割を果たしたのは，NGO のマレーシア・イスラーム青年隊（ABIM）とマレーシア・イスラーム改革結社（JIM）および，野党でイスラーム主義政党の汎マレーシア・イスラーム党（PAS）などのイスラーム系組織である。これらのイスラーム系組織はマレーシア市民公正運動（GERAK）を結成した。GERAK は野党 PAS が主導する組織としてレフォルマシ運動の方向性に大きな影響を与えた。

　この 3 つの特徴は，カリスマ的人物の存在と影響力，特定のエスニック集団（マレー人）が主体となった運動，宗教（イスラーム）の重要性とまとめることができる。もちろん，この 3 つの特徴に当てはまらない動きもレフォルマシ運動ではみられる。人権 NGO のマレーシア人民の声（SUARAM）を母体としてほかの NGO を糾合して結成された人民民主主義構想（GAGASAN）は，華人活動家のチュア・ティアンチャン[7]が主導して非マレー人や非イスラーム系組織を動員しようとした。また，レフォルマシ運動は，マハティールの退陣やアンワルの解放以外にも，汚職の根絶，司法や警察制度の改革，国内治安法に代表される抑圧的法の廃止など当時のマレーシアが直面する課題への多様な改革の要求も内包していた。とはいえ，レフォルマシ運動では上記の 3 つの特徴がとくに際立っていたといえる。

　1999年総選挙が近づくとレフォルマシ運動は野党による選挙に向けた動員の色彩が強くなっていく。そのなかでもっとも利益を得たのは，マレー人のあいだに高まった反政府の声を糾合していった野党 PAS であった。実際に PAS は1999年総選挙で前回の獲得議席から一気に20議席を増やした。レフォ

ルマシ運動の重大な帰結のひとつは，それまで与党が安定的に獲得していたマレー人支持が大きく野党側に流れたことであった。

他方で，1999年総選挙で華人は与党支持の傾向をみせており，1999年総選挙の議席変動からはレフォルマシ運動はそれほど華人社会に影響を与えていないようにみえる[8]。だが，同時期の華人社会のなかにもレフォルマシ運動のような政治や社会の改革を求める声の高まりがなかったわけではない。華人のあいだでは，1999年6月に華語教育関連団体やスランゴール中華大会堂など伝統的な華人団体が，通称「訴求」（Suqiu）と呼ばれる「マレーシア華人団体による選挙請願委員会」を結成している。華人版のレフォルマシ運動ともいわれる「訴求」は，街頭デモではなく1999年総選挙での支持と引き換えに与野党に提示した17項目の改革案を与野党が受け入れるよう迫る戦略をとった。「訴求」が要望した改革項目は華人社会の要望に限ったものでなく，国民統合，人権，汚職，民営化や環境など全国民を対象とする制度改革に踏みこんでいた。政府に対して制度改革につながる明確で具体的な改革項目を掲げて運動を展開する点は，後述するブルシ運動に通じる点もある。ただし，既存の華人組織に依存して動員を行ったこともあり，1999年総選挙後にはマハティール首相からエスニック集団間の調和を乱す過激派であるとのレッテルを貼られ，与党の統一マレー人国民組織（UMNO）からは憲法に規定されたマレー人の特別な権利を侵害する運動として大きな批判を受けた。

マハティール政権末期に起こったレフォルマシ運動と「訴求」には，多様な改革案の提示やNGOの連合による運動の試みなど新しい要素も散見されるものの，全体としてみればエスニック集団と宗教という従来からマレーシアの政治と社会を大きく規定してきた要素が依然として運動の動員や帰結に多大な影響を与えていた。また，1998年9月のアンワルの政府・与党からの追放と逮捕を契機に始まったレフォルマシ運動は，1999年11月の総選挙の頃には当初の勢いを失い，総選挙後になると活動家の逮捕など政府の抑圧が強まったこともあってしだいに終息に向かっていくことになる[9]。「訴求」も1999年の総選挙前に改革項目を公表し，2000年にはマハティール首相や

UMNO 青年部からの非難を受けて世間から注目されるが，翌年になると活動は事実上停止していくことになる。両方の運動とも，活動のピークは長く見積もって 1 年程度の期間である。

　以上のようなマハティール政権末期の運動の特徴は，ポスト・マハティール期のブルシ運動の特徴を考えていくうえで重要な参照基準となる。

2．ポスト・マハティール期の社会運動

　マハティール政権下の1990年代のマレーシアで，政府への抗議と要求を目的に首都クアラルンプール中心部で数万人規模の参加者を動員する街頭デモを実施した社会運動は，レフォルマシ運動以外には存在しない。この点からいえば，レフォルマシ運動はマハティール政権下で発生した社会運動のなかでもとくに大きなインパクトをもつ例外的事例である。

　しかし，ポスト・マハティール期のマレーシアでは首都で多数の参加者を動員する街頭デモが珍しいものではなくなった。ポスト・マハティール期で街頭デモが注目されはじめるのが，2006年 3 月に起こったガソリン値上げ反対のデモである。そして，同年 5 月の電気料金値上げ反対デモを経て決定的な分水嶺となったのは，2007年11月の HINDRAF とブルシ運動の最初のデモである。この後は2008年総選挙を経て，多数の参加者を動員するデモが断続的に起こるようになる。2009年は 3 月に英語を教授言語とする理科・数学教育に反対するデモ， 8 月に反国内治安法デモ，2011年は 7 月に 2 度目のブルシ運動のデモが発生した。2013年は 1 月に野党主導で政府への抗議を訴えたKL112デモ， 5 月には総選挙の不正に抗議して首都だけでなく全国で行われたブラック・アウト2013デモ，12月に燃料費や砂糖など生活必需品のコスト上昇に対する反対デモがあった。2014年と2015年の 5 月のメーデーには物品サービス税（GST）反対デモが 2 年続けて発生した。ブルシ運動は2015年 8 月に 4 度目，2016年11月には 5 度目のデモを起こしている。通常マレーシアの街頭デモでは暴動やデモの鎮圧を専門にする警察の連邦予備隊（FRU）が

派遣され，放水車が用意されるとともに，デモ隊に向けて催涙弾が撃ち込まれることも珍しくない。上記の街頭デモの多くでは放水車による放水やFRUによる催涙弾の撃ち込みが起こっているものの，多数の人々が街頭デモに参加している。

　上記のデモほど動員人数は多くなかったり，首都中心ではなかったりするものの，特徴的な戦術を使って人々の注目を集めようとした運動のデモもあった。2011年から2012年のオキュパイ・ダタラン運動は活動家がムルデカ広場で座り込みを続けて，首都の真ん中に政府の手の届かない開放スペースをつくろうとした。2011年の10月から11月にかけて，平和的集会法の導入に反対するデモ集団はKLCC公園やショッピング・モールでフラッシュモブ[10]の手法を用いたデモを複数回行った。2012年11月に，オーストラリア企業がパハン州クアンタン近郊に建設したレアアース精製施設の稼働に反対する環境運動であるヒンプナン・ヒジャウが，クアンタンからクアラルンプールまで徒歩で12日間をかけて行進をした。

　さらに，ポスト・マハティール期にはインターネット上での抗議活動が注目を集めるようになった。インターネット上の抗議の一例として，フェイスブック上で展開されたメガタワー建設反対運動がある。この運動では，2010年10月にナジブ首相が50億リンギをかけてクアラルンプールのカンポン・バル地区に100階建てのメガタワーを建設することを発表した翌日，メガタワー建設反対のフェイスブック・ページが作成された。そのページは2週間もたたないうちに20万の「いいね」を集めることに成功した。運動はほぼすべてがネット上で展開されたものの，このフェイスブックのページがきっかけになってメガタワー建設に関するナジブ首相の釈明やマハティール元首相の反対が引き出され，ネット・ニュースが反対運動を積極的にとりあげた（伊賀 2016, 91-93）。

　2012年8月には，独立ジャーナリズム・センター（CIJ）の主導により14日に「インターネット・ブラック・アウト・デイ」と呼ばれる抗議活動が起こった。この抗議活動では，証拠法改正に反対するNGOのウェブサイトや

ネット・ニュースのトップページに特別なポップアップ・ウインドウが登場して改正の問題点を示したイラストや文章が登場した。また，運動に賛同する組織によってフェイスブックやツイッターでも同じイラストや文章が転載された。

　上に挙げたフェイスブックのメガタワー建設反対運動や証拠法の反対運動などは基本的にネット上を主要な舞台として運動が展開されたが，一般的にネット上の運動は街頭デモと有機的に組み合わされて実施されることが多い。先述の2011年に起こった平和的集会法反対運動によるフラッシュモブの戦術導入などはその典型である。

第2節　ブルシ運動とはどのような運動なのか

　ここから先はポスト・マハティール期に登場した社会運動のうち，マレーシアの政治と社会にもっとも大きな影響を与えたブルシ運動に注目して議論を進める。本節での議論を通じてなぜ，ポスト・マハティール期の社会運動のなかでブルシ運動に注目すべきかについて明らかにしよう。

1．ブルシ運動の軌跡

　以下の表5-1のようにブルシ運動は当初から選挙制度の改革を求めて活動が始まり，これまで5度の街頭デモを起こしている。

　2011年の2度目のデモであるブルシ2デモ[11]以降は首都だけでなく，国内各地や在外マレーシア人主導で海外の都市でも組織的なデモが実施されている（海外でのデモについては後述）。各デモの動員数については警察発表，デモ主催者発表，メディアの発表など非常にばらつきがあって正確な数はわからない。そのため，表5-1の動員数も筆者が複数の発表を参考にしているものの，あくまで目安である。ただし，ブルシ3デモとブルシ4デモが10万人

表5-1　ブルシ運動による街頭デモ

	デモ実施日	動員数	リーダーシップ
ブルシ1デモ	2007年11月10日	2万～5万人	野党主導
ブルシ2デモ	2011年7月9日	2万～5万人	ブルシ2.0（アンビガ）
ブルシ3デモ	2012年4月28日	10万人以上	ブルシ2.0（アンビガとサマッド）
ブルシ4デモ	2015年8月29～30日	10万人以上	ブルシ2.0（マリア・チン）
ブルシ5デモ	2016年11月19日	2万～5万人	ブルシ2.0（マリア・チン）

（出所）　各種報道から筆者作成。

かそれ以上の参加者を動員したかなり大規模なデモであり，ブルシ1デモ，ブルシ2デモ，ブルシ5デモが5万人以下のデモであったとみることはできる。ブルシ3デモとブルシ4デモは座り込みの戦術を採用した。ブルシ4デモはデモ隊が深夜も座り込みを続ける2日間連続のデモであった。

　ブルシ運動の運営組織は運動側の公式見解に沿えば時期によって2つに分かれる。ブルシ運動結成の契機となったのは，2005年7月に結成された「選挙改革のための共同行動委員会」である。この委員会を母体にして，2006年11月にブルシ運動が正式にスタートする。このときのブルシ運動を主導したのは，PAS，民主行動党（DAP），人民公正党（PKR）といった野党であり，そこに25のNGOが加わって発足した。この最初のブルシ運動は2007年11月のデモを起こした後，一時的に休眠状態となる。その後，2010年11月にブルシ運動は運営員会に政党関係者を入れず，NGO主導の運動であることを標榜して復活する。この2010年から再スタートしたブルシ運動とその組織は「ブルシ2.0」と呼ばれる。ブルシ2.0発足時には62のNGOが参加団体として集まり，現在ではNGOの数は92にまで拡大した。このように，ブルシ運動は運動を主導した組織のちがいによって，2006年から2010年までの野党主導の最初のブルシ運動と，2010年以降のNGOが主導するブルシ2.0の時期に分けることができる。

　ただし，2010年からのブルシ2.0についても前半2つのデモ（ブルシ2デモとブルシ3デモ）を起こした時期と，後半2つのデモ（ブルシ4デモとブルシ5デモ）を起こした時期では運動の要求や性質に変化がみられる。さらに，

この前半と後半のブルシ2.0のデモはそれぞれ異なる代表に率いられている。前半2つのデモの時期を含む2010年から2013年までブルシ2.0の代表だったのは弁護士協会の元代表であるアンビガ・スリーネヴァサンである。2012年からは文学者のA.サマッド・サイドもアンビガと共同代表になった[12]。アンビガとサマッドは2013年に代表の座を降り，その後を継いだのが全女性行動結社（AWAM）やエンパワーといった女性運動組織のリーダーとして名前を知られてきた活動家のマリア・チン・アブドラである。

　そこで，ブルシ運動を分析する際には組織のリーダーシップに注目して，①2006年から2010年の野党主導の期間，②2010年から2013年のブルシ2.0でアンビガが代表の期間，③2013年から現在までのブルシ2.0でマリア・チンが代表の期間，の3つの期間を分けて考える必要がある。

　では，ブルシ運動は何を政府に要求してきたのか。以下の表5-2に示されているように，3つの期間ごとに要求の変化を観察できる。

　2007年の野党が主導したブルシ1デモでは，選挙人名簿を精査してその問題を改善すること，（投票を終えた人が指につけて二重投票を防止するための）消えないインクの使用，軍人と警察官への郵便投票の廃止，マスメディアの自由で公平なアクセスの4つの要求が公式に掲げられた。とくに前半の3つの要求に示されているように，2007年のブルシ1デモでは二重投票や幽霊投票者などの防止をめざした選挙の技術的な問題に対する要求に力点がおかれていた（Bersih 2.0 2007）。

　2011年と2012年のブルシ2.0のデモになると，2007年の選挙人名簿，インク，郵便投票，マスディアの要求にさらに新たな要素が付け加えられる。加わったのは，選挙期間の延長，選挙管理委員会やマレーシア反汚職委員会（MACC）などを想定した公的制度の強化，汚職の撲滅，汚い政治（dirty politics）をやめることといった要求である。設立当初のブルシ2.0は前半4つ（選挙人名簿，インク，郵便投票，選挙期間）をすぐに達成すべきもの，後半4つ（マスメディア，公的制度，汚職，汚い政治）を長期的に達成していくべきものとして分けて要求することもしていた。

　2015年と2016年のデモでは，従来までの要求の大半が，クリーンな選挙や
クリーンな政府といった要求に収斂される一方で，議会制民主主義の強化，
反対する権利，マレーシア経済の救済，サバとサラワクのエンパワーメント
といったさらに新たな要求が登場している。

　こうしたブルシ運動の要求を期間ごとに並べてみると，選挙制度に関する
技術的で具体的なもの（選挙人名簿，インク，郵便投票）から，一般的な民主
化の要求（公的制度強化，議会制民主主義，反対する権利）や現在のマレーシ
アが直面する課題への包括的な改革（マレーシア経済，サバとサラワク）にま
で運動の要求が変化していったことがわかる。

表5-2　ブルシ運動の要求

野党主導	ブルシ2.0（アンビガ代表）		ブルシ2.0（マリア・チン代表）	
2007年 ブルシ1デモ	2011年 ブルシ2デモ	2012年 ブルシ3デモ	2015年 ブルシ4デモ	2016年 ブルシ5デモ
選挙人名簿をきれいにする	選挙人名簿をきれいにする	選挙人名簿をきれいにする	クリーンな選挙	クリーンな選挙
消えないインクの使用	郵便投票の改革	郵便投票の改革	クリーンな政府	クリーンな政府
軍人と警察官への郵便投票の廃止	消えないインクの使用	消えないインクの使用	議会制民主主義の強化	議会制民主主義の強化
すべての関係者に対するマスメディアの自由で公平なアクセス	選挙期間を最低21日間にする	選挙期間を最低21日間にする	反対する権利	反対する権利
	すべての関係者に対するマスメディアの自由で公平なアクセス	すべての関係者に対するマスメディアの自由で公平なアクセス	マレーシア経済を救う	サバとサラワクのエンパワーメント
	公的制度の強化	公的制度の強化		
	汚職の撲滅	汚職の撲滅		
	汚い政治をやめる	汚い政治をやめる		

（出所）　Bersih2.0の公式ウェブサイトなどから筆者作成。

2．ブルシ運動の特徴

　では，ブルシ運動の特徴とはどのようなものなのか。マハティール政権末期のレフォルマシ運動との比較を考慮に入れてみていくことにしよう。

(1)　動員の特徴

　まず，運動の継続性，デモの参加者数，デモの地域的広がり，といった点を考えてみよう。ブルシ運動は2006年の発足から10年目の2016年にも首都で数万人を動員するデモを起こしている。1998年9月に始まったレフォルマシ運動が1999年11月の総選挙前後にはすでにデモの動員などの面では勢いを失っていたことを考えれば，ブルシ運動の継続性は特筆すべきである。デモの参加者数も数万人から多ければ10万人を超えているのは，マレーシアの社会運動の歴史のなかでも非常にまれである。さらに，これまでの記述では首都でのデモに限ってみてきたが，ブルシ運動は首都以外にも国内のクチンやコタキナバルなどの国内都市，さらには在外マレーシア人が主導して海外都市でもデモを起こしている。運動の継続性，デモの参加者数，デモの地域的広がりといった点からブルシ運動が2007年以降に街頭デモをともないながら活性化したポスト・マハティール期の社会運動のなかでも特筆すべき存在であることを示している。

　つぎに，掲げた要求からもわかるように，ブルシ運動はマレーシア社会で伝統的に強い影響力を有してきたエスニシティや宗教をアジェンダとして掲げた運動ではないし，動員を行う組織にもそれらの要素が希薄である。そのため，ブルシ運動の街頭デモ参加者のエスニック集団別の構成では，2015年のブルシ4デモを例外として，特定のエスニック集団が目立つということはなかった。ブルシ4デモでは，過去のデモで参加者を動員してきた野党のPASが党員を動員しなかったことでマレー人の参加者比率が下がり，華人参加者の比率が多くなった。ただし，デモの参加者構成で華人比率が高まった

とはいえ，ブルシ4デモでエスニシティがアジェンダとなったわけでない。

　レフォルマシ運動との比較で興味深いのは，運動を牽引するカリスマの存在である。ブルシ運動にはレフォルマシ運動のアンワルのような際立ったカリスマや，カリスマへの共感や同情を引き起こして運動に力を与えるような明確なストーリーが欠けている。ブルシ2.0の代表のアンビガはインド人女性で，その後を継いだマリア・チンも女性で結婚によりイスラームに改宗したとはいえ華人である。非マレー系という立場は多数派のマレー人を動員するときには不利な材料である。彼女たちがブルシ2.0を主導してきたことは間違いない。ただし，レフォルマシ運動のアンワルのように彼女たちが個人的なカリスマ性によって熱狂的支持者を生み出しているとは到底いえない。そもそも，アンビガ自身がブルシ運動とは彼女個人に属するものではないと述べているし，アンワルが中心的な役割を果たすのを牽制する姿勢もみせており，特定のカリスマがブルシ運動で突出することもなかった[13]。

（2）　野党との関係

　ブルシ運動を分析する際につねに問題となるのが野党との関係である。政府や与党の首脳が繰り返してきた議論に，ブルシ運動は野党の道具であって党派的な運動であるとの見方がある。ブルシ運動が発足当初の野党主導の運動から2010年にブルシ2.0に衣替えされてNGO主導であることを強調しだすと，誰が運動を主導しているのかはさらに重要な問題となった。

　与党に有利になる不公平で問題の多い選挙制度の改革は，野党にとってそれ自体が大きな利益になる。さらに，デモを通じて政府・与党への批判を公に広めつつ，新規の支持者獲得や旧来の支持者の再活性化を図るという点でもブルシ運動は野党にプラスの影響を与える。そのため，2010年にNGOが主導するブルシ2.0として運動が再結成された後も，デモでの動員，活動家たちの安全確保，運動のモラル・サポートなどさまざまな側面で野党の影が見え隠れしてきた。

　ブルシ運動の指導者や参加者の多くが政府・与党に批判的見解をもってお

り，心情的には野党寄りの立場にあるとみられる。とはいえ，参加者や活動家の多くが心情的に野党寄りで運動が結果として野党の利益となるとしても，ブルシ運動を単なる野党の道具であって党派的意図だけで動かされているとみることは，少なくともブルシ2.0については問題がある。まず，ブルシ2.0の活動家が野党と一線を画そうとする発言を行っており[14]，掲げる要求もマレーシアの民主化の進展にとっては党派を問わず重視される課題である。また，ブルシ運動と野党との関係だけに目がいくと，この運動のもつ多様性やダイナミクス，運動を生み出したポスト・マハティール期の変化を見落としてしまう可能性もある。そこで，本章では2010年以前はひとまず措いておくとして，ブルシ2.0に組織改編されて以降のブルシ運動に関しては，依然として野党との関係を無視できないものの，組織の意思決定の場面から野党関係者を排除することで非党派の性格を強めようとした運動であるとみる。

　ここまでみてきたブルシ運動の特徴をまとめれば，エスニシティや宗教の要素がほとんどみられず，レフォルマシ運動のときのアンワルのような強力なカリスマが存在しない運動であるにもかかわらず，2006年の設立から現在に至るまで10年以上も継続している運動であり，デモを起こすと首都では数万人規模からときには10万人を超える参加者を動員し，首都以外の国内都市や海外都市でもデモが起こる運動であるといえる。野党との関係は注意深い議論が必要だが，少なくともブルシ2.0以降は非党派ということを前面に押し出してそれをめざしてきた。こうした特徴をもつブルシ運動は，レフォルマシ運動や「訴求」運動のようなマハティール政権末期の運動と比較してみても，過去に前例のない運動であることがわかる。ブルシ運動のこうした前例のなさ自体が説明を必要とする。

第3節　なぜブルシ2.0の動員は可能になったのか

　前節のブルシ運動の軌跡と特徴の記述をふまえて，本節ではつぎのような
問いを立ててブルシ運動のさらなる検討を行いたい。途中の休眠状態やブル
シ2.0への組織改編をともないつつも，なぜ，ブルシ運動は10年以上も続い
ているのか。首都のデモに限ったとしても数万人から場合によっては10万人
を超える多数の参加者をどのように動員できたのか。

1．社会運動の理論にもとづく分析

　上記の問いは社会運動の動員を「説明」しようとする問いである。した
がって，まずはアメリカを中心に発達した社会運動研究の理論を使ってブル
シ運動による動員を可能にした要因を考えてみたい。ここで利用するのは，
政治的機会構造論，資源動員論，フレーミング論およびシンボル論である
（タロー 2006）。この理論を通じた分析から，マハティール期からポスト・マ
ハティール期にかけての市民社会の変貌の一端も明らかになるであろう。

(1)　政治的機会構造論
　まず，政治的機会構造論は，社会運動の外部環境の変化が運動の動向を左
右すると考える。外部環境の変化の例として，体制エリートの分裂，体制側
の抑圧の能力や意志の衰退，運動に対する同盟者の登場，国家へのアクセス
を拡大させる制度の導入・改正，などを指摘できる。
　ポスト・マハティール期の政治的機会構造の変化を生み出したのは，首相
交代と2008年総選挙での野党の躍進である。首相交代についていえば，22年
間続いたマハティール政権の後を継いだアブドラ首相は前政権のような
NGOや野党への対決的姿勢から，融和的な姿勢をみせるようになった。ア
ブドラ政権下で抑圧的な法や制度の変更があったとは言い難いが，2004年に

逮捕されていたアンワルを釈放したことにみられるように，制度や法の運用面からは限定的な自由化の時代が到来した。NGO はアブドラ政権が示すメッセージとそこから生まれるチャンスを読み取ってより大胆になっていった[15]。2007年のブルシ運動や HINDRAF による大規模な街頭デモの発生はアブドラ政権の自由化が生み出したひとつの帰結であった。

2008年総選挙での野党の躍進はマレーシアの市民社会を大きく活性化させた。とくに，野党が経済的な先進地域で都市化のもっとも進んだスランゴール州とペナン州の州政権を獲得したことはプラスの影響が大きかった。NGO は両州の州政権の政策形成過程に関与する機会[16]を得たほか，限定的ながら野党を通じて州政権がもつリソースにアクセスすることができるようになったのである[17]。人材面でも NGO の活動家たちが2008年総選挙で野党の候補として立候補して当選し，彼らが州政権の責任ある地位につくことで NGO と野党，さらに野党が主導する州政権とのネットワークが構築されることになった。

以上でみたように，首相交代と野党躍進はブルシ運動の継続的で大規模な動員の前提をなす基本的条件であった。

(2)　資源動員論

資源動員論は社会運動の発生と展開が個人の不満や剥奪感などの情緒的な感情に依存するのではなく，運動がもつ資金，人的な資源およびネットワーク，情報，運動外部へのアクセスやコネクションなど利用可能な資源をいかにして集め，動員するかによって左右されると考える。通常は，政府のように強制力があるわけでなく，企業ほど資金をもたない社会運動が動員を図るうえでカギとなる資源は人的な資源やネットワークと，情報である。

ネットワークの観点からは，上記の野党のスランゴール州とペナン州の州政権獲得によるプラスの影響のほかに，ポスト・マハティール期の NGO の観察から気づかされるのは，NGO のあいだでの連合戦術が強化され恒常化したことである。幅広い民主化や自由化の要求に向けて多様な NGO が連合

する形式はポスト・マハティール期に限らず，レフォルマシ運動のときの GAGASAN に典型的にみられるように，マハティール期にも存在した。ただし，ポスト・マハティール期のブルシ運動では2006年の発足時に NGO の参加数が25から始まり，2010年のブルシ2.0による再発足で62，現在では90を超える組織が参加するようになったのは，NGO の連合戦略が継続的に発展してきたことを示している。

　NGO の連合体としての性質を強めていったことで，ブルシ運動は，前項の要求の箇所でも観察されたように，自らをより一般的な民主化や政治・社会改革を求める運動へと変化させていった。換言すれば，ブルシ運動は民主化や改革といった普遍的な理念を掲げつつ多様な NGO や要求を包摂するプラットフォーム化の傾向を強めていったのである。ブルシ運動のプラットフォーム化が明確に確認できるのは，2012年のブルシ３デモのときに環境運動のヒンプナン・ヒジャウの活動家たちが自らのシンボルカラーである緑色の T シャツを着てデモに参加したときや，2016年のブルシ５デモのときに LGBT 団体が横断幕を掲げて行進したときである[18]。

　ポスト・マハティール期のマレーシアでは情報の面からも活動家の資源動員を容易にする状況が生まれた。インターネットの普及である。2014年のマレーシアのインターネット普及率は68％であり，周辺国と比較するとシンガポールの82％にこそ及ばないものの，インドネシアの17％，フィリピンの40％，タイの35％といった数字よりずっと高い（World Bank 2016）。インターネットを活用した社会運動のインフラは十分そろっている。

　マレーシアでは社会運動によるネット・メディア利用の変遷と歴代の政権に一定の対応関係があり，マハティール政権後期から現在までを３期に分けることが可能である（伊賀 2016, 87-88）。

　表5-3に示されるように活動家たちは前の時代のネット・メディアを活用しつつ，もっとも有効なネット・メディアの活用を模索してきた。また，ネット・メディアに加えて，2000年代から携帯電話の SMS を利用したコミュニケーションが活発になって運動のツールとして使われていた。

表5-3　社会運動によるネット・メディア利用の変遷

	政権	活動家 / 社会運動による ネット・メディア利用の例
第一期 「メーリングリストと 電子掲示板の時代」	マハティール政権末期 （1990年代末〜2003年）	Free Anwar Campaign（ウェブ・ページ）， Sang Kancil（メーリングリスト），United Subang Jaya Web Forum（電子掲示板）
第二期 「ブログの時代」	アブドゥラ政権 （2003〜2009年）	Screen Shots, Rocky Bru, People's Parlia- ment（以上すべてブログ）
第三期 「フェイスブックとツ イッターの時代」	ナジブ政権 （2009年〜現在）	ブルシ2.0やグローバル・ブルシのフェイ スブックおよびツイッター

（出所）　各種報道などから筆者作成。

　オックスフォード大学の関連機関が2016年に行った調査では，61％のマレーシア人がニュース・メディアは政治や政府の過度の影響を受けていると考えている。同じ調査ではシンガポール人は33％，韓国人が56％，アメリカ人が50％，台湾人が41％である。また，ニュース・メディアがビジネスからの過度の影響を受けていると考えるマレーシア人は51％で，韓国人の54％より少ないものの，アメリカの51％と並んでいる（Reuters Institute for the Study of Journalism 2016, 23）。ここにみられるように，マレーシア人のあいだではメディアに対する政治やビジネスからの介入の懸念が他国と比較しても非常に強いことがわかる。このマレーシア人の懸念の背景には，印刷メディアや放送メディアが政府・与党およびそれと親密な起業家の統制下にあることが影響している（伊賀 2010; 2012）。

　同じ調査でインターネットにアクセス可能な人のあいだでニュースソースとしてどのメディアを利用しているのかを尋ねた問いでは，マレーシア人は（ソーシャルメディアを含む）ネット・メディアが88％，ソーシャルメディア単体で69％，印刷メディアが20％，テレビが18％，ラジオが３％と答えている。他国と比較して，マレーシアだけがフェイスブックなどのソーシャルメディアが印刷メディアやテレビの数値より大きいという特筆すべき結果が出ている（Reuters Institute for the Study of Journalism 2016, 11）。こうした統計結

果に示されるように，マレーシア人のソーシャルメディアへの依存度は高く，社会運動が（ソーシャルメディアを含む）ネット・メディアを積極的に使うことで動員を大きく促進できる条件が整っている。

(3)　フレーム論およびシンボル論

最後はフレーム論およびシンボル論である。フレームとは，「人々の現在あるいは過去の環境のうちの対象，状況，出来事，経験，さらには一連の行為を選択的に強調したり，コード化したりすることで『外側の世界』を単純化し，要約する解釈図式である」(Snow and Benford 1992, 137)。活動家はフレームを通じて現実を解釈し，あるいは再定義することを通じて社会運動を活性化させる。それと同時に新たなシンボルを生み出したり，既存のシンボルを再活用し新たな意味を付与したりすることで，運動参加者のあいだに集合的なアイデンティティを創出しようとする。フレームとシンボルは人々の認識や文化に依拠した動員の戦術を体系化したものである。

マレーシアでフレームとシンボルを積極的に活用した典型例がレフォルマシ運動である。アンワルを軸に展開したレフォルマシ運動では，彼の取り扱いをめぐってマレー文化のコードに沿った「不正義／不公平のフレーム」が活用された。不正義や不公平のフレームを使って動員を図ることは，現在のマレーシアに限らず，歴史や地理を超えて，世界中で一般的な現象でもある(Gamson 1992, 68; Benford and Snow 2000, 615)。その一方で，不正義や不公平という抽象的概念をいかにして実際のフレームに応用するかにおいて，各国の文化や歴史が重要になる。クー・ブーテックが指摘するように，マハティールによるアンワルの扱いは，名誉を重んじて人前での恥を避けるマレー人の文化コードの深刻な侵害であり，人々に不正義を感じさせて憤りをもたらすものだった（Khoo 2003, 105-106)。レフォルマシ運動はこの不正義に対する憤りを利用して動員を行ったのである。そして，アンワルが逮捕されるなかで彼自身が運動のシンボルともなっていった。

ブルシ運動のシンボルカラーは黄色で，参加者は黄色のブルシＴシャツ

を着て街頭デモに参加する。ブルシ運動のデモでは T シャツだけでなく，鉢巻き，帽子，旗，風船，傘，プラカードなど大量の黄色のグッズが使われ，鮮やかな黄色が通りを埋め尽くす。黄色のシンボルカラーはデモ参加者に一体感と高揚を演出するのに大いに役立っている。

　フレーミングについては，ブルシ運動は選挙制度の公平性に疑義を挟むかたちで運動を展開しており，典型的な「不正義 / 不公平のフレーム」を内在化している。野党やその熱心な支持者がブルシ運動を始めた最初のきっかけは瑕疵のある選挙人名簿であり，これを調査して訂正することが初期のブルシ運動による選挙制度改革の中心的課題であった（伊賀 2007, 41; Khoo 2014, 113）。とくに2012年から2013年にかけて選挙人名簿の問題は，政治アナリストのオン・キアミン[19]が主導する選挙人名簿分析プロジェクトがその調査結果をつぎつぎと発表し，マハティール政権期にサバ州で外国人に市民権が違法に付与された疑惑について王立調査委員会が設置されたこともあって大きな注目を集めてきた。この選挙人名簿の問題を中心として「政府や選挙管理委員会がわれわれを騙している」との認識や，そこまでいかなくても「政府や選挙管理員会は改革を避けている」との認識がブルシ運動の参加者に存在してきたとみられる。ただしその一方で，ブルシ運動のデモでは一般市民の参加の動機が選挙制度の不公平 / 不正義に限定されるとはいえない。クー・ゲッチンが指摘し，筆者自身もデモ現場で参加者と話をした経験からすると，政府やその政策に対する個別で多様な不満とともに，その不満が具体的なかたちをとっていなくても反対の意思を示すという考えで参加した人々も多かった（Khoo 2015, 114）。

　ここで問うべきは，選挙制度の不公平や不正義という表向きの看板に限らない多様な不満を抱き，場合によっては漠然とした政府への反発感をもつにとどまるかもしれない一般市民を，ブルシ運動がどのようなフレームで街頭に引き出したのかという点ではないだろうか。マレーシアでは近年まで大規模な街頭デモはまれであったが，長年その原因とみなされてきたのは，国内治安法や扇動法などの抑圧的法と FRU や催涙ガスなどの物理的力の使用に

よるデモの抑え込みが引き起こす恐怖，そして街頭デモがエスニック暴動に発展するかもしれないことへの恐怖であった。この街頭デモへの恐怖が前提となっているために，マレーシアではとくに社会運動が街頭に人を連れ出すこと自体に大きな工夫が必要になる。不正義への怒りやカリスマへの熱狂的な支持，そしてそうした感情を強化した運動のフレームが街頭に出てデモをすることの不安や恐怖を一時的に忘れさせることは，レフォルマシ運動にみられた傾向であった。しかし，すぐあとで論じるように，レフォルマシ運動と比較すれば，ブルシ運動のフレームは怒りやカリスマを前提としたのとは異なるフレームをより強調してきたようにみえる。その傾向はとくに2011年と2012年のデモのときに顕著である。

　ここでは2011年のデモでブルシ運動が街頭に人々を引き出そうとしたときの試みに焦点を当ててみよう。デモ実施前にブルシ2.0のウェブ・ページではデモ参加を呼びかけるポスターがアップロードされていたが，そこには，泣いている目とともに「あなたの国のために催涙弾や放水砲を受けて泣くことを恥ずかしがってはいけない」とのキャプションが付けられたものがみられた。ほかにも，国内治安法と「5月13日事件」を風船に見立て，それが針によって今にも割られそうな絵に「恐怖を粉砕しよう」とのキャプションが付いたものや，デモ行進をダンスに見立ててともに行進を呼びかけるものもあった（Bersih 2.0 2011b）。先述したように街頭デモを低調にしてきた要因のひとつが人々の恐怖の感情だった。なかでも街頭デモがエスニック暴動に発展するかもしれないことへの恐怖は，政府が折に触れてマレー人と華人のデモ隊の衝突でエスニック暴動に発展した1969年の「5月13日事件」に言及することでマレーシア社会に定着してきた経緯がある。2011年の街頭デモを呼びかけたポスターにはこれらの恐怖の払拭しようとする意図がみられるのである。

　社会運動にとってデモ実施前の動員のフレームと同じかそれ以上に，デモの後に起こったデモを記録し定義づけるためのフレームは重要になってくる。ブルシ2デモやブルシ3デモではデモの最中からデモ終了の数日間で，ツ

イッターやフェイスブックなどのソーシャルメディアやネット・ニュースには，デモ参加者の体験談や考察が盛んに投稿された。ネット・ニュースに娘への手紙という形式で投稿を行ったあるデモ参加者は，ブルシ2デモについてつぎのような体験談を綴っている。

　　　お父さんは34年間この国で生きてきて7月9日のデモのときほど，自分が「マレーシア」というものの意味を感じる瞬間はなかったよ。私たちは誰であっても（催涙弾から逃れるため，放水砲を避けるため，病院の壁をよじ登るため）お互い助け合い，（たとえひと握りの塩[20]であっても）共有し，（放水砲を受けた後に，顔を洗って水道水を飲むために水道の蛇口の隣でしゃがみこんでいるあいだに）お互いに微笑み合い，（たとえ顔に涙を浮かべて，呼吸困難で苦しんでいても，おじさん（Pakcik）が私たちを軽くたたいて「リラックス，リラックス，瞬きを休めて，大丈夫だよ」といっているなかで）お互いを慰め合ったんだ（Da Huang Daddy 2011）。

　マリナ・マハティールは2011年7月のデモに参加したときの様子を，通りでダンスを踊る人もおり，カーニバルの雰囲気があったと記している（Marina 2011）。デモ参加者がインターネットにアップロードした写真やユーチューブなどに残されている記録では，さまざまなエスニック集団の老若男女が笑顔でデモに参加しているものが多くあり，そのなかには小さな子ども連れで参加している人々も散見される。他方で，写真のなかでは赤いヘルメットのFRUと至近距離で対峙するデモ隊の姿をとらえた1枚の写真がインターネットを中心に広く出回ってデモの緊張感とスリルを伝えた。
　ほかにも2011年のデモの後には，ネット上では65歳の華人系元英語教師の女性が「ブルシおばさん」（Aunty Bersih）と呼ばれて突然注目を集めた。ブルシおばさんが注目を集めたのは，デモの最中に放水を受けた彼女の写真が

プロの写真家によって撮影され，それらの写真をもとに彼女を「マレーシアの自由の女神」として広めるフェイスブックのページが本人の了承なくつくられて人気を博したからである。ブルシおばさんは一時的ではあるが，ブルシ2デモを代表するシンボルにもなった[21]。

　デモ参加を呼びかけるポスター，デモの体験談，フェイスブックに勝手に立ち上がったブルシおばさんのページ。これらの材料から活動家やデモ参加者たちがどのようなフレームのもとでブルシ運動を認識させようと（あるいは自分自身で認識しようと）したのかがみえてくる。ここでのフレームは，デモに参加して催涙弾や放水砲にさらされることは恐怖や恥ではなく，参加者がお互いにマレーシア人としての意識を共有するための機会であるとみなす。あるいは日常生活から離れたちょっとした楽しさやスリルを喚起し，人々をピクニックやカーニバルの雰囲気でデモに連れ出すためのフレームである。ここにはマレーシア社会に長年巣くってきた政府の抑圧への恐怖や，街頭デモがエスニック暴動に発展するという恐怖を払拭しようとする運動の意図を読み取れる。

　上記の社会運動の理論に沿った分析は，ブルシ運動の動員を可能にした要因をかなりの程度説明すると考えられる。しかし，大規模な街頭デモを5度も起こして10年以上継続し続けているのが，なぜ，ほかの運動ではなくブルシ運動であったのか。あるいは，これまでのところなぜ，ブルシ運動だけがポスト・マハティール期の広範な民主化や改革要求のためのプラットフォームとなったのか。こうした問いには，上記の理論に沿った分析は答えてくれない。さらに，理論を前提にして社会運動を研究しようとすると，前提とされた理論的枠組みの要素を運動のなかに過剰に読み込む危険性もある。

2．デモの「メディア・イベント論」的観点からの分析

　以上の問いと方法論上の課題を前にして，本章では従来の社会運動の理論のなかでは必ずしも十分な体系化がなされてこなかった手法を使ってブルシ

運動の動員に関するさらなる分析を進めてみたい。ここで参考にするのは，メディア研究が発展させてきた，メディア・イベント論である。

　メディア・イベントとは，「イベントがマスメディアを通じて社会に機能されるもっとも劇的な現象である」とされる（巫 2009, 175）。しかし，その意味の重層性と複雑性ゆえに，複数の論者が異なる解釈と概念の拡張を行っており，いまだに議論の多い概念でもある。この概念をまとまったかたちで最初に提示したダヤーンとカッツの議論では，メディア・イベントとはテレビというマスメディアによって成し遂げられるものであり，個別的な差異を越えた共通体験を提供することから「社会統合」の要素が重視され，メディア・イベントの発生にあたって既存の権力や営利活動からの操作の視点が強調される傾向にある（ダヤーン・カッツ 1996）。しかし，ブルシ運動のデモの動員を分析する際には，マスメディア以外のメディアの重要性や，既存の権力が「社会統合」という名目で提供してきたイデオロギーや観念をデモ側が打ち破ろうとしてきたことなど，ダヤーンやカッツの主張するようなメディア・イベント論をそのままブルシ運動の動員の分析に使うには多くの困難がある。

　そこで，本章ではメディア・イベント論が前提としている基本的要素の一部を選択的に取り出し，それをブルシ運動のデモの実態に齟齬がないかたちで適用して分析に役立ててみたい。ブルシ運動のデモの動員に対応させて考えれば，その要素とは，決行が事前に予告されたデモの日付，デモ（とそこに至るまでの出来事）によって演出される非日常性や偶然性，メディアを通じてデモの経緯や様子を知る多数の人々の存在，という要素である。

　筆者は，ブルシ運動のデモは程度の差はあれすべてのデモでメディア・イベント的な要素があるとみているが，そのなかでものちの運動の展開にもっとも大きな影響を与えたのは，以下でみるように，2011年のブルシ２デモのときに発生した「メディア・イベント」であったと考える。ブルシ２デモは主催者のブルシ2.0にとって組織的観点から非常に重要なデモであった。それは，2007年のブルシ１デモの後は長らく休眠状態にあったブルシ運動が

2010年に再スタートを切って最初に組織化したデモであり，2007年のときと同様の規模のデモを今度はNGO主導という名目のもとで再び組織できるかが問われたためである。ブルシ2.0は2011年5月26日に7月9日のデモ実施を公式発表したが，実際にデモが行われるまでに，複数のアクターがこの「メディア・イベント」に参入し，政府もデモ組織者の側も状況を完全にはコントロールできないまま結果として非日常性と偶然性が大きく演出されていったことで，一般の人々の強い関心を引き付けていくことになった。そこでまずは，ブルシ2デモが実際に実施されるまでの経緯を簡単に振り返ってみることにしよう。

（1）ブルシ2デモまでの経緯

以下の表5-4は街頭デモの実施が公式発表された2011年5月26日から7月9日のデモが実際に発生するまでの主要な出来事を，新聞やネット・ニュースの記事をもとにしてまとめたものである。

5月26日のブルシ2.0の街頭デモ実施の発表に対しては，ヒシャムディン・フセイン内相など政府首脳からの批判だけでなく，UMNO青年部や与党とのつながりも深いプルカサなどからも激しい批判が出された。UMNO青年部やプルカサはブルシ2.0を警察に告発している。

6月に入るとUMNO青年部やプルカサはブルシ2.0の街頭デモに対して対抗デモを行うことを発表している。プルカサは最終的には対抗デモを行わなかったものの，記者会見や集会の場でアンビガへの個人攻撃を繰り返した。さらに，プルカサはもしブルシ運動の7月9日のデモが中止されなければ，当日はどんなことでも起こりうるとして警告を発した（Abdul 2011）。アンビガへの個人攻撃はプルカサだけでなく，彼女を脅迫する匿名SMS（ショートメッセージ）が広く拡散された。

UMNO青年部はシンボルカラーとして赤色を採用してブルシ運動に対抗した。UMNO青年部は現行の制度と選挙管理委員会を支持するために対抗デモを行うことを表明したが，UMNO青年部の対抗デモ実施表明は与党内

表5-4　7月9日デモ日までの経緯

5月26日	ブルシ2.0が7月9日に街頭デモを行うことを公式発表。
6月9日	UMNO青年部がブルシ2.0を警察に告発。
6月10日	プルカサなど複数のNGOがブルシ2.0を警察に告発。
6月13日	プルカサがブルシ2.0に対抗してデモを実施することを発表。
6月15日	内務大臣が7月9日にデモを行うブルシ2.0とその対抗デモ側の双方に厳しい対応をとると発表。 警察長官がブルシ2.0にデモを中止するよう要請。
6月16日	UMNO青年部がブルシ2.0に対抗してデモを実施することを発表。
6月19日	プルカサがアンビガの写真を燃やして踏みつけるパフォーマンス。 アンビガがブルシ2.0の8大要求を公式に発表。 PAS指導者がブルシ2.0のデモに10万人のPAS党員を動員すると発表。
6月22/23日	アンビガに対する脅迫SMSが拡散される。
6月24/25日	7月9日のデモ前に国内各地で事前のキャンペーンを行っていたPSM党員が逮捕される。以後はデモ実施日直前まで活動家や野党党員の逮捕が続く。
6月25日	ブルシ2.0や野党議員6人が警察に出頭を命じられる。
6月28日	『ウトゥサン・マレーシア』が共産主義者とブルシ2.0を関連づけて国内治安上の懸念を表明。
6月30日	MCMCがテレビとラジオの編集者を集めたセミナーでブルシ2.0のデモを違法集会として報道するようにアドバイス。
7月3日	国王が予定されているブルシ2.0のデモについて特別声明を発表。
7月5日	アンビガを含むブルシ2.0の3人の代表者が国王と謁見。アンビガはデモを屋内で実施することを発表。 警察がKL市内の捜査でブルシ2.0のTシャツと一緒に火炎瓶や刀剣などの武器を押収したと発表。 ナジブ首相がブルシ2.0のデモを屋内で行うことに公式に同意。 警察が軍と協力して違法なデモを抑え込む用意があると発表。
7月6日	ブルシ2.0がデモをムルデカ・スタジアムで実施することを表明。しかし、内閣はムルデカ・スタジアムでのデモの許可を与えるのを拒否。夜になってブルシ2.0は首相の反応に失望を表明するとともに許可なしでもムルデカ・スタジアムでデモを実施することを表明。
7月7日	警察がブルシ2.0、プルカサ、UMNO青年部のリーダーたち91人が9日にKL市内に立ち入ることを禁じる。
7月9日	ブルシ2.0とUMNO青年部のデモが実施され、1667人が当日に逮捕される。

（出所）　各種新聞およびネット・メディアから筆者作成。

で合意された行動ではなかったようで若干の波紋をもたらしている。ヒシャムディン内相や警察は、ブルシ2.0、プルカサ、UMNO青年部のいずれのデモについても無許可であることを根拠に取り締まりを表明している（Kuek 2011）。

　政府の統制下にあるマスメディアはブルシ2.0への非難を続けた。UMNOがオーナーのマレー語紙『ウトゥサン・マレーシア』（*Utusan Malaysia*）はブルシ2.0やアンビガを共産主義や外国勢力と関連づけて非難した（Mohd. Asron 2011）。放送メディアを主管するマレーシア・コミュニケーション・マルチメディア委員会（MCMC）は放送局に対してブルシ運動のデモの報道について毎日提出するよう求め，編集者を集めたセミナーでは，参加者を増やさないためにブルシのデモ行進を報道するときには「違法集会」（illegal gathering）と報道することを暗に指示した（Lee 2011）。日刊紙は，比較的政府の統制から自由を保っているとされる華語紙も含め，ブルシ運動のデモに都市機能のマヒや経済や観光への影響を指摘することでネガティブなイメージを与え続けた。国営放送の RTM は反ブルシ運動の広告[22]を流し続けた[23]。ただし，ネット・ニュースではブルシ運動側に好意的な報道も行われていた。

　警察は，6月24日から25日にかけてマレーシア社会主義者党（PSM）の活動家たちを逮捕するとともに，ブルシ2.0の活動家や野党議員たちに出頭を命じた。6月25日以降，7月9日のデモ直前まで150人を超える人々が逮捕されたり一時的に拘束されたりした[24]。逮捕者たちの多くは数日内に釈放されたが，最初に逮捕された PSM の6人の活動家たちは7月9日のデモ後も拘束され続けた。PSM 関係者だけでなく警察は黄色のブルシ T シャツを着ている活動家をつぎつぎと逮捕していった。ヒシャムディン内相はブルシ T シャツを着ること自体が違法行為であると表明している（Aidila 2011）。さらに，警察は7月5日にはクアラルンプール市内を捜査中に火炎瓶や刀剣などの武器とともにブルシ T シャツを押収したと発表し，予定されているブルシ2.0のデモが暴力的なものであることを暗示した（Aw 2011a）。

　ブルシ2デモが計画された当初の最終目的地は前回2007年のデモのときと同じく王宮であり，国王に選挙制度改革を求める請願書を提出する予定であった。しかし，7月3日になって突然，国王がブルシ2のデモに関する緊急声明を発表して状況が一変する。国王の声明はブルシ2.0の要求に理解を示す一方で，街頭デモには反対して政府との話し合いを促すものであった[25]。

ブルシ2.0はもちろん政府も予想していなかった国王の声明発表を受けて，ブルシ2.0と政府のあいだで一時歩み寄りの気配が生まれた。

　3日の国王の声明を受け，5日にアンビガなどブルシ2.0の代表3人は王宮で国王と謁見した。謁見後，アンビガは予定されていたブルシ2.0の街頭デモを屋内でのデモに変更すると発表する[26]。アンビガの発表を受けて，ナジブ首相も7月5日の段階では屋内デモに同意した[27]。しかし，7月6日にブルシ2.0がクアラルンプール中心部のムルデカ・スタジアムでの屋内デモ実施を求めたのに対し，内閣はムルデカ・スタジアムの使用を拒否し，スランゴール州など野党が政権を担っている州で屋内デモを行うべきだとした[28]。7月6日の夜にブルシ2.0はナジブ首相と内閣の決定に失望を表明して7月9日にはムルデカ・スタジアムでデモを実施することを発表した[29]。

　その一方で警察は，7月6日に軍と協力して9日に予定されている「違法デモ」を抑え込む用意があると発表している[30]。さらに，翌7日にはブルシ2.0，プルカサ，UMNO青年部の活動家や指導者の91人に対して9日にクアラルンプール市内に立ち入るのを禁じる通告を出している。

　7月9日のデモ当日にはブルシ2.0はアンビガやマリア・チンなど主要な指導者を欠いたままデモが挙行される一方で，UMNO青年部のデモでは青年部長のカイリー・ジャマルディンはデモに参加した。UMNO青年部のデモの参加者は300人から400人程度だったとされる。警察は市内各地の道路を封鎖し，放水車や催涙弾を使ってブルシ2.0のデモ隊がムルデカ・スタジアムに近づくのを防いだ。デモの最中に警察はトゥンシン病院敷地内に逃げ込んだデモ参加者に催涙弾を撃ち込んでおり，のちに批判を受けることになった（伊賀 2016, 96）。最終的に7月9日のデモで逮捕された人数は1667人にのぼったが，大多数は数日内に釈放された。

　⑵　「予測のつかないドラマ」としてのブルシ運動
　以上の7月9日までの経緯を，2007年11月のブルシ運動の最初のデモの経緯と比較してみると気づくことがある。ブルシ運動が2007年にデモ実施を公

式発表したのは10月22日である。10月22日からデモが実施された11月10日までは20日間である。デモ実施までの期間中にマスメディアは政府首脳の反応など若干の報道は行っているが，とくにブルシ運動が大きく注目を集めたとはいえない。

　これに対して，2011年のデモではデモ予定日が5月26日に公式発表されてからデモが7月9日に実施されるまで2007年の倍以上の49日間ある。この49日間にプルカサとUMNO青年部による対抗デモの発表，アンビガやブルシ2.0への政府寄りのマスメディアやプルカサからの非難，相次ぐ活動家の逮捕，国王による突然の介入，ブルシ2.0を暴力と関連づける警察発表，軍と警察とがデモ鎮圧に協力する可能性の示唆など，ニュースバリューのある一連の事件が起こり，たとえマイナスのイメージであったとしてもブルシ運動が報道され，一般の人々の注目を集める機会は多かった。

　ネット・メディアに注目してみると2007年時点では，野党や政府・与党に批判的な社会運動の活動を含め比較的中立な立場から報道するネット・ニュースサイトは事実上，1999年にスタートした『マレーシアキニ』(*Malaysiakini*)しかなく，個人による情報の発信およびやり取りはブログやメーリングリストで行われていた。しかし，2011年の時点では，複数のネット・ニュースサイト[31]が存在し，ツイッターやフェイスブックなどの新しいSNSが一般に広まりつつあって個人が情報を発信する能力は著しく高まっていた。つまり，2007年と比較すれば2011年6月から7月にかけてのブルシ運動は，一般の人々のあいだで政治的話題の中心を占める存在となることができた。そして，それを可能とするような情報的基盤がすでにあったのである。

　これを比喩的にいえば，この期間中はブルシ運動が生み出した「予測のつかないドラマ」に一般の人々の注目が大いに集まったといえる。対抗デモを表明して政治的緊張を高めたプルカサやUMNO青年部は，敵役としてブルシ運動を引き立てる役割を果たした。デモの6日前になっての国王の介入や屋外デモの場所をめぐる駆け引きは，ドラマの終盤で観客がだれてくるときに最後の盛り上がりを演出した。相次ぐ活動家たちの逮捕，メディアによる

ブルシ運動への攻撃的報道，警察によるブルシ運動と暴力との関係性の暗示，軍隊出動の可能性などは，デモが終わった現在の時点からみれば，その後の運動の展開や方向性とあまり関係がないようにみえるかもしれない。しかし，その当時は人々のあいだに不安や懸念を引き起こしており，その後のブルシ運動の展開にも多大な影響を与えたと考えられる。マリナ・マハティールはブルシ2.0のデモに参加した理由を以下のように記した。

> 　だから，私はデモに行った。前夜はとても大きな懸念を抱いていたといわなければならない。とくに軍がFRUと一緒になってデモを規制するとの記事を読んだ後には。政府は真剣に自分の国民を撃つことを考えていたのだろうか。そんなことがないと誰がわかる。娘も含めてデモに行くことに興味を示していた私の知る沢山の若い人たちのことを考えると胃が締めつけられた。もし彼らに何かが起こったら私は自分自身を許すことができるだろうか。さまざまな友人からのアドバイスを求めた後で，結局，私の娘，友人，仲間が潜在的な危険にさらされているときに家のなかで安全にいることはできないと決断した。彼らと歩かなければいけない。それにたとえ家のなかにいても，ずっと心配し続けていただろう。だから私は行かなければならなかった（Marina 2011）。

　しかし，「予測のつかないドラマ」が終わってみれば，多数の逮捕者を出したもののデモによる直接の死者はなく，1969年の5月13日事件のような急激な政治的変動を引き起こすこともなかった。とはいえ，実際にデモが起こる前からの警察および政府首脳の抑圧的行動や言説，多くの人々が見守るなかでデモ当日に起こった過剰な催涙弾や放水車の使用は，政府への反発を引き起こしたことも確かである。つまり，政府のブルシ運動への抑圧は継続的ではあったものの，一般の人々の街頭デモへの不安や恐れを再強化するほど

には強いものでなく中途半端なものになったため，結果的に運動への人々の強い興味や関心を引き立てることになったのである。政府は中途半端な抑圧の高い代償を支払うことになった。

　多くの人々が見守る重大局面で紆余曲折を経ながらも数万人規模の参加者を動員する街頭デモを成功させたことで，再発足したばかりのブルシ2.0はほかの運動とは一線を画する特別のブランドと地位を得ることになった。これによって，ブルシ運動はその後の動員や継続を容易にし，さらに，ポスト・マハティール期の改革をめざす運動のプラットフォームとしての地位を得ることになったのである。

　2011年と2012年のブルシ運動のデモは要求項目がまったく同じで，デモの起こる間隔が１年未満であったにもかかわらず，2012年のデモでは2011年のデモから動員人数が急激に増えて10万人規模のものとなっている。この急激な動員人数の増加の背景には，ブルシ２デモが流血の衝突や大きな政治変動を起こさなかったことで，一般の人々が街頭に出てデモに参加する不安や恐怖が大きく和らいだことが影響していると考えられる。

　以上で展開された本章のデモの「メディア・イベント論」的な分析は，既存の社会運動の理論と相互補完性をもって2011年のブルシ２デモの動員を説明していると筆者は考える。既存の社会運動の理論では，構造的な政治的勢力の配置状況や制度的条件，運動が活用可能な資源，運動側のフレーム戦略など運動がおかれた状況の必然性やアクターの意識的行為の要素などが強調されることになる。これに上記で展開したデモの「メディア・イベント論」的分析を併用することで，ブルシ２デモ（およびそれに至るまでの経緯）のもつ偶然性，非日常性や予測困難性が引き起こす影響を取り込みながら動員の分析を行うことが可能となったと筆者は考える。

第 4 節　ブルシ運動は何をもたらしたのか

1．2013年総選挙前の成果

　2011年 8 月に世論調査機関のムルデカ・センターが行った調査では，ナジブ首相の支持率は前回 5 月の調査より 6 ％下落して59％となった。支持率下落はブルシ 2 デモに対する政府の抑圧的対応が影響しているとみられていた（Aw 2011b）。ナジブ首相は 8 月15日に連邦議会に選挙制度改革を提言する特別委員会を設置することを発表し，9 月15日のマレーシア・デイには国内治安法などの抑圧的法の改正や廃止が約束している。この首相の動きは，ブルシ 2 デモで失った支持を取り戻そうとしたものであると考えられる（本書第 4 章参照）。

　選挙制度改革を提言する特別委員会は 9 人のメンバーのうち 5 人の与党議員，3 人の野党議員，1 人の無所属議員で構成され，2011年12月に中間報告，翌年 4 月に最終報告を連邦議会に提出した[32]。この最終報告書にはブルシ2.0の 8 大要求のうちの多くが取り入れられるかたちとなっている。しかし，この最終報告の実施は困難に直面した。

　2011年と2012年のデモでブルシ2.0が掲げた 8 大要求のうち2013年総選挙前に導入されたのが，消えないインクである。消えないインクの導入は2008年総選挙では投票日直前になって取り消されて物議をかもしたものの，2013年総選挙では無事に導入されることになった。

　郵便投票の改革については，在外マレーシア人のそれに関して進展があった。2013年以前は選挙法19条にもとづき選挙管理委員会が2002年に定めた「選挙（選挙人登録）規則」によって海外居留地での投票が認められる在外マレーシア人は，軍人，公務員，フルタイムの学生と彼らの配偶者だけであった。しかし，議会特別委員会の提案にもとづいて規則が改訂され，過去 5 年間のうち最低30日間マレーシアに滞在していた在外マレーシア人に郵便投票

が認められることになった[63]。

しかし，消えないインクの導入と在外マレーシア人向けの郵便投票の改革のほかはブルシ運動が要求していた改革はいまだ十分に達成されないままになっている。とくに選挙人名簿上に登録された幽霊投票者や外国人投票者などの欠陥の問題については，ブルシ2.0や野党から相次ぐ批判や問題点の指摘があったものの，2013年総選挙前までに解決することができなかった。選挙管理委員会やMACCなどの独立機関の改革や汚職の問題についても，ナジブ首相本人がかかわる1MDBスキャンダルの影響もあって，改革には停滞感が漂っている。2013年総選挙の公式選挙期間は15日間で，ブルシ2.0が要求していた21日間には届かなかった。すべての関係者に対する公平なメディアのアクセスについては，2008年総選挙以降の自由化の進展のなかでネット・メディアや一部の英語日刊紙や華語紙で与野党間の報道が若干，公平なものになりつつあるものの，依然としてテレビやマレー語紙などで不公平な報道が続いている。

2．選挙監視と有権者教育の影響

2013年総選挙の投票率は，84％を超えている。これは，2004年総選挙の73％，2008年総選挙の75％を大きく上回っている。さらに，野党連合は議席数では与党に及ばなかったものの，得票率については，与党連合の国民戦線（BN）が47.4％で野党連合PRが50.9％と与党を逆転した（本書第1章・第2章参照）。2013年総選挙での投票率の大幅上昇と野党の躍進の背景には，ブルシ運動が関連の深いNGOと共同して実施した有権者教育や選挙監視の活動が影響していると推測できる。

ブルシ2.0は，2013年1月にマレー語で「監視しよう」という意味のJom Pantauと名づけられた新しいプロジェクトを開始した。このプロジェクトの柱のひとつは，ワークショップを行って一般市民に選挙監視員のトレーニングを実施し，投票日に監視を行うボランティアを養成することである。も

う一つの柱は，一般市民から投票現場での不正の記録や証言を e メール，ツイッター，フェイスブック，電話，対面での情報提供など多様な手段を使って収集・整理し，それを選挙管理委員会に提供して行動を促すことである。

　Jom Pantau は，1990年代から選挙監視や有権者教育を行ってきた社会コミュニケーション・センター（Komas）とブルシ運動が共同で行った。さらに，ブルシ運動以前から選挙監視活動や監視員養成を行ってきた「自由で公正な選挙に賛同するマレーシア人」（MAFREL）および「マレーシア・アクション」（Tindak Malaysia）も Jom Pantau に協力した。ブルシ運動とともに上記の選挙監視関連の活動を行う NGO は有権者教育にも深くかかわってきたが，ほかにも2011年 9 月にスタートした「投票するマレーシア」（UndiMsia）は，おもに若者を対象にしたワークショップやパンフレット配布を通じて選挙と市民的自由，社会経済的発展や予算との関係についての情報を提供してきた。

　クー・イェンホイは，街頭デモから選挙監視に至るまでブルシ運動はボランタリズムの精神を明確に示したと評価する（Khoo 2016, 427）。ブルシ運動を契機に高まったボランタリズムの精神はこれまで距離をおいてきた政治に関与して自らの手で変化をもたらそうとする一般市民の熱意を生むことにもつながった。この熱意を2013年総選挙の運動でもっとも有効に活用したのが野党 DAP である。DAP はマレー語で「チェンジ」を意味する「ウバ」（Ubah）を合言葉に掲げてネット・メディアや演説会などさまざまなツールを使って政権交代を訴えた。その成果が DAP を2013年総選挙で野党第一党に押し上げる要因となったともいえるだろう。

　3．在外マレーシア人の可視化

　ブルシ運動の街頭デモは首都だけでなく，国内各地の都市や海外の都市でも展開された。なかでも海外のブルシ運動は，グローバル・ブルシと呼ばれて在外マレーシア人が中心となって世界の主要都市でデモが起こった。

　2007年11月のデモのときには，すでにクアラランプールでのデモに呼応して在外マレーシア人による小規模なデモがロンドン，ソウル，マニラ，ジャカルタ，バンコク，デリーなど世界の都市で起こっていた（Chua 2007）。ただし，このときの海外都市のデモが明確に組織され実施されたわけではなかった。2011年7月のブルシ2デモの際には，海外でのデモは38都市で実施され，4000人以上が参加する規模になった（Tan ed. 2011, 153）。この2度目のデモのときにはすでに各都市のデモの組織者のあいだにはメーリングリストなどを通じてネットワークが構築されていた[34]。これ以降しだいに海外都市でのデモがグローバル・ブルシ運動として組織化されていくことになる。2012年4月のデモでは，グローバル・ブルシ運動専用のウェブサイトやフェイスブック・ページがつくられた。このときは34カ国（地域）[35]，85の海外都市でデモが実施された（Global Bersih 2012）。2015年のデモでは，70を超える海外都市，2016年のデモでは65の海外都市でデモが組織された[36]。

　グローバル・ブルシ運動の成立と拡大を促した最大の要因はフェイスブックである。海外の各都市でグローバル・ブルシ運動に参加する在外マレーシア人たちは，国や都市ごとにつくられたフェイスブック・ページによって自分たちが現在住んでいる都市で開催予定のデモの存在を知った。筆者のグローバル・ブルシを組織した人々へのインタビューでは，普段は同じ国や都市に滞在しているマレーシア人とはいえ，過去にまったく会ったことのない人々が顔を合わせる場合がほとんどであったという[37]。

　海外都市ごとのフェイスブック・ページが独自につくられることからもわかるように，グローバル・ブルシ運動は本質的には自発的で分散的な運動である。ただ他方で，海外都市のデモ組織者たちはマレーシア国内のブルシ2.0の指示を受け入れてもいる。各組織者はメーリングリストで情報を交換し，2016年11月のデモの際には各国に存在する集会関連の法律やルールに沿ったデモを実施するようにブルシ2.0から指示があった[38]。

　さらに，グローバル・ブルシ運動のほかにもブルシ運動に呼応して誕生した運動が存在する。2013年総選挙の前に在外マレーシア人に投票のための帰

国を促す，「選挙に帰ろう」（JBU）運動と在外マレーシア人の郵便投票の改革を求めた「私の海外投票」運動である。在外マレーシア人の郵便投票改革は，先述したように2013年総選挙前に実施されることになった。

　JBU 運動は基本的にフェイスブックの専用ページで展開された。おもな活動は在外マレーシア人がメッセージを書き込んだボードを手にもった写真をフェイスブックにアップロードしてそれを拡散することだった。JBU 運動がどの程度，在外マレーシア人の帰国を促すことができたのかは正確にはわからない。しかし，統計では2010年の段階で約38万6000人の在外マレーシア人が滞在し，最大のマレーシア人・コミュニティが存在するシンガポールでは，現地の JBU 運動が企業と協力する場面[39]もみられ，一定の影響力はあったのではないかと推測される（World Bank 2011, 90）。

　以上のような国境を越えたグローバルな運動を引き起こしたこと自体が，ブルシ運動の帰結である。さらに，これらの運動がマレーシア国内のメディアでもブルシ運動の一部としてとりあげられたり，在外投票との関係でもとりあげられたりすることで，従来まで国内の政治の舞台ではほとんど注目を集めてこなかった在外マレーシア人の存在が可視化されたことにも留意する必要がある。

　この在外マレーシア人の可視化は，相互に関連する 2 つの要因によって可能になった。第 1 に，グローバル・ブルシ運動や JBU 運動によって在外マレーシア人たちの国内政治への意識が高まり，彼らがデモに参加するなど具体的な行動を起こすようになったことである。第 2 に，運動が広がっていくにあたってフェイスブックやツイッターなどのソーシャルメディアへの画像や映像のアップロードによって文字どおり人々の姿や活動の様子が目にみえるようになったことである。

　4．運動のさらなる変化──ブルシ 4 デモとブルシ 5 デモ──

　ブルシ運動は2012年のブルシ 3 デモの後に2013年総選挙を挟んで2015年 7

月頃まで，活動がメディアでは目立たないものになっていた。ただし，この期間中もワークショップを開いて有権者教育関連の活動を続けており，ほかの社会運動とも連携しながら活動を続けていた。ブルシ運動が再び大きな注目を集めるようになるのは1MDBスキャンダルに関する一連の報道のなかで，『ウォール・ストリート・ジャーナル』（*Wall Street Journal*）がナジブ首相による７億ドル（26億リンギ相当）の資金疑惑を2015年７月に報道してからである。深刻な疑惑で追い詰められたナジブ首相は与党内の潜在的批判勢力である副首相の解任，法務長官の入れ替え，連邦議会で1MDBに関して調査中だった公会計委員会のメンバーを閣僚に取り込むといった，なりふり構わないかたちでスキャンダルからの生き残りを図った。

ブルシ2.0はこの動きに対して2015年７月29日に記者会見を開き，ナジブ首相の退陣と制度改革を求めて８月29日の午後２時から30日までマレーシアの街頭デモ史上初となる２日間連続の座り込みデモを行うと発表した。このブルシ４デモがそれまでのデモともっとも異なるのは，ナジブ首相の退陣を直接的に求めていることである（Bersih 2.0 2015）。ブルシ４デモ以前のブルシ運動は内部でさまざまな思惑を抱く多様な集団が参加していたものの，街頭デモでは制度改革の要求が前面に掲げられていた。しかし，ブルシ４デモでは制度改革の要求はあるものの，それが具体的で技術的なものからより抽象的なものに置き換わるとともに，制度改革と同じかそれ以上にナジブ首相の退陣に力点がおかれている。翌年11月のブルシ５デモも制度改革を掲げつつ，実態はナジブ首相の退陣を求めるデモであった[40]。

一方でブルシ５デモでは従来なかった新たな試みも実施されている。ブルシ・コンボイと呼ばれる試みでは，ブルシ2.0の活動家や支持者たちが７週間にわたって全国246の町や村を訪れてパンフレットを配ったり，演説したりした。新たな戦術導入の背景には，これまでのブルシ運動が首都圏を中心とした運動で活動家たち自身も限界があると認識しており，村落部へと運動を浸透させることをめざしたのである[41]。また，ブルシ４デモからは運動の公式発表で街頭デモの場所がクアラルンプール，サバ州のコタキナバル，サ

ラワク州のクチンで実施されることになり，さらにブルシ 5 デモから制度的
要求のなかにサバとサラワクのエンパワーメントが含まれるようになったこ
とも，運動への支持を首都圏から外に拡大させようとする意図のもとで行わ
れたとみられる。

　2013年にマリア・チンに代表が変わって以降のブルシ運動の展開について
ここでは，ナジブ首相を敵として直接的に退陣を求めるようになったこと，
首都圏の都市中間層に大きく依存していたブルシ運動が転換を図るために村
落部への浸透を始めていることにみられるように，運動が変化をしつつある
ことを指摘するにとどめたい。

　5．街頭デモの日常化

　2011年と2012年のデモでブルシ2.0が掲げた 8 大要求が十分に達成されて
いない現実を前にしてブルシ運動の帰結を考えるには，制度的なものよりも
政治文化や人々の意識の面に注目する必要がある。すでにみたように，ブル
シ 2 デモでは，当日に放水車や催涙ガスが使われただけでなく，デモの前か
らメディアや警察による連日の非難がなされ，活動家の逮捕や対抗デモの存
在にもかかわらず街頭デモが挙行された。ブルシ運動に草創期からかかわっ
てきた活動家のヒシャムディン・ライスは，結果としてブルシ運動がつぎの
ような変化をもたらしたと話す。

　　　　だから，ブルシ2.0が非常に大事なのは人々が恐怖の垣根を
　　　越えたことだ。マレーシアではブルシ2.0が境界線になるのだ。
　　　人々はもはや街頭での抗議を恐れない。街頭での抗議は今や政
　　　治的言説の一部である。ブルシ2.0の後，街頭での抗議はマレー
　　　シアの政治過程の要となったのだ（Khoo 2014, 116）。

ヒシャムディン・ライスの議論の重要なところは，人々がブルシ 2 デモを

きっかけにして街頭に出て抗議する恐怖を払拭しただけでなく，街頭での抗議が新たな政治的言説や政治過程の一部となりつつあると指摘している点である。それはマレーシアに新たな街頭デモの政治文化が生まれつつあるといいかえることもできるだろう。

　2013年総選挙以降に筆者が参与観察を行った2014年のGST反対デモ，2015年のブルシ4デモ，2016年のブルシ5デモなどにおいても，運動とそれを規制する警察の双方が街頭デモに習熟しつつあることが感じられる。とくに2016年のブルシ5デモでは街頭デモへの習熟が明確に観察された。運動の参加者は誘導者に従って整然と行進を行い，デモ隊のなかにはゴミ拾いのボランティアがいて，医療チームも待機していた。デモは朝から始まって午後6時過ぎになると潮が引くようにデモ隊は撤収した。2011年や2012年のブルシ2.0のデモではその対応が批判された警察だったが，2016年のブルシ5デモでは，事前にブルシ運動のデモ隊と対抗デモ隊との衝突が懸念されながらも，両方のデモ隊を完全に分離して衝突を抑え込んだ。

　このように一般市民の街頭に出る不安や恐怖を払拭し，抗議の方法にも習熟して街頭デモが珍しくなくなったポスト・マハティール期の状況を，筆者は「街頭デモの日常化」が進んできたととらえている。これをブルシ運動の帰結の観点からみれば，ポスト・マハティール期の社会運動を代表するブルシ運動がもたらしたものとは「街頭デモの日常化」であったといえるだろう。

おわりに——運動の解釈と「日常化した街頭デモ」のその後——

　本章ではポスト・マハティール期の社会運動をテーマとするにあたって，ブルシ運動に焦点を当てて議論してきた。本章を締めくくるにあたって，ブルシ運動に代表される社会運動がポスト・マハティール期に活性化したことが，マレーシアの政治と社会にとっていったい何を意味しているのか，筆者なりの試論的解釈を提示しておきたい。

　ポスト・マハティール期に活性化した社会運動の意味を問うには，これまでのマレーシアの政治体制を考慮する必要がある。マレーシアでは1969年から1970年までのごく短い期間を除いて議会がつねに開かれて選挙も定期的に実施されてきた。タイやインドネシア，フィリピンなどの周辺国が経験したような軍政や個人独裁的な政治体制はマレーシアでは出現せず，選挙と政党は競争的であった（本書第2章・第3章参照）。ただし，競争的な選挙と政党が存在するからといってマレーシアの政治体制が自由民主主義的なものであったとはいえない。抑圧的法の存在と活用，メディアの統制，執政権による司法権の浸食，野党指導者や活動家へのハラスメント，与党による政府の人員・機構・資金の不透明な利用など，実際には選挙と政党の競争性を大きく損なうような要素がマレーシアの政治体制にはつねに併存した。別のいい方をすれば，上記の非自由民主主義的な要素が長年一般市民からの不満や批判の対象になってきたにもかかわらず，マレーシアの BN 体制が1971年から現在も継続してきたのは，与党 BN が選挙に勝ち続けることができたために正統性を主張できたからにほかならない。首相在任時のマハティールをはじめとして歴代の首相や与党指導者は，選挙や与党のチャネルを通じての市民の意思表示を一定程度認めつつ，そこから外れるデモや抗議集会などに対しては非常に厳しい対応をとってきた。こうした非民主主義的な要素と競争的な選挙や政党の共存について，2000年代以降の比較政治学研究では，競争的権威主義体制や選挙権威主義体制という権威主義体制の新たなカテゴリーを使って分析する傾向が続いてきた（Schedler 2006; Levitsky and Way 2010）。

　ポスト・マハティール期を代表する社会運動であるブルシ運動のユニークさはその継続的変化と多様性にある。ブルシ運動はたしかに選挙制度改革運動としてスタートした。しかし，すでにみたように街頭デモを重ねるにつれて，サバ・サラワクのエンパワーメントや反対する権利など厳密な選挙制度改革とはいえないような要求をも掲げるようになり，近年ではナジブ首相の辞任要求運動としての性格を強めるようにもなった。また，参加者のエスニシティや宗教の多様性もあれば，海外都市でのグローバル・ブルシ運動の展

開によって地理的にも運動は多様性を増すことになった。

とくにブルシ運動の継続的変化は，世界でも稀な持続性と強靭さを誇る BN 体制に挑戦するうえで必要な条件であったと考えられる。2007年，2011年と2012年のデモで選挙の技術的側面に力点をおいた要求を前面に掲げ，2007年と，2011年のデモで当初は国王への請願書を提出するという形式をブルシ運動が採用したのは，当時は政府による街頭デモへの抑圧の恐怖が依然として存在するなかで，ブルシ運動が当時の政権や BN 体制に直接的に対峙するのではなく，体制内改革をめざすという表向きのメッセージを政府と一般市民の双方に向けて発していたとみることができる。ブルシ 2 デモやブルシ 3 デモを経て街頭デモが「日常化」し，政府の抑圧への恐怖が薄らぐなかでブルシ運動は「大胆」になり，直接的にナジブ首相の辞任を求める運動へのシフトを強めたとみることができる。

とはいえ，ブルシ運動は最初から二重の意味で BN 体制への大きな挑戦の要素を内在化させていたと考えることができ，近年はそれがマレーシアの社会のなかに徐々に広がりつつある。第 1 に，ブルシ運動は選挙制度の欠陥や問題点を指摘することにより，これまで BN 体制が正統性の源泉としてきた従来の選挙制度への疑義を提示してきた。第 2 に，ブルシ運動をはじめとするポスト・マハティール期の社会運動が街頭デモを繰り返したことで，街頭デモが意思表示や政治的言説の一部として一般市民のあいだにも認識されつつある。いいかえると，「街頭デモの日常化」が起こってこれまで選挙や政党政治に狭く限定されていたマレーシアの政治過程にデモという新たな手段が登場したといえる。

「日常化した街頭デモ」を前にして，1MDB スキャンダル発覚後のナジブ政権はもう一度デモが非日常である状態へ社会を戻そうとしている。2014年以降に相次いだ活動家の逮捕や本書第 4 章で示されたような抑圧的な法の再導入や強化は，時計の針をもう一度戻そうとするナジブ政権の意思を反映した動きである。

他方で「日常化した街頭デモ」は社会運動や活動家の側にも深刻な挑戦を

投げかけている。デモが「日常化」することで，ブルシ2デモやブルシ3デモのときのようにデモを起こすことそれ自体で人々を引き付けることが困難になりつつあるようにみえる。2016年のブルシ5デモの後に筆者は，都市中間層を中心にデモに対する一般の人々の飽きやデモ疲れが起こっているのではないかという見方をさまざまな人から聞いた。実際にブルシ5デモでは前年のブルシ4デモより動員数は大きく落ち込んでおり，そうした可能性が現実化しつつあることを否定できない。

　ブルシ運動のデモは，ブルシ1デモからブルシ3デモまでは一般の参加者も巻き込んで催涙弾や放水車が使用されたために警察の対応が批判されることになったが，ブルシ4デモ以降では警察は催涙弾や放水などを使わずにデモを平和裏に終わらせることに成功している。これは警察がデモの扱いに習熟しつつあることを示す一方で，運動の動員の観点からは政府や警察による抑圧への反発を掻き立てることで，人々の関心を集めたり，デモ参加者の団結を高めたりする手段が使えなくなりつつあることを意味しており，この面でもブルシ運動は挑戦を受けているとみることもできる。

　ブルシ運動の例が明らかにしているように，多数の参加者を長期にわたって動員してきた社会運動の目標や戦術には時期ごとにかなりの流動性があり，それに合わせて当該の運動に対峙する国家や対抗運動の方も目標や戦術を変化させていく。したがって，本章が執筆された2017年時点でも政治や社会が大きく変動し続けている状況下で運動の「説明」や「帰結」を解明しようとするならば，その後の継続的な情報収集と分析も欠かすことができない。ポスト・マハティール期に生み出された「日常化した街頭デモ」の状況がこれから先のマレーシアの政治と社会をいかに変えていくのか，さらにその変化がどのようなかたちで運動にフィードバックされて戻ってくるかについて，今後とも観察を続けていく必要がある。

〔注〕————————————————
(1)　bersih とはマレー語で清潔やクリーンという意味である。

(2)　マレーシアのイスラーム主義運動は国際的なイスラーム復興運動とも呼応しながら1970年代以降ダッワ（dakwah）運動として活性化してきた。ダッワ運動のなかでも過去に元副首相アンワルが率いて政権とも近い立場にあったマレーシア・イスラーム青年隊（ABIM）と，マハティール政権下の1994年に非合法化されたアルカム（Arqam）はマレーシアのイスラーム主義運動に大きな影響を与えてきた。

(3)　マレーシアの華語教育運動は長年，通称，董教總（Dong Jiao Zong）とも呼ばれるマレーシア華語学校連合委員会組合が担ってきた。華語学校の経営陣と教員から構成される董教總は，全国に60ある華語を教授言語とする中等教育機関の華文独立中学の維持を中心に活動してきた。

(4)　そうした NGO として現在でも活動が知られているもののなかには，人権NGO の SUARAM，環境 NGO のマレーシア環境の友，ペナン消費者協会や女性運動 NGO の AWAM などがある。

(5)　レフォルマシ運動は，アジア通貨危機後のマレーシアで当時のマハティール首相とアンワル副首相が経済政策や汚職，指導者の世代交代をめぐって対立して，後者が政府・与党から追放されるなかで起こった運動である。

(6)　アンワル逮捕後は彼の妻のワン・アジザが代表になり NGO のアディル（ADIL──公平）とその後継組織としての政党の国民公正党を結成した。

(7)　一般的にはティアン・チュアの名前で知られており，のちに PKR から選出される連邦下院議員となっている。

(8)　1999年総選挙では，UMNO が現有議席から17議席を減らしたのに対して，BN 内で華人政党といわれる MCA やグラカンはそれぞれ１議席だけの減少であった。

(9)　タンが主要紙や野党機関紙を通じて集めた結果から1998年から2004年にかけて首都圏の大通りで行われたデモの回数は，1998年が９月20日のデモから11月29日のデモまでで23回，1999年が１月５日のデモから９月25日のデモまでで13回，2000年が１月25日のデモから11月５日のデモで９回，2001年が２月17日のデモから７月15日のデモまでで5回，2003年と2004年に１回ずつのデモとなっている（Tan 2010, 49-53）。各デモの動員数については不明だが基本的には後の時期になるにつれて小規模となっていったと推測される。このデモの回数からは，レフォルマシ運動はアンワルが逮捕された1998年がもっとも活発で1999年になるとすでに勢いが失われ，９月末からは11月の総選挙でのキャンペーンに運動が回収されつつあったとみることができる。

(10)　フラッシュモブとは，ネット・メディアや口コミを通じて呼びかけた不特定多数の人と申し合わせのうえ，街頭や公共空間で前触れなく突然パフォーマンスを行う行為である。通常，このパフォーマンスは短時間のみ行われて，パフォーマンスの参加者は周囲の人々の関心を一瞬集めた後で何事もなかっ

たかのように解散する。

⑾　本章では，ブルシ運動の起こした5度のデモを，それぞれ回数に応じて「ブルシ1デモ」，「ブルシ2デモ」，「ブルシ3デモ」などと呼ぶことにしたい。

⑿　とはいえ，実質的にこの時期のブルシ2.0を代表したのはアンビガであり，ブルシ運動にとってサマッド・サイドはある種の象徴的な存在であった。

⒀　アンビガは2011年のデモ前に彼女が個人攻撃の対象となったときには「ブルシ運動とは個人に関するものでなく，私に関するものではない」と述べている。また，アンワルが「もし明日ナジブ首相が自由で公平な選挙を約束できるなら，私はアンビガに電話して彼女にデモを中止するようにいう」と述べたときに，アンビガは「彼（アンワル）が決めることでない」と警告したうえで，「私たち（ブルシ2.0）がデモ行進を決定しており，今後デモを行うか中止するかを決めるのは私たちだ」と述べている。このやり取りは，野党とNGOのどちらが運動を主導するのかの見解の相違が垣間見えた瞬間であった（Hazlan 2011）。

⒁　注13のアンビガの発言を参照。

⒂　活動家としての長いキャリアをもち，ブルシ運動にも深くかかわってきたヒシャムディン・ライスは，筆者とのインタビューのなかでアブドラ首相のことを「意図せざるゴルバチョフ」（Unintended Golvbachof）と称した。この言い方はアブドラ首相がマハティール元首相と比較して一般に「弱いリーダー」とみなされるなかで，NGOやその活動家たちがアブドラ首相とその政権を自らの活動を拡大する大きな機会であったと認識していたことを示している。

⒃　NGOの州政権における政策形成過程における関与は，たとえば，スランゴール州とペナン州で法制化された情報公開条例の法制定過程にみることができる。

⒄　たとえば，スランゴール州やペナン州が管轄するスタジアムや公共施設の使用が容易になったことひとつとってもNGOにとっては大きな前進である。

⒅　2016年のブルシ5デモで行進したLGBT団体の横断幕には「クィアは平等と選挙改革に向けて団結する」（QUEERS UNITED FOR EQUALITY AND ELECTORAL REFORM）と記されており，多様な団体がブルシ運動を選挙制度改革に限らない要求を表出するためのプラットフォームとして活用している一例としてみることができる。

⒆　2013年総選挙で野党DAPから初当選して現在は連邦下院議員となっている。

⒇　オンライン上でのブルシ運動でのデモ参加の呼びかけでは，事前にペットボトルの水，塩，タオルなどをデモに持ち込むことが推奨されてきた。塩は催涙弾の効果を中和するために使われる。

㉑　2012年のブルシ3デモでは，バイオリンを弾いてデモを盛り上げる「ブル

シおじさん」（Uncle Bersih）も登場し，デモ参加者のあいだやネット・メディアで話題になった。

⑵ RTM が流した広告は短いながらもマレーシアで一般に知られた俳優（Bell Ngasri と Ezany Nizariff）を使う本格的なものだった。内容はブルシ運動のパンフレットを受けとった俳優がデモの参加に興味をもつものの，別の俳優の示す海外での混乱を示す映像を前にブルシ運動のデモが汚いデモであるといってパンフレットを投げ捨てるシーンで終わる。

⑵ *Harakah Daily*, "RTM dicabar anjur debat iklan fitnah Bersih," July 1, 2011.

⑵ *Malaysiakini*, "Bersih crackdown: 59 PSM members arrested," June 25, 2011.

⑵ *Malaysiakini*, "Agong suggests restraint on Bersih issue," July 4, 2011.

⑵ *Malaysiakini*, "Bersih 2.0 accepts stadium offer for rally," July 5, 2011.

⑵ *Malaysiakini*, "PM gives nod to rally in stadium," July 5, 2011.

⑵ *Malaysiakini*, "Cabinet shoots down rally in KL stadium proposal," July 6, 2011.

⑵ *Malaysiakini*, "We WILL be at Stadium Merdeka on Saturday," July 6, 2011.

⑶ *Malaysiakini*, "Police, armed forces ready to control rally," July 5, 2011.

⑶ 『マレーシアキニ』以外にも，『ザ・マレーシアン・インサイダー』（*The Malaysian Insider*），『フリー・マレーシア・トゥデイ』（*Free Malaysia Today*）などが2011年の段階でネット・ニュースサイトとしてよく知られていた。

⑶ *Malaysiakini*, "MPs to get PSC electoral reforms report tomorrow," April 1, 2012.

⑶ *Malaysiakini*, "EC: Stipulations for voters abroad are 'reasonable'," January 27, 2013.

⑶ 大阪ブルシ運動の組織者のサトヤ・アルジュナン（Satya Arjunan）へのインタビュー。

⑶ 34カ国（地域）のなかには香港を含む。マレーシアを含めると35カ国である。

⑶ *The Star Online*, "Overseas Malaysians show solidarity with Bersih 5," November 20, 2016.

⑶ サトヤ・アルジュナン，東京ブルシ運動の組織者チー・リー（Chyi Lee），バンコク・ブルシ運動の組織者のスブトラ・ジャヤラジ（Subtra Jayaraj）らへのインタビュー。

⑶ 京都ブルシの組織者のブン・キアミン（Boon Kia Meng）へのインタビュー。

⑶ シンガポールの JBU 運動の活動家たちは，バスチケットのオンライン予約会社の Easibook.com に接触し，2013年総選挙期間中のマレーシア人のバス料金を特別価格で提供してもらうことに成功した。その結果，Easibook.com は選挙期間中に30％から40％の売り上げ増を見込むほどであった（*Malaysiakini*, "Singapore bus firms offer discount to GE13 voters," March 29, 2013）。

⑷　筆者が参与観察を行ったバンサー地区で行われたブルシ 5 デモでは，2016
年 8 月に実施された「MO1を捕まえろ」（Tangkap MO1）デモで使われた幟や
横断幕をもった学生主体の団体が先頭集団を形成して行進を先導していた。
MO1とは Malaysian Official 1の略でアメリカ司法省が1MDB スキャンダルの調
査レポートでナジブ首相を指して使った言葉である。

⑷　ブルシ 5 デモの後に人権推進連合（Proham）が主催したセミナー（2016年
11月25日）でブルシ2.0を代表したラマ・ラマンサン（Rama Ramanthan）によ
る発言。

〔参考文献〕

＜日本語文献＞

伊賀司　2007.「クリーンで公正な選挙への長い道のり─Bersih によるワーク
　　ショップから」『JAMS News』（39）　11月　40-43.

─── 2010.「マレーシアにおける華語紙をめぐる政治─MCA による『南洋商報』
　　買収事件に注目して」『アジア・アフリカ地域研究』10(1)　9 月　35-66.

─── 2011.「2011年の Bersih2.0は2007年の Bersih から何が変わったのか」『JAMS
　　News』（49）　7 月　15-17.

─── 2012.「マレーシアにおける与党政治とメディア─NSTP の企業再編とグ
　　ループ編集長人事に注目して」『国際協力論集』19(2)　1 月　39-57.

─── 2013.「2013年総選挙と社会運動─ブルシはマレーシア社会の何を変えたの
　　か」山本博之編『二大政党制は定着するのか─2013年マレーシア総選挙の
　　現地報告と分析』日本マレーシア学会　66-72.

─── 2016.「ポスト・マハティール期マレーシアにおける SNS の政治的影響力」
　　『国際協力論集』23(2)　1 月　85-108.

大畑裕嗣　2004.「モダニティの変容と社会運動」曽良中清司・長谷川公一・町村
　　敬志・樋口直人編『社会運動という公共空間─理論と方法のフロンティア』
　　成文堂　156-189.

重冨真一　2015.「社会運動は政治を変えるのか─社会運動のアウトカム研究レ
　　ビュー」重冨真一編『社会運動理論の再検討─予備的考察─』アジア経済
　　研究所　67-82.

ダヤーン，ダニエル，エリユ・カッツ　1996.　浅見克彦訳『メディア・イベント
　　─歴史をつくるメディア・セレモニー』青弓社.

タロー，シドニー　2006.　大畑裕嗣監訳『社会運動の力─集合行為の比較社会学』
　　彩流社.

濱西栄司　2006.「社会運動論の方法論的レパートリーの拡充─エスノメソドロ

ジー・構築主義・分析的括弧入れによる運動研究」『京都社会学年報』（14）12月 59-74.

巫坤達 2009.「メディア・イベント論の再構築」『応用社会学研究』（51） 3月 175-187.

＜外国語文献＞

Abdul Rahim Sabri. 2011. "Anything can happen on July 9, warns Perkasa." *Malaysiakini*, 19 June.（http://www.malaysiakini.com/news/167389 2017.1.31アクセス）.

Aeria, Andrew. 2012. "BERSIH! Expanding Democratic Space via Electoral Reform in Malaysia." In *From Unity to Multiplicities: Social Movement Transformation and Democratization in Asia,* edited by Hee-Yeon Cho, Andrew Aeria, and Songwoo Hur. Petaling Jaya: SIRD, 331-350.

Aidila Razak. 2011. "Hisham declares Bersih T-shirt illegal." *Malaysiakini*, 29 June.（http://www.malaysiakini.com/news/168332 2017.1.31アクセス）.

Aw, Nigel. 2011a. "Cops link parang, petrol bombs seizure to Bersih." *Malaysiakini*, 5 July.（http://www.malaysiakini.com/news/168946 2017.1.31アクセス）.

——— 2011b. "Najib's approval rating dips 6 points to 59%." *Malaysiakini*, 30 August.（https://www.malaysiakini.com/news/174384 2017.1.31アクセス）.

Benford, Robert D. and David A. Snow. 2000. "Framing Processes and Social Movements: An Overview and Assessments." *Annual Review of Sociology* 26: 611-639.

Bersih 2.0. 2007. "Bersih People's Gathering, 10 November 2007." (Press Release) 22 October.（https://www.bersih.org/bersih-mass-rally-10-november-2007/ 2017.1.31アクセス）.

——— 2011a. "Press statement: Launch of Perhimpunan BERSIH 2.0." 19 June.（https://www.bersih.org/press-statement-launch-of-perhimpunan-bersih-2-0/ 2017.1.31アクセス）.

——— 2011b. "Bersih Posters." 29 June.（http://www.bersih.org/bersih-posters/ 2017.1.31アクセス）.

——— 2012. "BERSIH 2.0: 8 TUNTUTAN." 12 April.（https://www.bersih.org/bersih-2-0-8-tuntutan/ 2017.1.31アクセス）.

——— 2015. "BERSIH 4: The Time Has Come." 29 July.（https://www.bersih.org/bersih-4-the-time-has-come/ 2017.1.31アクセス）.

——— 2016. "What is BERSIH 5: 5 demands for institutional reform." 14 September.（https://www.bersih.org/what-is-bersih-5-5-demands-for-institutional-reform/ 2017.1.31アクセス）.

Chua Sue-Ann. 2007. "Bersih-inspired protests held in other countries." *Malaysiakini*,

13 November.（http://malaysiakini.com/news/74706　2017.1.31アクセス）.

Da Huang Daddy. 2011. "Why daddy chose to stand with the crowd." *Malaysiakini*, 20 July.（https://www.malaysiakini.com/news/170457　2017.1.31アクセス）.

Gamson, W. A. 1992. "The Social Psychology of Collective Action." In *Frontiers in Social Movement Theory*, edited by Morris A. D. and Mueller C. M. New Heaven: Yale University Press, 53–76.

Global Bersih. 2012. "Global Bersih 3.0." 26 April.（https://www.globalbersih.org/global-bersih-3-0/　2017.1.31アクセス）.

Govindasamy, Anatha Raman. 2015. "Social movements in contemporary Malaysia: the case of BERSIH, HINDRAF, and Perkasa." In *Routledge Handbook of Contemporary Malaysia*, edited by Meredith L. Weiss. London and New York: Routledge, 116–126.

Hazlan Zakaria. 2011. "Anwar: I'll tell Ambiga to call off Bersih rally if..." *Malaysiakini*, 19 June.（http://www.malaysiakini.com/news/167392　2017.1.31アクセス）.

Khoo Boo Teik. 2003. *Beyond Mahathir: Malaysian Politics and its Discontents*. New York: Zed Books.

Khoo, Gaik Cheng. 2015. "Bersih dan Ubah: Citizenship rights, intergenerational togetherness, and multicultural unity in Malaysia." In *Worlding Multiculturalisms: The Politics of Inter-Asian Dwelling*, edited by Daniel P.S. Goh. London and New York: Routledge, 109–126.

Khoo, Ying Hooi. 2014. "Mobilization potential and democratization processes of the Coalition for Clean and Fair Elections (Bersih) in Malaysia: An interview with Hishamuddin Rais." *ASEAS* 7(1): 111–120.

——— 2016. "Malaysia's 13th General Elections and the Rise of Electoral Reform Movement." *Asian Politics & Policy* 8(3): 418–435.

Kuek Ser Kuang Keng. 2011. "Face the upshot if you rally, Hisham warns KJ." *Malaysiakini*, 17 June.（http://www.malaysiakini.com/news/167242　2017.1.31アクセス）.

Lee Way Loon. 2011. "TV, radio told to demonise Bersih rally." *Malaysiakini*, 1 July.（http://www.malaysiakini.com/news/168567　2017.1.31アクセス）.

Levitsky, Steven and Lucan A. Way. 2010. *Competitive Authoritarianism: Hybrid Regimes after the Cold War*. Cambridge: Cambridge University Press.

Marina Mahathir. 2011. "My Bersih 2.0 experience." *Malaysiakini*, July 11.（https://www.malaysiakini.com/news/169546　2017.1.31アクセス）.

Mohd. Asron Mustapha. 2011. "Komunis resapi Bersih." *Utusan Malaysia*, 28 June.

Reuters Institute for the Study of Journalism. 2016. "Reuters Institute Digital News Report 2016: Asia Pacific Supplementary Report."（https://reutersinstitute.politics.ox.ac.uk/sites/default/files/Reuters%20Institute%20Digital%20

News%20Report%202016%20-%20Asia-Pacific%20Supplementary%20Report.
pdf　2017.1.31アクセス).

Schedler, Andreas ed. 2006. *Electoral Authoritarianism: The Dynamics of Unfree Competition*. Boulder and London: Lynne Rienner Publications.

Snow, David A. and Robert D. Benford. 1992. "Master Frames and Cycles of Protest." In *Frontiers in Social Movement Theory*, edited by Aldon D. Morris and Carol M. Mueller. New Heaven: Yale University Press, 133-155.

Tan Lee Ooi. 2010. *Dinamik Ruang Siber dalam Gerakan Reformasi di Malaysia*. Bangi: Penerbit Universiti Kebangsaan Malaysia.

Tan, Nathaniel ed. 2011. *9 July 2011: What Really Happened*. Kuala Lumpur: Kinibook.

Weiss, Meredith L. 2006. *Protest and Possibilities: Civil Society and Coalitions for Political Change in Malaysia*. Stanford: Stanford University Press.

World Bank. 2011. *Malaysia Economic Monitor: Brain Drain*（http://siteresources. worldbank.org/INTMALAYSIA/Resources/324392-1303882224029/malaysia_ec_ monitor_apr2011_full.pdf　2017.1.31アクセス).

――― 2016. *World Development Indicators 2016*. Washington, D.C.: World Bank.

<新聞，インターネット・メディア>
Harakah Daily
Malaysiakini
New Straits Times
The Malaysian Insider
The Star Online
Utusan Malaysia

<インタビュー>＊すべてインタビュー当時の肩書
Anis Syafiqah Mohd Yusof（学生活動家）2016年11月26日，クアラルンプール
Boon Kia Meng（京都ブルシ運動の組織者）2017年1月8日，京都
Chyi Lee（東京ブルシ運動の組織者）2012年11月16日，ペナン
Fadiah Nadwa Fikri（ブルシ2.0運営委員）2016年11月22日，クアラルンプール
Liew Chin Tong（連邦下院議員）2012年8月15日，クアラルンプール
Maria Chin Abdullah（ブルシ2.0運営委員）2012年8月17日，プタリンジャヤ
Mandeep Singh（ブルシ2.0事務局長）2016年11月17日，プタリンジャヤ
Hishamuddin Rais（ブルシ2.0運営委員）2012年8月24日，クアラルンプール
Satya Arjunan（大阪ブルシ運動の組織者）2012年11月12日，大阪
Subtra Jayaraj（バンコク・ブルシ運動の組織者）2012年3月8日，バンコク
Toh Kin Woon（ブルシ2.0運営委員）2013年8月13日，ペナン

第II部

経済篇

第6章

ポスト・マハティール期の経済概観

——高所得国入り目前も構造改革に遅れ——

熊 谷 聡

はじめに

本章は，第Ⅱ部経済篇の総論として，ポスト・マハティール期のマレーシア経済についてマハティール期と比較しながら，その特徴を明らかにする。

マレーシアの経済に関する分析を念頭に時代区分を行う際に問題となるのは，1997〜1998年に発生したアジア通貨危機の取り扱いである。アジア通貨危機への対応として，1998年9月に固定為替制度が導入されてから2005年7月に解除されるまでの期間は，マレーシア経済にとって，さまざまな意味で特異な時期であったといえる。マハティール期最後の5年間（1998〜2003年）は，アジア通貨危機で毀損した国内金融システムの健全性回復と，企業部門の債務問題解決に注力せざるをえなかった。アブドラ政権の初期にも，おもに低い投資率（国内投資の対 GDP 比率）というかたちでアジア通貨危機の実体経済への影響が残った。そこで，本章では以下のように時代区分を設定し，マクロ経済指標や経済政策の特徴を分析する[1]。

・マハティール期：1981〜1997年
・アジア通貨危機期：1998〜2004年
・ポスト・マハティール期：2005年以降

　マレーシア経済を上記の区分でみると，いくつかの対照的な特徴が現れてくる。マハティール期は外資中心・輸出中心の経済であり，ポスト・マハティール期は国内資本中心・内需中心の経済であった。また，マハティール期は工業化の時代であり，ポスト・マハティール期は資源価格の高騰にも支えられた脱工業化の時代と特徴づけることができる。さらに，マハティール期のブミプトラ政策は，公企業や公営事業の民営化を手段としたブミプトラ企業家の育成を特徴としており，ポスト・マハティール期のそれは政府関連企業（GLC）を中心に据えたものになっている。

　本章は以下のように構成される。第1節では，マクロ経済指標を中心に各期間のマレーシア経済について概観するとともに，2010年代に大きくとりあげられることになった「中所得国の罠」の議論をマレーシアとの関係において整理する。第2節では，貿易構造のデータからポスト・マハティール期の一次産品関連産業の拡大について分析するとともに，マレーシア経済の成長の牽引役が輸出から内需へ移ったことを示す。第3節ではマレーシア政府の経済政策について，ブミプトラ政策の手法の変化と，成長重視から分配重視への変化という2つの視点で整理する。第4節では，ポスト・マハティール期のマレーシア経済が抱える課題について議論する。

第1節　経済成長の軌跡

1．順調な成長を続けるマレーシア経済

　マレーシアの一人当たり所得は，2012年に1万200ドル（名目米ドル，Atlas方式）となり，初めて1万ドルを突破した。2015年時点では1万570ドル（同）となり，世界銀行による分類では上位中所得国に相当する。マレーシアの所得水準は，ASEAN諸国のなかではシンガポール（5万2090ドル），ブルネイ（3万8520ドル）に次いで高い[2]。2015年時点でのマレーシアの一人当

たり名目所得は，米国の19.2％，世界の平均所得の101.3％であった。1997年時点では，4570ドル，米国の14.6％，世界の平均所得の83.1％であったから，世界のなかでの相対的な所得水準は上昇してきている。

マレーシアの実質GDP成長率をマハティール期，アジア通貨危機期，ポスト・マハティール期について平均でみると，それぞれ7.3％，3.6％，4.9％となっている。マハティール期は年率7％の高度成長期，ポスト・マハティール期は年率5％の安定成長期と呼ぶことができよう。10年ごとの年平均成長率をみても，5.8％（1980年代），7.1％（1990年代），4.7％（2000年代），5.6％（2010年代）となっている。1990年代はたしかに高度成長期であったが，2000年代以降も極端な成長率の低下はみられない。

1980年代以降，マレーシア経済がマイナス成長を記録したのは，1985年，1998年，2009年の3度しかなく，成長率が1％を切った2001年を加えても不況と呼べる時期は4度しかない。これらの不況は，いずれも国内要因よりも世界経済の変調に影響を受けたものである。マレーシア経済の規模が世界経

図6-1 マレーシアの経済成長率の推移（1981～2015年）

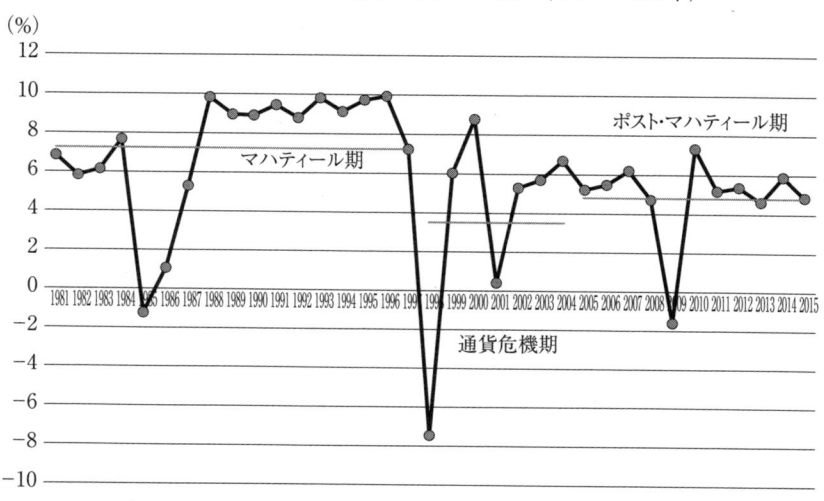

（出所）World Development Indicators 等から筆者作成。

済のなかでは小さく，貿易依存度が高いために外的要因の影響を受けやすいという「小国開放経済」の特徴がここに現れている[3]。

2．中所得国の罠とマレーシア経済

　中所得国の輸出産業が，価格競争力では発展途上国に劣り，技術力では先進国に及ばないために国際競争力を失って経済が停滞するという「中所得国の罠」の概念は，2010年代の東アジア経済を論じる際のひとつのキーワードとなっている。2010年にナジブ政権が発表した新経済モデル（NEM）のなかで，その策定を主導した国家経済諮問評議会（NEAC）は，マレーシアは中所得国の罠に捕らわれている，と自ら認めている（NEAC 2010, 59）。

　しかし，中所得国の罠にはさまざまな定義があり，マレーシアがそれに陥っているかどうかには議論の余地がある。Felipe（2012）は過去に各国が何年間で中所得国のステージを「卒業」したかを計算し，平均以上の年数を要している国を「中所得国の罠」に捕らわれていると定義した。具体的には，下位中所得国の場合，上位中所得国への移行に28年以上（一人当たり所得の成長率が年平均4.7％未満）要した場合，また，上位中所得国の場合，高所得国への移行に14年以上（同3.5％未満）要した場合，中所得国の罠に捕らわれていると定義される[4]。この定義に従えば，マレーシアはフィリピン，スリランカとともに東アジアの中所得国のなかで，罠に捕らわれている3カ国に数えられる。マレーシアは2010年時点で，上位中所得国のカテゴリーにすでに15年間とどまっていたためである。

　このような定義は，中所得国の罠の議論をより明確なものにするためには有効である。しかし，Felipe（2012）の定義も完全なものではない。この定義では，長期間成長率が低く，一人当たり所得水準が横ばいまたは低下している明らかな低成長国と，持続的な経済成長を達成しているにもかかわらず，その平均的な成長率が過去の高成長国の平均をやや下回っているマレーシアのような国を区別できない[5]。

図6-2　マレーシアの所得水準（1989～2015年）

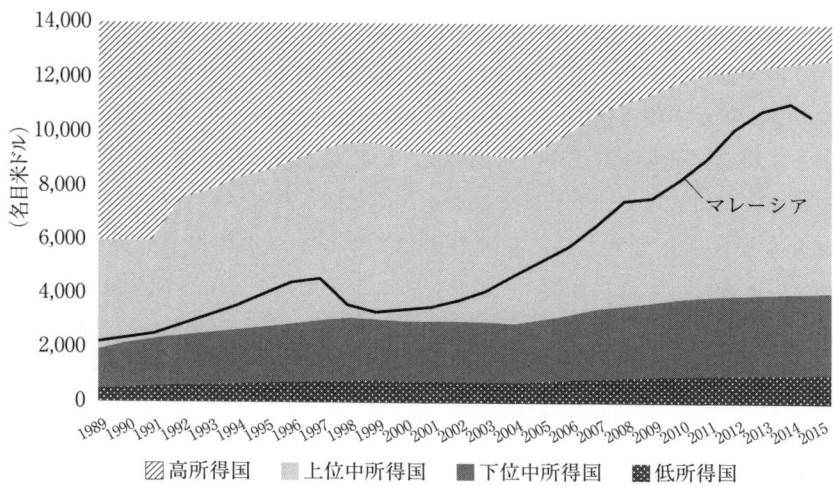

（出所）　World Development Indicators 等から筆者作成。

　図6-2は，マレーシアの一人当たり所得（GNI）の推移を，各時点での世界銀行の所得カテゴリーと重ね合わせて描いたものである。マレーシアの一人当たり所得は，世界銀行が定める高所得国の下限に対して1996年には50％の水準に達していた。しかし，1997年のアジア通貨危機による経済のマイナス成長とマレーシア・リンギの対ドルでの大幅な下落が重なり，1999年には35％の水準にまで後退した。2000年代に入るとマレーシアの一人当たり所得はおおむね順調に成長し，2014年には高所得国の下限に対して88％の水準にまで到達した。世界銀行の基準でみれば，2000年代以降のマレーシアは，順調に高所得国入りに向けて成長を続けていたことになる。

　ナジブ政権は2010年に発表した NEM のなかで，マハティール首相が1991年に発表したビジョン2020（2020年までに先進国入りすることをめざす国家目標）を継承するかたちで，2020年までに一人当たり名目所得で1万5000ドル以上を達成することを目標に掲げた。2016年8月にマレーシア首相府・業績管理・実施局のイドリス・ジャラ CEO は「マレーシアは中所得国の罠を脱

した」との見方を示すとともに，その根拠として世界銀行が定める高所得国の下限である1万2276ドルに，あと15％まで接近していることを挙げた[6]。

このように，マレーシアが今後，いつ高所得国入りできるのか，あるいはマレーシアが中所得国の罠に捕らわれているか否かは，その定義次第ということになる。そもそも「中所得国の罠」の議論が統一的な定義や明確な経済理論を背景にもっているわけではなく，罠に捕らわれているか否かの二元論は大きな意味をもたない。重要なのは，マレーシアの経済成長率はマハティール期には平均して年7％前後，ポスト・マハティール期には平均して年5％前後で推移してきており，これは，アジアNIEsを除けば，同時代の同程度の所得の国々と比較して，低いものではなかったという事実である。世界銀行の基準に準拠するならば，世界経済に大きな混乱がなければ，マレーシアは遅くとも2020年代前半には先進国入りすることがほぼ確実で，もし，マレーシア・リンギがドルに対して上昇するならば，その時期はさらに早まることになる。

第2節　変化する経済構造

本節では，貿易構造や経済の需要構造からポスト・マハティール期のマレーシア経済の構造変化をみていく。ポストマハティール期のマレーシア経済の2つの特徴は，一次産品関連産業の拡大と，経済成長が外需主導から内需主導へと切り替わったことことである。

1．一次産品関連輸出の再拡大

マレーシア経済は，マハティール期前半に，ごく短期間で一次産品輸出国から製造業品輸出国へと変貌を遂げた。図6-3はマレーシアの輸出を，①5大一次産品（原油，天然ガス，パームオイル，ゴム，木材），②その他一次産品，

③一次産品関連製品，④電子・電機製品，⑤その他製造業品，に分類して，
輸出に占める割合の変化をみたものである。

　1981年時点で，マレーシアの輸出に占める一次産品・同関連製品の割合は
70％を超えていた。1989年には，それが初めて50％を割り込み，1997年には
約20％にまで低下した。15年あまりのあいだに，輸出に占める一次産品・同
関連製品の割合と，それ以外の製造業品の割合が完全に逆転したことになる。
その背景には，1985年のプラザ合意を契機とする円高を好機として，マレー
シア政府が海外直接投資を積極的に誘致し，輸出指向の工業化を加速したこ
とがある。

　アジア通貨危機期には，マレーシアの輸出に占める一次産品関連以外の製
造業品の割合は80％を超えた。これは，製品の価格競争力を高める大幅なリ
ンギ安にも後押しされたものである。マレーシアの製造業品の輸出を牽引し
てきたのは電子・電機製品であり，2000年にはマレーシアの輸出の過半を占

図6-3　輸出に占める各製品の割合（1978〜2015年）

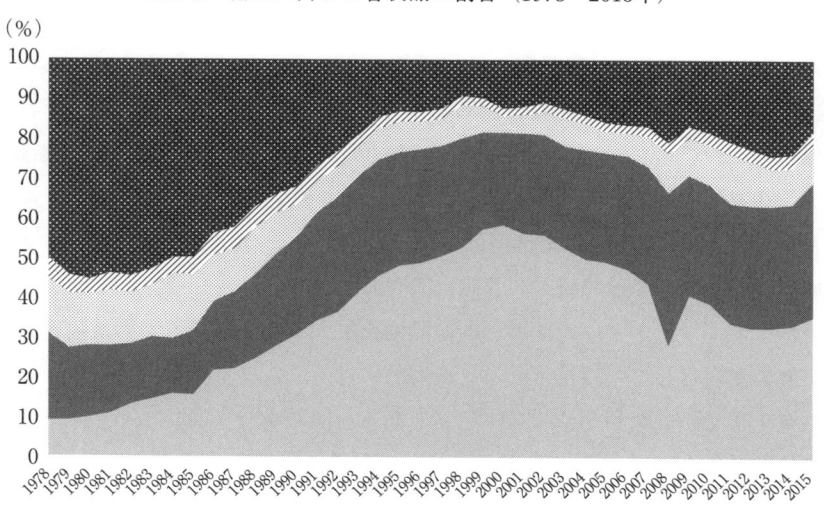

（出所）　UNCOMTRADE データベースより筆者作成。

めた。しかし，2001年の米国のITバブルの崩壊の影響を受けて電子・電機製品が輸出に占める割合は低下しはじめ，あわせて製造業品全体の輸出に占める割合も低下を始める。

　ポスト・マハティール期に入ると世界的な資源価格の上昇が顕著になる。1998年には原油価格（ブレント）は年平均で1バレル＝13ドル前後だったが，2005年には50ドルを超え，2008年には100ドル近くにまで高騰した。1998年には5大一次産品が輸出に占める割合は1割を切っていたが，2013年には輸出の約4分の1にまで回復，一次産品関連製品と合わせると輸出の3分の1を上回った。これは，同時点で，電子・電機製品が輸出に占める割合をわずかながら上回っている[7]。

　マレーシアの輸出は，マハティール期初頭には一次産品に依存し，マハティール期後半には電子・電機製品に強く依存していた。それが，ポスト・マハティール期には，一次産品・同関連製品，電子・電機製品，その他の製造業品が，それぞれ輸出の3分の1ずつを占めるバランスのとれた構造に変容を遂げた。

　ポスト・マハティール期には一次産品部門の経済活動に占めるシェアも拡大した。表6-1は産業部門別の付加価値と雇用者数を示したものである。一次産業の付加価値が全産業に占める割合は，1980年の23.9％から1995年には13.4％にまで低下したが，2010年には14.9％に拡大した。なかでも鉱業部門は，1995年の4.4％から2010年には7.7％にまで拡大している。一方で，雇用者数についてみると，鉱業部門は2010年時点でもその0.4％を占めるにすぎず，雇用吸収力の点では経済への貢献は限られている。

　ポスト・マハティール期の一次産品輸出拡大は，マレーシアの地場企業の業態の変容としても観察される。典型的には，ブミプトラ系では数少ない製造業企業であったサプラ・グループである。同グループは，マハティール期には電話機器の製造などを中心に行っており，1990年代中盤からはIT部門にも進出していた。同グループはポスト・マハティール期になると石油業界に進出し，M&Aによって誕生したサプラ・クンチャナ石油は世界20カ国以

表6-1　産業別雇用者数・付加価値の推移

	1980		1995		2010	
	雇用者数	付加価値*	雇用者数	付加価値	雇用者数	付加価値
1次産業	1,991 (35.2%)	14,676 (23.9%)	1,429 (13.2%)	42,673 (13.4%)	1,672 (11.3%)	172,675 (14.9%)
うち鉱業	80 (1.4%)	4,487 (7.3%)	41 (0.4%)	13,864 (4.4%)	57 (0.4%)	89,793 (7.7%)
2次産業	1,025 (18.1%)	10,998 (17.9%)	2,711 (25.0%)	72,431 (22.8%)	3,191 (21.5%)	220,706 (19.0%)
うち製造業	755 (13.4%)	8,932 (14.5%)	2,052 (18.9%)	58,684 (18.5%)	2,109 (14.2%)	192,493 (16.6%)
3次産業	1,142 (20.2%)	17,836 (29.0%)	3,735 (34.5%)	112,774 (35.5%)	7,036 (47.4%)	420,382 (36.2%)
うち政府サービス	658 (11.6%)	4,563 (7.4%)	872 (8.0%)	17,216 (5.4%)	788 (5.3%)	64,359 (5.5%)
合　計	5,652	61,492	10,839	317,642	14,853	1,160,408

（出所）　Economic Report 1985/86および統計局ウェブサイト掲載 Time Series データより作成。
（注）　雇用者数は1,000人単位，付加価値は100万リンギ単位。1980年の付加価値は1978年価格の実質額。その他は名目額。

上で操業する大手石油・ガス採掘サービス企業となっている。華人系企業でも，トップ・グローブ社が世界最大のゴム手袋製造企業になるなど，資源利用型産業の躍進が目立つ。

2.　外需から内需へ

ポスト・マハティール期のマレーシア経済のもう一つの特徴は，内需の拡大である。マハティール期のマレーシア経済を牽引したのは外需であった。とくに，1985年のプラザ合意にともなう円高以降，日系企業をはじめとした輸出指向の多国籍企業がマレーシアに進出して輸出拡大に貢献した。マレーシアの輸出依存度（輸出額/GDP）は，1981年の52.5％から1997年には93.3％にまで高まり，通貨危機直後の1999年には121.3％に達した。しかし，ポスト・マハティール期には輸出の伸びは鈍化傾向にあり，2015年の輸出依存度は1980年代末と同水準の71.0％にまで低下している。

表6-2は，マレーシアの経済成長率に対する需要項目別の寄与度[8]を各期間について平均で示したものである。消費・投資・輸出の経済成長率への寄与度を示すことで，何がマレーシアの経済成長を牽引してきたのかがわかる。

表6-2　各需要項目の期間別平均寄与度

期　　間	政府消費	民間消費	在庫	投資	純輸出	実質 GDP 成長率
1981-2015	0.8%	2.9%	0.0%	1.9%	0.2%	5.8%
1981-1997	0.8%	3.0%	0.0%	3.8%	-0.3%	7.3%
1998-2004	0.9%	1.9%	0.2%	-2.2%	2.9%	3.7%
2005-2015	0.8%	3.4%	-0.1%	1.6%	-0.7%	4.9%

（出所）　Monthly Statistiscal Bulletin 等から筆者作成。

1981年から2015年までの平均寄与度は，民間消費が2.9％，投資が1.9％，政府消費が0.8％となる。一方で，純輸出（輸出−輸入）の寄与度はわずか0.2％となり，数字上はほとんど経済成長に貢献していないことになる。期間別でも純輸出の寄与度は通貨危機期にのみプラス，それ以外はマイナスとなり，「輸出指向工業化による経済成長」という一般的な認識と合致しない。

　寄与度の計算における純輸出の概念の問題点は，輸入を誘発するのは輸出だけであると解釈せざるをえない点である。純輸出は定義上，輸出額から輸入額がすべて差し引かれている。これは，輸入財のすべてが輸出財の生産に投入されているならば正しい。しかし，実際には消費や投資も輸入を誘発するため，本来は，消費額や投資額からも，それぞれが誘発した輸入額を差し引き，どれだけ国内の付加価値を押し上げたかを計算する必要がある[9]。輸入額を消費・投資・輸出に正しく按分するためには，それぞれがどの程度輸入を誘発するかを知る必要があるが，ここでは，産業連関表を用いて需要項目別の輸入誘発係数を計算し，寄与度に修正を加えた。図6-4は修正した需要項目別の寄与度を示したものである。

　この修正寄与度でみると，マハティール期については，輸出が多くの年で最大の寄与度を示しており[10]，1990年代に入ると投資の寄与度も大きくなる。マハティール期の修正寄与度の平均は，輸出が4.9％，民間消費が1.1％，投資が0.8％，政府消費が0.5％となる（表6-3）。

　アジア通貨危機期には，投資の寄与度はおおむねマイナスで推移する。1998年に投資の寄与度がマイナス5.0％となったのをはじめ，通貨危機から

図6-4　マレーシアの経済成長への需要項目別修正寄与度（1981〜2015年）

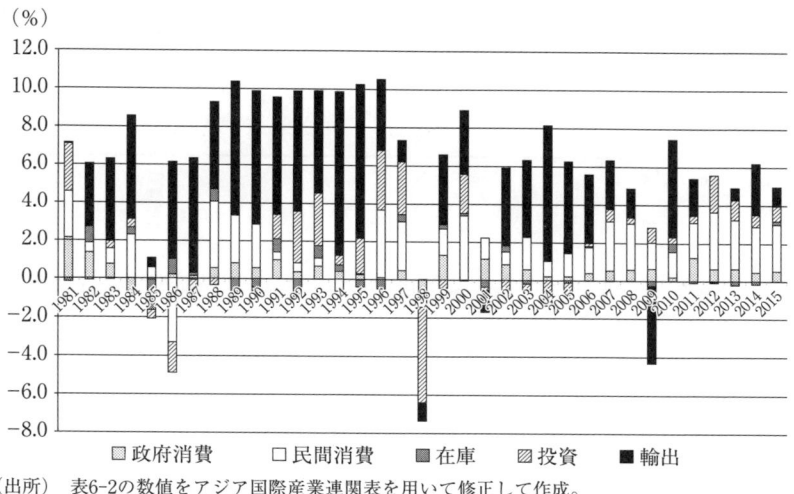

（出所）　表6-2の数値をアジア国際産業連関表を用いて修正して作成。

の回復期の2000年を除いてすべての年で寄与度がマイナスとなっている。投資の寄与度がプラスに転じるのは2006年であり，通貨危機の影響がポスト・マハティール期当初まで残っていたことが読み取れる。通貨危機期の修正寄与度の平均は，輸出が2.9％，民間消費が1.2％，政府消費が0.5％，投資がマイナス0.8％となる。

　ポスト・マハティール期には，輸出の寄与度が全般に低下する一方で，民間消費の寄与度が高まっていく。投資についてもアジア通貨危機の影響を脱し，寄与度はプラスで推移している。ポスト・マハティール期の修正寄与度の平均は，民間消費が2.1％，輸出が1.8％，投資が0.6％，政府消費が0.5％となり，民間消費が輸出を逆転する。

　このように修正寄与度による分析では，マレーシア経済の成長のエンジンが，マハティール期とポスト・マハティール期で異なることが明確になる。マハティール期には期間を通じて輸出が経済を牽引し，1990年代には投資が成長のエンジンに加わったことが読み取れる。ポスト・マハティール期の前

236

表6-3　各需要項目の期間別平均修正寄与度

期　間	政府消費	民間消費	在庫	投資	純輸出	実質GDP成長率
1981-2015	0.5%	1.4%	0.0%	0.4%	3.5%	5.8%
1981-1997	0.5%	1.1%	0.0%	0.8%	4.9%	7.3%
1998-2004	0.5%	1.2%	0.0%	-0.8%	2.9%	3.7%
2005-2015	0.5%	2.1%	0.0%	0.6%	1.8%	4.9%

（出所）図6-4に同じ。

半は，輸出の寄与度が高いものの，後半になるにつれ民間消費が経済成長を牽引する構造が明確になっている。

　なお，絶対的な水準でみると，マレーシアの貿易依存度は2015年時点で134％となっており，これはASEANではシンガポール（326％），ベトナム（179％）に次ぎ，世界でも10番目に高い[11]。ポスト・マハティール期のマレーシア経済はマハティール期との比較において内需の重要性が高まったといえるが，マレーシアが世界有数の「開放経済」であることは変わってない。

3．経常収支黒字国への転換

　国際収支の面からみたポスト・マハティール期の特徴は，アジア通貨危機を境に経常収支が赤字基調から黒字基調へ転換したこと，また，海外直接投資（FDI）の純受入国から純送出国へと転換したことである。図6-5はマレーシアの国際収支の推移を名目ドル・GDP比で示したものである[12]。なお，金融収支については直感的な理解が容易になるように正負を反転して示している[13]。

　図6-6はマレーシアの経常収支の推移を，財貿易収支，サービス貿易収支，所得収支に分解して示したものである。マハティール期には財貿易収支はおおむね黒字であったものの，サービス収支と所得収支の赤字が大きいために，経常収支全体は1980年代後半の一時期を除いて赤字基調で推移していた。一方，アジア通貨危機以降は財貿易収支の黒字幅が大幅に拡大し，その後，

図6-5　マレーシアの国際収支の推移（1981〜2015年，5 年移動平均）

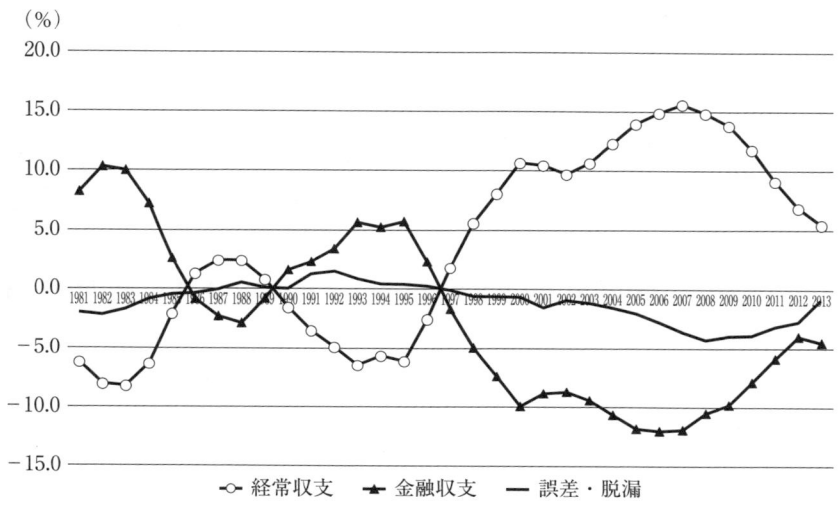

（出所）World Development Indicators より筆者作成。

図6-6　マレーシアの経常収支の推移（1981〜2015年）

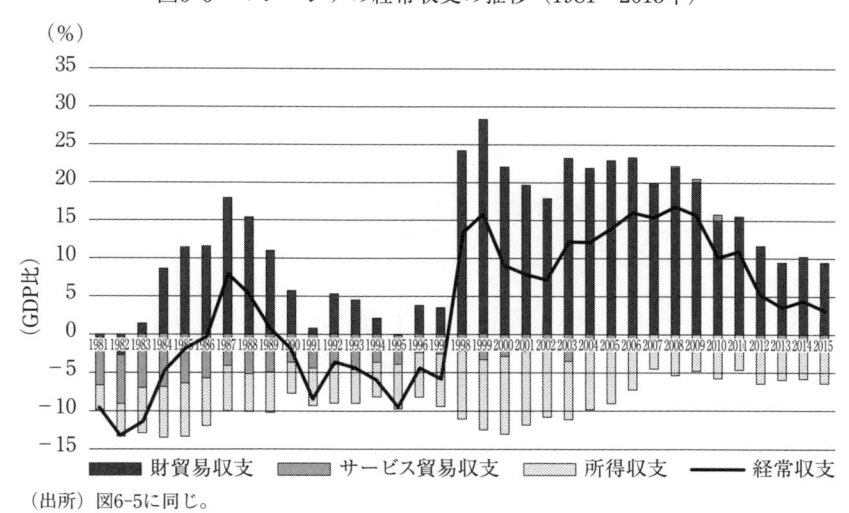

（出所）図6-5に同じ。

サービス貿易収支・所得収支の赤字幅も縮小したため，経常収支は全体として大幅な黒字で推移している[14]。

図6-7はマレーシアの金融収支の推移を示したものである[15]。FDI については，マハティール期は純流入が続き，ポスト・マハティール期には純流出に転じている。外貨準備については，1992〜1993年，固定為替制度を導入した1998年，固定為替制度解除前の2003〜2004年，および2011年に大きく増加している（外貨準備増はグラフでは負の方向[16]）。これは，リンギ高を防止するためのドル買い介入の結果と推測することができる。ポートフォリオ投資を含むその他金融収支は通貨危機前は純流入で推移し，その後，純流出で推移している。これは，通貨危機前については，外国からの短期の投資流入によるもの，通貨危機後は短期投資の流出＝外資によるマレーシア国内資産の売却およびマレーシア資本の海外金融資産の取得によるものと推測できる。

2000年代後半にマレーシアが FDI の純送出国に転じたのは，海外からの投資の流入が減少したためではなく，マレーシアから海外への投資が増加し

図6-7　マレーシアの金融収支の推移（1981〜2015年）

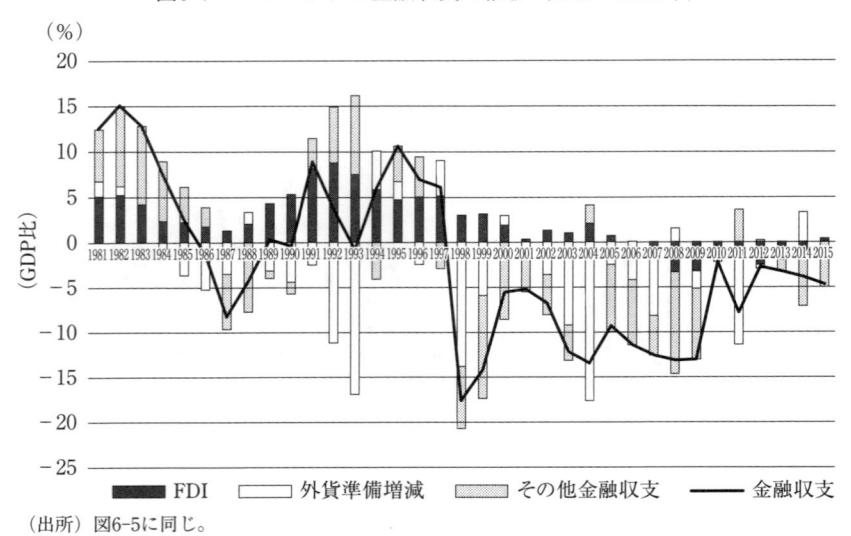

（出所）図6-5に同じ。

たためである。マレーシアからの直接投資の主体としては，カザナ・ナショナル社など政府系の投資会社による海外投資，国有石油会社ペトロナスの積極的な海外展開に代表される政府系企業の海外展開がある。また，民間企業についてもポスト・マハティール期には海外展開が活発化している。日本からアジアへの直接投資に代表されるように，海外への直接投資は一般的には，ある国が高所得国の段階に達した際に活発化する。マレーシアは中所得国の段階にありながら，例外的に海外への直接投資が活発である。こうしたマレーシア企業の海外展開については，本書第8章（川端論文）で詳しく論じられている。

第3節　ポスト・マハティール期の経済政策

　マハティール期とポスト・マハティール期のマレーシア政府の経済政策は，大きく2点において異なっている。ひとつはブミプトラ政策[17]の手法であり，もう一つは政府が目標とする成長と分配のバランスである。本節では，この2点について概観する。

1．ブミプトラ企業家育成から GLC 重視へ

　1957年の独立以来，マレーシア政府にとって，人口の過半を占めるブミプトラ（マレー系にサバ・サラワク両州中心とした先住民族を含めた総称）と，経済活動の中心を占めている華人の融和を図ることは，つねに優先順位の高い課題であった。しかし，初代首相トゥンク・アブドゥル・ラーマンのもとでは民族融和を優先して自由放任主義的な経済政策を採用したため，この課題に対して十分に対処できなかった（小野沢 2012, 9）。その結果，1969年5月13日，直前の総選挙および州議会選挙で華人系政党が躍進したことを直接のきっかけとして，クアラルンプールでマレー系と華人系住民の衝突（5.13事

件）が発生，200人以上の死者を出すに至る。この事件によって，民族間の亀裂は決定的になった。

　1971年，第2代首相アブドゥル・ラザクは民族間の経済格差に対する抜本的な対策として新経済政策（NEP）を発表する。NEP の目標は，①民族を問わない貧困撲滅，②特定の民族と特定の経済活動の結び付きを解消することをめざした社会の再編，の2点である。以降，ブミプトラの経済活動への参加をいかにして実現するかがマレーシア政府にとっての課題となってきた。

　マハティール期のブミプトラの政策の中心は，ブミプトラ企業家への公企業の払い下げや公営事業の BOT 等を通じた有力企業グループの育成であった。公企業や公営事業の受け皿として，おもにマハティール首相，アンワル副首相・財務相（1991〜1998年），ダイム財務相の三者に近いとされる企業家が選定され，公企業の払い下げや公営事業の建設・運営を受注することで，1990年代前半から中盤にかけて企業グループを急拡大させていった（Gomez and Jomo 1999）。

　1997年秋，アジア通貨・金融危機の影響がマレーシアに及ぶと，金利の引き上げと株価の下落に実体経済の悪化が加わり，主要なブミプトラ企業グループは軒並み経営危機に陥る。マハティール首相との政治的・政策的対立からアンワル副首相兼財務相は解任され，首相自らが財務相を兼任，2003年10月に退任するまで務めた。2000年5月から首相の経済顧問を務めたノル・モハメドの主導で，債務危機にある企業の経営陣に若いプロフェッショナル経営者がつぎつぎと送り込まれ，ダイム財務相に近いとされた企業家が排除されていった（PCG 2015b, 41-49）。その後，企業組織や資本構造を大きく変えて債務を削減する本質的なリストラが開始され，その多くが政府関連企業（GLC）として再出発している。

　アブドラ政権下では，GLC の「再民営化」は中核事業外の資産売却を除いて活発ではなく[18]，その代わりに，政府が資本を保有したまま経営を改善する政策が採用された。2004年にはじまった GLC 改革プログラムは2015年まで続き，この間，GLC 主要20社（G20）の時価総額は2.9倍の3860億リンギ

に，純利益は年率平均10.2％で成長して262億リンギとなった（PCG 2015a, 9）。

　ブミプトラ政策の手法が，マハティール期の政権与党に近い企業家に対する公企業払い下げから，ポストマハティール期のGLCを中心としたものに大きく変わったことは，マレーシア経済にさまざまな影響を与えている。こうした方向性はブミプトラ政策の継続を前提とするならば，おおむね最善の策といえるが，いくつかの課題も残る。この点については，本書第7章（熊谷論文）で詳しく検討する。

2．成長重視から分配重視へ

　ポスト・マハティール期の経済政策の2つめの特徴は，成長を重視する政策から分配を重視する政策への転換である。マレーシアの経済政策は伝統的に成長と分配の両方をめざしてきた。しかし，各時代によって成長と分配のどちらをより重視するかが変化してきた。マハティール期には経済成長がより重視され，経済格差の問題は，もっぱら民族間の経済格差，あるいは，NEPの二大目標のひとつである「貧困削減」との関連で，「貧困」問題としてとらえられてきた。これが，ポスト・マハティール期には明確に民族間以外の経済格差が政策課題として認識されるようになった。

　2006年にアブドラ政権下で発表された第9次マレーシア計画（2006-2010）（以下9MP）のなかでは，2020年に向けた「ナショナル・ミッション」のひとつとして，「建設的・生産的な方法で長引く社会経済的な格差に対処すること」が打ち出された（Malaysia 2006, 16）。9MPでは，「民族間」の格差のみならず，「民族内」の格差や「都市と農村」の格差に対処する必要性が示されている。同時に，地理的な経済格差への対応として，地方中核都市やイスカンダル地域の開発が打ち出された（梅﨑・中村 2007, 343）。

　2009年にナジブ政権が発足すると，翌2010年に発表されたNEMにおける経済成長の3つの目標として「高成長」（high growth），「持続性」（sustainability），に加えて，所得格差の縮小をめざす「包摂性」（inclusiveness）が掲げ

られた（NEAC 2010, 35）。具体的には，所得下位40％（B40）に対する支援を強化する方向性が「市場適合的なアファーマティブ・アクション」として打ち出された（NEAC 2010, 149-162）。

　第10次マレーシア計画（2011-2015）（10MP）期間中にB40に対する支援政策として具体化したもののひとつが，ワン・マレーシア国民支援（BR1M）と呼ばれる所得階層を限定した国民への直接給付金の導入と，長く議論されてきた最低賃金制度の導入である。2012年から導入されたBR1Mは，月収3000リンギ未満の世帯に年500リンギの現金が給付されるもので，全世帯の53％にあたる340万世帯に受給資格があると発表された。BR1Mは毎年拡充され，2017年には年収3000リンギ未満の世帯には年1200リンギ，年収3000リンギから4000リンギの世帯にも年900リンギが支給されるようになっている。

　B40への支援と関連するもう一つの政策は，最低賃金の設定である。2013年1月（従業員5人以下の企業については2013年7月1日）から最低賃金法が施行され，マレー半島部については900リンギ/月，サバ・サラワク両州とラブアンについては800リンギ/月となった。その後，最低賃金は2016年7月から半島部が1000リンギ/月，サバ・サラワク両州とラブアンが920リンギ/月に改定されている。

　2015年に発表された第11次マレーシア計画（2016-2020）（以下11MP）では「成長を人々の手に」（Anchoring Growth on People）という副題が掲げられ，分配重視の方針がさらに明確にされた。序文のなかで，ナジブ首相は11MPが「不釣り合いなまでに人民（Rakyat）に焦点を当てたものである」（Malaysia 2015, i）と宣言してる。包摂性の向上を掲げてB40の所得や厚生を引き上げる政策を打ち出し，「すべての人の福祉の改善」と題して医療・住宅・安全などの社会福祉政策が提示されている。これまでの5カ年計画でも，所得の再分配や社会福祉などは重要なテーマではあったが，11MPは，マレーシア政府が，経済成長よりも配分を優先する姿勢に完全に転換したかのような印象を与えるものとなっている[19]。

　11MPの分配重視は地理的な側面にも及ぶ。たとえば，インフラ整備が遅

れている農村部にまで，電力，水道，道路，インターネットなどを整備する
ことを掲げ，すでにスタートしている5つの経済回廊の開発促進も引き続き
進めることになっている。そこに，クアラルンプール，ジョホールバル，ク
チン，コタキナバルの4都市の開発が加わる。11MPにおける地域開発は，
それ以前と比べてより重層的なものになっている。このような，ポスト・マ
ハティール期の地方開発政策については，第10章（梅﨑論文）で詳しく検討
されている。

第4節　マレーシア経済の課題

　本節では，安定的に成長しているようにみえるマレーシア経済にとっての
潜在的なリスクを5つ挙げて検討を加える。すなわち，①外国人労働者への
依存，②経済への政治介入，③原油安とリンギ安，④経済格差，⑤産業構造
に関する懸念，である。

1．外国人労働者への依存

　マレーシアでは，1980年代後半に工業化が本格化して以降，慢性的な労働
力不足が続いてきた。1986年に7.4％に達した失業率は，その後急速に低下
して1993年に4.1％を記録したのを最後に，現在まで2～3％台で推移して
いる。
　マレーシアの労働力不足の第1の原因は，マレーシアの人口が周辺国に比
較しても少ないことである[20]。マレーシアの人口は，2013年に3000万人に達
したが，1957年の独立時の人口は，わずか628万人にすぎなかった。絶対的
な人口の少なさに加えて，人口構成がきわめて若く，これまで人口に占める
労働力人口の比率が低かったことも労働力不足に拍車をかけた[21]。老人・子
ども（被扶養人口）に対する働き手（生産年齢人口）の比率が上昇することの

マクロ経済的利益を「人口ボーナス」と呼び，経済成長を加速させるとされている（Bloom et al. 2003）。この比率が2.0を上回ってから再度下回るまでの時期をここで「人口ボーナス期」と定義すると，マレーシアの場合は，ようやく2015年にそれが始まり，2040年まで続くと予測されている[22]。

1990年代初頭から，労働力不足を補うために，マレーシア政府は分野を限って外国人労働力の導入を行ってきた。2016年1月31日時点でのマレーシア国内の「合法」外国人労働者数は208万人で，国籍別では，インドネシア（81万9773人），ネパール（48万3908人），バングラデシュ（27万2036人），ミャンマー（14万3623人），インド（13万5921人）となっている。

非合法労働者の数は不明確である。比較的根拠のある数字としては，2011年から2012年にかけて行われた外国人労働者を合法化する6Pプログラムに関するもので，外国人労働者310万人が同プログラムに登録，そのうち3分の2が非合法であったと報じられている[23]。

マレーシアの外国人労働者政策は，基本的には実用主義的な同国の経済政策のなかで，例外的に多くの問題を抱えている。2016年1月31日，マレーシア政府は突然，外国人労働者に対する人頭税の大幅な引き上げを発表した。翌2月1日から施行と発表されたこの政策には，マレーシア製造業者連盟（FMM）をはじめ産業界から大きな反発が起こった。結局，人頭税引き上げは2月6日にいったん先送りとなった後，引き上げ幅は小幅なものに改められた[24]。

2016年2月15日，人頭税をめぐる混乱のなか，マレーシア政府は非合法外国人労働者を登録して合法化する新しいスキームを開始した。2月19日には，すべての外国人労働者の移入をいったん凍結すると発表，3月12日から実際に凍結が実施されるなど，混乱に拍車がかかった。一方で，2月18日には3年間で150万人のバングラデシュ人労働者を移入する協定がマレーシア・バングラデシュ両国政府間で結ばれ批判を浴びる。結局，3月12日にザヒド副首相がバングラデシュ人も含めてすべての外国人労働者の移入が凍結されると発表した[25]。その後，5月12日に4つの部門（製造業，建設業，プランテー

ション，家具製造業）で外国人労働者の新規雇用凍結を解除する方針がリオット人的資源相より発表され，2016年の外国人労働者政策をめぐる混乱は収拾に向かった。

　こうした外国人労働者の新規雇用凍結政策に加え，リンギ安によって外国人労働者にとっての賃金が目減りしたことから，2016年中に，マレーシアの非合法外国人労働者数はかなり減少した可能性がある。2016年12月，リオット人的資源相は「外国人労働者の10人に3人が非合法」と述べた[26]。これは，同相の従来の発言に比べると，かなり低い比率となっている。

　外国人労働者のマレーシア経済への影響については議論が分かれる。世界銀行（World Bank 2015）は，外国人労働者はマレーシアの経済発展に不可欠であり，外国人単純労働者の10％の増加はマレーシアの実質GDPを1.1％押し上げ，10人の外国人労働者を受け入れるとマレーシア人の雇用が5.2人分創出されると分析した。世界銀行はまた，外国人労働者が10％増加すると，マレーシア人の賃金は全体で0.14％上昇するが，単純労働者の賃金は3.94％下がるとしている。外国人労働者の財政への負担は軽微とする一方で，マレーシアの外国人労働者管理には問題があり，改革が必要と結論している。

　この世界銀行の分析は，短期的効果を重視する経済モデルを想定すれば首肯できる。不足する単純労働者を外国から補えばGDPは上昇し，外国人単純労働者とマレーシア人の労働者が補完関係にあるならば，マレーシア人の雇用は増え，賃金が上昇する。一方で，この分析では，長期的な効果を十分考慮していないように思われる。人手不足をつねに外国人の単純労働者を雇用することで解決できるならば，企業が人的資本や物的資本に投資することで労働生産性を引き上げるインセンティブは小さくなる。

　マレーシアが高所得国入りをめざすとすれば，外国人労働者政策の改革は避けて通れない課題である。マレーシア政府もその必要性を認識しており，11MPでは2020年の労働者数に占める外国人比率の上限を15％に設定している。これは約230万人に相当し，2016年時点での合法外国人労働者数208万人に対してほぼ横ばいで，数百万人の非合法外国人労働者を認めないとすれば，

現状からは大幅な削減となる。しかし，2016年の外国人労働者政策をめぐる大混乱をみると，この目標の達成は容易でないように思われる。

　2. 経済への政府の介入

　ナジブ首相が就任直後の2010年に発表した NEM はブミプトラ政策の大改革を予感させるものであった。NEM ではつぎのようにブミプトラ政策に対して踏み込んだ批判を加えている。「新経済政策は貧困を削減し，民族間の経済不均衡に大きく貢献してきた。しかし，その実施においては，レントシーキングや縁故主義，不透明な政府調達によって，気づかないうちにますます，ビジネスコストを増加させた。これは，真剣に対処せねばならない，広範な汚職を発生させてきた」（NEAC 2010, 61）

　ところが，ブミプトラ政策の改革は実際には進まず，2013年9月にナジブ首相は「ブミプトラ経済活性化」（BEE）[27]政策を発表してブミプトラ政策の再強化を図る。これは，2013年5月に行われた第13回総選挙で華人票がさらに与党から離れたことへの報復措置であるとされる。同時期に大詰めを迎えていた環太平洋パートナーシップ協定（TPP）の交渉では，政府調達や国有企業に関する条項でブミプトラ政策が問題視される可能性があり，これが改革圧力になるものと思われた。しかし，結局，マレーシア政府はブミプトラ政策の大部分を TPP の「例外扱い」として守ることに成功した（熊谷2016）。

　マレーシア経済が成長を続けるうえで，ブミプトラ政策の改革は必須である。NEM のなかで批判されたように，ブミプトラ政策は既得権益の温床となり，さまざまな問題を生み出している。実質的にはブミプトラ企業といえる GLC の業績は，改革プログラムの成果もあり大企業を中心に好調である。しかし，こうした GLC に対するブミプトラ政策への協力要請は，BEE の発表以降さらに強まっており，GLC や政府への優遇された納入に依存する零細業者が増加する恐れがある。NEM ではブミプトラ政策を置き換えるはずだった B40への支援が，ブミプトラ政策と並行して実施されているなど，政

府の経済活動への関与は強まっている。

　ブミプトラ政策の再強化に加え，政府の経済活動への干渉が強まる懸念は
ほかにもある。端的には，マレーシア経済にとって非常に重要な2つの機関，
バンク・ネガラとペトロナスの人事への政治介入である。両機関の幹部人事
については制度上，首相が任命権をもっているが，近年は高い独立性を維持
してきた。

　2015年4月1日，ペトロナスのシャムスルCEOが退任し，ワン・ズルキ
フリCOOが新CEOに就任した。2016年5月1日には，2000年から16年間
にわたりバンク・ネガラ総裁を務めたゼティ総裁に代わり，ムハンマド副総
裁が新総裁にが就任した。両氏とも機関内部からの昇進であり，外部からの
政治的な任用は行われなかった。

　しかし，ムハンマド総裁の選出過程では政権に近い人物の名前も複数挙が
り，政治介入の懸念が広がっていた。ペトロナスについても，2015年3月末
をもって退任したシャムスルCEOは，政治家からのブミプトラ政策への過
度の協力要請について批判的な態度を公にしていた（熊谷2014）。

　バンク・ネガラとペトロナスのトップ人事はマレーシア経済に与える影響
が大きく，マレーシアの海外からの信認にも大きく影響する。制度上は首相
に任命権があるものの，適切な人事が行われない可能性があるとすれば，マ
レーシア経済にとって大きなリスクとなる。

3．原油安と通貨リンギ安

　2014年夏以降，原油価格が大幅に下落し，同時にマレーシア・リンギも対
ドルで大幅に下落する状況が続いている。原油価格は2014年8月までは1バ
レル＝100ドルを超えていたが，2016年1月には30ドル付近まで下落した。
2014年6月には1ドル＝3.2リンギ付近で推移していた為替レートも，2016
年1月には4.4リンギ台にまで下落している（図6-8）。

　原油安のマレーシア経済への影響は複雑である。マレーシアは原油の輸出

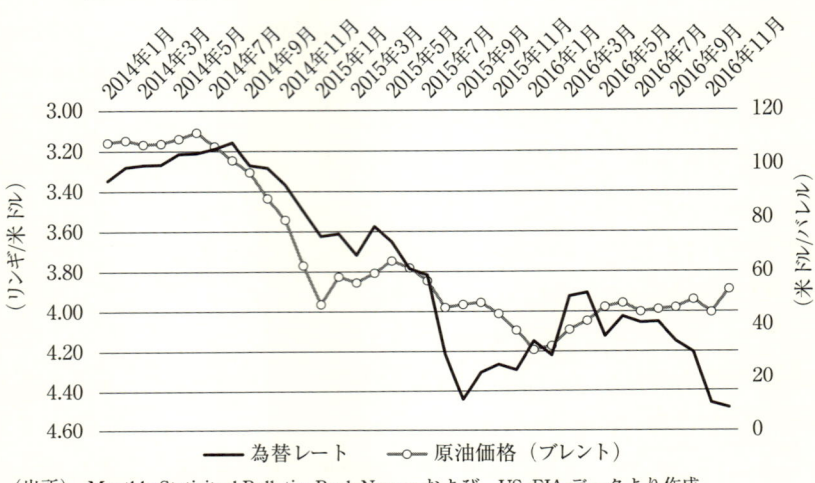

図6-8　為替レートと原油価格の推移（2014年1月～2016年12月）

（出所）　Monthly Statisitcal Bulletin, Bank Negara および，US-EIA データより作成。

国であり，原油はマレーシアが輸出する５大一次産品のなかでも最大のシェアを占めている。一方で，マレーシアは原油の輸入国でもあり，じつは輸出入がほぼ拮抗している。したがって，原油安の経済への影響は貿易面からは，はっきりしない。原油安はマレーシアの石油業界にとってはマイナスである一方で，ほかの産業にとっては原料・燃料価格が下がるためプラスになる。また，ガソリン価格の下落は，家計の可処分所得を増やすため，景気にプラスに働く。マレーシアの消費者物価はガソリン価格との連動性が高いため，物価を安定させる効果がある。

　一方で，原油安の政府財政に対する影響は，明らかにマイナスである。2010年時点で，マレーシア政府の歳入に占める石油関連収入は35.4％に達していた。マレーシア政府の財政は，近年厳しい状況にあり，石油関連収入がそれを支えてきた。1997年のアジア通貨危機に端を発する不況に直面し，マレーシア政府は景気下支えのために財政支出を拡大した。結果，2000年代にはGDP比で３～５％の財政赤字が定着し，世界金融危機に直面した2009年

には GDP 比で6.1％にまで拡大した[28]。政府債務残高についてみると，2013年には近年ではもっとも高い GDP 比54.7％に達した。これは，マレーシア政府の財政規律として定められている GDP 比での債務比率の上限である55％にかぎりなく近い数字である。

　マレーシア政府は，こうした事態に対応するため2010年代に入って財政再建を加速させた。2014年12月からは長く続いたガソリン・ディーゼル油に対する補助金がゼロになり，市場価格に連動する「管理変動制」に移行した。2015年4月1日からは10年来の課題であった物品サービス税（GST）もついに導入された。

　原油価格の急落にともない，政府の石油関連収入は2014年の663億リンギから2015年には439億リンギに，2016年には310億リンギにまで減少する見込みである。一方で，GST からの収入は順調に増加し，2016年には385億リンギとなる見込みである。マレーシア政府は350億リンギ規模の石油関連収入の減収を，GST の導入と補助金削減でほぼ相殺したことになる。

　2017年予算の時点で，マレーシア政府の財政赤字は GDP 比2.9％になると予想されている。マレーシア政府は GDP 比での財政赤字を毎年縮小してきているものの，長期的な目標であった，2020年に財政赤字をゼロにすることは難しくなっている。近年，厳しい予算制約のもとで事業を実施するために，政府が GLC や特別目的会社を活用するケースが目立ってきており，隠れた債務が増加する懸念がある。マレーシア政府の財政赤字削減目標は格付け会社によっても厳しく監視されており，なかば国際公約となっている。もし，これが守れない場合には，マレーシア国債の格下げにつながり，さらなるリンギ安を招きかねない。原油価格が不安定ななか，財政赤字問題はマレーシア政府にとっての大きな制約となっている。

　一方で，2014年夏以降のリンギの対ドルでの下落については複合的要因によるもので，①ドル高，②原油価格安，③マレーシア政府に対する信認の低下，の3つの要素が絡んでいる。2014年6月から2016年12月にかけて，米ドルはシンガポール・ドルに対しては15％程度切り上がっている。マレーシ

ア・リンギは2014年6月には1ドル3.2リンギ近辺で推移しており，シンガポール・ドルの下落幅を基準とすれば3.7リンギ近辺まではドル高要因であるといえる。つまり，実際の為替レートである1ドル＝4.5リンギとの差分である80セン相当について，原油安とマレーシア政府に対する信認低下の複合要因によるものとみることができる。

2016年12月2日，バンク・ネガラは直近のリンギの下落に対応するために，新しい為替関連の政策を導入した[29]。もっともビジネスに影響が大きいのは，輸出企業は代金の75％以上をリンギに転換しなければならない，という規制である。バンク・ネガラは同時に，①バンク・ネガラの承認があればより高い割合で外貨を保有することが可能，②居住輸出者の国内取引の決裁はすべてリンギで行わねばならない，③リンギ建ての輸出代金には特別口座が提供され3.25％の利子が付く，④輸出業者は外貨建ての支払い義務について6カ月分までヘッジ／アンヘッジできる，などの政策を打ち出した。

これに対して，マレーシア・ゴム手袋製造業協会（Margma）は輸出代金の75％をリンギに転換する規制を50％にまで引き下げることを求めた。Margmaはその理由として，①ゴム産業では輸出で獲得した外貨の50〜55％をラテックスなど原材料の輸入に用いており，外貨の保持が為替リスクのヘッジ手段になっていること，②輸出で獲得した外貨をリンギに転換すると，輸入に用いる際に再び外貨に転換する必要があり，「二重の転換」が発生することを挙げた[30]。これに対し，アブドゥル・ラーマン・ダーラン首相府相は，バンク・ネガラは決済のためにより多くの外貨が必要とされる輸出業者には例外扱いを認めているとし，Margmaの要求については対応済みであると述べた[31]。実際にこのような運用が為されているのであれば，この政策のビジネスへの悪影響は最小限にとどまると考えられる。

4．経済格差

マレーシアはもともと東アジア諸国のなかでも経済の不平等度を示す所得

のジニ係数の値が高い国であったが，従来焦点が当たっていたのはおもに民族間の所得格差であった。この民族間格差についてはブミプトラ政策によって大きく改善する一方で，ポスト・マハティール期には都市と農村の格差など，民族軸以外での所得格差に焦点が当たるようになった。

　1971年の NEP 以来続いてきたブミプトラ政策は，目標に掲げた「貧困の撲滅」と「社会の再編成」の両方について大きな成果を挙げたといえる。経済計画局（EPU）のデータによれば，貧困撲滅については，全世帯に占める貧困世帯の比率は1970年の約50％から2014年には，1％以下にまで激減している。また，民族間の所得格差も縮小し，1970年に 1：2 を超えていたブミプトラと華人の中位世帯所得の格差は，2014年には 1：1.35 と大幅な改善をみせている。

　一方で，民族内の所得格差についてはそれほど改善していない。各民族内の所得格差を示すジニ係数は，1970年から2014年にかけて，ブミプトラ系が0.466から0.389，華人系が0.466から0.405，インド系が0.472から0.396といずれも縮小しているものの，依然として高い水準となっている。その結果，マレーシア全体の所得のジニ係数は，1970年の0.513から1989年に0.429にまで低下した後は，ほぼ横ばいで推移してきた。

　マレーシアの格差問題は，民族間格差・民族内格差・地域格差が複雑に絡み合っており，政府が対応を誤れば国民統合の障害となりかねない。また，近年では，所得以外の経済格差についても関心が高まりつつある。たとえば，マレーシア人の53％がまったく金融資産をもっておらず，金融資産のジニ係数は各民族内でも0.8を上回っていることが明らかになっている（Muhammed 2014, 111-123）。マレーシア経済が今後も安定的に成長していくためには，政府による適切な政策実施が重要である。こうした所得や資産の格差については，本書第 9 章（ムハメド論文）で詳しく分析されている。

5．産業構造に関する懸念

　本章では，マレーシア経済が中所得国の罠に陥っているか否かについては定義によって変わるとし，いわゆる「中所得国の罠」について深く議論を行わなかった。しかしこれは，マレーシア経済が無条件でこれまでどおり成長できることを意味するわけではない。抽象的な「罠」の議論ではなく，より具体的な懸念をここでは指摘したい。すなわち，①生産性の停滞，②早すぎる脱工業化，③資源の呪い，④バブル経済化，である。

　マレーシア経済を含め，東アジアの経済については1990年代からすでに，経済成長に対して全要素生産性（TFP）の向上が追いついていないという指摘があった（Krugman 1994）。しかし，その典型例と名指しされたシンガポールについては，その後，経済成長を続けてアジアでもっとも所得水準が高い国となっており，議論は単純ではない。マレーシアの生産性については世界銀行が1990年から2014年までの25年間の状況を分析している。この間，マレーシアの経済成長に対して資本と労働の蓄積がそれぞれ年平均2.0％ずつの貢献をしてきており，TFPの向上は経済成長率を平均1.8％押し上げてきたとされる。しかし，これは，韓国やシンガポールの同期間のTFP成長率（2.2％）よりも低くなっている（World Bank 2016, 34）。くわえてマレーシアの場合，大量の外国人労働者が流入しているために，TFP成長率が実際より高く出ている可能性があり，その場合，問題はより大きくなる。

　「早すぎる脱工業化」の問題は，グローバル化と労働節約的な技術進歩による世界的なトレンドとして議論が行われるようになっている（Rodrik 2016）。マレーシア経済については，Rasiah（2011）が1990〜2005年までの分析を行い，2000年以降は製造業品の輸出に加えて，生産も成長率が鈍化または減少に転じており，早すぎる脱工業化が明確に観察されると結論している。

　マレーシア経済が「資源の呪い」にかかっている可能性も指摘される。資源の呪いは，天然資源の存在が国の発展を促進するのではなく，むしろ阻害

するという議論である。その理由としては，天然資源の価格変動が大きいこと，製造業をクラウディング・アウトすること，通貨高によってオランダ病を誘発することなどが挙げられる（Frankel 2010）。マレーシア経済は2000年代に入って，資源高にともなう一次産品および関連産業の輸出増加を経験した。これに対応するかたちで，輸出に占める製造業品の比率が大きく低下したことを本章でも指摘した。

これらと関連して，マレーシア経済が一種のバブル経済の様相を呈しているのではないかとの懸念もある。近年のマレーシア経済は民間消費によって牽引されているが，2015年12月末時点でマレーシアの家計部門の債務比率はGDP比89.1％に達しており，これはアジア域内ではオーストラリア，ニュージーランドに次いで高い。高い家計債務比率には，マレーシアでの金融システムが発達して借入が容易であることも影響しており，債務が消費目的ではなく資産購入のためであれば問題は少ない。実際，チュア副財務相は家計債務の56.2％が不動産購入向け，15.5％が自動車等の購入向けと発言している[32]。

関連して，居住用の不動産市場（とくに低価格住宅）は需要超過の状況にある反面，商業不動産については供給過剰で市況が悪化している（Bank Negara Malaysia 2016, 33-44）ことを考えれば，より大きな問題は，家計部門の負債比率の高さよりも，不動産デベロッパーが需要とマッチしない開発を行ってきたことにあるように思われる。

マレーシアの国内要因によって，不動産バブルが崩壊して金融の安定性が損なわれる可能性は，現時点では高くない。しかし，高い家計負債比率や商業不動産市況の悪化によって，さらなるリンギ安に対して金利の引き上げで対応することが難しくなるなど，政策手段が制約される可能性があり，今後も家計債務の水準について，注視する必要があるだろう。

おわりに

　これまで論じてきたように，ポスト・マハティール期のマレーシア経済を総括するならば，年平均5％程度の安定的な経済成長，一次産品関連産業の拡大，外需主導経済から内需主導経済への転換によって特徴づけられる。経済政策の面では，民営化による企業家育成からGLCを中心としたブミプトラの経営参加・資本保有促進への転換，成長重視から分配重視の政策への転換が特徴的である。

　ポスト・マハティール期のマレーシアは「中所得国の罠」という概念で一般的に論じられるほどマクロ経済の状況が悪かったわけではない。むしろ，着実な経済成長で先進国の所得水準にかつてないほど接近することに成功したといえる。一方で，第4節で指摘したマレーシア経済固有の問題は根が深く，一朝一夕には解決が難しい。外国人労働者への依存，2013年の総選挙以降のブミプトラ政策改革に対する逆行，原油安の財政への影響，民族間以外の所得格差や資産格差，経済構造問題など，マレーシア経済は多くの課題を抱えている。政治的な混迷が続くなかで，2020年の先進国入りに向けて，マレーシア政府がGST導入・補助金改革でみせたような手腕を発揮できるか注目される。

〔注〕————————————————
(1)　この区分は，あくまでマレーシア経済をおもにマクロ経済面から概観するためのものであり，ほかの章ではそれぞれの主題の分析に適した区分が用いられる。
(2)　2015年の日本の一人当たり名目所得額は3万6680ドルである。中国の一人当たり名目所得額は7820ドル，タイが5620ドルとなっている。
(3)　1985年の不況は世界的な一次産品の価格下落，1998年はアジア通貨危機，2001年は米国のIT不況の影響，直近の2009年の不況は2008年の世界金融危機後の世界不況の影響を受けたものである。
(4)　Felipe（2012）では1990年時点の所得水準で2000ドル以下を低所得国，2000

ドルから7250ドルを下位中所得国，7250ドルから1万1750ドルを上位中所得
国，それ以上を高所得国と定義している。

(5)　その他，Eichengreen et al.（2012）では，2005年国際価格で一人当たり所得
が1万ドル以上の国で過去7年間の平均成長率が3.5％以上の国が，つぎの7
年間について2％以上成長率が低下した場合を経済成長の「減速」として定
義している。この分類では，マレーシア経済は1994〜1997年まで「減速」し
たことになるが，これは明らかにアジア通貨危機によるものであり，構造要
因によるものではない。

(6)　この発言は，事実上，2020年の所得水準の目標を1万5000ドルから世界銀
行の基準へと下方修正したと理解できる。2014年夏以降に対ドルでリンギが
大幅に下落したために，2020年までに1万5000ドルの目標を達成することが
困難になったことが背景にある。そもそも1万5000ドルの目標自体が，2020
年には世界銀行の高所得国の下限がおおむねこの金額になっているとNEAC
で予測して設定された経緯がある。自国の経済目標を名目米ドルで設定した
ことに問題があったといえる。

(7)　ただし，この傾向は2014年後半からの原油価格の下落によって再び変化し
ている。2014年前半までは1バレル＝100ドル台を超えて推移していた原油価
格は，2016年1月には一時30ドル台を割り込んだ。輸出に占める5大一次産
品の割合は，2015年5月には17.9％にまで低下し，再び製造業品の割合が高ま
りつつある。

(8)　寄与度は各需要項目の経済成長率への貢献分を示し，合計すると当該年の
経済成長率と一致する。

(9)　たとえば，1988年から1995年にかけて純輸出の寄与度がマイナスになって
いるのは，この時期に巨額のインフラ投資が行われ，それに用いる部材が輸
入されたことが一因となっている。本来は投資が誘発した輸入は投資から差
し引くのが妥当で，投資（輸出）の経済成長への本来の寄与度は，計算より
も低く（高く）なるべきである。

(10)　例外は，重工業化政策を実施していた1981年，一次産品不況の影響を受け
た1985年，通貨危機の影響を受けた1997年であり，一般的な理解とよく一致
する。

(11)　World Development Indicators のデータによる。人口500万人以下の小国を除
く。

(12)　IMF 国際収支マニュアル第6版にもとづくと，一国の国際収支は財・貿易収
支を含む経常収支，直接投資やポートフォリオ投資を含む金融収支，鉱業権
や排出権の売買などに係る資本移転等収支，誤差・脱漏からなる。これらの
関係は，経常収支−金融収支＋資本移転等収支＋誤差脱漏＝0となる。この
うち，マレーシアについては資本移転等収支は無視できる大きさであり，ほ

256

かの3つの推移を示したのが図6-5である。

(13) IMF国際収支マニュアル第6版では，金融収支は資産の増減に着目し，海外への投資はプラス，海外からの投資流入はマイナスとなっている。これは，従来の資金の出入に注目した場合と逆になる。ここでは，直感的な理解しやすさのために，金融収支については正負を反転して第5版に近いかたちで示している。

(14) これは，ポスト・マハティール期は内需中心の経済成長に移行したという前節の分析と矛盾するようにもみえる。しかし，マハティール期には増加する輸出を投資にともなう資本財などの輸入増加で帳消しにしていた。ポスト・マハティール期の貿易黒字は，輸出の伸びは必ずしも大きくなかったのに対して，輸入の伸びが相対的に抑制されたためであり，内需中心の経済成長とは必ずしも矛盾しない。

(15) ここでも直感的な理解しやすさを優先してグラフの正負を反転している。

(16) 外貨準備の増加は，リンギ売り＝外貨買いを意味し，国内通貨の流出となるから，この図では負の方向で示される。

(17) ブミプトラ政策には経済面のほかにも，教育や言語など多様な側面があるが，ここではブミプトラ政策をブミプトラの資本保有拡大および経営参加促進政策として議論している。

(18) 例外としては，国民車メーカー・プロトン社と郵便公社 POS Malaysia 社がある。ともに有力ブミプトラ企業家サイド・モクタール氏所有の企業グループに売却された。

(19) 11MP では B40 に関連して注目される数値目標が2つ設定されている。ひとつは，B40世帯の平均所得を2014年の2537リンギ/月から2020年に5270リンギ/月へと倍増させること，もう一つは労働分配率（資本・労働間での利益の分配比率）を2013年の33.6％から2020年に40％まで引き上げることである。

(20) マレーシアの人口は，インドネシアの2億5400万人（2014年）はいうに及ばず，フィリピン（9910万人），ベトナム（9070万人），タイ（6780万人）の半分にも満たない。

(21) 2013年時点でマレーシアの人口の年齢の中央値は27.4歳となっている（日本は45.8歳）。

(22) 国連人口部推計によるデータを5年単位でみた場合。日本の人口ボーナス期は1965～2000年，中国は2000～2030年となる。

(23) *AsiaOne*, "Two-thirds of foreign workers in Malaysia are illegal," April 12, 2012.

(24) 新しい人頭税は当初，製造業（従来1250リンギ），建設業（同1250リンギ），サービス業（同1250～1850リンギ）では2500リンギ，農業（同410リンギ）・プランテーション（同590リンギ）では1500リンギとされたが，製造業・建設業およびサービス業では1850リンギ，農業・プランテーションでは640リンギ

で決着した。

(25) *The Star Online*, "Cabinet halts intake of new foreign workers, says Zahid," March 12, 2016.

(26) *Free Malaysia Today*, "Minister: Only 3 out of 10 foreign workers now illegal," December 14, 2016.

(27) BEE には，①人的資本開発，②企業部門での持ち株政策強化，③ブミプトラの非金融アセット保有強化，④ブミプトラ企業家・商業を強化，⑤実施体制の強化（各省にブミプトラ開発局を設置）が含まれる。

(28) 近年，アジア諸国でマレーシアに匹敵する財政赤字を記録しているのは，日本（2012年に GDP 比８％の赤字）しかない。

(29) バンク・ネガラによる為替に関する新政策は，①国内リンギ・ヘッジ市場の規制緩和と自由化，②外貨建て資産への投資の扱いについての合理化，③輸出代金の扱いとインセンティブ，の3つからなっている。

(30) *The Star Online*, "Rubber glove makers seek exemption from Bank Negara's ringgit conversion policy," December 5, 2016.

(31) *The Sun Daily*, "Bank Negara measures on ringgit working: Minister," December 8, 2016.

(32) *iPropertyFocus*, "Malaysian Household Debt to GDP stands at 89.1% in 2015," April 29, 2016.

〔参考文献〕

＜日本語文献＞

梅﨑創・中村正志　2007.「2006年のマレーシア：長期開発政策が出揃う」『アジア動向年報』アジア経済研究所 .

小野沢純　2012.「ブミプトラ政策：多民族国家マレーシアの開発ジレンマ」『マレーシア研究』(1)　2-36.

熊谷聡　2014.「ペトロナス――知られざる高収益企業が抱える二つのリスク――」『アジ研ワールド・トレンド』(228)　9月　アジア経済研究所　40-44.

―――　2016.「17.2 国有企業留保表（附属書 IV）マレーシア」『独立行政法人経済産業研究所 Web 解説 TPP 協定』(ver.1.1) 経済産業研究所　1-7.（http://www.rieti.go.jp/jp/projects/tpp/pdf/17.2_soe_annex-iv_mal_v1.1.pdf　2017.1.1アクセス).

＜英語文献＞

Bank Negara Malaysia. 2016. *Bank Negara Malaysia Annual Report 2015.*

Bloom, D., Canning, D. and Sevilla, J. 2003. *The demographic dividend: A new perspective on the economic consequences of population change*. Santa Monica: Rand Corporation.

Eichengreen, B., Park D. and K. Shin. 2012. "When Fast-Growing Economies Slow Down: International Evidence and Implications for China." *Asian Economic Papers* 11(1): 42-87.

Felipe, J. 2012. "Tracking the Middle-Income Trap: What is It, Who is in It, and Why? Part 1." *ADB Economics Working Paper Series,* 306. Manila: Asian Development Bank.

Frankel, J. A. 2010. "The natural resource curse: a survey," *NBER Working Paper,* 15836. Cambridge: National Bureau of Economic Research.

Gomez, E. T. and K.S, Jomo. 1999. *Malaysia's political economy: Politics, patronage and profits,* 2nd ed. Cambridge: Cambridge University Press.

Krugman, P. 1994. "Myth of Asia's Miracle." *The Foreign Affairs* 73(6): 62-78.

Malaysia. 2006. *Ninth Malaysia Plan (2006-2010)*. Kuala Lumpur: Percetakan Nasional Malaysia Berhad.

———— 2010. *Tenth Malaysia Plan (2011-2015)*. Kuala Lumpur: Percetakan Nasional Malaysia Berhad.

———— 2015. *Eleventh Malaysia Plan (2016-2020)*. Kuala Lumpur: Percetakan Nasional Malaysia Berhad.

Muhammed Abdul Khalid. 2014. *The Colour of Inequality: Ethnicity, Class, Income and Wealth in Malaysia*. Kuala Lumpur: MPH Publishing Sdn Bhd.

NEAC (National Economic Advisory Council). 2010. *New Economic Mechanism for Malaysia, Part 1*. Kuala Lumpur: Percetakan Nasional Malaysia Berhad.

PCG (Putrajaya Committee of GLC High Performance). 2015a. *GLC Transformation Programme Graduation Report,* Vol. 1.

———— 2015b. *GLC Transformation Programme Graduation Report,* Vol. 2.

Rasiah, R. 2011. "Is Malaysia facing negative deindustrialization?" *Pacific Affairs* 84(4): 714-735.

Rodrik, D. 2016. "Premature deindustrialization." *Journal of Economic Growth* 21(1): 1-33.

World Bank. 2015. "Immigrant Labour." *Malaysia Economic Monitor*.

———— 2016. "The Quest For Economic Growth." *Malaysia Economic Monitor*.

＜新聞，インターネット・メディア＞

AsiaOne（http://news.asiaone.com/）

Free Malaysia Today（http://www.freemalaysiatoday.com/）

iPropertyFocus（http://focus.iproperty.com.my/）
The Star Online（http://www.thestar.com.my/）
The Sun Daily（http://www.thesundaily.my/）

第7章

政府関連企業（GLC）改革とブミプトラ政策

——コーポレートガバナンスの視点から——

熊 谷　聡

はじめに

　本章は，ブミプトラ政策の中心的課題である，ブミプトラによる資本保有と経営参加の促進[1]について，マハティール時代とポスト・マハティール時代を対比させながら特徴づけることを目的とする。ブミプトラ政策には，経済に加えて教育や言語など多様な側面がある。また，ブミプトラの経済活動への参加といっても，その役割には資本家，経営者，労働者の3つの側面がある。本章では議論を明確にするために，「ブミプトラ政策」を「ブミプトラによる実質的な資本所有と経営参加を促進する政策」に限定して分析する。

　マハティール時代のブミプトラ政策が，公企業を払い下げる民営化を通じたブミプトラ企業家の育成として特徴づけられる一方，ポスト・マハティール時代には，資本は国が所有しつつブミプトラの専門経営者が経営を行うというスタイルが主流となる。本章では，新経済政策（NEP）以降のブミプトラ政策を振り返り，現在のかたちにいかにしてたどり着いたのかを跡づける。また，資本と経営に関する経済理論を援用しながら，ポスト・マハティール期のブミプトラ政策ついて妥当性を検討する。

　本章は以下のように構成される。第1節では，先行研究を概観しつつ，公企業を分析するための分析枠組みを提示する。第2節では，NEPからマハ

ティール時代の公企業民営化を通じたブミプトラ企業家育成策，1997～1998年のアジア通貨危機を期に民営化企業が再国有化され，現在の政府関連企業（Government-Linked Companies: GLCs）がかたちづくられた経緯について概観する。第3節では，各時代のブミプトラの資本所有・経営参加促進政策がどのような特徴をもっているのかを，ゲーム理論を援用しながら分析する。第4節では，現在のGLC中心のブミプトラ政策が抱えている問題を検討する。

第1節　公企業についての分析枠組み

　本論に入る前に，公企業（Public Enterprises）とそれに関連する用語について整理しておきたい。公企業の分析でより一般的に用いられる国有企業（State Owned Enterprises: SOEs）とは，文字どおり解釈すれば国・中央政府が所有する企業ということになる。また，国が所有するだけでなく経営を主導する場合には「国営企業」（State Run Enterprises）の呼称が相応しい。一方で，国有か国営かの議論は容易ではなく，さらに州政府など国・中央政府以外の公的主体が保有する企業も本質的には国有企業と同様の性質をもつ。したがって，ここでは企業を保有するのが国かその他の自治体かを問わず，また国営か国有かも厳密に区別せず，すべて「公企業」の呼称を用いることにする。

　公企業をめぐる議論は，長らくその非効率性に関するものが中心であった。1980年代初頭からのイギリス・サッチャー政権下での公企業の民営化政策は，主として公企業の経営の非効率性を解消することを目的に行われ，その後，世界各国に広がった。1990年代には，ソ連・東欧の社会主義体制が市場経済へ移行する際に公企業の私有化が課題となり，2000年代に入っても，中国やベトナムなどアジアの社会主義国については，公企業改革は重要なテーマであり続けている（丸川 2002; 坂田 2009）[2]。

　本節では，公企業の非効率性に関連する先行研究をレビューしつつ，マレーシアにおける公企業の定義や位置づけを明らかにする。

1．公企業の利点・欠点についての論点整理

　そもそも，なぜ民間企業が中心となる市場経済体制において，公企業が必要となるのか。公企業の存在を正当化する議論の根源には経済学における「市場の失敗」の概念がある。規模の経済や情報の非対称性の存在，公共財の提供，不確実な大規模投資など，市場メカニズムのなかで最適な均衡が達成できない状況に対処するために，政府の介入が必要とされ，その一形態が公企業ということになる。

　しかし，市場の失敗を是正するための政府の介入は，別の問題を引き起こす。Sheshinski and López-Calva（2003）では，民間企業と比較した場合の公企業の欠点を「経営的視点」（managerial perspective）と「政治的視点」（political perspective）の 2 点に整理している。経営的視点からの議論は，公企業は民間企業に比べて経営者を監視する外部からのモニタリングが欠如する傾向があるために（端的には株主の不在），経営者が効率性を追求するインセンティブが低くなるとする。一方で，政治的視点からの議論では，公企業の経営者が追求するのは経営効率ではなく，雇用の最大化や政治的名声であるとする。

　くわえて公企業では「ソフトな予算制約」（Kornai 1986）と呼ばれる状況が発生し，経営を規律づけることが難しいとされる。「ソフトな予算制約」とは，通常の企業が収入の枠内で支出を行うのに対し，補助金や贈与などのかたちで追加的資金が与えられる場合，企業の支出について規律が失われることを指す[3]。

　本章第 3 節では，この「ソフトな予算制約」の概念を用いて，マレーシアの公企業における経営の規律について分析していく。次項で述べるように，マレーシアの「公企業」はその後，民営化されたり再国有化されたりと所有形態が変化している。しかし，問題の中心は一貫して民間企業に比べて業績が思わしくないことであり，その根本原因は「ブミプトラ政策下ではブミプ

トラ企業が経営に失敗することは政治的に容認し難い」点にある。ブミプト
ラ企業の失敗は，ブミプトラの資本保有比率を30％に高めるというNEPの
数値目標に対する後退でもあり，ブミプトラの実質的経営参加という点でも
望ましくない。したがって，本章では，ブミプトラ政策の問題は，本質的に
はブミプトラ企業の失敗時の政治コストの高さに起因しており，これは，
「ソフトな予算制約」の概念によって一般化できると考えて分析を行う。

2．公企業と政府優遇企業

Kowalski et al.（2013）では公企業についての議論を整理するために，「公
企業」と，政府によって特別な優遇を受ける「政府優遇企業」を区別する考
え方を示している。一般に公企業と政府優遇企業はおおむね重なる傾向にあ
るが，完全に一致しているわけではない。公企業であっても民間企業と完全
に同等の扱いを受けている企業が存在する一方で，民間企業であっても政府
によるさまざまな優遇を受けている企業も存在する。Kowalski et al.（2013）
は便宜上，両者は一致するとして分析を進めているが，マレーシアの場合，
両者のズレが大きく，また時代によっても大きく変わっているため，両者を
区別する方が理解しやすい。

　マレーシアの公企業を，政府の資本保有比率と政府からの優遇の度合いの
2つの軸で整理すると，図7-1のようになる。これは，第2節で論じるマ
レーシアの公企業の所有・経営形態の変遷をみる際の「見取り図」となる。
縦軸は企業に対する政府による優遇の度合いを示し，上に行くほど優遇の度
合いが高くなる。横軸は企業に対する政府の資本保有比率を示しており，左
端が完全な民間企業，右端が完全な公企業となる。

　マレーシアでは1971年のNEP実施以降，おもにブミプトラの商工業部門
への進出を促進する目的で多くの公企業が設立された。この時期のマレーシ
アの公企業は，政府による資本保有比率が高く，政府による優遇の度合いも
大きい右上の領域に位置づけられる。マハティール期には，こうした公企業

を与党に近い企業家に売却することで民営化し，それを核として有力なブミプトラ系企業グループが生まれた。この時期の民営化企業は，政府の保有比率は低下したものの，依然として政府による優遇の度合いが大きい左上の領域に位置づけられる。こうした企業のうち主要なものはアジア通貨危機期に経営難に陥って再国有化され，再び右上の領域に戻った。ポスト・マハティール期には，再国有化された企業について，国有のままで経営改革を進める GLC 改革プログラムが実施され，資本保有比率は中程度で，政府による優遇を減らす方向にある。しかし，GLC を完全に民間企業と同等に扱うまでには至っておらず，現在の GLC は資本保有の面でも政府による優遇の面でも公企業と民間企業の中間に位置づけられる。

図7-1　マレーシアの国有企業の変遷

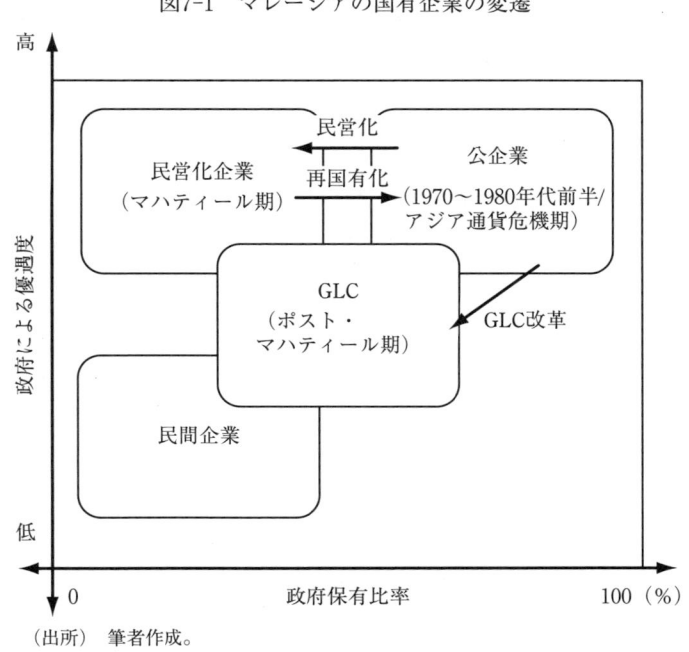

（出所）　筆者作成。

3．マレーシアにおける GLC の定義と位置づけ

2005年の時点で，GLC はマレーシアの雇用者数の 5 ％を占め，KL 証券取引所（Bursa Malaysia）の時価総額の36％を占めていた（PCG 2015a, 16）。マレーシアは，世界のなかでも政府系企業のプレゼンスが大きな国のひとつとされている。Kowalski et al.（2013）によれば，政府系企業が経済活動に占めるシェアについて，マレーシアは主要国38カ国中 5 位となっている[4]。

マレーシアの場合，公企業に相当する事業体は，歴史的には予算規制枠外機関（OBA）または非金融公企業（NFPE）と呼ばれてきた（堀井 1990, 134）。GLC の呼称は1990年代まではもっぱらシンガポールで用いられており，マレーシアで政府系企業に対して用いられるようになったのは2004年に開始された GLC 改革プログラム以降である。GLC 改革プログラムの中核機関となった「GLC の好業績のためのプトラジャヤ委員会」（PCG）による GLC の定義は以下のとおりである。

- GLC は一義的に商業目的をもちマレーシア政府が直接の支配権（Control Stake）をもつ企業と定義される
- 支配権とは，直接または政府投資機関（GLIC）を通じて取締役や経営幹部の任命，GLC にとっての主要な意思決定（例：契約付与，戦略，リストラや資金調達，買収や売却）を行う政府の能力（単なる持ち分比率ではなく）を指す
- カザナ・ナショナル社や財務大臣持株会社（MoF Inc.），公務員年金基金（KWAP）やバンク・ネガラを通じてマレーシア政府が直接支配する GLC が含まれる。また，GLIC や他の連邦政府機関が共同で支配権をもつ GLC が含まれる
- 子会社や系列会社など GLC 自身が支配権をもつ GLC が含まれる

（PCG ウェブサイトより抜粋）

　「公企業」の定義は世界的にも決まったものがなく，近年では通商交渉においてもその定義自体が交渉の対象となっている。マレーシアが参加した環太平洋パートナーシップ協定（TPP）では，国有企業（SOEs）は「商業的活動に従事し，かつ国が①50％を直接所有するか，又は②議決権の過半数を支配するか，又は③取締役会などの構成員の過半数の任命権を保有する企業を指す」（川瀬・川島 2016）と定義されている。また，ソブリン・ウェルス・ファンド（Sovereign Wealth Fund: SWF）や独立年金基金の所有する企業については原則 TPP の対象外となる。マレーシアの GLC については，さまざまな条文によって多くが対象外となり，TPP の対象となるのはおもにカザナ・ナショナル社と財務大臣持株会社傘下の大企業に限られる[5]。

　ただし，これは TPP の交渉において国有企業（SOEs）の範囲が相当程度狭められたことによるもので，前述の PCG による定義にあるように，マレーシアの GLC は商業目的をもち，政府が直接の支配権を有していることから，一般的な意味で国有企業あるいは公企業に含まれるといえる。

　マレーシアの GLC は連邦・州レベルを含めて445社存在するが（NEAC 2010, 18），GLC 改革プログラムの対象になったのは 5 つの GLIC と20社の GLC である[6]。以下に，それぞれの概要を示す[7]。

(1)　政府投資機関（GLIC）

● PNB 社

　PNB 社はおもにブミプトラが購入できる国営投資信託の運営を行う会社で，NEP の目標であるブミプトラの資本保有比率30％の達成を支援する機関として1978年に設立された。2015年末時点で1100万人が口座をもち，資産額は約2000億リンギとなっている。PNB 社が株主となっている企業は200社以上に及び，おもな企業としてはマレーシア最大の金融グループであるメイバンク，第 2 国民車メーカー・プロドゥア社を傘下にもつ複合企業 UMW 社，プランテーションを中心とした複合企業サイム・ダービー社が挙げられる。1978年の設立にあたり，国営企業公社（PERNAS）からサイム・ダービー社

などの優良企業の株式が移転され，傘下の ASNB 社を通じて投資信託のかたちでブミプトラに販売，資本保有を促すスキームができあがった。PNB社の GLC 主要20社（G20）に対する株式持ち分は概算で980億リンギとなっている[8]。PNB 社の投資戦略を決定するブミプトラ投資基金（YPB）は首相，副首相，通産相，財務相（第二大臣）および PNB 社会長から構成されている。

• カザナ・ナショナル社

　カザナ・ナショナル社はマハティール期の1993年に，財務大臣持株会社を株主として設立された。カザナ・ナショナル社の目的は，既存の政府関連企業のマネージメントと新規分野への戦略的投資である。しかし，GLC 改革プログラム開始以前の10年間は活動の透明性が低く，企業救済のための首相直轄の資金であると批判されてきた[9]。カザナ・ナショナル社は純粋に経済的な利益を最大化する SWF ではなく，マレーシア国家にとっての戦略性を意識した投資を行っている[10]。2016年末時点で1451億リンギの資産をもち，主要な投資先としてはマレーシア第２位の金融グループで ASEAN 展開を積極的に行っている CIMB グループ，インフラ建設・運営を中心とする複合企業 UEM 社，アジア最大の病院経営企業である IHH ヘルスケア，マレーシア最大の電力企業であるテナガ・ナショナル，ASEAN を中心に展開する移動体通信企業アクシアタ・グループなどがある。カザナ・ナショナル社のG20に対する株式持ち分は概算で680億リンギとなっている。カザナ・ナショナル社会長は首相が務め，取締役会には財務相（第二大臣）・財務事務次官が含まれる。

• 従業員積立基金（EPF）

　従業員積立基金（EPF）は1951年に設立された，マレーシアの年金制度の中核を担う主体である。EPF はその名前のとおり積立方式の年金基金で，従業員と雇用主が共同で積み立てた資金を本人が受け取る方式となっている。2015年末時点で679万人が積立を行っている。EPF の総資産額は6845億リン

ギで GDP 比59.2％と巨額である。マレーシアの株式市場や債券市場におけ
る存在感は GLIC のなかでもとくに大きい。投資先には金融・不動産を中心
事業とする MBSB 社，建設・不動産を手がける複合企業の MRCB 社がある。
EPF の G20についての株式持ち分は概算で580億リンギとなっている。EPF
の取締役会には，人的資源省事務次官，公共サービス局事務次官補，財務省
事務次官補などの官僚と，労使の代表として，マレーシア労働組合会議
（MTUC）議長およびマレーシア経営者連盟（MEF）議長が含まれる。

- 巡礼基金（LTH）

　巡礼基金はムスリムがメッカ巡礼を行うための貯蓄スキームとして1962年
に設立された。利子が禁止されているムスリムの貯蓄を促進するためのス
キームとして，マラヤ大学ウンク・アジズ名誉教授の提言に沿って設立され
た。資金の運用はイスラームの教義に沿って行われる。2015年末時点の資産
は595億リンギ，885万人が貯蓄を行っている。投資先にはマレーシア・イス
ラーム銀行，おもにパームオイルを生産する TH プランテーションなどがあ
る。巡礼基金の G20に対する株式持ち分は概算で70億リンギとなっている。
2016年末時点で巡礼基金の会長は UMNO 所属の国会議員が務めており，取
締役には首相府と財務省の代表が含まれる。

- 軍人年金基金（LTAT）

　軍人年金基金は士官以外の軍人に年金および貯蓄スキームを提供するため
に1972年に設立された。2015年末の資産額は94億リンギで，おもな投資先は
マレーシアの中堅銀行グループであるアフィン社と不動産から重工業までを
手がける複合企業ボーステッド社である。軍人年金基金の G20に対する株式
持ち分は概算で50億リンギとなっている。同基金の取締役会には陸海空軍の
代表のほか，国防省と財務省の代表が含まれる。

⑵　G20

　表7-1はG20のそれぞれについて5つのGLICとの関係を整理したものである。G20は，GLC改革プログラム開始当初はG15と呼ばれ15社であったが，その後，新規の指定／合併／分社化／売却などにより，2016年12月末時点で17社となっている。業種別では，金融や不動産，インフラ関連企業が多くなっている。企業規模については，時価総額でみて最大のメイバンクと最小のマレーシア化学社では，ほぼ200倍の差があり，大小まちまちである。

　GLICとの関係では，カザナ・ナショナル社が筆頭株主となっている企業が7社，PNB社が4社，EPF，LTAT，LTHがそれぞれ2社となっている。カザナ・ナショナル社は投資している企業のすべてで筆頭株主となっており，投資先企業の経営に関与する姿勢が明確である。一方で，EPFはG20のうち13社に投資しているものの筆頭株主は2社に限られ，投資ファンドとしての性格が強い。PNBは両者の中間的な性格をもっており，LTATとLTHは投資規模が小さいものの，それぞれ特定の2社について株式持ち分が高い。

　G20には多くの主要なGLCが含まれる一方で，いくつかの有力なGLCが対象外となっている。そのうち最大のものは国有石油会社ペトロナスである。これについて，カザナ・ナショナル社のアズマン・モクタール社長は，ペトロナスはマレーシアで唯一のFortune Global 500企業であり，GLC改革のベスト・プラクティスを策定する際に支援を受けたと述べている（PCG 2015b, 10）。その他，2017年6月になって経営問題が発覚したフェルダ・グローバル・ベンチャーズ社（FGV）もG20には含まれない。FGV社は2007年設立，2012年上場で，2004年開始のGLC改革のスケジュールとかみ合わなかったともいえるが，連邦土地開発公社（FELDA）およびFGV社は入植者の票にもとづく政治力をもつ組織で，何らかの政治的意図があって，GLC改革プログラムに加わらなかったという説明も成り立つ。

　一方，GLC改革プログラムの対象外になっている主要なGLICとしては，MoF Inc.や公務員年金基金，のちに経営問題が発覚するワン・マレーシア開発公社（1MDB）がある。MoF Inc.傘下の企業はインフラ関連の公共性の

表7-1　GLC20社（G20）一覧

企業名（略称）*	業　種	株式保有比率（%）					時価総額（100万リンギ）
		PNB	カザナ	EPF	LTH	LTAT	
メイバンク（MYBK）	金融	47		16			86,612
テナガ・ナショナル社（TNB）	電力	11	29	15	1		69,078
アクシアタ・グループ（TMAX）	通信	17	38	15	2		54,826
サイム・ダービー社（SMDB）	複合企業	52		11			52,857
CIMB グループ（CIMB）	金融		29	15			45,251
テレコム・マレーシア社（TMAX）	通信	12	26	15			24,614
UMW 社（UMW）	複合企業	56		16		0.3	11,660
マレーシア・エアポート社（MAPT）	空港運営	18	37	12		1	9,773
マレーシア・イスラーム銀行（BIMB）	金融	7		13	53		6,416
アフィン社（AFIN）	金融			7		48	4,993
MBSB 社（MBSB）	金融・不動産			65			4,854
マレーシア航空（MAS）	航空		100				4,428
ボーステッド社（BSTD）	複合企業					60	4,137
MRCB 社（MRCB）	建設・不動産			35	10		1,965
TH プランテーション（THPB）	プランテーション			8	73		1,282
マレーシア化学社（CCMB）	化学	70			5		477
UEM 社（UEM）	建設・不動産		100				NA
ゴールデンホープ・プランテーション社	プランテーション	（2007年にサイム・ダービー社に統合）					
クンプラン・ガスリー社	プランテーション	（2007年にサイム・ダービー社に統合）					
ポス・マレーシア社	郵便事業	（2011年に売却され除外）					
プロトン社	自動車	（2012年に売却で除外）					

（出所）　PCG（2015），各社 Annual Report 等から作成。
（注）　株式保有比率は2015～2016年において入手可能な最新時点のもの。時価総額は2015年 7 月28日時点。ただしマレーシア航空のみ2014年12月19日時点。
*カッコ内の略称は図7-2, 7-3, 7-4で使用している。

強い企業が中心となっているため，改革プログラムの対象外となるのも理解できる。一方で，公務員年金基金が対象外となった理由は不明である。1 MDB については，設立が2009年であり，改革プログラムの実施とタイミングが合わなかったともいえるが，その後の経緯からは政治的な意図をもって対象外となったという説明も成り立つ。

第2節　マレーシアにおけるブミプトラ政策の変遷

1．マハティール期以前

1960年代までのマレーシアの公企業は，電力や鉄道を除いては農業分野に限られていた。しかし NEP の実施以降，マレーシア政府はこの方針を転換し，より積極的に商工業部門に公企業を設立していくことになる（堀井 1990, 128-131）。

ブミプトラの資本保有と経営参加を実現する直接的な方法としては，1975年工業調整法（ICA）がある。ICA では製造業については事業の実施にライセンスの発給が必要で，ライセンスは「国家の経済政策に沿う」ことを条件に発給されることとされた。ICA にはより詳細なガイドラインが付随しており，資本・雇用の両面でのブミプトラの参加を，実質的に個別企業レベルで要求するものであった。ICA のガイドラインでは，1) 資本は原則100％マレーシア人所有で，うち30％をブミプトラが保有する必要があり，2) 取締役会は資本持ち分に従った民族比率で構成される必要があり，3) 人口の民族比率に従った雇用を行うこと，が各職位で求められた（アジア経済研究所 1976, 414-416）。

ICA はそれまで華人系企業や外資系企業を中心に営まれてきたマレーシアの製造業に大きな影響を及ぼすため，即座に強い反対が起こった。こうした反対意見に配慮して，ICA は1977年に修正を受けて施行され，その後も ICA

の対象となる資本金の下限を引き上げるなどの修正が加えられていった。また，ICA への対応として，ブミプトラが形式的に資本を保有する一方で経営にはほとんど関与しないとか，ブミプトラ向けに優先的に発給される各種ライセンスを華人が買い取るといった，いわゆる「アリ・ババ」ビジネスが横行した。

ICA のように，華人資本や外資を中心とした既存の民間企業へのブミプトラの参加を，企業レベルで強いることの限界は明らかであった。したがって，マレーシア政府は ICA と並行して，既存企業を買収したり，連邦および州政府が新規に企業を設立する，というかたちで直接的な経済活動への関与を強めていった。

政府資本による既存企業の買収の典型例は国営企業公社 PERNAS である。PERNAS が買収した企業はのちに PNB 社に譲渡され，ブミプトラ向けの国営投資信託スキーム ASN など通じて幅広い層のブミプトラによる資本の所有が実現した[11]。

政府による公企業設立の例としては，古くは国民福祉評議会（MARA）や州経済開発公社（SEDC）および関連会社，のちにはマレーシア重工業公社（HICOM）が挙げられる。政府が直接的に経済活動に関与するというアイデアは新経済政策以前からみられ，1965年のブミプトラ経済会議では「政府による直接的な支援を行うべきである。それはブミプトラ育成のための公社を設立しかつ既存の公営企業を通じて新規工業に着手し，それがうまく軌道に乗ったらブミプトラに払い下げるという方式である」と認識されていた（小野沢 1989, 143）。

しかし，こうした直接的な政府のビジネスへの関与は，ブミプトラの資本保有比率引き上げには一定の成果を上げる一方で，その経営については芳しくなく，1970年代末から1980年代初頭にかけて公企業の経営不振や倒産が相次いだ（原 1980）。Jomo and Tan（2011, 335）は公企業を通じた政府による経済活動への直接的な関与が全体として失敗した理由として，不明確・相反する目的，業績に関する基準の不在，「社会的」目的，官庁間・連邦と州のあ

いだの調整不足などを挙げている。また，1980年代を通じて45〜50％の政府
系企業が赤字で運営されており，また赤字企業の半数が債務超過の状態に
なっていたことが示されている。

2．マハティール期

1980年代中盤，政府系企業の業績が振るわないなかで，一次産品価格の下
落などからマレーシア経済は不況に突入する。これに対して，マハティール
政権は民営化政策と輸出指向の外資誘致へと舵を切り，政府が公企業を設立
してブミプトラの商工業への進出を支援する方式は，事実上頓挫する。この
ような背景から，マレーシアの民営化政策は当初，経営効率化・財政赤字解
消を目的とし開始されたが，1991年の「民営化マスタープラン」発表以降は，
民営化を手段としたブミプトラ企業グループ育成へと重点が移っていった
（熊谷 2006）。

公企業や公営事業を民営化する際の受け皿としては，おもにマハティール
首相（1981〜2003年），アンワル副首相（1993〜1998年）・財務相（1991〜1998
年），ダイム財務相（1984〜1991年）の三者に近いとされる企業家が選定され，
1990年代前半から中盤にかけて，企業グループを急拡大させた。そうしたブ
ミプトラ企業グループの代表として，ハリム・サアドのレノン・グループ，
タジュディン・ラムリのナルリ・グループ，ヤハヤ・アハマッドの DRB-
HICOM グループなどが挙げられる。こうしたブミプトラ企業家育成の方法
については縁故資本主義的であるとして，しばしば批判されてきた（Gomez
and Jomo 1999）。

一方で，こうしたブミプトラ企業グループの育成は，1990年代中盤までは
一定の成功を納めたようにみえた。たとえば，国民車メーカー・プロトン社
を傘下にもつ DRB-HICOM グループは1996年にイギリスの名門スポーツ
カーメーカーのロータス社を傘下に納め世界を驚かせた。また，南北高速道
路やクアラルンプール国際空港（KLIA）などの主要なインフラが民営化ス

キームにより建設され，つぎつぎと完成していったのもこの時期であった。

3．通貨危機期

　1997年7月のタイ・バーツ切り下げに端を発したアジア通貨危機はマレーシア経済にも大きな影響を与えた。当時のマハティール首相とアンワル副首相の対立から経済政策は一貫性を欠くものとなり，1998年の経済危機へとつながった。この時期，主要なブミプトラ企業グループは債券発行や株式交換，銀行からの借入で企業規模を拡大する手法を採用していた。その結果，通貨危機の影響で株価が下落，金利が上昇すると苦境に直面し，経営破綻の危機に直面した。

　マレーシア政府は，こうした不良債権問題に対し，企業債務再編委員会（CDRC），不良債権を管理するダナハルタ，銀行に資本注入を行うダナモダルの3機関を連携させることで解決をはかった（熊谷2000a）。

　2000年には，DRB-HICOM グループ傘下にあった国民車メーカー・プロトン社の株式を国営石油会社ペトロナスが買い取り，のちにカザナ・ナショナル社が株主となることでプロトン社は再国有化された。また，民営化プロジェクトを数多く受注していたレノン・グループは解体され，傘下の UEM 社がカザナ・ナショナル社によって再国有化された。また，同じく民営化プロジェクトであるマレーシア航空（MAS）も財務大臣持株会社によって再国有化された。

4．ポスト・マハティール期

　このようにして再国有化された企業は，その後「再民営化」の方向には進まず，2004年からは政府保有のまま各企業の業績を改善していく GLC 改革プログラムが実施された。GLC 改革プログラムの最大のポイントは，GLC がもつ「公的機関」としての役割を限定し，基本的には民間企業として利益

を追求する体制を確立する点にある。GLC 改革プログラムでは，以下の 3 つの原則が打ち出された。

> 1．GLC は何よりもまず業績（Performance）に集中すべきである
> 2．業績と結果によってのみ，GLC は国の発展に資する「解決策の一部」になることができる
> 3．上記 2 つを実行するにあたり，GLC は明確なガバナンス構造のなかで経営され，利害関係者の利益のために奉仕することが求められる
>
> （PCG 2015a, 7）

　GLC 改革プログラム以前の公企業や民営化企業は，政府や政治家から国家の発展への貢献を明示的・暗黙のうちに求められ，営利企業としての利益追求との相反に苦しむケースがみられた。この 3 つの原則によって，GLCの経営の第 1 の目標は企業としての利益追求であることが明示され，理念上は優先順位が明確になった。

　GLC 改革プログラムでは，GLC 改革のために，以下の 4 つの手法がおもに用いられた。

> • 重要業績評価指標（KPI）と業績連動報酬（PLC）
> • 上級幹部に対する業績にもとづく契約
> • 取締役会の構成を改革
> • カザナ・ナショナル社の強化
>
> （PCG 2015a, 26）

　さらに，こうした手法を実施可能なルールに落とし込むために，カラー・ブック（colored book）と呼ばれる10種類のマニュアルが順次作成されていった。すなわち，①取締役会の効率性向上（緑本），②経営幹部の人材育成（MINDA），③ GLIC による監督・経営フレームワーク（GLIC M&M），④業績

管理実務強化（青本），⑤調達ガイドライン・ベストプラクティス（赤本），⑥経営効率・実効性改善（黄本），⑦社会貢献による価値向上（銀本），⑧リーダーシップ開発強化（橙本），⑨資本管理の最適化（紫本），⑩規制管理を通じた価値創造（白本），である（PCG 2015a, 11）。

　GLC 改革プログラムの中核には，企業統治の向上がある。マハティール期のマレーシアの民営化企業は，オーナー経営者の影響力が大きすぎ，また，それ以前の公営企業はビジネス経験のない官僚が取締役会のポストを占めることが多かった。GLC 改革プログラムによって，取締役会の役割，人選，評価指標などが定められたことは，経営パフォーマンスの改善に大きく貢献すると考えられた。また，経営者の報酬や再契約が政治的な意図ではなく，当該企業の経営パフォーマンスに従うように，KPI や PLC が導入され，仕組み上は能力のある経営者が GLC の幹部に任用されることが担保された。

5．GLC 改革プログラムの成果

　10年間の GLC 改革プログラムは，マレーシア政府によって大きな成功として位置づけられている。PCG は2015年8月7日に「GLC 改革プログラム卒業式」（Graduation Ceremony）を開催し，プレスリリースのなかで GLC 改革の成果として以下のような項目を挙げた。

- ・G20の時価総額は2004年から2015年のあいだに約3倍の3860億リンギとなった。純利益は2004年から2014年にかけて年平均10.2％で成長し262億リンギに達した。G20は42カ国で事業を展開しており，総収入に占める海外事業の比率は2004年の28％から2014年には34％に，総資産に占める海外資産の比率は11％から26％に増加した。
- ・G20は2004年から2014年にかけて1539億リンギの国内投資を行い，2014年時点で22万5050人のマレーシア人を雇用している。また，G20のブミプトラ企業からの調達は2014年には439億リンギに達した。

・G20は2004年から2014年にかけて累計で1083億リンギの配当（EPFや PNB 社への配当を含む）を実現し，635億リンギの税金を納めた。

マレーシア政府が強調するように，GLC 改革プログラムは G20全体としては成果を上げたといってよいだろう。

一方で，個別の企業の業績についてはどうだったのか。ここでは，G20のうち2004〜2005年と2013〜2014年の両方についてデータが入手できる16社について，業績を比較する[12]。

GLC 改革プログラムでは，経常利益などの通常の財務指標に加えて経済的利益（Economic Profit: EP）を用いて業績を評価してきた。EP は一般的には EVA（Economic Value Added）とも呼ばれ，税引き後営業利益−資本コスト[13]として算出される。EP を用いることで，資本提供者が一般に期待する収益を上回る経済的価値を生み出せているかを確認することができる。

図7-2　GLC のパフォーマンスの変化（大規模企業）

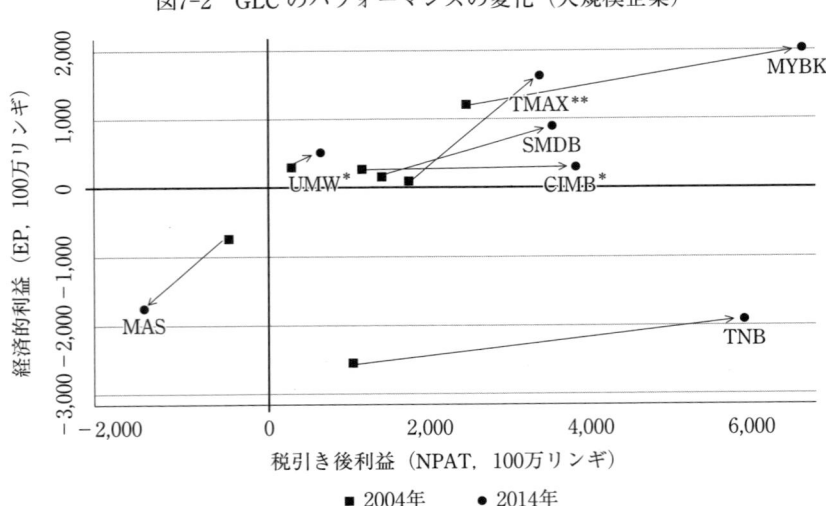

（出所）　筆者作成。
（注）　　*は2005〜2006年の平均。
　　　　**テレコム・マレーシア社と分社化されたアクシアタ・グループを合計したもの。

　図7-2・7-3・7-4では，縦軸に EP，横軸に税引き後利益（NPAT）をとって，GLC 改革プログラム前後の値を示したものである。第１象限に位置する企業は EP と NPAT がともに正であるから，問題は少ない。第３象限の位置する企業は EP と NPAT がともに負であるから経営に問題がある。第４象限は NPAT は正であるが EP が負の領域で，ここに位置する企業は資本コストが高いために，それを考慮すると十分な利益を出せていないことを示している。

　図7-2は，GLC のうち時価総額が100億リンギを超える大企業群について，GLC 改革プログラム前後の経営パフォーマンスの変化をみたものである[14]。経営が悪化して2014年に再び完全国有化されたマレーシア航空を除いて，おおむね EP と NPAT がともに向上している。電力会社テナガ・ナショナルについては第３象限にとどまっており，資本コストが高くなっていることがわかる。

　図7-3は，GLC のうち時価総額が30億から100億リンギの中堅企業群につ

図7-3　GLC のパフォーマンスの変化（中規模企業）

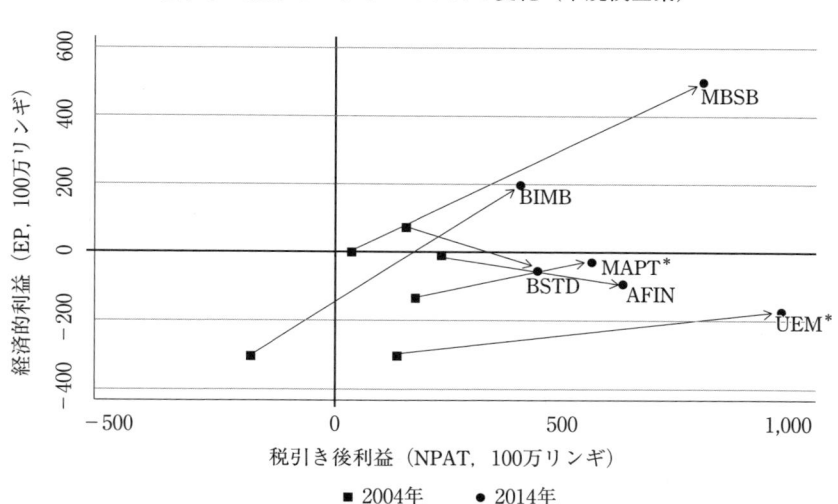

（出所）　筆者作成。
（注）　＊は2005〜2006年の平均。

いて，GLC改革プログラム前後の経営パフォーマンスの変化をみたもので
ある[15]。マレーシア・イスラーム銀行は両方の指標が負の領域から正の領域
に移動し，改革が成功しているほか，MBSB社も経営が改善している。ボー
ステッド社とアフィン社は税引き後利益は増加しているものの，EPは負の
領域に落ち込んでいる。マレーシア・エアポート社とUEM社については経
営が改善しているものの，EPは負の領域にあり，資本コストが高いことを
示している。

　図7-4は，GLCのうち時価総額が30億リンギ未満の比較的小規模の企業に
ついて，GLC改革プログラム前後のパフォーマンスの変化をみたものである。
3社ともEPが減少し，0付近または負の領域に落ち込んでいる。MRCB社
とマレーシア化学社についてはNPATも減少している。

　このようにみてくると，大まかな傾向として，規模の大きなGLCについ
てはマレーシア航空を除いてEPとNPATがともに増加する傾向にある。一
方で，企業規模が小さくなるほどEPとNPATのいずれか，または両方が減

図7-4　GLCのパフォーマンスの変化（小規模企業）

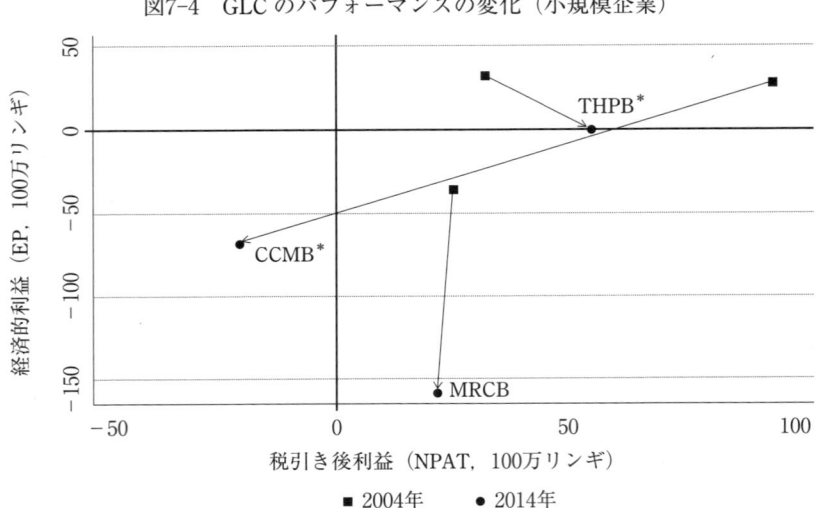

縦軸: 経済的利益（EP，100万リンギ）
横軸: 税引き後利益（NPAT，100万リンギ）

■ 2004年　　● 2014年

（出所）　筆者作成。
（注）　*は2005～2006年の平均。

少するなど，経営が順調ではないことをうかがわせる。GLC 改革プログラムは，大企業についてはマレーシア政府が主張するような成果を上げているといってよいが，規模の小さな GLC にまでは改革の成果が十分に行きわたっていないように思われる。

第3節　公企業の資本所有・経営参加についての理論的分析

　本節では，ゲーム理論を用いた「ソフトな予算制約」の基礎的な分析フレームワークを拡張して，各時代のマレーシアの公企業の所有・経営形態がどのような特徴をもっていたのかを分析する。ここで分析する公企業の「ソフトな予算制約」とは，典型的には，公企業が非効率な経営などによって赤字を計上していたとしても，補助金などのかたちでそれが補填されることで，企業が存続していく状況を指す。

　こうした状況が生じる構造はつぎのように説明できる。まず，政府にとって政治的に重要で，破綻させることができない公企業があると想定する。政府は，この公企業の経営者に対して，「事業に失敗し，企業が破綻の危機に直面しても救済しない」と事前に宣言することで，規律ある経営を求めるだろう。しかし，実際に公企業が破綻に直面した場合，政府への批判などの政治的コストを考慮すると，事後的には政府は公企業を救済せざるをえない。このことを経営者は見抜いているから，政府の事前の宣言は「信用できない脅し」（incredible threat）となり，経営者を規律づけることはできないのである。こうした状況は，ゲーム理論の枠組みで簡潔に表現できる（Sheshinski and López-Calva 1998; Kornai et al. 2003）。

　本節において，ブミプトラ政策と公企業の分析に「ソフトな予算制約」の概念を用いるのは，マレーシアで公企業や民営化企業の経営の規律づけが何故難しいかを説明する際に，この概念が高い分析力を提供するためである。ブミプトラ政策にはさまざまな側面があるが，とくに資本保有比率の目標が

設定されていることで，対象企業が失敗した際の政治的コストが高くなり，一般的な国有企業と比較してもソフトな予算制約が生じやすくなる。

本節では「ソフトな予算制約」を説明するためのゲーム理論の基本的なモデルに，政府と経営者がある比率で企業の資本を共同保有しており，事業の利益やコストはそれぞれの資本保有比率に従って分配されるという設定を導入する。これによって，政府と経営者の資本の持ち分が，政府や経営者の行動にどのように影響するのかを分析することができる。

本節のモデルのポイントは2つあり，第1のポイントは，どのような場合に政府は企業を救済するのかという点である。第2のポイントは，経営者が政府の救済をあてにする場合としない場合で，経営者の行動はどのように変化するのか，という点である。この2点から，マレーシアの公企業・民営化企業の所有と経営について分析していく。

1. ゲームの枠組み

本節では図7-5のようなゲームを想定して分析を行う。ここでは，企業経営者と政府の2者をプレイヤーとして想定する。また，経営者と政府は企業の資本を共同で保有していて，政府の持ち分を a，民間の持ち分を $1-a$ とする。つまり，ここで想定される経営者はオーナー経営者である。括弧内は

図7-5 経営者と政府のゲーム

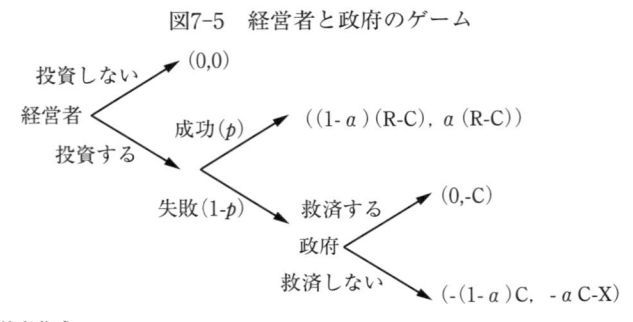

（出所） 筆者作成。

前が経営者の利得，後が政府の利得となっている。ゲームは以下のような手順で進む。

1. 経営者はある事業について，実施するかしないか決定する。事業を実施しない場合，経営者・政府ともに利得は0となる
2. 事業の実施を選択した場合，事業が成功するか失敗するかは，ある確率（p）にもとづいて外生的に決定される
3. 事業が成功した場合，経営者と政府は事業収入（R）から事業コスト（C）を引いた利得をそれぞれの資本の持ち分に比例したかたちで分け合う
4. 事業が失敗した場合，事業コスト（C）がかかる一方で事業からの収入は0となる。政府は当該企業を救済するか救済しないかを決定する
5. 政府が企業を救済した場合，政府が事業コスト（C）をすべて負担する
6. 政府が企業を救済しない場合，経営者と政府は資本の持ち分に比例するかたちで事業コスト（C）を負担する。政府はさらに，企業破綻にともなう政治コスト（X）を負担する

2. 企業救済の決定要因

ここではまず，政府がどのような場合に企業を救済するのかを分析する。このゲームを後ろ向き推論（backward induction）で解くと，政府が企業を救済するのは，以下の式が成り立つときであることがわかる。

$$- a\mathrm{C} - \mathrm{X} < - \mathrm{C}$$

変形して次式を得る。

$$(1-a)\mathrm{C} < \mathrm{X} \qquad \cdots (1)$$

　すなわち，企業の破綻にともなって政府が肩代わりする経営者分の事業コスト（左辺）と比較して，企業を破綻させる政治コスト（右辺）が上回るとき，政府は企業を救済する。事業コストが小さいほど[16]，政治コストが大きいほど，政府が企業を救済する可能性は高まる。

　つぎに，政府が企業を救済するかどうかを判断するときに，政府の資本保有比率がどのように影響するかをみる。(1) 式を考えるとき，政府の資本保有比率（a）が大きくなるほど左辺が小さくなるから，政治コストを一定とすれば政府が企業を救済する可能性は高くなることがわかる。逆に，民営化などによって政府の資本保有比率が下がれば，政府が破綻時に企業を救済する可能性は低くなるといえる。

　一般的に，先進国における民営化では国が保有していた株式は民間に幅広く売却されるとともに，民営化された企業と政府の資本関係は薄れ，当該企業が破綻した場合の政治コストも下がっていく。これは (1) 式に当てはめると，政府の持ち分（a）が減少して左辺が大きくなるとともに政治コスト（X）が低下して右辺が小さくなるために，(1) 式が成り立ちにくくなることを意味する。これにより，政府が破綻時に民営化した企業を救済する可能性が減少し「ソフトな予算制約」の問題は解消に向かう。

　マレーシアの場合は，マハティール期に公企業の民営化が進んだものの，通貨危機後の主要企業の経営破綻をみると，経営の規律が改善したとは考えられない。これは，主要な民営化企業が与党 UMNO に近い企業家に対して払い下げられたため[17]に企業破綻の政治コストが低下せず，ソフトな予算制約が解消しなかったためであると理解することができる。政権与党ときわめて密接なオーナー経営者が民営化企業を所有・経営しているのだから，そうした企業が破綻した際の政治コストはむしろ大きくなる可能性すらある。(1) 式でみるならば，民営化によって，政府にとって破綻した企業を救済す

る際の金銭的コスト[18]＝左辺が増加したにもかかわらず，政治コスト＝右辺がそれ以上に大きくなったため，（1）式が成立する状況が続いたと理解できる。

　それでは，ポスト・マハティール期の GLC 改革によって，こうした状況は変化したのだろうか。通貨危機期に再国有化されたことにより，民営化企業よりも GLC は政府の株式保有比率（a）は大きくなっている。つまり，（1）式の左辺は小さくなっている。一方で，破綻時の政府の政治コストについてはどうか。GLC 改革プログラムのなかで，GLC が破綻した場合には政府による救済を行わないとする方針は示されていない。実際，経営が悪化したマレーシア航空は2014年8月からカザナ・ナショナル社の100％子会社となって，政府主導で再建をめざしている。つまり，GLC 改革プログラムによって企業破綻の政治コストが大幅に低くなったとは想定できない。結局，（1）式が成り立つ可能性は明確に下がっているとはいえず，GLC 改革によっても「ソフトな予算制約」の問題は解消していない。

　このようにしてみると，マレーシア政府がブミプトラ政策を実施しているかぎりにおいて，公企業やブミプトラ系の民営化企業を破綻時に救済しない状況をつくり出すことは難しいといわざるをえない。GLC の資本が民間の主体に分有されて，政府との関係も希薄になれば，ソフトな予算制約は解消されるかもしれない。しかし，このような場合，ブミプトラが資本を他民族や海外資本に転売することを防ぐことはできず，ブミプトラの資本保有比率を30％引き上げる NEP は実効性をもたなくなってしまう。つまり，ブミプトラ政策の実施を前提とするならば，公企業やブミプトラ系民営化企業の「ソフトな予算制約」もまた所与とせざるをえないのである。

3. 経営者の意思決定

　それでは，経営者が政府の救済を想定する場合としない場合で，経営にはどのようなちがいが出てくるのだろうか。ここではまず，このモデルにおけ

る経営者の「望ましい意思決定」を定義し，政府の救済の有無でそれとのズ
レがどのように生じるかをみていく。意思決定の望ましさには多数の基準が
ありうるが，ここでは経済学的な意味で合理的な意思決定を望ましいと規定
する。具体的には，事業の期待利得が正の場合にのみ事業を行い，負の場合
は行わないような意思決定を望ましい意思決定とする[19]。このモデルでは，
$0 < pR - C$ が成り立つ場合に事業を行う経営者が望ましいことになる。これ
を変形し次式を得る。

$$R > \frac{1}{p}C \quad \cdots (2)$$

　この状況を，横軸に事業コスト（C），縦軸に事業が成功した場合の収入
（R）をとって示すと図7-6のようになる。実施することが合理的な事業は，
式（2）に従い，線分 Ox より上側の R と C の組み合わせ（灰色の領域）とな
り，合理的でない事業は線分 Ox の下側（白色の領域）となる。

　政府が破綻時に企業を救済しない（NBO）ことを前提とすれば，経営者が
事業を実施するのは下記の式が成立する場合である。すなわち，事業を実施
した際の経営者にとっての期待利得（右辺）が事業を実施しないときの利得
0を上回る場合である。

$$0 < p((1-a)(R - C)) + (1-p)(-(1-a)C)$$

変形して次式を得る。

$$R > \frac{1}{p}C \quad \cdots (3)$$

　（3）式は（2）式と同一である。図7-6では，経営者は（3）式に従い線分
Oy より上側の事業を実施し，下側の事業は実施しない。つまり，合理的な
事業の領域と経営者が実施する事業の領域は完全に一致する。すなわち，政

図7-6　経営者の意思決定に政府による救済が与える影響

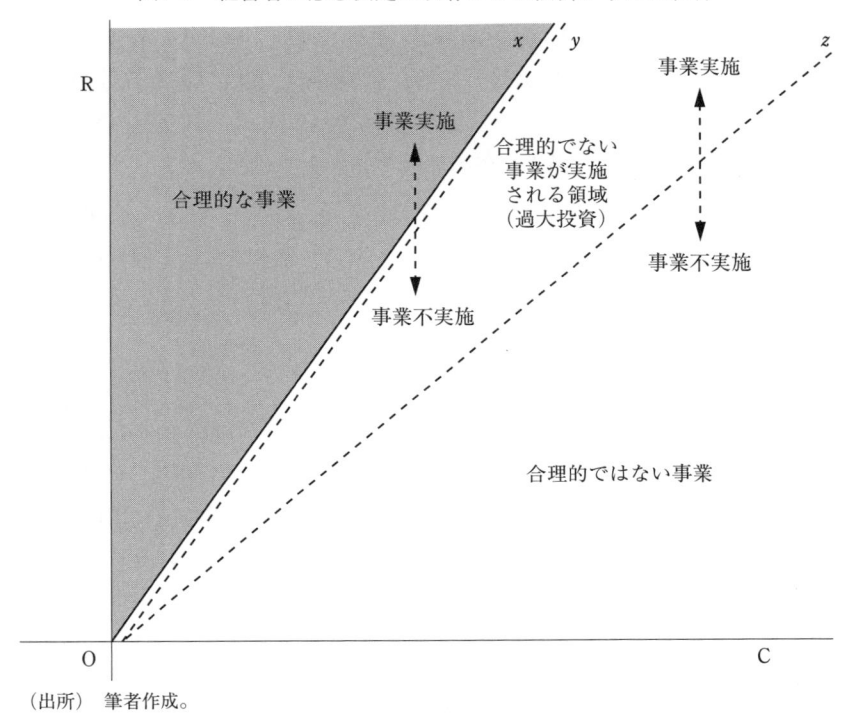

（出所）　筆者作成。

府が企業を救済しない場合，経営者の事業実施の基準は合理的な意思決定の基準と同一になることがわかる。

　一方で，政府が破綻した企業を救済する（BO）ことが予見される場合，経営者が事業を実施するか否かは下記の式が成立するかによる。

$$0 < p((1-a)(R-C))$$

変形して次式を得る。

$$R > C \quad \cdots (4)$$

　(4) 式は，(2) 式と比較すると，右辺に事業の成功確率 p が入っていないことがわかる。図7-6では，経営者は式 (4) に従い，線分 Oz より上側の事業を実施し，下側の事業は実施しない。この場合，線分 Ox と線分 Oz のあいだに「実施が合理的でないにもかかわらず経営者によって実施される」事業の領域，いいかえれば過大投資の領域が発生することになる。また，この過大投資の領域は，リスクの低い事業 (p が1に近い) では小さくなる一方，リスクの高い事業では大きくなる。ハイリスク・ハイリターンの原則を想定するならば，この場合，経営者はリスクも高いがリターンも高い事業を実施する傾向が強くなる。

　ここまでの経営者の意思決定をめぐる議論を，マレーシアの状況に当てはめて確認してみる。マハティール期には公企業の民営化が行われたが，政権与党に近い企業家に払い下げられたために「ソフトな予算制約」が解消しなかったと理解できることをすでに述べた。この場合，事業判断に用いられるのは式 (4) となり，民営化企業の経営者は事業のリスクを考慮しない過大投資を行う可能性が高いことになる。実際，この次期のブミプトラ系民営化企業グループは株式交換や債券発行，銀行からの借入によって拡張的な経営を行っていたため，アジア通貨危機によって経営が悪化した。

　これに対して，ポスト・マハティール期の GLC については，経営者が規律ある経営を行うように直接的に経営者のインセンティブを適正化しようとしているように思われる。具体的には，GLC 改革プログラムでは経営者に対する業績連動報酬という指針が示されている。業績連動報酬を上記モデルに当てはめて解釈するならば，ソフトな予算制約によって式 (4) となっている経営者の事業実施判断基準を，事業の成功時と失敗時の報酬に差をつけることによって，擬似的に式 (3) となるようにすることで，経営者を規律づけていることになる。

　それでは，GLC の経営者の報酬は，GLC 改革プログラムの方針どおりに，実際に業績と連動しているのだろうか[20]。図7-7は長期にわたって GLC の CEO を務め，その期間の報酬が明確になっているナジル・ラザク CIMB グ

図7-7　CIMB グループの CEO 報酬と業績の変化率（2008～2014年）

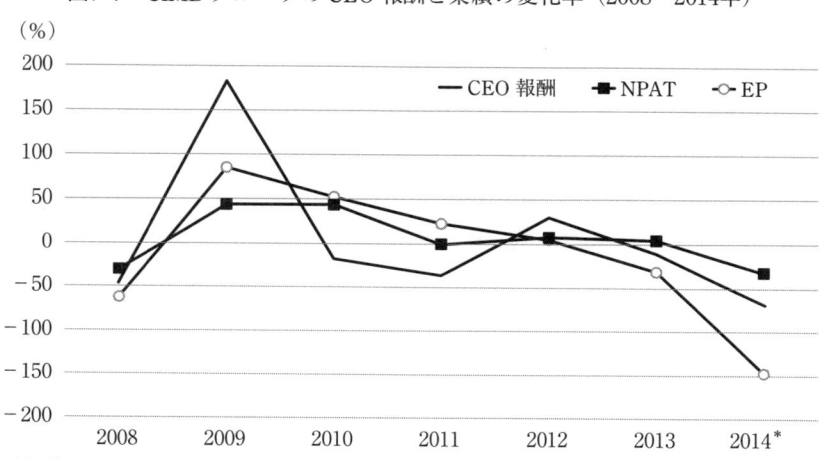

（出所）　CIMB Group Annual Report 各年版，および Annual Financial Statement 各年版より筆者作成。
（注）　　*2014年は 8 月末に CEO が退任したため，12カ月分に換算して調整。

ループ CEO（2006年11月～2014年 8 月）の報酬の増減を税引き後純利益
（NPAT）および経済的利益（EP）の増減と比較したものである。同 CEO の
報酬は，CIMB グループの NPAT および EP とおおむね類似した動きとなっ
ていることがわかる。変化率としては，CEO の報酬の方が NPAT および EP
よりも大きい傾向があり，NPAT や EP やそれに関連した KPI をベースにし
た業績連動報酬制度が導入されている可能性が高い。

　一方で，図7-8はテナガ・ナショナルのチェ・カリブ CEO（2004年 7 月～
2010年 4 月）の報酬の増減を税引き後純利益（NPAT）および経済的利益（EP）
の増減と比較したものである。同 CEO の報酬もテナガ・ナショナルの EP
や NPAT を反映した動きになっているが，変動幅が数分の 1 になっている点
と，報酬が減額されたことはなく，増額されるなかでの変動である点が
CIMB グループの場合と異なっている。テナガ・ナショナルは独占的な電力
会社であり，企業の KPI には平均停電時間なども含まれるため，CEO の報
酬と NPAT や EP の関係は CIMB グループほど直接的ではない。しかし，

図7-8　テナガ・ナショナル CEO 報酬と業績の変化率（2006〜2010年）

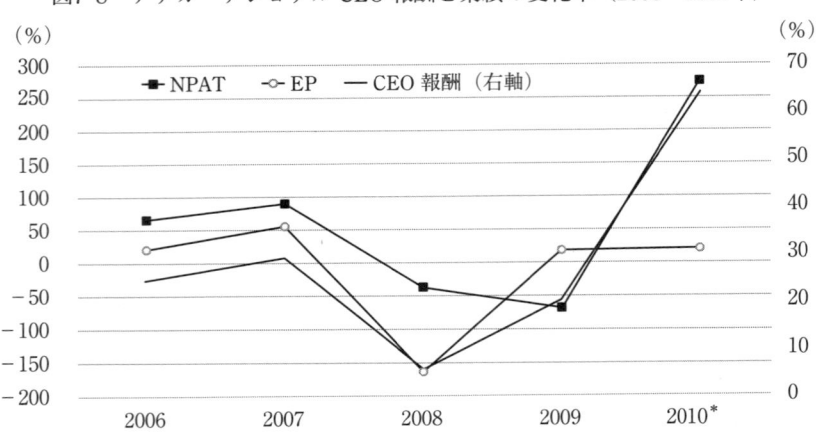

（出所）　Tenaga Nasional Annual Report 各年版より筆者作成。
（注）　*2010年は会計年度途中で CEO が退任したため，12カ月分に換算して調整。 EP はつねに
　　　　負で推移しているために，絶対値をとって変化を算出。

CEO の報酬は，やはり業績と連動しているとみることができるだろう。

　このように GLC 改革プログラムの方向性は，ソフトな予算制約を解消する
のではなくそれを前提としたうえで，経営者のインセンティブ体系をより
合理的な意思決定ができるように契約で設定するものと考えることができる。

　企業統治の観点からは，マハティール期の民営化企業の払い下げによるブ
ミプトラ企業家育成政策は，企業の所有と経営を一致させることで，オー
ナー経営者が自らの企業の経営を適切に行うことを期待するものであった。
しかし，これまで述べたように「ソフトな予算制約」の問題を解消すること
ができず，結果として経営者の規律づけに失敗した。

　GLC 改革プログラムは，政府は株主として企業を保有し，プロフェッショ
ナル経営者を雇用して所有と経営を分離し，経営者に株式の所有を通じたイ
ンセンティブ付けをすることをやめ，業績連動報酬のような契約によって経
営の規律づけを行う試みとして理解できる。また，「業績」の内容について
あいまいにならないように KPI が設定され，経営者は KPI にもとづく目標

の達成度で評価される。

　ブミプトラ政策を実施している以上，政府やブミプトラ企業家が保有する企業について「破綻時に救済しない」という政府の宣言は，信用できない脅しにならざるをえない。ブミプトラ企業が破綻することは，ブミプトラの資本保有比率の低下＝ブミプトラ政策の後退を意味するから，政府がブミプトラ政策の資本保有比率の目標を強く打ち出すほど，ブミプトラ企業の経営の規律が効かなくなるというジレンマがある。一方で，株式の所有と経営を分離することで，政府は事前に契約を定めて，業績悪化時に経営者が不利益を負うことを事前に確定できる。政府は，業績不振が続けば経営者を解雇することも可能である。

　こうした措置は，マハティール期のオーナー経営者に対してはほとんど不可能であった。もし，経営者が退任してもなお圧倒的な筆頭株主にとどまるとすれば，依然として経営に強い影響を与えることができる。したがって，経営者を交代させようとすれば，経営者がもつ企業の株式についても売却させる必要がある。実際，アジア通貨危機後にこうした民営化企業を再国有化する際には，オーナー経営者に株式を手放させることになったが，マレーシア航空については価格が下落した株式を民営化時と同額で買い取ったり（熊谷 2001, 335-336），レノン・グループの再国有化では，オーナー経営者であったハリム・サアドがのちに政府に対して裁判を起こすなど[21]，大きな問題が生じている。

第 4 節　GLC 中心経済の今後

　第 3 節の分析で確認したように，GLC 改革プログラムでは，ソフトな予算制約を前提としつつも，業績連動報酬などによって経営者の意思決定をより合理的なものに近づける改革が実施された。この方式で，これまでのマレーシアの公企業・民営化企業で生じていた経営者の意思決定にまつわる問

題を解決できる可能性がある。

　一方で，10年間の GLC 改革プログラムを実施してもなお，いくつかの問題が残る。これから挙げる問題は相互に関連しており明確に切り分けることが難しいが，5点に整理して順次挙げていく。

1．GLC 改革プログラムの不徹底

　第2節の分析で判明したように，GLC 改革プログラムの成果は企業によってまちまちである。大まかな傾向をみると，G20のなかでも大企業ほど改革の成果が出ている一方で，相対的に規模が小さい企業については業績が改善していないものも見受けられる。また，大企業についても経営難のマレーシア航空は再・再国有化され，G20に当初含まれていた国民車メーカー・プロトン社は DRB-HICOM グループに再び払い下げられたが，経営は深刻な状態が続いている。

　さらに，GLC 改革プログラムの対象は5つの GLIC と G20に限定され，改革プログラムの対象となっていない GLC や GLIC も多数存在する。より規模の小さい GLC や州政府管轄の GLC は改革プログラムの対象外である。財務上のスキャンダルが発生した1MDB 社や経営が混乱している FGV 社がともに改革プログラムの対象外であることは示唆的である。今後，GLC 改革プログラムの対象企業以外に，いかにして GLC 改革プログラムと同様の改革を広げていくかが課題となる。

2．継続する「ソフトな予算制約」

　第2に，GLC の破綻に関して標準的な処理手順が定められておらず，「ソフトな予算制約」が根本部分で解決していない点である。経営者を業績連動給で規律づけても，「破綻時には救済される」という認識が経営層以外の社員の行動に影響を与え，結果として，効率性が犠牲になる可能性はある。関

連して，GLC の「ソフトな予算制約」は，競合する民間企業の経営効率化を阻害する可能性がある。たとえ民間企業が，GLC との競争で優位に立っても，そのつど GLC が政府の支援を受けて存続するのであれば，公正な競争とはいえない。

3．GLC と民間企業の公正な競争

第 3 に，上記の点も含めて，GLC と民間企業が公正な条件のもとで競争できる環境を担保することは難しい。政府は競争のルールを定めたり，その適用について裁量をもっており，GLC と民間企業が公正に扱われるかどうかは疑わしい。これは，GLC の取締役会に官僚・元官僚が多いことを考えるとより深刻な問題となる。また，GLC は政府系ではあるものの，さまざまな面で「ブミプトラ系企業」として扱われている点も，GLC が政府に優遇される可能性を高めている。

4．業績優先原則の後退

第 4 に，ナジブ政権下で GLC は政府への協力をより多く求められるようになり，業績優先の原則が崩れつつある点である。政府は財政赤字削減目標が厳しいため，連邦政府予算外となる GLC や特別目的会社などを通じて大規模な開発事業を実施するようになっている。2010年から2020年にかけて実施される経済改革プログラム（ETP）の総予算のうち，公共セクターの支出が340億リンギ（8 ％）なのに対し，GLC による投資は1440億リンギ（32%）に上ると見込まれている[22]。2013年のブミプトラ経済活性化アジェンダ発表後，ブミプトラ企業からの調達に関連する KPI が GLC に対して設定されるなど，ブミプトラ政策への協力要請も高まっている。商業的な考慮を逸脱して政府の要請に応じると，GLC の側も経営危機に際して政府の支援を当然に期待するようになる。これでは，マハティール期の政府と民営化企業の関

係に逆戻りすることになりかねない。

5．GLCと華人ファミリービジネスへの二分化

　最後に，マレーシアにおける大企業がGLCと，おもに華人系ファミリービジネスに二分化しつつある状況について懸念がある。華人系大企業の幹部が華人，とくに創業者の血縁で占められる一方で，GLCの経営者についてはブミプトラの比率が高く，従業員レベルでも同様である[23]。ブミプトラ政策実施以前の，人種と職業や居住地が固定化された状態と比較すれば，民族にかかわらず大企業を経営する現状は大きな進歩である。しかし，各企業が明らかに人種と結び付き，一方が政府系であるという状態には問題が残る。

おわりに

　本章では，マハティール期とポスト・マハティール期のブミプトラ政策のちがいを企業統治の観点から整理した。前者が民営化企業の払い下げを通じたブミプトラ系大企業グループの育成を特徴としている一方，後者は公企業をブミプトラの専門経営者に経営させるという手法を特徴としている。2004年から2015年にかけて実施されたGLC改革プログラムによって，G20の大企業を中心にGLCの経営は改善したといってよい。一方で，G20のなかでも規模の小さいGLCについては改革の成果がはっきりしないものがあり，また，G20に指定されていない連邦政府管轄の企業および州政府管轄の企業については，現状を把握することが難しい。

　それでもなお，公企業を専門経営者に経営させ，パフォーマンスを監視する現在のGLC改革の方向性は，ブミプトラの資本保有比率を向上させ，実質的にブミプトラを企業経営に参画させるという政府の目標を所与とするのであれば，ほとんど最善の策であるように思われる。先進国のように，国民

に幅広く株式を売り出し，政府の関与を最小限にするような民営化政策は，マレーシアでは実施することが困難である[24]。GLC改革プログラムでは，企業破綻時の政府による救済を前提とせざるをえないなかで，GLCの所有と経営を分離し，経営者を業績連動報酬などで直接的に規律づける努力が行われてきた。

　ただし，GLCが国有である以上，いくつかの問題は残される。すなわち，民間企業との公正な競争，破綻しないことが前提の企業で非経営者層を規律づける難しさ，政府から加わる政策への協力の圧力などである。くわえて，マレーシアにおいてはGLCが実質的にブミプトラ企業として振る舞っており，雇用者におけるブミプトラの比率が高く，各種調達でもブミプトラ枠が設定され，ファミリービジネスの形態をとる華人系大企業グループと相容れないかたちで別の経済システムを構成する可能性がある点が懸念される。GLC改革が示した方向性はブミプトラ政策の実施を前提にすれば最善に近い策であるが，長期的には問題の種を抱えたままであり，多民族国家マレーシアの難しさがここにも表れている。

〔注〕────────────────

(1)　新経済政策に先立つ1965年に開催されたブミプトラ経済会議では，「ブミプトラによる企業部門への参加とはブミプトラの役員が非ブミプトラ会社に送り込まれることや多数のブミプトラ労働者が非ブミプトラ会社にいることを意味するのではなく，ブミプトラが会社の資本所有と経営に参加することではじめて意味を持つ」と指摘されており（小野沢1989, 143），ブミプトラによる実質的な資本所有と経営参加が重要な課題として認識されていたことがわかる。

(2)　一方，近年，国際貿易と国有企業のあり方について関心が高まっている（川瀬2014）。これまでおもに国内市場を中心に活動していた国有企業が積極的に国際的事業展開を始めたことが背景となっており，財・サービス市場で国有企業と民間企業の公正な競争をいかにして担保するかが議論の焦点となっている。

(3)　Kornai（1986, 4）は「予算制約の『ソフト化』は，収入に対して過大な支出が，他の組織，典型的には政府によって支払われるために，支出と収入の密

な関係が緩和される際に現れる」としている。

⑷　政府系企業が経済活動に占めるシェアは，各国の売上・資産・時価総額上位10社に占める政府系企業のシェアとして計算される。上位から，中国，UAE，ロシア，インドネシア，マレーシアの順となっている。

⑸　くわえて，カザナ・ナショナル社傘下の企業についても，TPP 発効後 2 年間は紛争解決手続きの対象外となっている（川瀬・川島 2016）。

⑹　本論における GLC の分析は，必ずしも大規模な GLC にのみ当てはまるものではない。しかし，ブミプトラの資本所有と経営への参加という視点から，インパクトの大きい連邦政府管轄の大企業を念頭に分析を行う。

⑺　下記の GLIC・GLC の概要は，特記されないかぎり，PCG（2015a）および各社年報やウェブサイト掲載情報などにもとづくものである。

⑻　各 GLIC の G20についての株式持ち分は，表7-1の時価総額に各 GLIC の持ち株比率をかけて合計したものである。

⑼　*Malaysian Business*, "Uncovering Khazanah: A Peek into the Government's Investment Arm," January 16, 2004.

⑽　カザナ・ナショナル社はビジョンとして「グローバルに競争力あるマレーシアのために，持続可能な価値を生み出す，地域をリードする戦略投資家になること」を掲げている。

⑾　国営投資信託のスキームは，取得された企業が短期間で転売され，ブミプトラの株式保有比率向上につながらなかった反省にもとづいて設計された（堀井 1990, 136）。

⑿　テレコム・マレーシア社とアクシアタ社は2004年時点では分社化していないため合算している。サイム・ダービー社についても，2004年時点では合併前であったゴールデンホープ・プランテーション社とクンプラン・ガスリー社を合算して計算を行っている。

⒀　資本コストは加重平均資本コスト×投下資本額で計算され，加重平均資本コストは借入については利子率，自己資本については期待収益率を用いて投下資本の構成に従って加重平均することで算出される。

⒁　マレーシア航空については時価総額が上場廃止時点で100億リンギを下回っているが，経営に問題がなければそれを上回る企業規模であるためこのカテゴリーに入れている。

⒂　UEM 社については非上場であるため時価総額が不明であるが，利益水準などからこの分類に入れている。

⒃　政治コストが事業コストの増加関数になっている場合には，事業規模と救済可能性の関係はより複雑なものになる。

⒄　さまざまな報道・研究からも明らかになっているように，民営化というよりも「党有化」に近いといってよいだろう（*Malaysia Today*, March 3-6, 2013）。

⒅　実際，民営化企業で最大級の規模をもつレノン・グループの救済パッケージは額面で160億リンギという巨額の債券発行をともなうものであった（熊谷 2000b, 327-328）。

⒆　ここではモデルの簡単化のために経営者のリスク選好度は中立的であるとする。

⒇　GLC の Annual Report や Financial Statement には，必ずしも CEO や役員の報酬が，個人を特定できるかたちで明示されている訳ではない。また，CEO が短期で交代している場合には，GLC の業績と CEO の経営責任の関係が明確でなく，また個人間での比較ができないなどの問題が生じる。

㉑　*The Sun Daily*, "Halim Saad fails in appeal to reinstate RM1.8 bil suit," August 27, 2014.

㉒　民間企業の資金として2560億リンギ（60％）が見込まれているが，こちらはあくまで見込みである一方で，GLC については政府との協議によって割り当てられているとみられる。

㉓　GLC の雇用者に占めるブミプトラの比率は経営層（Excecutive）が73％，非経営層（Non-Excecutive）が86％，非熟練労働者（non Skilled workers）が50％となっている（PCG 2015, 112）。

㉔　PNB 傘下の国営投資信託スキーム（ASN）は政府系企業の株式をブミプトラに幅広く割り当てる試みであり，一定の成功を収めている。しかし，この方式を無制限に拡大することはできない。なぜなら，投資信託が任意のスキームである以上，投資に見合う配当を実現できなければブミプトラはそれを購入しないためである。NEP 以来の目標である株式の30％という規模を投資信託スキームで実現し，市場平均を上回るリターンを上げることはきわめて難しい。

〔参考文献〕

＜日本語文献＞
アジア経済研究所　1976.「1975年のマレーシア：強まる国権・深まる権力闘争」『アジア動向年報』アジア経済研究所　383-426.
小野沢純　1989.「マレーシアの新経済政策（1971〜1990年）形成の背景とエスニシティ問題」『東京外国語大学論集』（39）　3 月　139-158.
───── 2012.「ブミプトラ政策：多民族国家マレーシアの開発ジレンマ」『マレーシア研究』（1）　2-36.
川瀬剛志　2014.「TPP 交渉と国有企業（SOE）規制のルール策定」独立行政法人経済産業研究所．（http://www.rieti.go.jp/jp/special/special_report/067.html

298

2017.2.1アクセス).

川瀬剛志・川島富士雄　2016.「17.1 国有企業及び指定独占企業（本則）」『独立行政法人経済産業研究所 Web 解説 TPP 協定』（ver.1）経済産業研究所.（http://www.rieti.go.jp/jp/projects/tpp/pdf/17.1_soe_v1.pdf　2017.5.1アクセス）.

木村陸男　1992.「マレーシアにおける『民活』政策の展開」木村陸男編『アジア諸国における民活政策の展開』アジア経済研究所　133-168.

熊谷聡　2000a.「マレーシアの金融危機への対応」国宗浩三編『金融と企業の再構築——アジアの経験』アジア経済研究所　147-192.

—— 2000b.「1999年のマレーシア：景気回復するもマレー人内部に亀裂」『アジア動向年報』アジア経済研究所　313-342.

—— 2001.「2000年のマレーシア：ソフトランディングへの苦闘」『アジア動向年報』アジア経済研究所　319-350.

—— 2006.「民営化政策と主要企業グループへのインパクト」鳥居高編『マハティール政権下のマレーシア——「イスラーム先進国」をめざした22年』アジア経済研究所　139-178.

—— 2016.「17.2 国有企業留保表（附属書 IV）マレーシア」『独立行政法人経済産業研究所 Web 解説 TPP 協定』（ver.1.1）経済産業研究所　1-7.（http://www.rieti.go.jp/jp/projects/tpp/pdf/17.2_soe_annex-iv_mal_v1.1.pdf　2017.1.1アクセス）.

坂田正三　2009.『変容するベトナムの経済主体』アジア経済研究所.

原不二雄　1980.「1979年のマレーシア：公営企業に正念場」『アジア動向年報』アジア経済研究所　377-422.

堀井健三　1990.「公企業とブミプトラ」堀井健三編『マレーシアの工業化——多種族国家と工業化の展開』アジア経済研究所　127-158.

丸川知雄　2002.「中国企業の所有と経営」アジア経済研究所.

＜英語文献＞

Gomez, E. T. and K.S, Jomo. 1999. *Malaysia's political economy: Politics, patronage and profits,* 2nd ed. Cambridge: Cambridge University Press.

Jomo, K. S. and Tan, J. 2011. "Lessons from Privatization." In *Malaysia: Policies and Issues in Economic Development*, edited by Institute of Strategic and International Studies Malaysia. Kuala Lumpur: Institute of Strategic and International Studies (ISIS) Malaysia, 329-364.

Kornai, J. 1986. "The soft budget constraint." *Kyklos* 39(1): 3-30.

Kornai, J., Maskin E. and G. Roland. 2003. "Understanding the Soft Budget Constraint." *Journal of Economic Literature* 41(4): 1095-1136.

Kowalski, P., Büge M., Sztajerowska M. and M. Egeland. 2013. "State-Owned Enterprises: Trade Effects and Policy Implications." OECD Trade Policy Paper 147. Paris: OECD Publishing.

NEAC (National Economic Advisory Council). 2010. *New Economic Mechanism for Malaysia, Concluding Part.* Kuala Lumpur: Percetakan Nasional Malaysia Berhad.

PCG (Putrajaya Committee of GLC High Performance). 2015a. *GLC Transformation Programme Graduation Report,* Vol. 1.

────── 2015b. *GLC Transformation Programme Graduation Report,* Vol. 2.

Qian, Y. and G. Roland. 1998. "Federalism and the Soft Budget Constraint." *American Economic Review* 88(5): 1143-1162.

Raja Petra Kamarudin. 2013. "UMNO Incorporated Part1-4." *Malaysia Today*, 3-6 March.（http://www.malaysia-today.net/umno-incorporated-part-1/　2017.2.6 アクセス）.

Sheshinski, E. and L. F. López-Calva. 1998. "Privatization and Its Benefits: Theory and Evidence." *mimeo*. Harvard Institute of International Development.

────── 2003. "Privatization and Its Benefits: Theory and Evidence." *CESifo Economic Studies* 49(3) : 429-459.

＜新聞，雑誌，インターネット・メディア＞
Malaysian Business
Malaysia Today（http://www.malaysia-today.net/）
The Sun Daily（http://www.thesundaily.my/）

第8章

マレーシア企業の多国籍化

——途上国のサービス産業の海外展開——

川 端　隆 史

はじめに

　一般的に多国籍企業といえば，先進国を創業地または本拠地として手広く世界各地で事業を展開している巨大な企業を思い浮かべるであろう。従来は先進国の国内での賃金高騰に対応して企業が低廉な労働力を求めたり，国内市場の飽和に対応して新たな消費市場を開拓するために，開発途上国へと進出することが一般的であった。たとえば日本企業は，高度経済成長期の後にアジア諸国を中心として急速な多国籍化を図り，現在もそれを継続している。しかし，現在は開発途上国，とりわけ新興アジア諸国に本拠をおく企業の存在感が高まっている。従来，新興国は海外直接投資（FDI）の受け手として注目されてきたが，近年はFDIを行う主体としての役割が大きくなりつつあるのである。

　具体的には，1990年ごろから，開発途上国の企業が外国に進出して多国籍化するという現象が現れはじめる。マレーシアでは，ポスト・マハティール期に企業の外国進出が急速に増加した。のちにみるように，国営投資会社カザナ・ナショナル社が，2005年に国策として対外直接投資の積極化を打ち出し，マレーシア企業の多国籍化を後押ししはじめたのである。マレーシア企業によるFDIは，ほかの新興国や中所得国の企業と比べて金額が大きいこ

とに加えて，先進国と競合しやすいサービス業での対外投資がさかんな点が特徴である。

　こうした動きをふまえて，本章では，ポスト・マハティール期においてマレーシア企業の海外進出がいかに進んできたかを，具体的な事例を通じてあきらかにする。最初に先行研究の成果をふまえて，マレーシアが全体として対外投資を増大させていった過程を振り返る。そのうえで，個別具体的な事例として２社のマレーシア企業をとりあげて，事例分析を行う。手法としては，年次報告書などの公開資料をベースとしつつ，創業者を含む企業関係者への聞き取り取材を行い，多国籍化の意図や進出先の国の投資環境整備といった事情もふまえて，プッシュ要因とプル要因による分析を行う。

　マレーシア企業の多国籍化に関する先行研究においては，企業事例にまで踏み込んだものはきわめて少ない[(1)]。国営石油会社ペトロナスの事例がある程度詳しく論じられている程度である（Mohamed Ariff and Lopez 2008や Tham, Teo, Yeo 2017）。ペトロナスは，関連会社のペトロナス・ケミカルズが2010年に東南アジア史上最大規模の上場をしたことなどで注目されている。しかし，一次産品関連企業の多国籍化は南米企業などにもみられる事例であり，取り立てて珍しいとはいえず，ある程度の先行研究が存在する。そこで本章では，マレーシア企業２社の事例を通じて，途上国企業によるサービス産業の多国籍化の要因を検討したい。本章では，世界的にみても時価総額や売上高といった業績ベースで存在感が大きい２社，IHH ヘルスケアとエアアジアをとりあげる。IHH ヘルスケアは，カザナ・ナショナル社の支援と日系資本を活用しつつ，医療分野で対外展開を図っている政府系企業である。一方エアアジアは，格安航空の分野で急速に多国籍化に成功し，世界的にその名を知られるようになった民間企業である。

第 1 節　直接投資動向からみた新興国企業の多国籍化

　多国籍企業の定義として広く用いられているのは，「2 カ国以上にわたって事業，または，付加価値活動を管理する企業」(Jones 2005, 5) という定義である。企業が 2 カ国以上にわたって事業を行うには，設備投資や雇用など外国に直接投資を実施する必要がある。こうした投資行動は，統計からも把握しやすく，海外直接投資（FDI）のデータとして現れる。FDI は，本国から外国への投資の場合は対外直接投資（OFDI）と呼ばれ，自国が外国から直接投資を受け取る場合は対内直接投資（IFDI）と呼ばれる。FDI 総額の増加は，企業が国境を越えて企業活動を活発化させていることを意味する。

　FDI については，Dunning（1998）による先駆的な研究があり，OLI[2]または折衷理論と呼ばれ，現在に至るまで基本的な研究枠組みとして活用されている。ダニングによれば，企業が FDI で成功するには，所有優位性（技術や資金力），立地優位性（低廉な労働力，低法人税率，新たな市場の獲得など），内部化優位性（形式知と暗黙知を問わず情報や知識，ノウハウを自社内でまかなえること）が必要である。国内市場だけで十分であれば FDI を通じて外国に進出をする理由はない。しかし，のちに論じるように，コスト対策や国内市場の飽和や資源獲得などのために外国市場へ進出する動機が生じる。すなわち企業の対外投資は，上記の 3 つの優位性を生かして競争力を維持・向上することを目的に行われる。

　最初に多国籍企業化のこれまでの展開について，OFDI 統計[3]を用いて国・地域単位の推移を把握しておこう（図8-1）。世界全体の趨勢は，1970年を起点としてみると，1998年には48.2倍，2006年には過去最高となる153.1倍まで伸び，直近の2015年では104.3倍となっている。

　つぎに OFDI を行う国について所得別の内訳に着目すると，1980年代までは 9 割以上が先進国による投資だったが，1992年には OFDI 総額に占める開発途上国の割合が11％まで上昇する。アジア通貨危機によって OFDI 総額は

図8-1　対外直接投資（OFDI）の推移（1970〜2015年）

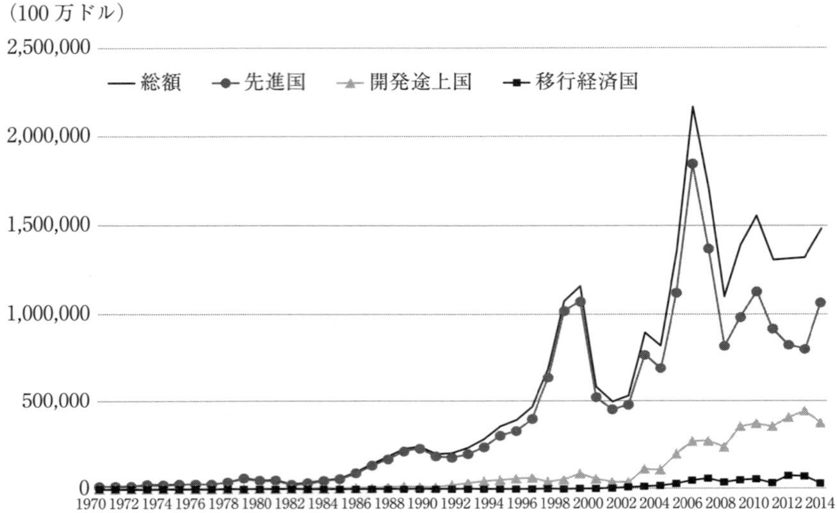

（100万ドル）

（出所）　UNCTAD STATS より筆者作成。

　いったん落ち込むが，2004年から回復する。その後は，リーマンショックで再びOFDI総額は大幅に減少するが，開発途上国と移行期経済国（合わせて新興国と呼ぶ）は対照的にOFDI額を伸ばす。2009年には世界全体の25％，2013年には37％，2014年には39％と，世界全体の3分の1から4割近くが新興国で構成されるようになった。つまり，近年のOFDIは新興国が下支えしているといえる。

　さらにOFDIを地域別にみていくと（図8-2），開発途上国のなかでもアジアの割合がもっとも大きい。2004年には世界総額のうち10％を超え，2009年以降は一貫して20％を上回っている。

　アジア開発途上国の内訳は表8-1のとおりである。マレーシアは直近5年間では，アジア開発途上国のOFDIのうち，3.0〜5.7％前後を占め，順位としては5〜7位を安定して維持している。

　全体をみると中国と香港が1位と2位を一貫して獲得し，合計で4割から

図8-2　地域別にみる開発途上国が世界の OFDI 総額に占める割合

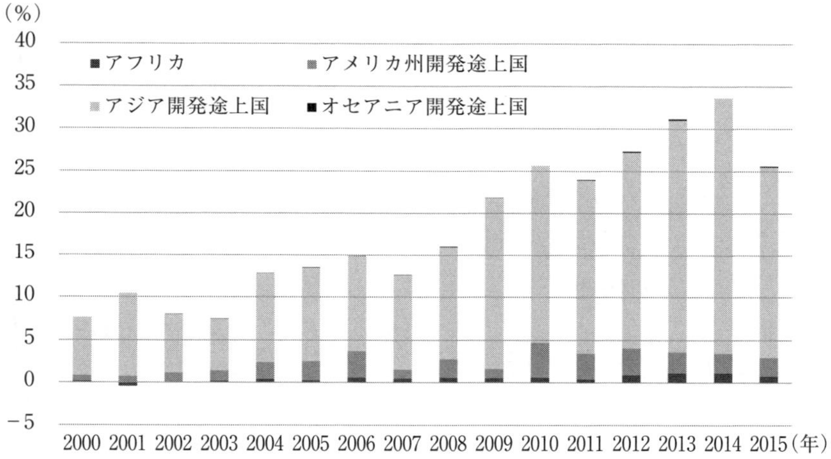

（出所）　UNCTAD STATS より筆者作成。

表8-1　アジア開発途上国による OFDI の国別シェア

順位	2011年 国・地域名（%）		2012年 国・地域名（%）		2013年 国・地域名（%）		2014年 国・地域名（%）		2015年 国・地域名（%）	
1	香港	(30.1)	中国	(29.0)	中国	(30.1)	香港	(31.5)	中国	(38.4)
2	中国	(23.4)	香港	(27.8)	香港	(22.6)	中国	(31.0)	香港	(16.6)
3	シンガポール	(9.9)	韓国	(10.1)	シンガポール	(11.0)	シンガポール	(9.8)	シンガポール	(10.7)
4	韓国	(9.3)	シンガポール	(6.1)	韓国	(7.9)	韓国	(7.1)	韓国	(8.3)
5	マレーシア	(4.8)	マレーシア	(5.7)	クエート	(4.6)	マレーシア	(4.1)	台湾	(4.5)
6	台湾	(4.0)	台湾	(4.3)	台湾	(4.0)	台湾	(3.2)	マレーシア	(3.0)
7	インド	(3.9)	タイ	(3.5)	マレーシア	(3.9)	UAE	(2.3)	UAE	(2.8)
8	クエート	(3.4)	インド	(2.8)	タイ	(3.3)	インドネシア	(1.8)	タイ	(2.3)
9	カタール	(3.2)	クエート	(2.2)	UAE	(2.5)	フィリピン	(1.7)	インド	(2.3)
10	インドネシア	(2.4)	インドネシア	(1.8)	カタール	(2.2)	カタール	(1.7)	インドネシア	(1.9)

（出所）　UNCTAD STATS より筆者作成。

6 割程度を維持してきている。そして，近年はシンガポールが10%前後を占め，次いで韓国と台湾の割合が多い。ただ，これらの国・地域は国連貿易開発会議（UNCTAD）が分類するアジア開発途上国というグループのなかでは特殊な要素が目立つ。まず，中国は経済規模が極端に大きいという特殊性が

ある。そして，香港とシンガポールは狭小な都市国家であり，かつ，金融セ
ンターとして投資資金が世界から集中しており，所得水準も先進国並みであ
る。そして韓国は，1996年には「先進国クラブ」といわれる経済協力開発機
構（OECD）に加盟している。また，台湾の経済水準も先進国並みに達して
いる。

　したがって，これら5カ国・地域は，単純にほかの開発途上国と比較でき
ない。こうしたきわだった特殊性をもたないマレーシアが，アジア開発途上
地域のOFDIの動向において，上位5カ国・地域に次ぐ地位を築いているこ
とは注目に値する。そして，こうしたOFDIはマレーシア企業の外国展開と
して具体的に現れてくる。次節からは，マレーシア企業の具体的な多国籍化
の事例を分析していく。

第2節　多国籍マレーシア企業の代表例

1．ポスト・マハティール時代に純投資国化

　まず，マレーシア全体のFDI動向を俯瞰する（図8-3）。マレーシアは2006
年にOFDIがIFDIを上回った。2015年にはOFDIがIFDIを若干下回ったが，
中長期的な傾向として，マレーシアは投資受入国の段階から，純投資国とな
りつつあるといえる。UNCTAD統計によれば，先進国並みの所得水準に到
達しているシンガポールや韓国，中東の産油国を除けば，開発途上国かつ工
業国という分類のなかで純投資国となっているのはマレーシアのみである。

　マレーシアのOFDIはマハティール政権期の1990年代にもいったん増加す
るが，本格的な増加傾向へと向かったのは，2003年に発足したアブドラ政権
期に入ってからである。マレーシア企業がOFDIを実施する要因については，
2つの重要な先行研究がある。

　まず，Tham et al.（2017, 111-117）はマレーシア企業のOFDI要因として，

図8-3　マレーシアの直接投資額の推移（1970〜2015年）

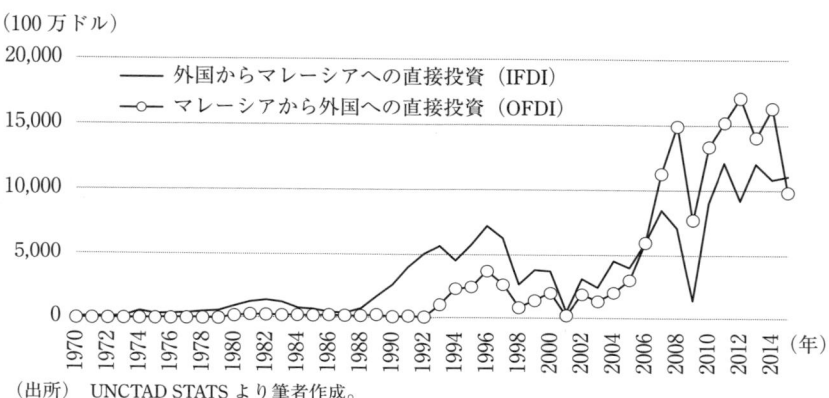

（出所）　UNCTAD STATS より筆者作成。

（1）国内市場規模の限界，（2）労働コストの抑制，（3）資源獲得，（4）法人税の抑制，（5）進出先市場の開放性，（6）投資先の汚職の少なさ，（7）輸送・貿易のコストの回避という 7 点を挙げている。さらにタムらの研究は，マレーシアの OFDI の増加には，カザナ・ナショナル社など政府関連企業（GLC）が大きく貢献してきたことを指摘した（Tham et al. 2017, 104-110）。

　一方，アリフらの研究は（a）構造的要因，（b）循環要因，（c）組織的要因という視点から，マレーシア企業の OFDI の要因をプッシュ要因とプル要因に分類している。プッシュ要因については，（a）1990年代以降のマレーシア経済の好調な成長で株式市場が拡大して低コストで資金調達が可能となったこと，（b）1985年の一次産品危機と1997年のアジア通貨危機後に新たな収益源を外国市場に求めたこと，（c）マレーシア政府が OFDI の支援策を行ったことが挙げられている。一方，プル要因としては，（a）WTO や ASEAN 自由貿易地域（以下 AFTA）といった自由貿易体制の進展，外国政府による優遇策，資源開拓，（b）政府間の投資保護協定の締結，（c）南南協力の進展とマレーシア政府機関の進出サポート，WTO と AFTA 下での各国の優遇措置が指摘されている（Ariff et al. 2008）。

　この 2 つの議論は，細かな視点のちがいはあるが，マレーシア企業の

OFDI に共通するつぎのような要因について指摘している。すなわち，プッシュ要因としては（1）国内市場規模の限界，（2）政府による支援策，（3）国内景気の影響，（4）コスト上昇の抑制が，プル要因としては（5）資源開拓型，（6）進出先の国の投資環境の整備や改善，を挙げることができる。

　この議論を念頭に，マレーシアに特徴的なサービス業での海外展開を行う企業の事例として政府系企業 IHH ヘルスケアと民間企業のエアアジアをとりあげ，両社が多国籍化した要因を検討する。

2．IHH ヘルスケアの多国籍企業化

　IHH ヘルスケアは，2010年にカザナ・ナショナル社の出資によって設立された，病院経営をおもな事業とする企業である。マレーシアではパンタイ病院で知られるパークウェイ・グループを傘下におき，日本の三井物産も出資して経営に参画している。世界の病院経営を手がける上場企業を時価総額でみると IHH ヘルスケアは第4位であり，世界的にみても巨大企業といえる水準である（表8-2）。

　IHH ヘルスケアの多国籍化の状況を売上ベースでみていく（表8-3）。事業

表8-2　病院経営企業の時価総額（世界上位10社）

順位	会　社　名	時価総額 （100万ドル）	所在国
1	HCA Holdings Inc	31,358	アメリカ
2	DaVita HealthCare Partners Inc	13,016	アメリカ
3	Universal Health Services, Inc.	11,920	アメリカ
4	IHH Healthcare Bhd	11,465	マレーシア
5	Ramsay Health Care Ltd	11,160	オーストラリア
6	Bangkok Dusit Medical Services PCL	9,199	タイ
7	VCA Antech, Inc.	7,407	アメリカ
8	TAP DOAN VINGROUP - CONG TY CP	4,406	ベトナム
9	Acadia Healthcare Company, Inc.	3,727	アメリカ
10	Netcare Ltd	3,405	南アフリカ

（出所）　SPEEDA より筆者作成。
（注）　時価総額は2017年2月17日時点の各証券取引所の終値。

表8-3　ヘルスケアの事業別・地域別売上，傘下の主要医療機関とおもな展開先

事業別売上　　（%）	地域別売上　（%）	傘下の 主要医療機関	おもな事業展開国・地域
パークウェイ・（59.5） パンタイ	シンガポール（37.8）	パークウェイ・ パンタイ	マレーシア，シンガポール， ブルネイ，中国，香港，インド， UAE
アジバデム　　（33.3）	CEEMEA　　（34.5）	アジバデム	トルコ
P LIFE リート　（3.3）	マレーシア　（19.5）	アポロ	インド
IMU ヘルス　　（2.6）	中国　　　　（3.0）	グローバル	インド
その他　　　　（1.3）	日本　　　　（1.2）	IMU	マレーシアの医療大学
	インド　　　（0.9）		

（出所）　SPEEDA，*IHH Healthcare Bhd. Annuarl Report 2016* より筆者作成。

別売上でみると59.5％がパークウェイ・パンタイ[4]，次いで33.3％がアジバ
デムによるものであり，この２事業で９割の売上を生み出している。パーク
ウェイ・パンタイはマレーシアをはじめ，シンガポール，ブルネイ，中国，
香港，インド，UAE と，７カ国・地域で病院を展開している。主要ブラン
ドとしてはマレーシアとシンガポールを中心としたパンタイ，グレン・イー
グルスのほか，M&A で傘下に収めたインドのアポロ病院とグローバル病院
などがある。

　アジバデムは，1992年にイスタンブールで創業されたトルコ最大手の民間
病院である。のちにみるように，カザナ・ナショナル社の資産保有の地理的
な分布でトルコが6.5％と４番目に大きな地域となっているが，これには
IHH ヘルスケアを通じたアジバデムへの投資が大きく効いている。IHH ヘ
ルスケアは2011年12月にアジバデムの株式60％を取得して傘下に収め，トル
コだけでなく，中東欧・中東・アフリカ（CEEMEA）地域での拡大の足がか
りとしている。IHH ヘルスケアの売上を地域ベースでみると，シンガポール
（37.8％）と CEEMA（34.5％），マレーシア（19.5％）で大半を占めている。し
たがって，事業ベースの売上と地域ベースもほぼ連動していることがわかる。

　なおカザナ・ナショナル社は，日本の三井物産とともにジョイントベン
チャーを通じて2016年にアメリカのダヴィータ・ヘルスケア・パートナーズ

の株式を40％取得して経営に参画している。ダヴィータは透析事業などを中核事業としており，前掲の病院経営企業の時価総額では世界第2位と大手である（前掲表8-2）。

　ここで，IHH ヘルスケアによる OFDI のプッシュ要因とプル要因を検討する。まずプッシュ要因としては，カザナ・ナショナル社の支援を受けているため，プッシュ要因「2．政府による支援策」が当てはまる。カザナ・ナショナル社は政府の方針により，マレーシア企業の外国進出を支援する役割を担っている。カザナ・ナショナル社の支援により多国籍化が促進された例としてペトロナスがあるほか，今後，新たな事例となりうる企業としてインドネシアなど近隣国に徐々に進出をしている大手金融機関の CIMB グループなどがある。カザナ・ナショナル社の存在はマレーシア特有のプッシュ要因であり，将来的にマレーシア企業の多国籍化に果たすその役割が拡大する可能性があるため，ここで少し詳しく解説しておきたい。

　カザナ・ナショナル社は1993年にマレーシア財務省による全額出資で設立されたが，当初からマレーシア企業の外国展開を支援することが主眼であったわけではない。設立から10年間程度は，マレーシアの国内産業の振興や雇用創出といった国の基本的な経済力の底上げや，公共インフラや金融機関への投資が中心であった。マハティール政権期に国策として設立された自動車製造のプロトンへの投資はその典型的な事例である。

　転機となったのは，アブドラ政権による GLC 改革である。2004年5月に行われた「政府関連企業ための高パフォーマンス文化」（Culture of High Performance for G.L.C.'s）と題したセミナーにおいて，アブドラ首相（当時）は基調演説（Abdullah 2004）のなかで GLC 改革を提案し，当時，世界的に民間企業で広がりつつあった KPI を導入すると述べた。そのうえで，今後はマレーシア経済が強固な成長を継続するために，GLC はアジア地域のみならず，グローバルな競争力をつける必要性があると主張し，カザナ・ナショナル社をその中心的な存在に位置づけた。

　この演説が行われた当時のマレーシア経済は，アジア通貨危機のダメージ

から回復し，経済成長率は 4 〜 6 ％程度と堅調な水準で推移していたが，マハティール政権後期にあたる1990年代には，6 〜10％という高成長の時代は終焉していた。したがって，2003年に発足したアブドラ政権は，国内市場に成長の原動力を求める時代から，経済成長の源泉を外国にも求めざるをえないタイミングに直面していたともいえる。くわえて，当時から GLC の企業数は上場企業のうち 5 ％にも満たないにもかかわらず，時価総額は34％を占めていた（Abdullah 2004）。ゆえに，アブドラ首相が GLC の効率化を図り，競争力を強化することでマレーシア経済を活性化させるという方針を打ち出したことには，経済合理性があったといえよう。

カザナ・ナショナル社は2005年 1 月，「外国投資第 1 の波」と位置づけたインドネシア，中国，インド，サウジアラビアへの投資を実行する。2008年10月には中国とインドに在外事務所を設置，11月にはインドネシア第 6 位の銀行であったリッポー銀行とニアガ銀行を合併して CIMB 傘下に収めるという，ASEAN 地域としては規模の大きい M&A 案件をサポートする。そして，2010年には IHH ヘルスケアを設立した。このほか，シンガポール・ドルや中国元建てのイスラーム債を発行するなど，国際金融市場との接点を急速に深めていく。

2016年末時点のカザナ・ナショナル社を資産価値（Reliable Asset Value）ベースでみると（図8-4），国内の資産は 5 割強にすぎない（54.9％）[5]。次いでシンガポールが13.0％，中国が7.0％，トルコが6.5％，インドネシアが4.6％という状況である。他方，企業の本拠地登録ベースでみると79.1％がマレーシアである（図8-5）。カザナ・ナショナル社が投資する企業の約 8 割はマレーシアを本拠とするが，その投資対象となっている企業は外国での資産価値が国内よりも高くなっている状況が読み取れる。すなわち，カザナ・ナショナル社は外国展開のために政府資金を活用した投資を実施していることが裏づけられ，プッシュ要因「2．政府による支援策」の存在が確かめられた。

また IHH ヘルスケアの海外進出には，プッシュ要因「1．国内市場規模の限界」と「3．国内景気の影響」が複合的に影響していると考えられる。

312

図8-4 カザナ・ナショナル社の資産価値の国別分布（%）

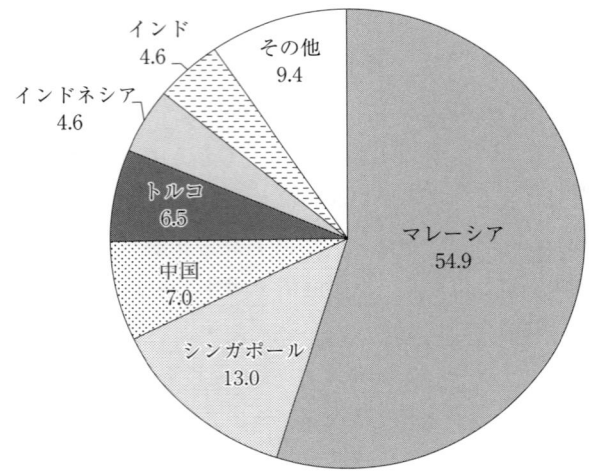

図8-5 カザナ・ナショナル社の投資する企業の本拠登録国の分布（%）

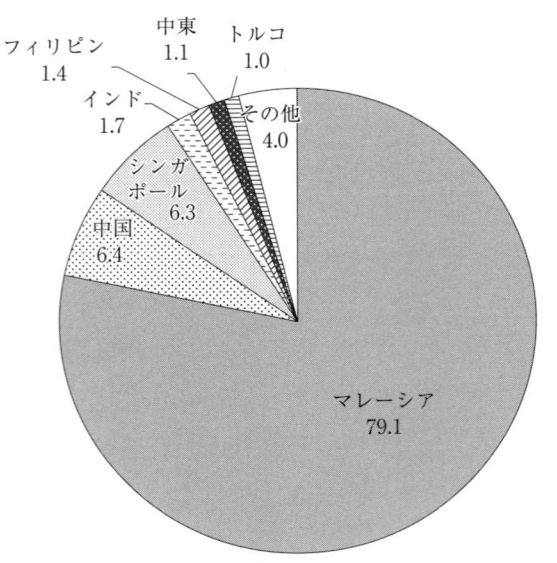

マレーシアでは1980年代からの高度成長にともない，医療需要も質を求めるようになり，1990年代に入ると私立病院が増加した。しかし，1997年のアジア通貨危機による不況を背景に，患者は診療費の安い公立病院を好むようになり，診療費の高い私立病院への需要が一時的に減退した。この現象は，私立病院がかぎりある国内のマレーシア人需要に依存すれば，景気が下振れした際に経営不振に陥るリスクがあることを知らしめた。1998年に保健省は，政策として国内の医療機関に対し，外国人患者の呼び込みの積極化を促している（Chee and Barraclough 2007, 9-20）。

　プル要因については，IHH ヘルスケアの場合は「5．資源開拓型」の企業ではないため，「6．進出先の国の投資環境の整備や改善」がプル要因となったかについて検討する。

　IHH ヘルスケアが従事する医療分野については，外資の受け入れに積極的でない国が多い。国民の生命や保健衛生を扱う公共インフラとしての色彩が強いことや，自国民の医療サービス従事者の雇用確保の必要性がその背景にある。ところが IHH ヘルスケアが傘下に収めたアジバデム病院はトルコにあり，トルコは経常収支赤字と政府債務に悩まされ政府資金が潤沢とは言い難い。そのためトルコ政府は，官民パートナーシップ方式（PPP）による公共インフラの開発を積極的に進めており，病院もその対象になった（経済産業省 2012）。

　参入が認められるなら，人口が8000万近いトルコはヘルスケアの市場として有望であった。経済は比較的堅調に成長しており，所得が上昇して民間病院の利用が増加すると予想された。くわえて，アジバデム病院はトルコ国内だけでなく，北アフリカや中東，バルカン諸国など広域から患者を受け入れており，いっそうの多国籍化の足かがりとしても期待された[6]。したがって，IHH ヘルスケアの中核事業のひとつであるアジバデム病院の M&A と経営の実現には，プル要因「6．進出先の国の投資環境の整備や改善」が強く効いたと考えられる。

3．格安航空エアアジアの多国籍化

　多国籍企業化を遂げたマレーシアのサービス業企業のもう一つの事例としては，エアアジアが挙げられる。IHHヘルスケアとは業態が異なるが，格安航空という業態は，もともとはアメリカやEU諸国で発展したビジネスであり，先進国企業に一日の長がある分野だという点はヘルスケアと共通している。

　エアアジアは，資金も後ろ盾もほとんどなかったトニー・フェルナンデスが1993年にマレーシアで創業した格安航空会社（LCC）である。フェルナンデスは，DRB-HICOMグループの傘下で経営不振にあえいでいたエアアジア社を，わずか1リンギで2機の中古航空機とともに買収した。サバ州コタキナバルへの就航を皮切りに，マレーシア国内の事業を拡大させた後，シンガポール当局と7年にわたる交渉の末，クアラルンプール＝シンガポール間で初めての国際線を就航させている。その後は，タイやインドネシアなどASEAN諸国での国際線をつぎつぎと開設していった。

　現在のエアアジアは，航空サービス評価会社である英国スカイトラックス社によるランキング（LCC部門）で2016年に1位を獲得するなど[7]，LCCの雄として国際的に認知されている。フェルナンデス自身もマレーシアの億万長者番付トップ50の常連となり，2016年のフォーブス誌による調査では，2億3000万ドルの純資産を保有し第45位にランクインしている[8]。ビジネス・タイクーンと呼ばれる古くからの財閥系のオーナー一族や政府のバックアップを受けた企業関係者が名を連ねるなか，裸一貫でビジネスを興して短期間でアジア広域にエアライン・ビジネスを拡大させたフェルナンデスの存在は異彩を放っている。

　エアアジアは現地パートナー企業との合弁というかたちで直接投資を行い，近隣のASEAN路線に加えて長距離路線事業も展開していった。2007年には既存の子会社をエアアジア・エックスに改組し，長距離路線事業をエアアジ

ア本体から移管した。エアアジア・エックスの地域別売上高は北アジア48.4％，オーストラリア30.4％，中東21.2％という構成となっている。

　LCC 業界は乗客数でみればアメリカのサウスウエスト航空が抜きん出ているが，米国で LCC が発展してきた背景には国土の大きさと航空機以外の利用手段が乏しいという事情があり，米国市場に大きく依存している。一方で，エアアジアはクアラルンプールを拠点とした長距離路線や各国でローカライズした国内線ビジネスなど外国事業を積極的に展開している点が特徴的である。そもそも，LCC は米国や欧州で発展したが，エアアジアはかぎりのある国内市場を越えて多国籍化した点で独自性がある。また，エアアジアはエアラインの本業だけでなく，他企業と合弁で LCC を中心とした他のエアラインのパイロットや乗務員の訓練を行う企業を設立し，中国やインドからも乗務員の訓練を受注して収益の多角化を図っている[9]。

　エアアジアの多国籍企業化もまた，OFDI の誘因がいくつか絡みあって実現したケースである。まずは，エアラインという業態がそもそも国内市場だけにとどまらないため，プッシュ要因である「1．国内市場規模の限界」がビジネスの性質上，開始当初から織り込まれている。純民間企業のエアアジアは IHH ヘルスケアとは異なり，プッシュ要因となる「2．政府による支援策」は受けていない。ただし創業者のフェルナンデスは，「マハティールは首相在任中に，エアライン・ビジネスの健全な競争のために，国営のマレーシア航空以外にも民間経営によるエアラインが必要だと考えていた」と語っている[10]。この発言から，本来は設立や営業の許認可を獲得することが難しい事業を短期間のうちに開始することができたのは，政府首脳の意向に合致していたためだと推測される。

　一方でプル要因を検討すると，エアアジアは IHH ヘルスケアと同様に「5．資源開拓型」ではないため，プル要因「6．進出先の国の投資環境の整備や改善」が重要になってくる。とりわけ，航空機の乗り入れは就航先の現地政府の規制に合わせた制度設計や許認可が必要となる。前述のとおりシンガポール進出のケースでは，長年の交渉の末に「進出先の国の投資環境が整備

や改善」が実現した。なお，フェルナンデス自身の発言によれば，タイやインドネシア当局は比較的柔軟な対応であり，とくに国内の航空需要が急速に高まり，地場航空会社だけでは対応しきれない状況だったインドネシアは，開放的な姿勢を示したという[11]。

　また，さらにマクロ的な視点から考えれば，世界的な航空制度の変容も，プル要因「6．進出先の国の投資環境の整備や改善」として重要である。梅﨑（2015）が整理した議論にもとづけば，航空輸送産業では，国際民間航空条約（シカゴ条約，1944年）とバミューダ協定（1946年）が「シカゴ＝バミューダ体制」として実質的な国際ルールとなっていた（梅﨑 2015, 17）。そのうえで，ASEAN 諸国は ASEAN 経済共同体（AEC）の形成に向けた一環として2004年に「航空輸送部門統合に向けたロードマップ」（RIATS）に合意，貨物と旅客両面における自由化や適用される空港を拡充していくことになった。RIATS は「航空貨物輸送の完全自由化に関する多国間協定」，「航空サービスに関する多国間協定」，「航空旅客輸送の完全自由化に関する多国間協定」とその付属文書により実現されてきている。こうした AEC 実現の一環としての航空輸送の自由化をめざした制度も，エアアジアの OFDI にとってプル要因として影響しているといえよう。

　　おわりに

　冒頭で述べたように，マレーシアは開発途上国でありながらも純投資国化した珍しい事例である。開発途上国の OFDI は世界的に増加する傾向にあるが，その多くは天然資源を扱う企業によるものである。一方で，東アジアの開発途上国の OFDI は製造業が中心となっているが，各国とも所得水準が高い（韓国，台湾など）とか，巨大な市場をもつ（中国）などの特異性をもっている。対してマレーシアの場合，サービス業での展開がみられる点が独特である。サービス業は先進国企業が強い分野であるにもかかわらず，本章でと

りあげた IHH ヘルスケアやエアアジアは，時価総額や売上高などの実績において先進国企業に匹敵する成長を実現している。そこで本章では，先行研究が蓄積しつつあるペトロナスなど資源開拓型の投資ではなく，まだ本格的な研究が行われていない途上国のサービス業企業の多国籍化の過程を分析した。

　先進国企業，とりわけ製造業企業の場合，労働コストの抑制をおもな目的として海外に進出することが多い。だが中所得国であるマレーシアのサービス業企業には，このようなプッシュ要因はまだ働いていない。一方でマレーシアの場合，人口が3000万人あまりであることによる国内市場規模の限界が海外進出のプッシュ要因になりうる。IHH ヘルスケアとエアアジアのいずれについても，新規市場開拓の必要性が海外展開の誘因のひとつであった。

　くわえてマレーシアの場合，経済主体として大きなプレゼンスをもつ政府系投資会社が2000年代半ばから対外投資や地場企業の海外展開支援を積極的に進めるようになった。カザナ・ナショナル社の出資で設立された IHH ヘルスケアは，政府の支援という強力なプッシュ要因によって海外展開を果たした事例である。

　政府の支援を受けなくても，進出先の投資環境が整備，改善されれば，それがプル要因となって海外展開を実現しうる。純民間企業のエアアジアによる海外進出が進んだ背景には，AEC の一環として進められた ASEAN 域内における航空輸送の自由化があった。また，IHH ヘルスケアのトルコ進出は，通常，外資の参入が難しいこのセクターにおいて，トルコ政府が官民協力によるインフラ整備に積極的だったことから実現した。

　2社の事例から得られた知見をあらためて整理すると，マレーシアのサービス業企業が海外進出を進める背景には，まず国内市場規模が小さいという共通の前提条件がある。マレーシアは安定成長期に入っており，かつてのような高度成長は望めないため，企業が一定以上の規模拡大を実現するには海外展開を進めるよりほかない。このような認識を，2000年代半ばには政府も共有するようになった。政府による支援策や，ASEAN 協力に促された進出

先の環境整備などをうまく活用できた企業が海外展開に成功している。

　これらのほかにも，マレーシアのサービス業企業の海外展開を促す要因は存在しうる。たとえば，国内で英語が広く通用しており外国進出におけるM&Aなど投資判断や交渉を行いやすいことや，多民族・多文化社会であるがゆえに進出先の異文化にも適用しやすいといった文化的要因が考えられる。こうした仮説の検証は今後の課題である。

　最後に，サービス業での多国籍企業化はマレーシアが先行しているものの，ASEANではそれに続く例が出はじめていることを強調しておきたい。最近は，タイのCPグループ（食品や小売等）やインドネシアのインドフード（食品），フィリピンのジョリビー（ファーストフードチェーン）といったサービス業，あるいはその要素を含んだ企業群が多国籍化を加速する現象がみられる。今後，それぞれの国内市場が成熟化に向かえば，当該企業は外国市場に成長の源泉を求めてOFDIを行い，多国籍化をいっそう加速させることが十分に考えられる。本章が扱った非資源セクター企業の多国籍化という現象は，これからの途上国企業研究において重要なテーマになるだろう。

〔注〕————————————————

(1)　限られた先行研究のなかでも，Marquardt（2013）がプランテーション等を手がける政府関連企業のサイム・ダービー社について詳しく論じている。

(2)　所有優位性（Ownership advantages），立地優位性（Location advantages），内部化優位性（Internalization advantages）の頭文字をとった略称である。

(3)　世界のFDIの動向については国連貿易開発会議（UNCTAD）がデータを公表している。1970年から2015年までの世界各国の外国直接投資動向について，IFDIとOFDIの金額データが網羅的にまとめられている。

(4)　パンタイは1974年にマレーシア国内で最初の病院を開設。パークウェイはもともとシンガポールを拠点とする企業で，1987年に医療ビジネスに参入してシンガポールのグレン・イーグルス病院を買収。2012年にIHHヘルスケアの傘下となり，パークウェイ・パンタイとして経営統合される。（IHHヘルスケア公式ウェブサイトより）。

(5)　カザナ・ナショナル社のウェブサイト（http://www.khazanah.com.my/Our-Investments/Geographic-Exposure）。

(6)　筆者による三井物産関係者へのヒアリング（2017年 2 月14日）。三井物産は IHH ヘルスケアに出資し，経営にも参画している。

(7)　Skytrax, "The World's Best Low-Cost Airlines in 2016,"（http://www.worldair-lineawards.com/Awards/worlds_best_lowcost_airlines.html）.

(8)　Forbes, "Malaysia's top 50 richest,"（http://www.forbes.com/malaysia-billionaires/list/）.

(9)　Bloomberg, "AirAsia's New Lease of Life," November 24, 2016 ならびに，筆者によるエアアジア本社関係者への聞き取り調査（2016年11月16日）。

(10)　筆者および，News Picks 後藤直義記者によるトニー・フェルナンデスへの聞き取り（2016年11月16日）。

(11)　筆者および，News Picks 後藤直義記者によるトニー・フェルナンデスへの聞き取り（2016年11月16日）。

〔参考文献〕

＜日本語文献＞

梅﨑創　2015.「ASEAN の航空自由化とエアアジアの戦略」『アジ研ワールド・トレンド』（242）　11月　アジア経済研究所　16-19.

─── 2017.「ASEAN 単一航空市場」池上寛編『アジアの航空貨物輸送と空港』アジア経済研究所　207-236.

小野沢純　2002.「マレーシアの開発政策とポスト・マハティールへの展望」『国際貿易と投資』（50）　国際貿易投資研究所　4-19.

─── 2010.「マレーシアの新開発戦略『新経済モデル』と『第10次マレーシア計画』」『国際貿易と投資』（81）　国際貿易投資研究所　38-63.

桂木麻也　2015.『ASEAN 企業地図』翔泳社.

経済産業省　2012.『トルコ共和国における病院整備運営環境調査 調査報告書』（http://www.meti.go.jp/policy/mono_info_service/healthcare/kokusaika/downloadfiles/fy23/outbound_07.pdf）.

末廣昭　2014.『新興アジア経済論──キャッチアップを超えて』岩波書店.

＜英語文献＞

Abdullah, Ahmad Badawi. 2004. *Keynote Speech at Seminar on High Performance Culture for G.L.C.s*. Prime Minister's Office of Malaysia, accessed at http://www.pmo.gov.my/ucapan/?m=p&p=paklah&id=2847

Chee, Heng Leng and Barraclough, Simon. 2007. *Health Care in Malaysia: The Dynamics of Provision, Financing and Access*. Oxon: Routledge.

Dunning, John H. 1998. "Location and the Multinational Enterprise: A Neglected Factor?" *Journal of International Business Studies* 29(1): 45–66.

Jones, Geoffrey. 2005. *Multinationals and Global Capitalism: from the Nineteenth to the Twenty-first Century*. Oxford: Oxford Universty Press.

Lee, Cassey and Sermcheep, Sineenat eds. 2017. *Outward Foreign Direct Investment in ASEAN*. Singapore: ISEAS Yusof Ishak Institute.

Marquardt, Lars. 2013. "The Internationalisation Process and Corporate Governance of Malaysia's Government-linked Companies: The Case of Sime Darby." Master's Thesis, ESCP Europe Business School.

Mohamed Ariff and Lopez, Gregore Pio. 2008. "Outword FDI from Southeast Asia: The Malaysian Experience." In *New Dimensions of Economic Globalization: Surge of Outward Foreign Direct Investment from Asia*, edited by Rajan Ramkishen S., Kumar, Rajiv and Virgill, Nicola. Singapore: World Scientific Publishing.

Palmisano, Samuel J. 2006. "The Globally Integrated Enterprise." *Foreign Affairs* 85(3) In JSTOR Journals provided by Singapore National Library.

Tham, Siew Yean., Teo, Yen Nee and Yeo, Michael. 2017. "Outward Foreign Dicret Investment from Malaysia." In *Outward Foreign Direct Investment in ASEAN*, edited by Lee, Cassey and Sermcheep, Sineenat. Singapore: ISEAS Yusof Ishak Institute, 79–102.

＜データベース＞

IMF, World Economic Outlook, April 2017 （https://www.imf.org/external/pubs/ft/weo/2017/01/weodata/index.aspx）

SPEEDA （http://www.uzabase.com/speeda/）

UNCTAD Statistics （http://unctad.org/en/Pages/Statistics.aspx）

World Bank Open Data （http://data.worldbank.org/）

＜ウェブサイト＞

Air Asia （http://www.airasia.com/）

CIMB （https://www.cimbclicks.com.my）

IHH Healthcare Berhad （http://www.ihhhealthcare.com/）

Khazanah Nasional Berhad （http://www.khazanah.com.my/）

第 9 章

マレーシアにおける貧困と所得・資産の格差

——推移と見通し——

ムハメド・アブドゥル・カリド

（訳・熊 谷　聡）

はじめに

　1957年の独立以来，マレーシア政府が経済政策の基礎においているのは，「公平性をともなう成長」（growth with equity）戦略である。これはとくに，第 2 次マレーシア計画（1971-1975年）（以下2MP）以降顕著になったもので，近年「包摂的成長」（inclusive growth）政策と呼ばれている政策の先駆けである。経済成長と再配分をともに重視するこの政策は，貧困削減と民族間の所得格差縮小に大きな成功を収めてきた。2010年に発表された新しい経済計画では，2020年までに高所得国入りすることをめざしている。

　マレーシアの貧困と格差の状況と動向に関する研究は多い（Ishak 2000; Faaland, Parkinson and Rais 1990; Ragayah 2008; Shireen 1998; MHDR 2013; Muhammed 2014）。しかし，これらは1970年代からアジア通貨危機直後までに関するものが大半で，2000年代を含む分析はほとんどなかった。2000年代以前のマレーシアの貧困と格差についての先行研究は，各首相の実績を比較することを可能にするものであった。しかし，2000年を境にして貧困と格差についての研究は少なくなり，長期にわたったマハティール期（1981～2003年）とポスト・マハティール期，すなわちアブドラ政権期（2003～2009年）

と現在のナジブ政権期（2009年〜）の貧困と格差の動向に関する比較はこれ
までほとんど行われてこなかった。そこで，本章ではおもに家計所得調査
（HIS）を用いて，この比較を行うことを目的とする。

　本章ではとくに，ポスト・マハティール期の2004年と2014年の比較により，
貧困と所得・資産格差の動向の分析を試みる。ここでは以下の３つの問いへ
の回答を試みる。

　　１．2004年以降，貧困削減と所得格差縮小はどの程度進展したか
　　２．所得・資産の民族間および民族内の格差は縮小したか
　　３．マレーシアの格差縮小の見通しと課題はいかなるものか

　本章の分析は，おもにマレーシア統計局が実施する家計所得調査（HIS）
のデータにもとづく。HIS は５年に２度の頻度で実施され，直近では2014年
に大規模なサンプル調査が行われた。HIS からは，世帯所得や個人の賃金・
所得，学歴，水道や電力などの生活インフラへのアクセスに関する情報が得
られる。こうしたデータをもとに，民族別の世帯所得分布や貧困率を算出で
きる。本章では，マハティール期の状況を示すデータとして1979年と2004年
の値を，ポスト・マハティール時代の状況を示すものとして2004年と2014年
の値をおもに比較している。このほか，第10次マレーシア計画（2010-2015
年）（以下10MP）や第11次マレーシア計画（2016-2020年）（以下11MP）のデー
タ，さらに従業員積立基金（EPF）や，マレーシア最大の投資信託であるブ
ミプトラ投資信託（ASB）のデータを用いて分析を行っている。

　本章は以下のように構成される。第１節と第２節では，それぞれ貧困と格
差の推移について検証を行う。その際，民族間および民族内の所得分布に焦
点を当てる。第３節ではマレーシアの包摂的成長戦略の見通しと課題につい
て述べる。「おわりに」は本章の結論となっている。

第1節　貧困率の推移と貧困対策

　1970年代以降，マレーシアでは家計の所得増加とともに貧困削減政策が奏功し，貧困は減少基調にある。1970年代，GDP の平均成長率は年率7.7％で，1980年代には5.8％，1990年代には7.2％であった。ポスト・マハティール時代に入っても，マレーシア経済は鈍化したとはいえ比較的高い経済成長率を維持している。第8次マレーシア計画（2001-2005年）（8MP）期間の経済成長率は4.7％，第9次マレーシア計画（2006-2010年）（9MP）期間には若干鈍化して4.2％となったものの，10MP 期間には再び加速して5.3％となった。マレーシア政府は11MP 期間中の経済成長率を年率5〜6％と予想している。2004年以降の平均経済成長率は5.0％となっている。

　こうした安定的な経済成長は貧困削減に貢献した。マハティール期直前の1979年に37.4％だった貧困率は，マハティール期直後の2004年には5.7％にま

図9-1　貧困率の推移（1970〜2014年）

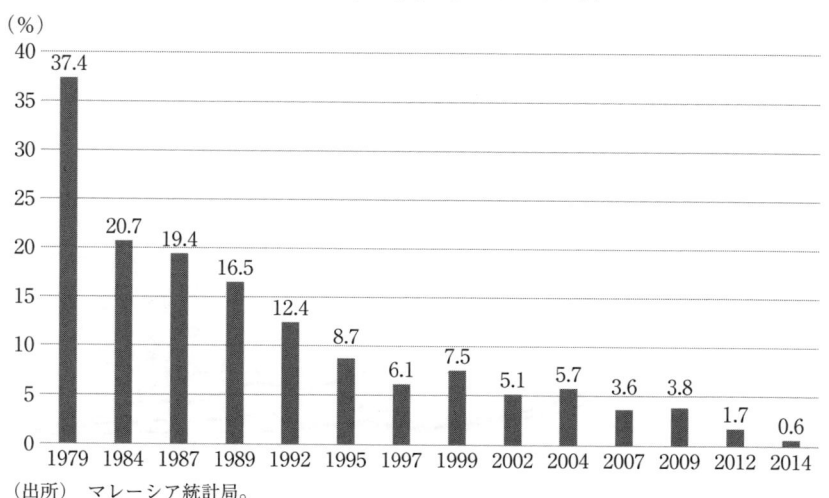

（出所）　マレーシア統計局。

324

で低下した。その後，貧困率はさらに低下して2014年に0.6％となり，2012年には極度の貧困（hard-core poverty）は根絶されている（図9-1）[1]。

　実際，貧困率は主要3民族のすべてにおいて低下している（図9-2）。改善がもっとも顕著なのはブミプトラで，1979年にはほぼ2人に1人が貧困であったが，2004年には100人中8人にまで劇的に減少した。それ以降，貧困率はさらに低下し，2014年には0.8％となっている。

　華人の貧困率も1979年の16.5％から2004年には0.6％に低下した。さらにポスト・マハティール期の2014年には0.1％にまで低下し，華人の貧困はほぼ根絶されたといえる。また，インド系の貧困率についても，マハティール期にあたる1979年の19.8％から2004年には2.9％にまで低下し，ポスト・マハティール期の2014年には0.6％となっている。

　マレーシアでは，一般に，民族別ではインド系がもっとも貧しいと考えられている，しかし，実際には，貧困率ではブミプトラがもっとも高く，貧困者「数」でみた場合も，その数がもっとも多いのはブミプトラで，次いでイ

図9-2　民族別貧困率の推移（1979～2014年）

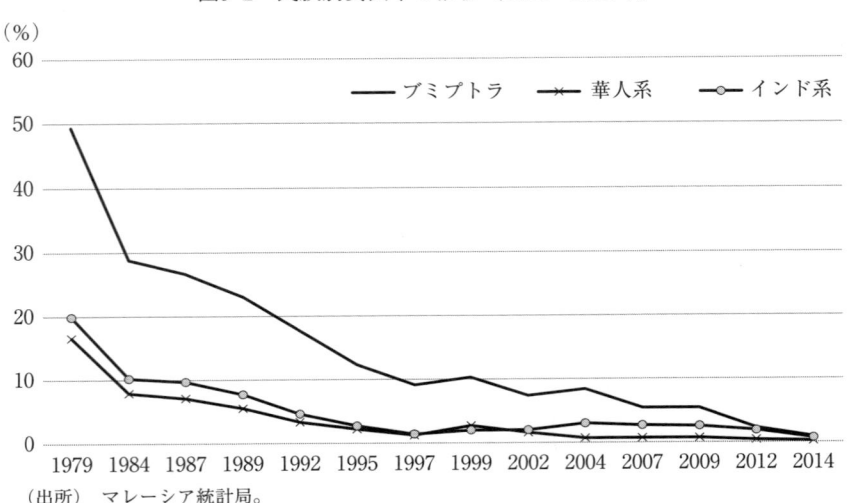

（出所）　マレーシア統計局。

ンド系となり，華人の貧困者は，ほぼ皆無となっている。

　このような画期的な貧困削減の成果は，独立時から今日まで続く数々の政策や計画を通じて達成されてきた。農村開発に関する計画や，教育機会の拡大，第2次・3次産業における雇用創出の加速が，輸出指向工業化戦略と相まって，経済成長率の押し上げと貧困・経済格差の削減を同時に達成することを可能にしたのである。政府による貧困削減政策には以下のようなものがある（EPU 2004）。

(1)　低所得者層に対する雇用創出

　政府は土地無し貧困層に対して，ゴムとパームオイルの農園で働き，それをのちに所有するという新しい土地開発スキームを中心とする植民プログラムを実施した。植民者には水道や電気を備えた住居も与えられた。連邦土地開発機構（FELDA）やゴム産業小農開発機構（RISDA）などの政府機関によって実施されたこのスキームは大きな成功を収めた。2012年にはFELDAの子会社（FGV社）はクアラルンプール証券取引所に上場を果たし，これは世界的にもフェイスブック社に次ぐ，この年の大規模新規上場となり，土地面積で世界第3位のパームオイル企業となった。

(2)　人的資本・生産性・スキルの向上

　技能・職業訓練を含む，初等教育から高等教育まで数多くの教育機関が設置され，とくに農村や低所得層に恩恵があった。中等教育までの教育が無料で提供される一方，公立大学には90％近い多大な補助金が与えられた。こうした人的資本の向上はとくに低所得世帯出身者が，より所得の高い非伝統部門で就業することを可能にした。

(3)　極貧層を対象とした政策実施や政府機関設置

　政府は，極貧層の情報を集めたデータベースの作成など，極貧層を対象とした特別な政策や政府機関を設置した。こうした政策は，極貧層の特別な

ニーズ（所得や雇用機会向上，よりよい住居，子どもへの食事補助や教育補助など）に対処することを目的に実施された。政府は，極貧層の所得向上のために，投資信託スキーム購入のための無利子ローンも提供した。そのほか，マレーシア・マイクロクレジット（AIM）は貧困層が稼得機会を得るために必要な，無利子の小規模ローンを提供するために設立された。政府は，こうしたマイクロクレジットの原資を提供した。また，貧困撲滅基金は雇用機会が確約されたスキル訓練や，教育補助，よりよい住宅などを提供した。

(4) 基本的な生活インフラの改善

とくに農村地域を中心に，電気，水道，道路，医療サービスや学校などが広範に提供された。2014年には全世帯の94.6％が戸内に水道があり，ほぼ全世帯が電気を利用できる。また，ほとんどすべての町や村に学校が建設され全世帯の96.5％について5キロメートル以内に公立小学校があり，88.7％について公立中学校がある。医療サービスへのアクセスも改善され，2014年時点で全世帯の約87％が公共医療施設から5キロメートル圏内にある。また，マレーシアでは公共医療サービスには政府から多額の補助金が出ている。

(5) 物価の安定

砂糖，コメ，調理油などは価格が統制され，ガソリンや軽油には高率の補助金が付与された。マレーシアが独立してまもなくのあいだ，補助金は，米作，教育，植民や観光促進，製造業立地促進などについて与えられ，とくに農村地域で顕著であった。これらは消費に対する補助金というよりも，むしろ生産面や投資面で選択的に適用された。（Thillainathan 2008）。その後，補助金は消費面にも拡大され，インフレ対策として1972～1974年のあいだに小麦粉への補助金が開始された。その後，1983年にガソリンの認可価格制度（APM）が開始，原油価格が1バレル30リンギ未満の場合には，割高なガソリンからの内部補助（cross-subsidise）によって，割安な軽油価格が実現した。しかし，この条件が2004年に崩れると，ガソリンと軽油の両方が政府によっ

て直接補助されるかたちとなった（Kojima 2013; World Bank 2013）。一方，ナジブ政権下では，2020年の財政収支均衡を目標として補助金の合理化が進められた。砂糖への補助金の段階的な廃止が2010年に開始され，2013年10月には完全に廃止された。ガソリン・軽油の補助金については，2010年7月にRON97（ハイオクガソリン）への補助金が廃止され，RON95（レギュラーガソリン）への補助金削減も開始，2014年12月1日までに完全に廃止された。コメへの補助金も低品質米を除いて2015年に廃止され，2016年には小麦粉と調理油への補助金（1キログラム以下のパッケージを除く）が廃止された。こうした補助金の廃止は，生活コストの上昇に対する国民の不満の一因となった。補助金のほかにも，特定期間について生活必需品の価格が統制されている。国内取引・協同組合・消費者省は生産者，卸売り，小売りのそれぞれについて，特定期間について価格統制を行っている。たとえば，2017年のラマダン（ムスリムの断食）期間には，21種類の食品[2]について価格が統制された。

図9-3　相対的貧困率の推移（1989〜2012年）

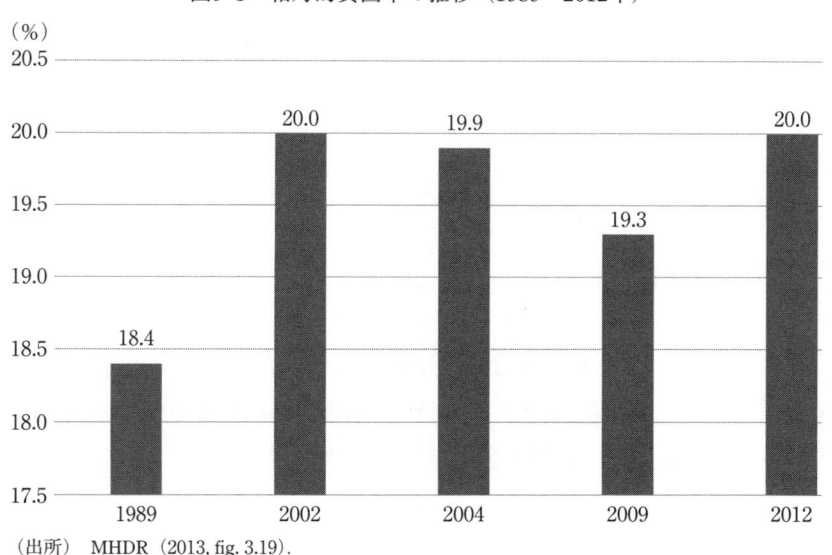

（出所）　MHDR（2013, fig. 3.19）.

一方で，おもに先進国で採用されている「相対的貧困率」でみると様相が異なる。マレーシアでは世帯所得が中央値の半分に満たない世帯を相対的貧困と定義しており，1989年から2012年までのデータが入手できる。マレーシアの相対的貧困率は2004年から2012年までほとんど変わっておらず，1989年に比べて2012年には2％ポイント近く上昇して20％となっている（図9-3）。

1970年代以降，マレーシア全体でみると貧困率は大きく低下しているが，貧困は部分的には依然として残っている。貧困率がとりわけ高いのが先住民のオラン・アスリで，2014年の貧困率は34％に達する。非マレー・ブミプトラの貧困率も相対的に高い。2014年のサバ州のブミプトラの貧困率は20.2％，サラワク州のブミプトラについては7.3％で，マレーシア全体の貧困率である0.6％よりも大幅に高い。

くわえて，貧困ラインぎりぎりで生活する世帯も多い。月収900リンギ未満の貧困世帯は全体の0.6％にとどまるものの，直近上位の月収1000～2000リンギの世帯が11％強を占める（DOS 2015）。こうした世帯は，貯蓄がない場合，失業したり病気にかかったりすると容易に貧困に陥る。MHDR（2013）の分析によると，農村部の90％，都市部の86％の世帯には貯蓄がなく，こうした世帯は突発的な出来事によって貧困に陥る可能性が高いといえる。

第2節　所得格差のパターンとトレンド

1．全国の所得分布

前述のように，マレーシアは過去40年間，比較的高い経済成長率を維持してきた。しかし問題は，拡大した経済の恩恵を，幅広い層の国民が享受できているかである。図9-4と図9-5は，経済成長が所得の分布に与えた影響を示したものである。マレーシアにおける所得のジニ係数は1979年の0.505から2014年には0.401に低下し，過去40年間でもっとも低い数字となった（図9-4）。

図9-4　所得のジニ係数の推移（1979〜2014年）

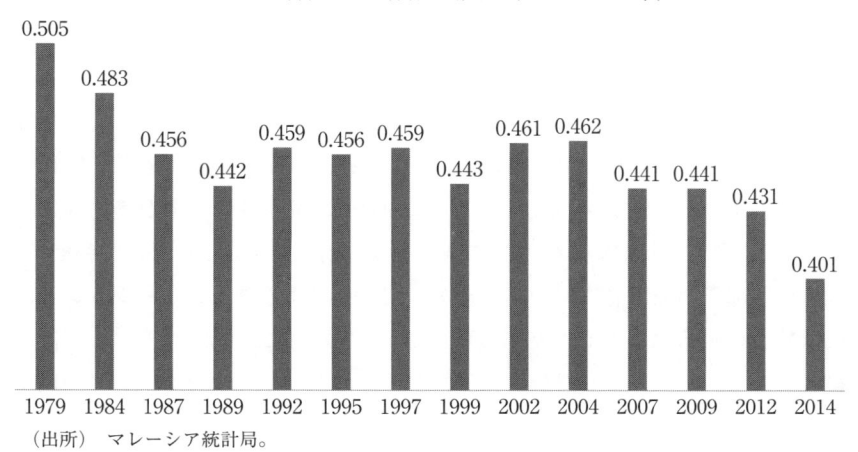

（出所）　マレーシア統計局。

2014年の時点で，10MP で2015年の目標として掲げられたジニ係数0.42をすでに達成している。

　マハティール期，所得のジニ係数は1979年の0.505から2004年には0.462に縮小した。所得のジニ係数は1990年代には一時悪化したものの，1997〜1998年のアジア通貨危機以降は再び改善している。1980年代の格差縮小にはいくつかの要因がある。Ragayah（2008）は，格差の縮小は広範な農村開発政策とブミプトラへの教育機会の提供，輸出指向工業化による賃金の上昇，資本保有構造の再編によるものであると論じている。一方で，1990年代の格差拡大は，経済自由化政策や FDI を通じた技術革新によって外国人労働者の流入と技能労働者の需要が高まり，技能労働者と単純労働者の賃金格差が拡大したことによる（Ragyah 2008; Ishak 2000）。

　ポスト・マハティール期については，2007年から2009年にかけて足踏みしたが，それを除けば2004年の0.462から2014年には0.401に改善した。より詳しくみると，ナジブ政権の最初の 3 年間は改善が進まなかったものの2012年から2014年にかけてジニ係数は大幅に改善し，改善率は年率換算3.54％と，非常に大きい。逆にいえば，1979年から2012年までの改善率は，年率平均

0.44%にすぎない。

　この大幅な改善については，２つの政策要因が考えられる。すなわち，2013年の最低賃金の導入と，2012年に導入された現金給付スキームである。国連開発計画（UNDP）の分析によれば，この２つの政策は格差に影響を与えたとされる（MHDR 2013）。最低賃金法は2012年に議会を通過し，2013年１月１日より民間企業の雇用主に対して900リンギの最低賃金が義務づけられた。これは，外国人（メイドや庭師など家事労働者を除く）を含む約320万人の民間部門の雇用者に影響を与える。UNDP によるシミュレーションでは，最低賃金の導入によりジニ係数が0.4603から0.4254に大幅に改善する。低所得者層をターゲットにした現金給付スキームであるワン・マレーシア国民支援（BR1M）は，最低賃金法に比べると影響がかなり小さいものの，格差改善に貢献した。UNDP による分析では，BR1M によるジニ係数の改善は0.8%にすぎない。

　このように，この２つの政策は，低所得者層に恩恵をもたらし，家計所得

図9-5　所得階層別所得シェアの推移（1979～2014年）

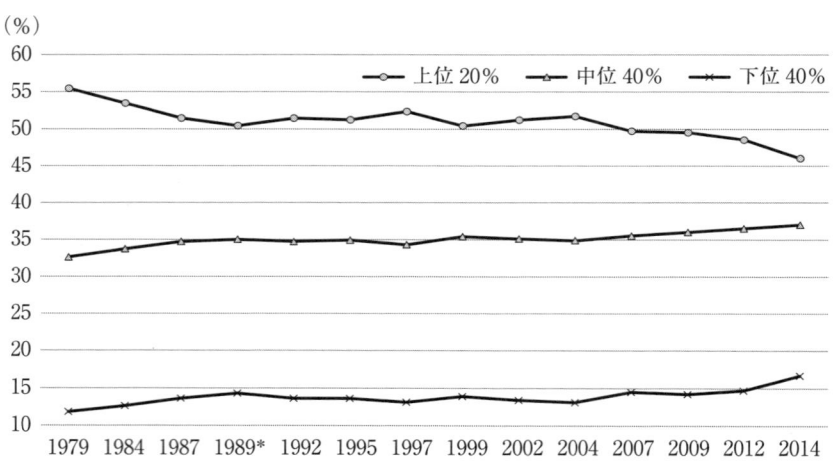

（出所）　マレーシア統計局。
（注）　*1989年以降はマレーシア国民のデータにもとづく。

の格差縮小に貢献したと考えられる。実際，上位20％世帯の所得シェアが低下した一方，中位40％世帯と下位40％世帯ではシェアが上昇している（図9-5）。

1979年から2014年にかけて，上位20％世帯の所得シェアが55.5％から46.1％に低下したのに対し，中位40％世帯のシェアは32.7％から37.1％に，下位40％世帯の所得シェアは11.9％から16.8％に上昇した。これは，中位および下位の所得階層が経済成長の恩恵を受けたことを明確に示している。

ポスト・マハティール時代に入ると所得分布の改善がさらに進み，所得シェアは下位40％世帯でもっとも増加し，中位40％世帯がこれに続き，上位20％世帯のシェアは低下した。

経済の拡大とジニ係数の低下は，世帯所得全体の増加と歩調を合わせて進んだ（図9-6），世帯所得（月額）は1979年の676リンギから2014年の6141リンギへと年率6.5％のペースで増加した。経済成長は低所得者層にもっとも大きな恩恵を及ぼし，下位40％世帯の所得はマハティール期には年率7.4％で

図9-6　所得階層別平均世帯月収の推移（1979〜2014年）

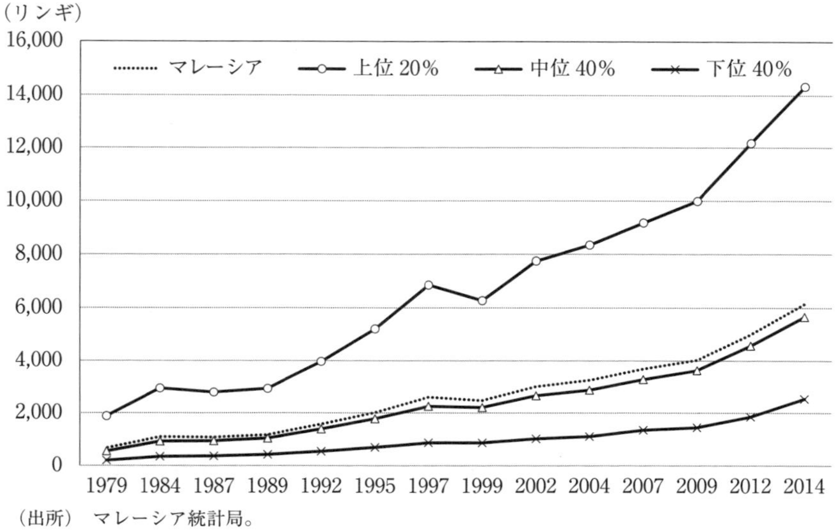

（出所）　マレーシア統計局。

増加，ポスト・マハティール期には年率8.7％の増加となった。これはマハティール期の全世帯の所得の伸び率である6.5％，ポスト・マハティール期の伸び率6.6％よりも高い。マハティール期とポスト・マハティール期のインフレ率がそれほどちがわない（3.1％と2.6％）ことから，こうした傾向はインフレ率の差を考慮してもなお維持される。

中位世帯の所得はマハティール期には年率6.8％増加し，ポスト・マハティール期にもほぼ同様の年率7％増となった。上位20％世帯の所得も増えたが，伸び率はほかの2グループより若干低い。上位20％世帯の所得はマハティール期には年率6.2％で増加したのに対し，ポスト・マハティール時代に入ると鈍化し，年率5.6％増となった。

2．民族別の所得分布

経済拡大によるトリクルダウン（浸透）効果は，ペースは異なるもののすべての民族に及んだ。ポスト・マハティール期にもっとも世帯所得が増えたのはブミプトラで，世帯所得（月額）は2004年の2711リンギから2014年の5548リンギへと年率7.4％で増加した。マハティール期の伸びは，それよりわずかに低い年率7.1％だった。こうした高い伸び率にもかかわらず，ブミプトラの平均世帯所得は1970年代以降，一貫して主要3民族のなかで最低の水準にとどまっている。

華人の平均世帯所得（月額）は2014年に7666リンギとなり，この統計をとりはじめた1970年以降，一貫して主要3民族のなかでもっとも高くなっている。ポスト・マハティール期の世帯所得の増加率は年率5.6％で，マハティール期の年率6.1％から鈍化している。一方，インド系の世帯所得はポスト・マハティール期には年率6.1％増となり，これはマハティール期から横ばいである。

非ブミプトラ世帯の平均世帯所得は引き続きブミプトラを上回っているものの，その格差は縮小してきている（図9-7）。たとえば，華人とブミプトラ

図9-7　民族間の世帯月収の格差の推移（1979〜2014年）

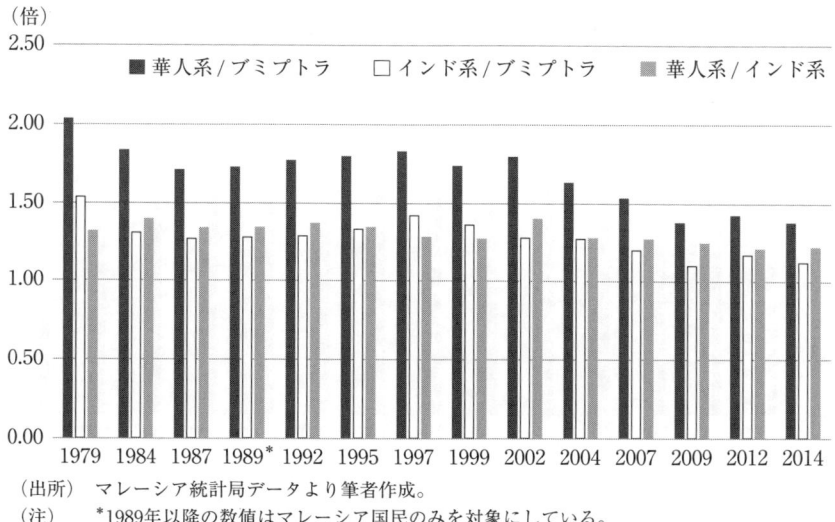

（出所）　マレーシア統計局データより筆者作成。
（注）　　＊1989年以降の数値はマレーシア国民のみを対象にしている。

のあいだの所得の相対格差は，1979年の2.04倍から2004年には1.64倍，2014年には1.38倍へと縮小が続いている。この格差はナジブ政権下では不変で，2009年と2014年はともに1.38倍になっている点は興味深い。

　インド系とブミプトラの世帯所得の格差も縮まり，1979年の1.54倍から2004年に1.27倍，ポスト・マハティールでは若干ペースが鈍ったものの縮小が続き，2014年は1.13倍となった。より詳しくみると2009年の1.1倍から2012年に1.17倍と若干拡大しており，インド系とブミプトラの格差が縮まらなかったのは1997年以降でこのときが初めてである。また，華人とインド系の世帯所得の格差も縮小し，1979年の1.33倍から2004年には1.28倍，さらに2014年には1.23倍と改善が進んでいる。

　一方で，民族内のジニ係数は2004〜2014年にかけて，すべての民族で低下した（図9-8）。ただ，所得格差の改善度合いには民族間で差があり，ブミプトラのほうが非ブミプトラより所得格差の改善幅が大きい。ブミプトラの民族内のジニ係数は2004年の0.452から2014年には0.389に低下し，改善率は

図9-8　民族内ジニ係数の推移（1979～2014年）

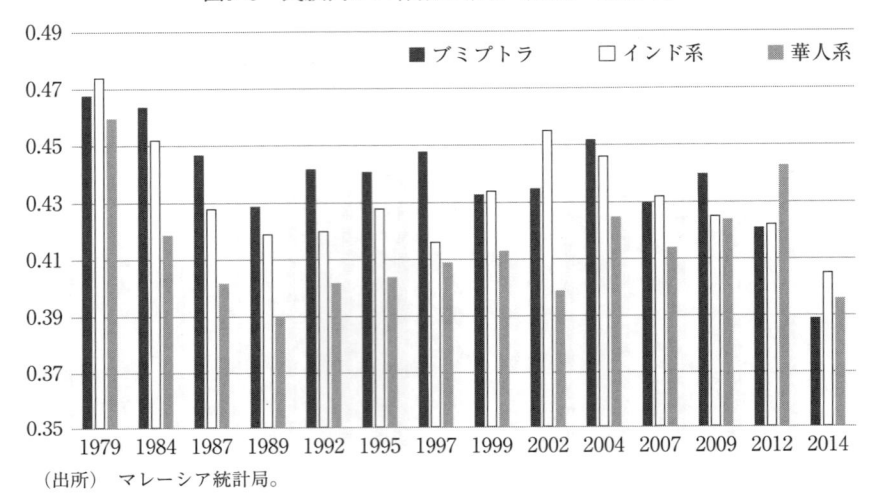

（出所）　マレーシア統計局。

14％となった。他方，同期間の華人の改善率は9.7％，インド系については7％だった。2014年時点でもっとも民族内の所得格差が大きいのは華人で，次いでインド系，ブミプトラの順となっていることは興味深い。2004年と2009年については，民族内格差がもっとも大きいのはブミプトラで，2012年についてはインド系であった。ブミプトラの民族内格差は2009年には主要3民族で最大であったのが，2014年には最小に転じたことになる。

　所得格差をタイル指数（Theil Index）を使って分析してみると，所得格差全体に占める民族間格差の大きさが明らかになる。利用可能な直近のデータである2009年についての分析では，格差全体のうち民族間格差が占める比率はわずか4％（MHDR 2013）となっている。すなわち，民族間の所得格差を解消したとしても，所得格差全体としては4％しか改善しないことになる。これは，1990年代の10％（Shireen 1998）から大きく低下している。これが示唆するのは，マレーシアにおける所得分布の変化には，民族間格差よりも，民族内格差が大きく影響しているということである。

　一方で，所得以外の経済格差に目を向けると，民族間格差は依然として

残っている。たとえば，住居用不動産所有者に占めるブミプトラの比率は2009〜2012年のあいだに2ポイント低下して26.1％となり，商業用建物所有者に占めるブミプトラの比率は5.8％から5.4％に低下した（Malaysia 2015）。つまり，住居用不動産の4分の3，商業用建物の10分の9以上はブミプトラ以外の民族によって所有されていることになる。

また，民族間格差は，人的資本，とくに専門的職業でも残っている。たとえば医師についてブミプトラが占める割合は，2010年の48％から2014年には45％に減少した。測量士（surveyor）についても同期間に53％から50％に減少している（Malaysia 2015）。一方で，ほかの職業ではわずかながら改善している。たとえば，公認会計士（7.4％から8.1％），建築士（37％から39％），エンジニア（32％から35％），弁護士（38％から41％）などである（Malaysia 2015）。

資本市場においても，ごくわずかだが民族間格差は改善している。ブミプトラが所有する上場企業は2011年の16.1％から2014年の16.8％へと拡大した（Malaysia 2015）。しかし，逆にいえば，外国人を含む非ブミプトラが，依然として資本の83.2％を保有していることになる。

3．賃金および資産格差

マレーシアにおける経済格差は，世帯所得については縮小基調にあるが，賃金格差はわずかに拡大し，金融資産では依然として大きく，ここ2〜3年は高止まりしている。賃金格差を分析するための代替指標として，ここでは従業員積立基金（EPF）を利用する。EPFは積立率と配当率が賃金水準にかかわらず同一であるため，EPF貯蓄口座のジニ係数の変化はおもに賃金格差の変化で決まると考えてよい。このEPFのデータによれば，賃金格差は2009年以降，徐々に上昇している。EPF貯蓄口座のジニ係数は2004年の0.643から2014年には0.658となり，この間1％近く拡大した計算になる（図9-9）。つまり，賃金格差は世帯所得の格差よりはるかに大きいことになる。

図9-9　EPF 貯蓄口座のジニ係数の推移（2004〜2014年）

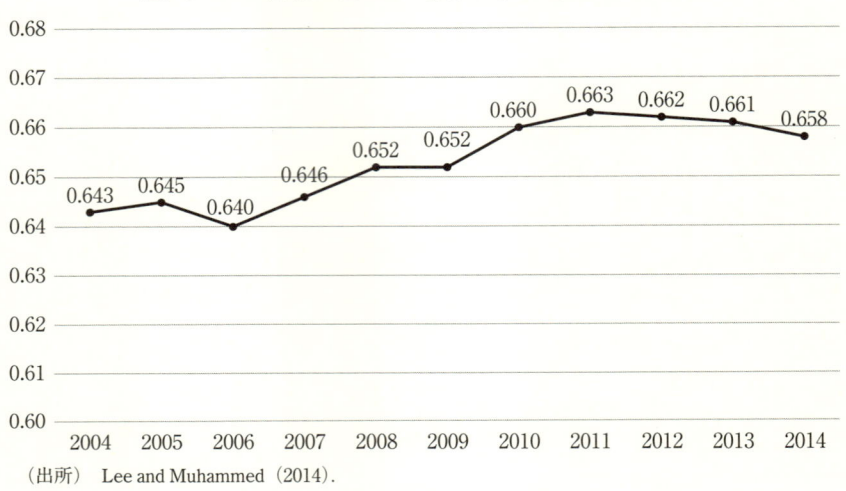

（出所）　Lee and Muhammed（2014）.

　賃金格差とともに，金融資産の格差についても高水準となっている。家計の金融資産に関する公開された統計はないが，マレーシア最大の政府系投資信託 ASB のデータから金融資産格差を算出することができる。同投資信託の2014年の投信残高は，マレーシアの投資信託全体の31％に相当する[3]。図9-10が示すように，2014年時点での ASB 保有残高のジニ係数は0.84となっており，これは，EPF 貯蓄口座のジニ係数0.658や世帯所得のジニ係数0.401よりはるかに大きい。しかし，この格差は2005年の0.88から2014年の0.84まで，年率0.51％のペースで，わずかながら縮小してきている。

　このように，所得格差は国民全体についても民族間についても縮小し，貧困はほぼ根絶された。ところが地域間の所得格差は依然として大きい。たとえば2009年から2015年にかけて，一人当たり GDP がもっとも高いクアラルンプールと，もっとも低いクランタン州のあいだで，その格差は6.8倍から7.8倍に拡大している。他国と比較するならば，2015年のクアラルンプールの一人当たり GDP はアイルランドと同程度なのに対し，クランタン州のそれはスリランカをやや下回る。すなわち，クアラルンプールはすでに高所得

図9-10　ブミプトラ投資信託（ASB）のジニ係数の推移（2005～2014年）

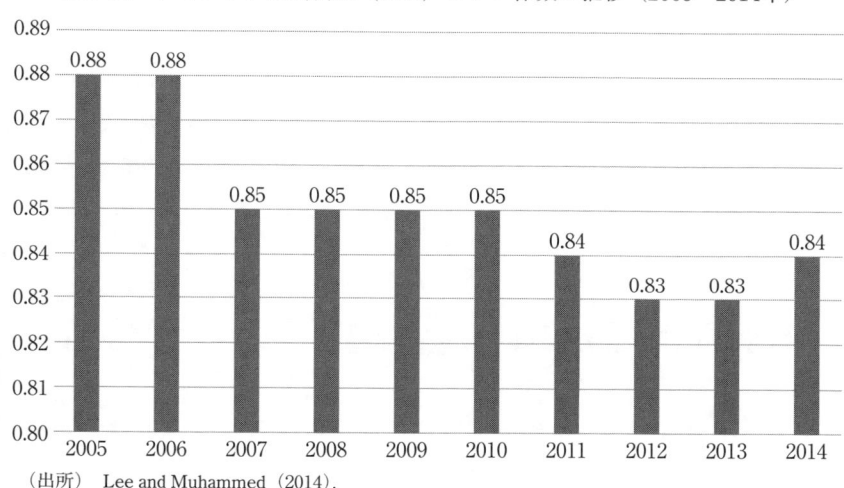

（出所）　Lee and Muhammed（2014）.

クラブへの仲間入りを果たした一方，クランタン州は低所得の範疇にとどまっている。

　この間，クアラルンプールとクランタン州の格差は世帯所得についても拡大した。2009年から2014年のあいだに，クアラルンプールの世帯所得が93.7％増加したのに対し，クランタン州はそれよりはるかに低い46.5％の増加にとどまっている。マレーシア政府が，11MPで国際競争力を高めるために特定の大都市に投資を行う計画であることをふまえると，このギャップが縮小すると考える根拠は見当たらない。11MPのなかで，経済成長を促し，居住性を向上させるために開発・投資が行われる対象は，クアラルンプール，ジョホールバル，クチン，そしてコタキナバルの4都市である（Malaysia 2015）。そのほか，投資が計画されているのは，クアラルンプール＝シンガポール間の高速鉄道の建設や，クアラルンプールの地下鉄網の拡充などで，いずれも2020年までの数年間，クランタン州よりクアラルンプールに恩恵をもたらすものである。

　したがって，マレーシアは国家として2020年までに高所得国のステータス

を手に入れるかもしれないが，多くの州が州レベルで高所得国のレベルに到達するには長い時間が必要だろう。マレーシア経済研究所が世界銀行の設定した閾値をもとに行った分析によると，2020年までに「高所得州」に仲間入りするのは，2005年にすでに到達しているクアラルンプールに加え，スランゴール州，ペナン州，サラワク州のわずか3州である（MIER 2015）。残る10州は2020年までに高所得のステータスを得ることはできないだろう[4]。

第3節　残された課題と今後の見通し

　マレーシア政府は引き続き格差縮小に重点をおいており，これはナジブ首相が2015年に開始した11MPにも反映されている。11MPは格差縮小に向けて，具体的目標をいくつか掲げている。所得格差については，ジニ係数を2014年の0.401から2020年には0.385に改善することを目標とし，下位40％世帯の平均世帯所得を2014年の2537リンギから2020年には5270リンギへと6年間でほぼ倍増させ，中間層へ引き上げることをめざしている。

　問題は，こうした目標が達成できるかどうかである。答えは目標によって異なる。11MPでは，2014年から2020年までのあいだにジニ係数を約1.6％，年率にして0.3％低減させることをめざしているが，その達成は容易だろう。10MP期間中にジニ係数が3.9％，年率0.8％低下したのに比べると，今回の目標はかなり低いためだ。通常，包摂的で公正な社会のジニ係数の目安が0.30未満とされていることをふまえると，2020年にジニ係数を0.385にする政府の目標は不可解に思われる。実際，10MPにおける2020年の目標値は0.35だった。つまり，11MPのジニ係数の目標は10MPより後退しており，その目標は，より公正な社会をめざすものとは言い難い。

　この格差縮小の目標に比べると，下位40％世帯の所得を倍増させる目標を達成することは，かなり難しいだろう。この目標を達成するためには，下位40％世帯の所得を2015年から2020年のあいだに名目年率13％で増やす必要が

ある。これは2009年から2014年の同階層の名目所得成長率の実績値を約3ポイント上回る。くわえて，11MP では賃金の中央値は2014年の1575リンギから2020年の2500リンギに年率7.7％増加することが見込まれている。これを実現するため，雇用者報酬の対 GDP 比率（労働分配率）を2014年の35％から2020年に40％に引き上げることが目標とされている。

　現在，中程度の経済成長と弱含みの労働市場によって賃金上昇は抑圧されており，これらは途方もなく高い目標に思われる。10MP における実質 GDP の年平均成長率は5.3％だったが，11MP では，より厳しい国内外の環境にもかかわらず10MP とほぼ同様の年率5〜6％の経済成長が見込まれている。さらに，労働力供給が過剰となれば，下位40％世帯の所得を毎年約15％増加させることは容易ではない。労働市場の需給が軟化している一因は外国人労働者の流入と雇用機会の減少で，失業者数が2010年から2016年初めにかけて31％も増加したことがそれを示している。実際，一人当たり実質賃金の中央値は，2012から2014年にかけて年率でわずか1％しか増加しておらず，クアラルンプールやペナンなどの主要地域では逆に実質賃金が低下している。同時に，労働力に占める単純労働者の割合は10％から15％に増加し，高所得労働者や経済全体の状況は厳しさを増している。

おわりに

　本章では，冒頭で，マレーシアの格差に関する3つの問いを提示した。すなわち，1. 2004年以降，貧困削減と所得格差縮小はどの程度進展したか，2. 所得・資産の民族間および民族内の格差は縮小したか，3. マレーシアの格差縮小の見通しと課題はいかなるものか，の3つである。

　はじめの2つの問いに対する回答は比較的容易で，肯定的なものである。ここまで述べてきたように，ポスト・マハティール期の政府は貧困削減と格差是正について，実績を上げているといえる。一方で，3つめの問いに対す

る回答は，経済が包摂的でありつづけるための困難を考えれば，否定的なものにならざるをえない。

　こうした悲観的な見通しにはいくつかの理由がある。第1に，家計所得以外の格差，とくに収入と金融資産の格差が高いレベルで継続しているためである。マレーシアの所得格差は低下してきているが，収入と金融資産の格差は依然として大きく，また是正が難しい。第2に，地域間の所得格差を縮める必要がある。民族間格差は改善してきたが，地域間の格差は逆に拡大している。民族間の格差を埋める努力は引き続き必要で，とくに人的資本の面と企業部門で対策が重要である。第3に，貧困は減少したものの，特定のグループの貧困は引き続き高水準にある。半島マレーシアの先住民（オラン・アスリ）や，多面的な貧困基準で測るなら，サバ州・サラワク州の内陸部の少数民族などがそれに当たる。

　ナジブ首相は引き続き包摂性に重点を置いているが，これは2MPに始まるマレーシア計画で繰り返されたてきた課題である。しかし，今後は単に所得格差をみるだけでなく，貧困と格差について，より多面的な見方をする必要がある。たとえば，単に所得を基準に貧困を測るのでなく，相対的貧困と相対的剥奪[5]に注目することが必要である。この相対的剥奪の考え方は，包摂的成長を実現するためにより重要になっており，実際に測定し，目標をつくり，モニターすることが可能である。資産や教育，労働市場，そして雇用機会など，所得以外の格差に注意を払うことも必要となる。

　重要なのは，経済成長を等しく分かち合い，所得格差を最小限に抑えるよう，とくに労働市場（賃金差別など），財政政策（公平な税制など），社会政策（包括的セーフティーネットなど）についての見直しや構造改革を行うことである。とくにマレーシアの税制は，勤労者より資産保有者を優遇するなど逆進性がある。賃金や消費には税金がかかるが，キャピタルゲインには課税されず，相続税は1993年に廃止されたままになっている。通常，資本価値の上昇は賃金より大きいため，マレーシアの税制は格差拡大を助長している。労働市場の悪化や，限られた財政拡大の余地，急速な財政改革は，精彩を欠く

世界の経済情勢と相まって，国民が経済成長の成果を等しく分かち合うため
の政策をマレーシア政府が実施することは難しくなっている。

〔注〕────────────────

(1) 貧困ラインは以下に定義される月額世帯所得である。都市部では，半島マ
レーシア940リンギ，サバ州1160リンギ，サラワク州1040リンギ。農村部で
は，半島マレーシア870リンギ，サバ州1180リンギ，サラワク州920リンギ
となっている。サバ・サラワク両州の貧困ラインが半島部より高いのは，貧
困ラインを定義するのに用いられる生活必需品の物価が半島部に比べて高く
なっているためである。2017年1月6日現在，1ドル＝4.5マレーシア・リンギ。

(2) 鶏肉，鶏卵，国産牛肉，赤唐辛子，トマト，輸入キャベツ，ココナツ，エ
シャロット，ニンニク，輸入タマネギ，ジャガイモ，魚などが含まれる。

(3) この数値は，2014年1月時点で証券委員会に登録されていた合計残高4000
億リンギをベースにしている（http://www.sc.com.my/wp-content/uploads/eng/
html/resources/stats/stat_2014.pdf）。

(4) 国民一人当たり所得でみた高所得国の基準は，世界銀行に従えば4万5259
リンギ，11MP では4万3071リンギと定義されている。

(5) 訳者注：相対的剥奪（relative deprivation）とは，社会的にみて，人々が一
般に所有・消費すべきと考えられる財やサービスが欠如している状態を指す。
所得による貧困ラインに代わる，より多面的な定義として注目されている。

〔参考文献〕

＜英語文献＞

DOS (Department of Statistics). various years. Household Income Survey. Putrajaya:
DOS.

EPU (Economic Planning Unit). 1970-2014. Household Income & Poverty. (http://www.
epu.gov.my/en/socio-economic/household-income-poverty 2017.2.6 アクセス).

Faaland, Just, Jack Parkinson and Rais Saniman. 1990. *Growth and ethnic inequality:
Malaysia's New Economic Policy.* London: Hurst.

Ishak Shari. 2000. "Economic growth and income inequality in Malaysia, 1971-95."
Journal of the Asia-Pacific Economy 5(1/2): 112-124.

Kojima, Masashi. 2013. "Petroleum Product Pricing and Complementary Policies:
Experience of 65 developing countries since 2009." Policy Research Working
Paper 6396. Washington, D.C.: World Bank.

Lee Hwok Aun. 2015. "Malaysia's spectacular drop in inequality⋯ for real?" The Malay Mail Online. 16 October. (http://www.themalaymailonline.com/what-you-think/article/malaysias-spectacular-drop-in-inequality...-for-real-lee-hwok-aun 2017.2.6アクセス).

Lee Hwok Aun and Muhammed Abdul Khalid. 2014. "Is Inequality In Malaysia Really Going Down?" FEA Working Paper 2014/09. Kuala Lumpur: Faculty of Economics, University of Malaya.

Malaysia. 2015. Eleventh Malaysia Plan 2016–2020. Kuala Lumpur: Percetakan Nasional Malaysia Berhad.

MHDR. 2013. Malaysia Human Development Report: Redesining an Inclusive Growth. Kuala Lumpur: UNDP.

MIER (Malaysian Institute of Economic Research). 2015. "Dashing to high income status at different speeds – why not all states will arrive at the same time." Paper presented at the 30th National Economic Briefing, 4 August. Kuala Lumpur.

Muhammed Abdul Khalid. 2014. *The Colour of Inequality: Ethnicity, Class, Income and Wealth in Malaysia*. Kuala Lumpur: MPH Publishing Sdn Bhd.

Ragayah H.M. Zin. 2008. "Explaining the Trend in Malaysian Income Distribution." In *Income Distribution and Sustainable Economic Development in East Asia: A Comparative Analysis*, edited by Mehdi Krongkaew and Ragayah Haji Mat Zin. Bangi: Penerbit UKM.

Roslan, A.H. 2001. "Income inequality, poverty and development policy in Malaysia." Paper presented at the International seminar on poverty and sustainable development, November 22–23, Université Montesquieu-Bordeaux IV and UNESCO, Paris.

Shagar, Loshana K. 2016. "Malaysians not saving enough for retirement." The Star. 4 May. (http://www.thestar.com.my/news/nation/2016/05/04/malaysians-not-saving-enough-for-retirement/ 2017.2.6 アクセス).

Shireen Mardziah Hashim. 1998. *Income Inequalities and Poverty in Malaysia*. Lanham: Rowman and Littlefield Publishers.

Thillainathan, R. 2008. "A Critical Review of Price Control and Subsidies in Malaysia." Presentation on 26 May 2008 at LSE Alumni's Forum on Rise and Fall of Subsidies, London.

Thillainathan, R. and Kee-Cheok Cheong. 2016. "Malaysia's New Economic Policy, Growth and Distribution: Revisiting the Debate." *Malaysian Journal of Economic Studies* 53(1): 51–68.

World Bank. 2013. "Malaysia Economic Monitor, June 2013: Harnessing Natural Resources." Bangkok: World Bank.

第10章

地域開発

——均衡成長への終わらない挑戦——

梅﨑　創

はじめに

　均衡成長（balanced growth），すなわち公正な分配をともなう経済成長の実現は，民主主義を標榜する国家にとっては最重要の政策課題であるといえよう。今年よりも来年，現世代よりも次世代の生活が豊かになること，そして自身や子がその成長の果実を公正に享受できると国民に期待されなければ，その政府は国民の信任を得ることができず，政権の不安定化を余儀なくされるはずだからである。

　「均衡」あるいはその欠如した状態である「格差」には，さまざまな側面がある。マレーシアでは1957年の独立以前から，イギリスの植民地支配下で近代的な経済活動が興された都市部と，先住民族であるマレー人の多くが伝統的な生活を営んでいた村落部との格差が広く認識されており，とくに後者の貧困削減が国家建設における最大の課題と位置づけられてきた。1950年には村落工業開発公社（RIDA），1956年には連邦土地開発公社（FELDA），1959年には村落開発省が設立されており，村落開発を通じた貧困削減が強力に推進されてきたが，その成果は限定的であった（鳥居 2005）。

　1969年に勃発した「5月13日事件」は，民族間の「均衡」が最重要の政治課題と位置づけられる契機となった。その是正をめざす新経済政策（NEP）

344

はマレー人を中心としたブミプトラ（先住民族）が歴史的に不利な立場を強いられてきたとして，さまざまなブミプトラ優遇政策を打ち出したものである。多数派を対象とした積極的格差是正策（affirmative action）は世界的にも希有な事例であり，現代マレーシアの最大の特徴であるといえよう（熊谷 2007）。NEP は1971〜1990年を対象とする長期開発計画であったが，その後継となる国民開発政策（NDP，1991〜2000年），国家ビジョン政策（NVP，2001〜2010年）においても，ブミプトラ優遇という NEP の精神は維持されている。長年にわたる政策的介入の効果もあり，民族間の所得格差は縮小傾向を示している（本書第9章）。

　地域間の「均衡」も多くの国に共通する政治課題である。日本で問題視されてきた東京への一極集中，地方都市の衰退，村落地域の過疎，中国における先富論，農民工，西部大開発などは，いずれも地域間の格差を象徴する現象だといえる。マレーシアにおいては，とくに最大の政治課題であった民族間の格差が縮小するに従って，地域間の格差が顕在化しつつある（梅﨑 2004; 熊谷 2007）。マレーシアにおいても，州政府や州経済開発公社への開発予算の分配などを通じた地域開発政策は進められてきたが，地域間，あるいは州間の経済格差は根強く残っており，十分な成果を上げるには至っていない。

　本章は，2003年10月のマハティール首相退任を契機として，マレーシアの地域開発政策にどのような変化が生じたのか，あるいは生じていないのかを明らかにし，その原因を究明することを目的としている。そのためにまず，第1節において，マレーシアにおける財政連邦制度の概要を整理し，地域開発の主体が連邦政府にあることを示す。第2節では，地域開発政策が是正をめざす地域間格差の様態を，各種統計により整理する。統計の利用可能性により，実際には州間の経済格差に焦点を当てることにする。次いで第3節において，中期的な開発政策の方向性を示す各次マレーシア計画（5カ年計画）を手掛かりとして，マハティール退任を機に地域開発政策に変化が生じたのか否か，生じたのであればそれはどのような変化であるのか，そしてその背景や理由を検討する。

第1節　地域開発の担い手

1．財政連邦主義

　財政連邦主義（fiscal federalism）とは財政に関する権限を中央政府だけでなく地方政府にも認めるという財政の考え方であり，マレーシアでも採用されている。中央政府と地方政府のあいだの権限の配分などにより，さまざまな形態がありうるが，マレーシアに関しては中央政府である連邦政府が大きな権限をもつ中央集権型の財政連邦主義であるといえる（Jomo and Wee 2014, 137）。マレーシアの連邦制度はマレーシア連邦憲法の第4部（連邦），第5部（州），第6部（連邦と州の関係），財政連邦主義を体現した財政制度については第7部（財政規程）の第108条（国家財政評議会），第109条（州への交付金），第110条（税・料金などの州への割当），第111条（借入に関する制限），第112条（州の定員制変更に関する権限）で規定されている。第7部第2章（サバ州，サラワク州への適用）は両州に関する特別な取り扱いを定めている。連邦政府と州政府の管轄の詳細は連邦憲法の第9附則（立法管轄表）および第10附則（州交付金および州に帰せられる歳入源）に規定されており，これらがマレーシアの財政連邦制度の法的根拠を構成している。

　連邦から州への交付金の柱は人頭交付金（第10附則第1部）と州道交付金（第10附則第2部）である。人頭交付金は各州の人口にもとづいて機械的に算出されるものであり，現在では人口10万人までは一人当たり72.0リンギ，つぎの50万人には同10.2リンギ，つぎの50万人には同10.8リンギ，それ以上の人口に対しては同11.4リンギが交付される。州道交付金は，連邦道以外の公道である州道の保守に充当されるものであり，各州の州道の長さに平均保守費用を乗じて算出される。また，特定の州だけに交付される特別交付金もある。第10附則第4部はサバ州，サラワク州に対する特別交付金を定めており，2016年度は，サバ州に対しては2670万リンギ，サラワク州に対して1600万リ

ンギが支払われた。ペナン島を分離することになったクダ州，クアラルンプールとプトラジャヤが連邦直轄領となったスランゴール州に対しては，その対価としての特別交付金がそれぞれ１万リンギ，2581万リンギ支払われている（Jomo and Wee 2014, 149）。

　第10附則第３部には州に帰属する歳入源，同第５部にはサバ州，サラワク州にのみ認められる追加の歳入源が定められている。州政府の歳入源は土地，鉱山，森林，州政府の事業や財産に関するものなどであり，サバ州，サラワク州ではさらに，石油製品に対する輸入税と内国消費税，木材・林業製品に関する輸出税などが追加される。

　マレーシアの財政連邦主義の枠組みを構成する連邦憲法の第108～112条に関しては1976年が最後の改正となっており，マハティール政権期とそれ以後との比較においては変更は生じていない。ただし，第10附則については２点の改正が行われている。１点目は，2002年人頭交付金法（Act 622）にもとづく，連邦政府から州政府への人頭交付金の水準の変更である。人頭交付金の引き上げは所得や物価水準の上昇に応じてこれまでも行われており，これが1976年，1992年に続く３回目となる。もう１点は，水供給に関する財源の取り扱いである。2005年の憲法改正法（Act A1239）により，第３部（州に帰属する歳入源）のライセンス収入の除外項目に「水供給およびサービス」が追加された（2007年１月31日施行）。すなわち，水供給に関するライセンス収入が，州政府から連邦政府へと移管されたことになる。同時に，「水道料金を含む水供給に関する受取金」も州政府の歳入源であったが，「原水に関する受取金」に限定されることになった。他方で，サバ州，サラワク州に対しては，水供給に関する歳入源についてまったく逆の改正が行われている。2005年の憲法改正法（Act A1239）にもとづいて，「水道料金を含む水供給に関する受取金」および「水供給およびサービスに関するライセンス収入」が両州の新しい歳入源として追加されたのである（2005年３月21日施行）。これは連邦憲法により保証されてきたサバ州，サラワク州の特別扱いをさらに強化する改正であり，多様な歴史的背景をもつ連邦国家であるマレーシアにおける

地域政策の難しさを示唆している。

2．連邦・州財政関係

　つぎに，連邦政府と州政府の財政関係の実態をみてみよう。まず，長期的にみて，連邦政府から州政府への交付金の重要性は低下傾向にある。州歳入における連邦政府からの交付金のシェアは，1963年には37.0％であったが2006年には15.2％にまで低下している（Jomo and Wee 2014, 150-151）。

　図10-1は，連邦政府と州政府の財政的な関係を示している。連邦政府から州政府に交付される連邦交付金が州政府（全州の合計値）の歳入に占める比率は，1980年代後半から1990年代前半にかけて低下傾向にある。その後，アジア通貨危機による不安定な時期を経て，アブドラ政権期の2004年には24.2％に上昇した後 20％前後を維持し，2014年以降は再び急上昇している。この近年の交付金比率の急上昇は，（原油価格下落などにより）州政府の自主財源歳入が急速に減少したことに起因しており，連邦交付金が大幅に増加したわけではない。州政府と連邦政府の歳入規模を比較すると，1980年代後半（1987年に25.9％）から2000年前後（2001年に10.4％）まで低下傾向を示しており，その後は10％前後で推移している。この傾向は，経常歳出の比較でも同様にみられる。しかし，地域開発政策に強く関連する開発歳出に関しては，異なった傾向が読み取れる。1980年代半ばから1990年代半ば，あるいはアジア通貨危機までの期間，州政府の開発歳出の規模は連邦政府の25.7％（1995年）〜40.9％（1987年）の範囲で推移しており，その平均値は32.3％である。その後，この値は急速に低下（2003年には10.0％）したが，すぐに15％前後に上昇し，近年は20％を超える水準になっている。州政府の開発歳出はおおむね安定的に増加傾向を示していることから，この変動の要因は連邦政府の開発歳出にあるといえる。

　以上において重要な点は，①おおむね2000年までに州政府の財政規模が相対的に縮小し，それ以後は歳入で比較して10％前後で安定的に推移している

図10-1　連邦・州財政関係

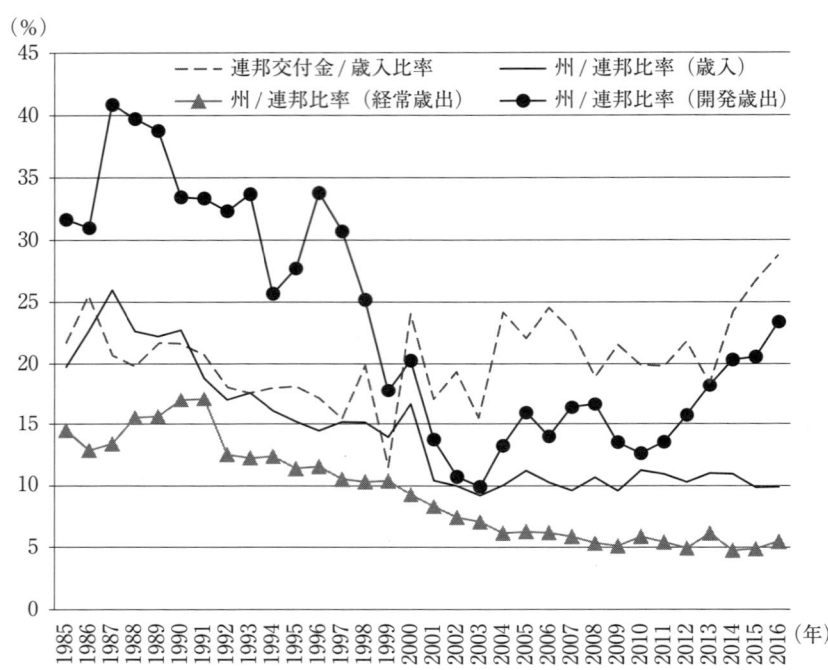

（％）

（出所）　Ministry of Finance, Malaysia, *Economic Report*, various issues.

こと，②州政府の自主財源からの歳入が減少したことにより，相対的に連邦
交付金への依存度が高まっていること，③連邦政府の開発歳出は州政府と比
較して規模も変動も大きいこと，などである。すなわち，第9次5カ年計画
（9MP）以降，地域開発への関心が高まっている一方で，その主たる担い手
は州政府ではなく，連邦政府であることが示唆されているといえよう。また，
連邦憲法111条により，マレー半島諸州では州政府の借入にも相手先機関，
期間（5年以内）等に関する制限があり，連邦政府の保証も必要とされてい
る。この規程も，州政府の連邦政府への財政的依存を実質的に高める効果を
もっている。

　ただし，連邦交付金は連邦憲法およびその附属文書で規定されているとお

りに算出されるものであるため，政治的な利用を可能にする裁量の余地には限界がある。ここで重要になるのが開発予算の配分であるが，そこには時の政権の政治的意図が色濃く反映されている。

たとえば河野（2012）は，1999年の総選挙において，国政レベルでは野党である汎マレーシア・イスラーム党（PAS）が政権を掌握したトレンガヌ州を事例として，マレーシアにおける「賞罰の政治」を分析している。連邦政府はまず，PAS が率いるトレンガヌ州政府から，開発政策を担う行政機能やオイル・ロイヤルティを剥奪するという「ムチの政策」を実行した。表10-1に示したとおり，トレンガヌ州への開発予算の配分は，2000年からの5年間を対象とする第8次マレーシア計画期間中に州別順位を12位にまで下げている。また，PAS 政権が村落開発のために新設した人民評議委員会（JSR）に対抗するために，統一マレー人国民組織（UMNO）は旧来の末端政治組織である村落安全開発委員会（JKKK）を復活させ，「アメの政策」を進め，つぎの総選挙に向けた村落住民の組織化を進めていった。このような賞罰政治の結果，2004年の総選挙では UMNO が PAS に大勝し，トレンガヌ州政権を奪還した。「選挙後，差し止められていたオイル・ロイヤルティは復活し，しばらくして連邦政府に移管されていた開発政策担当部門が州政府に戻され」，PAS 政権によってつくられた JSR は廃止され，JKKK が正式に復活した。マハティールの後継となったアブドラ首相は，「選挙後まもなく飛行場の改装や高速道路計画の検討・実施，また中断していた港湾工事などの開発事業を再開した」（河野 2012, 258）。河野が指摘するように，「財政関係もまた，行政権および立法権と同様に，開発政策をコントロールする総理府を中心とした連邦政府の管理下に置かれている」（河野 2012, 243）のである。

このように，開発予算の州別配分が連邦政府の政治的意図によって影響されてきた点については複数の先行研究が指摘している。たとえば，Jomo and Wee（2014）は，マハティールが首相だった時期に彼の出身地であるクダ州に開発予算が多く配分されていたこと，PAS が政権を掌握し続けているクランタン州への開発経費供与が常態的に遅滞していることなどを指摘し，「財

表10-1　開発予算の州別配分

(100万リンギ，順位)

	3MP (1976-1980)		4MP (1981-1985)		5MP (1986-1990)		6MP (1991-1995)		7MP (1996-2000)		8MP (2001-2005)		9MP (2006-2010)	
高開発州														
ジョホール	1,832	(2)	2,929	(4)	4,529	(1)	3,794	(2)	3,613	(4)	5,937	(4)	10,200	(4)
マラッカ	328	(12)	940	(12)	520	(13)	924	(11)	1,191	(12)	2,465	(11)	3,686	(12)
ヌグリスンビラン	617	(11)	1,131	(11)	1,302	(10)	1,548	(10)	1,801	(11)	5,221	(5)	5,884	(10)
ペラ	1,792	(3)	2,834	(6)	3,738	(6)	2,563	(7)	3,216	(6)	4,849	(7)	7,614	(7)
ペナン	894	(9)	1,236	(10)	1,257	(11)	1,548	(10)	1,968	(9)	4,040	(8)	6,152	(9)
スランゴール	1,413	(6)	3,677	(1)	4,365	(2)	4,295	(1)	4,296	(3)	7,848	(3)	15,539	(2)
低開発州														
クダ	854	(10)	2,389	(8)	2,659	(9)	2,826	(5)	3,341	(5)	5,180	(6)	7,817	(6)
クランタン	1,019	(7)	2,848	(5)	3,621	(7)	2,064	(9)	1,850	(10)	2,905	(10)	6,651	(8)
パハン	2,054	(1)	2,944	(3)	4,118	(3)	2,837	(4)	3,090	(7)	3,821	(9)	9,851	(5)
プルリス	156	(13)	304	(13)	560	(12)	505	(12)	953	(13)	1,581	(13)	2,201	(13)
サバ	1,452	(5)	3,172	(2)	3,913	(4)	2,307	(8)	4,495	(2)	7,990	(2)	15,658	(1)
サラワク	1,657	(4)	2,608	(7)	3,464	(8)	3,209	(3)	4,548	(1)	8,676	(1)	13,437	(3)
トレンガヌ	911	(8)	2,023	(9)	3,790	(5)	2,729	(6)	2,553	(8)	2,443	(12)	5,806	(11)

（出所）　Jomo and Wee（2014）.
（注）　10MP 以降，開発歳出の州別配分が公表されていない。カッコ内は順位。

政連邦主義は連邦政府が州政府をコントロールするための重要な手段となった」(Jomo and Wee 2014, 159) と主張している。また，鷲田 (2014) は，マレーシアで長期間政権を維持している与党連合が，開発予算や閣僚ポストの配分を通じて集票を促してきたことを実証的に論じている。さらに鷲田 (2017) は「集票手段の要としての開発予算は，あくまで選挙における効率性とリスクの観点から配分される」とも指摘している。

第2節　州間経済格差

マレーシアにおける貧困や格差を多角的に分析したムハメド（本書第9章）は，「所得格差はマレーシア全体，とりわけ民族間で縮小し，貧困はほぼ根絶したが，地域間の開発面におけるギャップは依然大きい」と指摘している。

表10-2　州別の面積と人口分布

	面積 km²	人口密度 人/km²	2010年の人口（千人）			2010年のシェア（％）			2000→2010年の変化率（％）		
			計	都市部	村落部	計	都市部	村落部	計	都市部	村落部
全　国	330,804	86	28,334	20,125	8,209	100.0	71.0	29.0	21.7	39.5	−7.2
ジョホール	18,987	176	3,348	2,406	942	11.8	8.5	3.3	22.2	34.6	−1.1
クダ	9,425	207	1,948	1,258	690	6.9	4.4	2.4	18.1	94.1	−31.2
クランタン	15,024	102	1,540	653	887	5.4	2.3	3.1	17.3	45.4	2.6
マラッカ	1,652	497	821	710	111	2.9	2.5	0.4	29.1	66.2	−46.7
ヌグリスンビラン	6,644	154	1,021	679	342	3.6	2.4	1.2	18.7	47.9	−14.7
パハン	35,965	42	1,501	758	743	5.3	2.7	2.6	16.5	40.2	−0.6
ペナン	1,031	1,514	1,561	1,418	143	5.5	5.0	0.5	18.9	34.8	−45.2
ペラ	21,005	112	2,353	1,640	713	8.3	5.8	2.5	14.7	36.2	−15.9
プルリス	795	291	232	119	113	0.8	0.4	0.4	13.3	69.8	−16.2
スランゴール	7,960	686	5,462	4,990	472	19.3	17.6	1.7	30.4	36.1	−9.5
トレンガヌ	12,955	80	1,036	613	423	3.7	2.2	1.5	15.3	40.1	−8.3
サバ	73,619	44	3,207	1,732	1,475	11.3	6.1	5.2	23.2	38.7	8.9
サラワク	124,450	20	2,471	1,330	1,141	8.7	4.7	4.0	19.3	33.4	6.2
クアラルンプール	243	6,891	1,675	1,675	0	5.9	5.9	0.0	21.4	21.4	n.a.
ラブアン	92	945	87	72	15	0.3	0.3	0.1	14.3	21.1	−9.5
プトラジャヤ	50	1,448	72	72	0	0.3	0.3	0.0	n.a.	n.a.	n.a.

（出所）　Department of Statistics, Malaysia, Statistical Yearbook Malaysia 2012.

本節では，マレーシアの公式統計にもとづいて，州間経済格差の推移をより詳細に分析し，その変化の要因を考察する。

　表10-2は，州別の面積と，2000年および2010年に実施されたセンサスにもとづく人口分布を示している。マレーシアは13州と３つの連邦直轄領（クアラルンプール，ラブアン，プトラジャヤ）からなる。13州のなかで最大の面積をもつのはサラワク州で，国土面積の37.6％に相当し，面積が最小であるプルリス州の156.4倍もの規模である。２番目に広いサバ州をあわせると，カリマンタン島の２州で国土面積の約６割を占めることになる。人口に関しては，2010年時点で，最多のスランゴール州と最少のプルリス州のあいだに23.6倍の差がある。サラワク州の人口はスランゴール州，ジョホール州，サバ州に次ぐ４番目であるにもかかわらず，人口密度は１平方キロメートル当たり20人と，13州のなかでもっとも低くなっている。ペナン州の人口密度はその75倍以上である。全国平均では人口の71.0％が都市部に居住しているが，

村落部人口の方が多いクランタン州をはじめ，パハン州，プルリス州，サラワク州，サバ州などでは村落人口比率が40％を超えている。他方，13州のなかでもっとも都市人口比率の高いペナン州では，人口の90.8％が都市部に居住している。2000年から2010年までの変化をみると，州によって人口増加率に大きなちがいがあること，急速に都市化が進んでいることなどが読み取れる。この10年間でマレーシアの人口は21.7％増加しているが，スランゴール州とマラッカ州では30％前後も増加している一方で，プルリス州，ペラ州の増加率はその半分の15％にも満たない。シンガポールに隣接するジョホール州も全国平均を上回る率で人口が増えており，大都市を有する州の人口増加が顕著であることがわかる。また，全国平均でみると，都市部人口が39.5％増加した一方で，村落部人口は7.2％減少している。この背景には，村落から都市への人口移動と都市の地理的拡大があると思われるが，どちらの要因がどの程度影響しているのかという詳細については現時点では不明である。都市部人口の増加率が高いのはクダ州，プルリス州，マラッカ州であり，村落部人口が多くの州で減少しているなかでサバ州，サラワク州，クランタン州では増加している。

　表10-3は，マレーシアの一人当たり GDP（名目値）の推移と，各州の一人当たり GDP の対全国平均比を示している。まず，中期的にみて，マレーシアの一人当たり GDP が順調に増加していることが読み取れる。名目値ではあるが，2015年の一人当たり GDP は1990年の5.6倍という規模になっている。表10-3のなかの各州の値は，この全国平均を基準（1）とした場合に，各州の一人当たり GDP がどの程度であるかを示している。2000年以前に関しては，マレーシア計画で発表されている一人当たり GDP の実質値を用いてこの比率を算出しているためか，それ以降の数値とのあいだに大きな乖離が生じており，有意義な比較ができない。そのため，ここでは名目値を用いたことで比較可能な2005年以降の特徴を整理するにとどめておく。13州のなかで一人当たり GDP がもっとも高いクアラルンプールと，もっとも低いクランタン州のあいだにある格差は2005年時点で6.8倍であり，2015年には7.8倍に

表10-3　一人当たり GDP の州間格差

	1990	1995	2000	2005	2006	2007	2008	2009	2010	2011	2012	2013	2014	2015
全国（名目値，リンギ）	6,578	10,757	15,169	20,868	22,478	24,589	27,929	25,385	28,733	31,372	32,913	33,720	36,031	37,104
ペナン	1.19	1.40	1.47	1.31	1.46	1.31	1.24	1.22	1.19	1.15	1.15	1.17	1.17	1.21
サラワク	0.88	0.86	0.87	1.22	1.32	1.25	1.31	1.23	1.22	1.30	1.27	1.26	1.24	1.19
スランゴール	1.43	1.32	1.19	1.12	1.15	1.08	1.05	1.15	1.13	1.11	1.13	1.16	1.13	1.15
マラッカ	0.84	1.05	1.08	0.95	1.00	0.94	0.92	0.93	1.01	1.02	1.05	1.03	1.07	1.07
ヌグリスンビラン	0.85	0.84	0.88	1.04	1.12	1.00	0.97	0.97	1.03	1.03	1.03	1.02	1.00	0.99
パハン	0.82	0.70	0.71	0.81	0.85	0.80	0.80	0.81	0.82	0.85	0.81	0.81	0.81	0.82
ジョホール	0.92	0.93	0.96	0.78	0.79	0.79	0.74	0.77	0.77	0.77	0.77	0.77	0.78	0.80
トレンガヌ	1.58	1.54	1.58	0.72	0.75	0.73	0.70	0.68	0.76	0.74	0.73	0.72	0.73	0.71
ペラ	0.80	0.86	0.90	0.59	0.61	0.59	0.59	0.61	0.64	0.65	0.66	0.66	0.67	0.69
プルリス	0.66	0.71	0.74	0.62	0.69	0.57	0.55	0.59	0.61	0.59	0.59	0.60	0.58	0.58
サバ	0.83	0.67	0.63	0.52	0.52	0.55	0.63	0.61	0.61	0.62	0.58	0.57	0.55	0.53
クダ	0.59	0.59	0.61	0.49	0.51	0.50	0.48	0.52	0.48	0.49	0.48	0.48	0.48	0.49
クランタン	0.39	0.42	0.43	0.28	0.29	0.29	0.29	0.31	0.33	0.34	0.33	0.33	0.33	0.33
クアラルンプール	1.92	2.12	2.11	1.90	2.00	1.90	1.87	2.11	2.21	2.21	2.31	2.42	2.51	2.55
ラブアン	n.a.	n.a.	n.a.	1.20	1.20	1.18	1.02	1.17	1.13	1.18	1.23	1.29	1.54	1.58

（出所）　マレーシア計画各号および，Department of Statistics, Malaysia, Gross Domestic Product (GDP) by State: 2005–2010にもとづき筆者作成。

拡大している。スランゴール州との比較でみても，その格差は2005年時点で4.0倍，その後微減しているものの2015年でも3.5倍という格差が残っている。一人当たり GDP が有意に全国平均を上回っている州は，サラワク州，ペナン州，スランゴール州であり，極端に低いクランタン州，クダ州と明確な対比をなしている。表10-3をみるかぎり，一人当たり GDP の州間格差は明確に拡大しているわけではないが，縮小しているわけでもなく，固定的な性格をもっているといえる。

　表10-4は，平均世帯月収（mean household income），貧困率，ジニ係数の推移を示している。各州の平均世帯月収を比較すると，クアラルンプールとスランゴール州に関しては，一人当たり GDP で比較した場合と同様に全国平均を有意に上回っているが，ペナン州とサラワク州は様相が異なっている。ペナン州の平均世帯月収は1999年をひとつのピークとして全国平均値との乖離が縮小に転じ，2014年にはわずかではあるが全国平均を下回っている。サラワク州に関しては，一人当たり GDP とのちがいがより顕著である。サラワク州の平均世帯月収は，1987年と1989年に全国平均値をわずかに上回っただけで，それ以降は全国平均を下回り，その乖離が拡大していることがわかる。定義上，一人当たり GDP は当該州で産出された付加価値を人口で除した値であり，その付加価値がどのように分配されるかは問わない。これに対して，平均世帯月収から読み取れるのは，労働者，家計への分配である。サラワク州において，一人当たり GDP が全国平均を上回っているにもかかわらず，平均世帯月収が全国平均を下回っている原因は，同州の産業構造にある（表10-5）。2014年時点でサラワク州の GDP の22.4％は鉱業に由来するが，鉱業に従事する労働者はわずか１％にも満たない。鉱業由来の付加価値の大半は，サラワク州の労働者，家計に分配されることない。とはいえ，平均世帯月収の州間格差は，2014年の最大値でも，クアラルンプールとクランタン州のあいだの2.9倍であり，州に限定すると，スランゴール州とクランタン州のあいだの2.2倍にとどまっており，一人当たり GDP でみたほどの格差にはなっていない。これも，大都市圏で算出された付加価値の多くが労働では

なく資本に対して分配されていることを示唆している。しかし，平均世帯月収でみても，州間格差が固定的であるという点は否定できない。

　貧困率に関しては，1970年以降，劇的に低下している。1970年には国民の約半数が貧困のなかにあったわけだが，1984年にはその半分以下の20.7％となり，1995年には8.7％，直近の2014年には0.6％にまで低下している。貧困削減に関するマレーシアの経験は世界的にみても稀な成功例である。貧困率が10％を下回った時期で比較すると，もっとも遅かったのはサバ州であり，トレンガヌ州，クランタン州，サラワク州などが続く。

　ジニ係数は，所得の不平等度を測る指標であり，0～1の範囲の値をとる。数値が大きいほど不平等度が高いことを意味しており，0.4が不平等度を評価するひとつの目安とされている。全国でみても，各州内でみても，ジニ係数は低下傾向を示しており，所得格差が縮小傾向にあることがわかる。ここで興味深いのは，直近の2014年において，クアラルンプールを除くすべての州および連邦直轄領においてジニ係数が0.4を下回っているにもかかわらず，全国の値がわずかながら0.4を上回っていることである。これは，州内の所得格差が縮小する一方で，これまでにみてきたように，州間の格差が根強く残っていることに起因している。

　あらためて表10-5にもとづき産業構造の変容を整理しておこう。2020年の数値は，第11次マレーシア計画で示された目標値である。また，統計の利用可能性により，付加価値と労働の時間軸が異なっていることにも留意されたい。1985年9月のプラザ合意以降，積極的に製造業の直接投資を誘致して工業化を推進してきたことを反映して，製造業に従事する労働者のシェアは1985年の15.0％から，1995年には23.3％へと上昇している。しかし，その後は緩やかな低下傾向を示している。農業（実際には農林水産業）に従事する労働者のシェアは1985年の30.4％から急速に低下し，直近の2012年には12.6％になっている。製造業，農業を離れた労働者を吸収しているのがサービス業である。付加価値ベースでみても，2005年以降，鉱業と製造業の縮小に対応して，サービス業のシェアが上昇している。

表10-4　平均世帯月収，貧困率，ジニ係数にみる州間格差

		1970	1974	1976	1979	1984	1987	1989
	全国	**264**	**362**	**505**	**678**	**1,098**	**1,083**	**1,169**
平均月収（RM）	ジョホール	237	382	513	731	1,065	1,060	1,220
	クダ	189	256	306	382	690	718	860
	クランタン	151	231	269	341	625	667	726
	マラッカ	265	410	568	772	1,040	1,034	1,190
	ヌグリスンビラン	286	386	505	629	1,039	908	1,162
	パハン	286	305	477	702	960	900	1,092
	ペナン	292	471	589	840	1,183	1,130	1,375
	ペラ	254	305	436	559	883	863	1,067
	プルリス	140	206	338	316	692	711	852
	スランゴール	421	598	735	1,067	1,590	1,558	1,790
	トレンガヌ	173	206	339	360	756	694	905
	サバ＆ラブアン	n.a.	n.a.	513	767	1,212	1,116	1,358
	サラワク	n.a.	n.a.	426	582	1,033	1,141	1,199
	クアラルンプール	n.a.	n.a.	1,058	n.a.	1,920	1,790	2,102
	プトラジャヤ	n.a.	n.a.	n.a.	n.a.	n.a.	n.a.	n.a.
	全国	**49.3**	**n.a.**	**37.7**	**37.4**	**20.7**	**19.4**	**16.5**
貧困率（％）	ジョホール	45.7	n.a.	29.0	18.2	12.2	11.1	9.8
	クダ	63.2	n.a.	61.0	53.8	36.6	31.3	29.9
	クランタン	76.1	n.a.	67.1	55.0	39.2	31.6	29.6
	マラッカ	44.9	n.a.	32.4	20.4	15.8	11.7	12.4
	ヌグリスンビラン	44.8	n.a.	33.0	26.3	13.0	21.5	9.1
	パハン	43.2	n.a.	38.9	26.9	15.7	12.3	10.0
	ペナン	43.7	n.a.	32.4	19.7	13.4	12.9	8.7
	ペラ	48.6	n.a.	43.0	30.5	20.3	19.9	19.2
	プルリス	73.9	n.a.	59.8	63.1	33.7	29.1	17.4
	スランゴール	29.2	n.a.	22.9	14.5	8.6	8.9	7.6
	トレンガヌ	68.9	n.a.	60.3	53.1	28.9	36.1	31.3
	サバ＆ラブアン	n.a.	n.a.	58.3	40.7	33.1	35.3	29.7
	サラワク	n.a.	n.a.	56.5	47.8	31.9	24.7	21.0
	クアラルンプール	n.a.	n.a.	n.a.	n.a.	4.9	5.2	3.7
	プトラジャヤ	n.a.	n.a.	n.a.	n.a.	n.a.	n.a.	n.a.
	全国	**0.513**	**0.530**	**0.557**	**0.505**	**0.483**	**0.456**	**0.446**
ジニ係数	ジョホール	n.a.	0.430	0.469	0.442	0.404	0.386	0.381
	クダ	n.a.	0.523	0.497	0.468	0.476	0.434	0.428
	クランタン	n.a.	0.612	0.505	0.438	0.464	0.414	0.407
	マラッカ	n.a.	0.506	0.558	0.472	0.438	0.403	0.396
	ヌグリスンビラン	n.a.	0.465	0.490	0.432	0.422	0.431	0.366
	パハン	n.a.	0.445	0.384	0.478	0.416	0.372	0.350
	ペナン	n.a.	0.597	0.608	0.492	0.452	0.422	0.406
	ペラ	n.a.	0.452	0.525	0.447	0.428	0.410	0.421
	プルリス	n.a.	0.425	0.498	0.440	0.459	0.408	0.377
	スランゴール	n.a.	0.507	0.516	0.505	0.481	0.462	0.444
	トレンガヌ	n.a.	0.502	0.482	0.458	0.461	0.478	0.459
	サバ＆ラブアン	n.a.	n.a.	n.a.	0.490	0.491	0.467	0.459
	サラワク	n.a.	n.a.	n.a.	0.501	0.498	0.465	0.441
	クアラルンプール	n.a.	n.a.	n.a.	n.a.	0.486	0.465	0.428
	プトラジャヤ	n.a.	n.a.	n.a.	n.a.	n.a.	n.a.	n.a.

（出所）　首相府経済企画庁（Prime Minister's Office, Economic Planning Unit）ウェブサイトの情報にもとづき筆者作成。

1992	1995	1997	1999	2002	2004	2007	2009	2012	2014
1,566	**2,020**	**2,606**	**2,472**	**3,011**	**3,249**	**3,686**	**4,025**	**5,000**	**6,141**
1,712	2,138	2,772	2,646	2,963	3,076	3,457	3,835	4,658	6,207
1,048	1,295	1,590	1,612	1,966	2,126	2,408	2,667	3,425	4,478
908	1,091	1,249	1,314	1,674	1,829	2,143	2,536	3,168	3,715
1,459	1,843	2,276	2,260	2,650	2,791	3,421	4,184	4,759	6,046
1,380	1,767	2,378	2,335	2,739	2,886	3,336	3,540	4,576	5,271
1,263	1,436	1,632	1,482	1,991	2,410	2,995	3,279	3,745	4,343
1,821	2,225	3,130	3,128	3,496	3,531	4,004	4,407	5,055	5,993
1,274	1,436	1,940	1,743	2,153	2,207	2,545	2,809	3,548	4,268
1,040	1,158	1,507	1,431	2,006	2,046	2,541	2,617	3,538	4,445
2,280	3,162	4,006	3,702	4,406	5,175	5,580	5,962	7,023	8,252
941	1,117	1,497	1,600	1,837	1,984	2,463	3,017	3,967	4,816
1,491	1,647	2,057	1,905	2,406	2,487	2,866	3,144	4,089	4,985
1,479	1,886	2,242	2,276	2,515	2,725	3,349	3,581	4,293	4,934
2,428	3,371	4,768	4,105	4,930	5,011	5,322	5,488	8,586	10,629
n.a.	n.a.	n.a.	n.a.	n.a.	n.a.	5,294	6,747	8,101	10,401
12.4	**8.7**	**6.1**	**8.5**	**6.0**	**5.7**	**3.6**	**3.8**	**1.7**	**0.6**
5.6	3.1	1.6	3.1	2.5	2.0	1.5	1.3	0.9	0.0
21.2	12.2	11.5	14.2	9.7	7.0	3.1	5.3	1.7	0.3
29.5	22.9	19.2	25.2	17.8	10.6	7.2	4.8	2.7	0.9
8.5	5.3	3.5	2.9	1.8	1.8	1.8	0.5	0.1	0.1
8.1	4.9	4.7	4.1	2.6	1.4	1.3	0.7	0.5	0.4
6.9	6.8	4.4	9.8	9.4	4.0	1.7	2.1	1.3	0.7
4.0	4.0	1.7	0.7	1.2	0.3	1.4	1.2	0.6	0.3
10.2	9.1	4.5	6.8	6.2	4.9	3.4	3.5	1.5	0.7
19.8	11.8	10.7	13.6	8.9	6.3	7.0	6.0	1.9	0.2
4.3	2.2	1.3	1.9	1.1	1.0	0.7	0.7	0.4	0.2
25.6	23.4	17.3	22.7	14.9	15.4	6.5	4.0	1.7	0.6
27.8	22.6	16.5	23.4	16.0	23.0	16.0	19.2	7.8	3.9
19.2	10.0	7.3	10.9	11.3	7.5	4.2	5.3	2.4	0.9
1.7	0.5	0.1	0.4	0.5	1.5	1.5	0.7	0.8	0.1
n.a.	n.a.	n.a.	n.a.	n.a.	n.a.	0.0	0.0	0.0	0.0
0.459	**0.456**	**0.459**	**0.443**	**0.461**	**0.462**	**0.441**	**0.441**	**0.431**	**0.401**
0.423	0.399	0.397	0.386	0.408	0.395	0.368	0.393	0.383	0.324
0.433	0.406	0.429	0.409	0.426	0.387	0.392	0.408	0.391	0.365
0.451	0.442	0.442	0.424	0.444	0.416	0.405	0.428	0.410	0.393
0.397	0.399	0.371	0.399	0.386	0.352	0.380	0.411	0.355	0.316
0.406	0.384	0.408	0.392	0.401	0.380	0.385	0.372	0.382	0.361
0.369	0.373	0.359	0.332	0.404	0.389	0.380	0.382	0.354	0.360
0.412	0.405	0.398	0.399	0.435	0.398	0.411	0.419	0.370	0.364
0.399	0.397	0.381	0.387	0.417	0.393	0.399	0.400	0.417	0.366
0.415	0.379	0.412	0.394	0.437	0.423	0.454	0.434	0.455	0.346
0.446	0.424	0.409	0.394	0.423	0.443	0.418	0.424	0.396	0.379
0.448	0.464	0.466	0.440	0.424	0.443	0.399	0.418	0.426	0.360
0.468	0.448	0.454	0.448	0.465	0.477	0.450	0.453	0.428	0.390
0.467	0.440	0.447	0.407	0.445	0.440	0.442	0.448	0.440	0.391
0.443	0.423	0.417	0.414	0.448	0.467	0.446	0.374	0.442	0.407
n.a.	n.a.	n.a.	n.a.	n.a.	n.a.	0.362	0.342	0.305	0.374

表10-5　産業構造

	年	付加価値（%）					年	労働（%）				
		農業	鉱業	製造業	建設業	サービス業		農業	鉱業	製造業	建設業	サービス業
全　国	2005	8.3	13.3	27.5	3.0	46.8	1985	30.4	0.8	15.0	7.4	46.4
	2010	10.1	10.9	23.4	3.4	51.2	1995	20.0	0.4	23.3	8.0	48.3
	2014	9.2	9.0	23.0	4.3	53.5	2005	14.6	0.4	19.8	9.0	56.2
	2020	7.8	7.1	22.1	5.5	56.5	2012	12.6	0.6	17.5	9.1	60.1
ジョホール	2005	12.4	0.1	38.6	3.3	44.2	1985	33.3	0.4	18.1	7.4	40.9
	2010	12.5	0.1	34.7	3.4	56.6	1995	16.5	0.2	33.2	7.7	42.4
	2014	15.7	0.1	31.3	4.1	47.3	2005	10.2	0.3	30.5	8.1	51.0
	2020	12.9	0.1	31.1	5.1	49.5	2012	8.2	0.3	27.0	8.8	55.7
クダ	2005	12.4	0.1	36.1	2.7	48.1	1985	45.7	0.2	12.2	6.0	35.9
	2010	12.4	0.1	30.2	2.5	64.3	1995	27.5	0.2	25.7	6.6	39.9
	2014	15.0	0.1	27.6	2.2	54.4	2005	17.5	0.2	24.1	7.0	51.1
	2020	13.2	0.1	25.4	2.0	58.8	2012	20.5	0.3	20.2	6.9	52.0
クランタン	2005	26.0	0.2	6.0	2.0	65.7	1985	39.4	0.3	11.4	7.3	41.6
	2010	25.6	0.1	5.8	1.7	80.2	1995	29.9	0.1	14.5	7.1	48.4
	2014	26.8	0.2	4.9	1.4	66.6	2005	20.4	0.3	11.7	12.8	54.8
	2020	24.0	0.1	4.6	1.3	69.8	2012	22.1	0.2	10.2	11.4	56.1
マラッカ	2005	5.4	0.1	50.5	2.3	41.7	1985	23.5	0.1	18.8	7.7	49.9
	2010	11.0	0.0	41.7	3.1	44.0	1995	9.9	0.4	28.5	8.3	52.9
	2014	11.1	0.1	39.1	3.3	46.4	2005	7.9	0.2	24.9	8.0	59.0
	2020	9.8	0.0	35.6	3.1	51.4	2012	5.9	0.6	21.1	8.1	64.3
ヌグリスンビラン	2005	8.3	0.1	53.3	2.1	35.7	1985	34.8	0.5	12.5	6.5	45.7
	2010	11.6	0.1	45.7	2.5	39.3	1995	26.1	0.2	23.8	7.3	42.6
	2014	10.8	0.1	44.7	2.7	39.9	2005	13.8	0.3	20.8	8.7	56.4
	2020	10.1	0.1	44.2	2.5	41.6	2012	12.2	0.3	17.7	7.9	62.0
パハン	2005	23.5	0.4	27.9	2.5	45.6	1985	43.0	0.7	9.6	4.6	42.0
	2010	27.8	0.7	22.3	2.9	46.3	1995	36.1	0.1	14.2	7.7	41.8
	2014	26.6	0.7	22.4	2.9	47.3	2005	28.7	0.4	11.1	7.8	52.0
	2020	24.2	0.5	22.6	2.7	49.9	2012	24.6	0.5	10.9	7.9	56.1
ペナン	2005	1.6	0.0	54.2	2.2	41.2	1985	6.5	0.2	30.9	8.6	53.7
	2010	2.3	0.0	48.1	2.5	46.6	1995	2.5	0.1	44.3	5.6	47.5
	2014	2.2	0.1	46.0	2.7	48.2	2005	2.6	0.1	36.2	6.8	54.4
	2020	1.7	0.0	47.1	2.4	48.1	2012	3.0	0.1	31.2	7.5	58.3
ペラ	2005	16.9	0.3	20.0	2.5	60.0	1985	31.8	1.7	14.4	5.8	46.3
	2010	19.3	0.3	17.5	2.2	60.7	1995	22.0	0.4	21.7	8.1	47.8
	2014	16.6	0.4	17.9	3.3	61.8	2005	14.8	0.3	20.7	9.4	54.7
	2020	12.9	0.3	17.3	3.0	66.5	2012	15.2	0.4	17.3	7.5	59.6
プルリス	2005	25.5	0.2	12.4	3.6	53.6	1985	46.1	0.7	7.4	7.8	38.0
	2010	28.2	0.2	8.6	3.5	57.8	1995	31.1	0.3	17.5	8.6	42.5
	2014	23.5	0.2	9.5	2.9	61.8	2005	15.1	0.1	13.8	10.7	60.3
	2020	24.8	0.2	9.1	3.1	61.1	2012	15.2	0.3	9.8	9.3	65.4
スランゴール	2005	1.5	0.1	36.8	4.5	53.8	1985	13.7	1.6	20.5	8.9	55.3
	2010	2.2	0.1	30.1	5.3	59.6	1995	4.4	0.4	30.5	9.0	55.6
	2014	1.9	0.1	28.7	6.6	59.7	2005	3.1	0.3	22.5	9.3	64.7
	2020	1.5	0.1	26.5	9.3	60.3	2012	1.8	1.0	19.8	9.9	67.5
トレンガヌ	2005	10.1	0.1	41.6	2.7	45.5	1985	33.1	0.9	12.9	8.7	44.4
	2010	11.1	0.1	35.5	3.7	49.6	1995	22.9	1.5	16.8	11.3	47.5
	2014	10.4	0.1	33.1	4.2	52.2	2005	16.3	1.3	13.2	13.8	55.4
	2020	10.5	0.1	28.1	4.1	57.1	2012	12.9	1.2	12.2	13.7	60.0
サバ	2005	29.7	15.8	9.7	2.9	41.4	1985	47.9	0.7	4.7	6.9	39.8
	2010	27.8	23.6	8.0	2.4	37.9	1995	39.8	0.7	12.4	4.8	42.3
	2014	25.7	20.4	8.3	2.5	42.7	2005	33.8	0.2	11.1	8.0	46.8
	2020	24.3	17.1	8.3	3.6	46.4	2012	26.2	0.8	10.6	9.3	53.1
サラワク	2005	12.6	26.9	27.7	2.4	30.1	1985	49.8	0.7	7.8	6.8	34.9
	2010	13.4	24.5	27.5	2.8	31.4	1995	37.4	0.5	11.1	8.8	42.3
	2014	13.4	22.4	27.0	3.3	33.6	2005	30.3	0.7	11.8	9.2	48.0
	2020	12.2	19.3	26.3	4.6	37.4	2012	25.8	1.3	13.4	10.3	49.2
クアラルンプール	2005	0.0	0.0	5.8	4.5	88.6	1985	0.5	0.7	18.6	10.4	69.8
	2010	0.0	0.0	3.7	4.8	90.6	1995	0.4	0.6	17.7	10.6	70.8
	2014	0.0	0.0	3.8	6.7	88.6	2005	0.1	0.2	10.5	10.8	78.3
	2020	0.0	0.0	3.4	8.3	87.6	2012	0.2	0.2	8.9	9.3	81.5
ラブアン	2005	3.4	0.0	27.7	1.1	66.1	1985	7.3	3.3	11.3	16.0	62.0
	2010	5.1	0.0	22.8	0.9	70.5	1995	3.2	5.8	10.9	23.8	56.3
	2014	4.4	0.0	21.8	1.8	70.9	2005	6.2	4.3	13.8	14.8	61.0
	2020	3.2	0.0	20.9	1.6	73.8	2012	2.5	7.0	11.6	11.1	67.8

（出所）　第11次マレーシア計画および，マレーシア統計局資料にもとづき筆者作成。

　州ごとに産業構造は大きく異なっている。鉱業は天然資源の所在に依存するため，基本的にサラワク州，サバ州にのみ存在しており，付加価値ベースでみたシェアは2014年の値でいずれも20％を超えている。2005年時点で製造業が過半を占めていたのはペナン州，ヌグリスンビラン州，マラッカ州の3州であり，製造業の付加価値の絶対額が最多のスランゴール州とあわせて道路，港湾等のインフラ整備が進み，海外直接投資（FDI）を多く受け入れてきたマレー半島部西海岸諸州が製造業の集積地となってきたことがわかる。

　以上にみてきたとおり，マレーシアは全体として目覚ましい経済発展を達成し，その結果として貧困を事実上根絶するという大きな成果を上げてきている。しかし，同国を構成する13の州は，面積，人口，経済規模，産業構造など，さまざまな面で多様であり，一人当たり GDP や平均世帯月収などにみられる経済的な格差は固定的である。経済資源や富の大都市への集中はどの国においても進行している事態ではあるが，そのような格差の固定，拡大，さらには世代を超えた再生産は，やはり国家の不安定要因となりうる重要な問題である。

第3節　マレーシア計画にみる地域開発政策の変容

　地域開発政策とは，地理的な，あるいは行政区分間の経済格差を縮小するために，後進地域の経済発展を重点的に促進することを主眼として立案・実施される中央政府の政策である。以下本節では，5カ年計画である各次マレーシア計画を参照して，マレーシアにおける地域開発政策の変容を分析していく。

1．マハティール以前：NEP のもとで肥大化する政府

　1957年の独立後，マレーシアはゴム，アブラヤシ，カカオ，コショウなど

の輸出作物の生産を増やすこと，村落地域に雇用機会を創出して貧困を削減することをめざす村落開発に取り組んできた。マレーシア連邦の初代首相トゥンク・アブドゥル・ラーマンが1965年にとりまとめた第1次マレーシア計画（1966-1970）（1MP）では，当時マレーシアが直面していた社会経済的な問題として，①ゴム，錫の輸出への強い依存，②高い人口増加率，③村落・都市間，マレー半島部とサバ，サラワク間，さまざまな社会グループ間にみられる所得分配の不均衡，④経済開発に必要な人的資源が不十分であること，などが指摘されている（Malaysia 1965, 1）。当時のマレーシア経済を支えていたゴム農園や錫鉱山の多くがマレー半島西部にあり，そのような近代的経済活動が行われている地域と，それ以外の地域とのあいだの格差はすでに問題として認識されていた。

　1969年の5月13日事件を経た1971年，第2代のアブドゥル・ラザク首相が第2次マレーシア計画（1971-1975）（2MP）をとりまとめた。ここから民族間格差に積極的に介入する新経済政策（NEP）が始まり，地域開発も格差是正のための視点のひとつとして位置づけられるようになる。それを象徴するように，2MPは「国家の最優先課題は国民の結束（National Unity）である」という一文から始まる（Malaysia 1971, 1）。さらに，そのためには所得や機会のより公平な分配に重点を置いた社会経済開発が必要になっていると指摘し，①民族にかかわりなく貧困を撲滅すること，②民族間の経済的不均衡を是正するためにマレーシア社会を再構築することを国家の目標と定めている。これを反映して，2MPの第3章では，経済部門間，都市村落間，地域間，そして民族間といった，相互に関連する複数の視点から経済的均衡に関する現状分析と対応策が論じられている。地域間の不均衡に関しては，FELDA事業であるパハン州およびジョホール州における農地開発と入植計画，クダ州やクランタン州における灌漑計画といった村落開発，農業開発に焦点が当てられている。また，クランタン州と西海岸を結ぶ東西高速道路（East-West Highway）が地域間の不均衡是正をめざすプロジェクトとして位置づけられている[1]。

　フセイン・オン第3代首相がとりまとめた第3次マレーシア計画（1976-1980）（3MP）では，地域開発に関する章（第10章）が新設され，地域開発政策の枠組みが構築されはじめている。この時点でも，「天然資源や人口の不均衡な分布を踏まえて，開発機会や潜在力のある地域への選択的移住が地域開発戦略の一要素である」ことが確認されている（Malaysia 1976, 199）。他方で，地域格差を是正するための製造業の役割も指摘されている。GDP における製造業シェアの拡大を見込んで，クランバレーに集中している製造業を低開発州へと移転させることにより，経済活動の地域的な再配分を進めようという考えである（Malaysia 1976, 211）。サバ州，サラワク州，パハン州，トレンガヌ州，クランタン州などでは，木材加工や農産物加工などの製造業の発展が期待できるとして，財政的なインセンティヴ供与，工業団地などのインフラ開発，生産地と消費地を連結する高速道路建設などが提唱されている。また，経済活動が集中していたクランバレーとのバランスをとるためにマレー半島北部，東部，南部の中小都市の開発が強化されることとなった（Higgins 1982, 160）。

　第4次マレーシア計画（1981-1985）（以下4MP）も地域開発に一章を割いているが，その政策の方向性は3MP とは異なっている。地域格差是正の手段としての移住，入植への直接的な言及がなくなり，低開発地域の人的・物理的資源を最大限活用することが強調されている。さらに，そのような地域開発が NEP の再構築目標——近代経済部門におけるブミプトラ雇用比率の向上，強力で発展性のあるブミプトラ商工業コミュニティの創出——にも貢献することが主張されている。また，4MP において初めて「地域」（region）という言葉に「おおむね同じ発展段階にあり，同様の資源や経済活動があり，ひとつの大都市圏が支配的になっているような隣接する土地」という定義が与えられた（Malaysia 1981, 99）。この定義により，マレーシアは6地域，すなわち①北部（クダ州，ペラ州，プルリス州，ペナン州），②中部（連邦直轄領，マラッカ州，ヌグリスンビラン州，スランゴール州），③東部（クランタン州，パハン州，トレンガヌ州），④南部（ジョホール州），⑤サバ州，⑥サラワク州，

に分けられる。

　鳥居（2005, 6-7）は，アブドゥル・ラザク，フセイン・オン政権期に共通する特徴として，①非金融公企業（NFPEs），州経済開発公社（SEDC）の設立などを通じて，連邦，州双方のレベルにおいて政府の役割が肥大化したこと，②1975年制定の工業調整法（ICA）などを通じて国家による市場や民間企業活動への介入が強化されたこと，③従業員積立基金（EPF）への国債引受けの義務づけ，1974年の石油開発法制定などを通じて NEP 実行に必要な開発資金を連邦政府が掌握したことなどを挙げている。このように形成されてきた国家主導型の開発行政は，マハティール政権期に大きく軌道修正されることになる。

　2．マハティール政権期：民間主導への軌道修正

　1981年7月に就任したマハティール首相は，1982年2月にルック・イースト政策，1983年2月にマレーシア株式会社構想，同年5月に民営化政策構想と，「新しい要素」（New Elements）を矢継ぎ早に打ち出し，「従来の国家主導型から民間主導型へと軌道修正を進めていった」（鳥居 2005, 9）。この軌道修正は地域開発政策にも反映されており，第5次マレーシア計画（1986-1990）（以下5MP）では3つの新機軸が打ち出されている。

　第1は，工業と都市部の開発への集中である。空間的な概念である「地域」と異なり，「州」は行政単位でもあるため，従来の地域開発戦略は州単位に立案，実施されていた。その結果，工業団地が多くの場所に建設され，財政的・人的資源が広く薄く配分されることになった。そのような状況下で，規模の経済を活かせるような大規模な投資が実行されにくくなったことが，従来の工業化戦略が機能しなかったことの一因であると指摘されている。5MP における工業化戦略は，対象とする産業を絞り込み，また，産業立地に関しては，立地優位性（economics of locations）を考慮することになった。すなわち，産業立地に対する政治的な干渉を抑制し，場所そのものの特性や

インフラ整備状況などをふまえた市場による決定を重視する方針へと転換されたことになる。

　また，地域開発政策のもう一つの柱として，各地で新しい市街地（township）開発が進められてきたが，訴求力不足により入植者の募集が困難になってきたこと，当初想定していた下流産業の発展が進まないことなどによる行き詰まりが指摘されている（Malaysia 1986, 199-200）。このような認識をふまえ，5MPでは従来の市街地開発に加えて，①村落部の入植地を近代化する村落都市化計画，②地域の成長センターである大都市を補完することを目的とした既存都市の選択的開発を進めることになった。村落部，都市部のいずれにおいても都市化，および周辺都市への機能的連結の強化が重視されるようになったといえる。

　第2の新機軸は，従来の「場所繁栄戦略」（place-prosperity strategy）を見直し，「人間繁栄戦略」（people-prosperity strategy）とのバランスを重視する方針への転換である。地域格差是正という観点からみて，「場所繁栄戦略」とは雇用機会のあるところに人々を移住させるというアプローチであり，「人間繁栄戦略」とは人々が居住するところに雇用機会を創出するというアプローチである（Malaysia 1986, 200）。その背景には，従来の地域格差削減策は場所（place）の繁栄を強調しすぎており，その結果，限られた財政的・人的資源が広く薄く配分されてしまったという認識がある。また，FELDAなどを通じた農地開発と入植，市街地開発などが一定程度進捗したことをふまえて，村落，市街地，都市などの機能を強化する段階に入ったとみることもできる。5MPでは，村落都市化を見据えて農業部門を再構築するとともに，規制緩和などを通じて都市開発への民間部門の参画を促進することなどが示されている。この新機軸が，村落部，都市部双方に新しい雇用機会を創出して，そこに住む人々の生活を改善するという「人間繁栄戦略」の中核をなしている。

　第3の新機軸は，地域間格差を縮小するための人口移動の役割である。5MPでは，当時の人口移動の多くが全国の低開発地域からクランバレーに

向かう傾向にあったと分析している。その多くは若く，教育水準や生産性も高い人々であり，本来であれば出身地域の経済発展に貢献することが期待されていた。このような認識に立ち，各地域の中核都市の開発を促進し，求人・求職情報を収集・提供して労働市場におけるマッチングを改善することなどにより，村落からの人口移動がその地域内の都市に向かうような対策が講じられることになった。

　地域開発政策に限らず，この時期のマハティール首相の開発政策は市場メカニズムを活用する民間主導型へと向かっていた。製造業の立地に関しても，政治ではなく市場が決めるという姿勢をとり，結果的にインフラなどの諸条件が恵まれていたマレー半島西海岸諸州への産業集積が始まった。1986年に成立した投資促進法においても，労働力雇用控除と立地インセンティブが廃止され，「地域的な比較優位とは両立しない直接干渉よりも規制緩和と自由化が強調」（瀬田 2002）されていた。しかし，この時期の開発政策は「1971年に始まった NEP という大きな枠組みの下で行われ」（鳥居 2005, 9）ており，国家主導型と民間主導型の開発が混在する過渡期にあったということができる[2]。

　NEP 期間が終了する1990年になると，マハティール首相はその後継となる長期計画の策定を本格化させていく。1991年2月28日に発表された文書『マレーシア：その前途』は，マハティール首相が個人として表明したマレーシアの将来構想であったが，その後，「ビジョン2020」として国家運営の基本文書と位置づけられ，その内容は1991〜2000年を対象とする第2次長期展望計画（OPP2）および国民開発政策（NDP）に取り込まれた。NDP は NEP の後継政策であると同時に，NEP の制約から一定の距離を置いて表明されたマハティール首相独自の政策となっている。もちろん，NDP がめざすのは国民統合に資するバランスのとれた経済開発であり，均衡成長を追求していくという姿勢に変化があるわけではない。NDP，あるいはその背後にある「ビジョン2020」の新しさは，「国民統合という至高の目的のためにマレー人社会の底上げを図るという NEP の思想が，2020年までの先進国入

りという大胆な目標と，目的達成のために市場メカニズムを活用した開発戦略をとるという方針によって相対化された」点にあり，より具体的には，「政府の直接的経済活動によるブミプトラ商工業進出支援や工業化促進という，1970年代以来の戦略からの転換を明確に謳った」点にある（中村 2006, 75–76）。

NDP の前半5年を対象とする第6次マレーシア計画（1991-1995）（以下 6MP）は，経済成長と公平性の最適なバランスを実現するという国家の社会経済的な目標を達成するために民間部門が果たすべき役割を指摘し，「公的部門は，経済成長のための環境改善や，適切な社会的，物理的インフラを整備することなどにより，その努力を支えていく」（Malaysia 1991, 5）と明記している。

6MP における地域開発の基本的な方向性は，経済基盤の多様化やインフラ開発を通じて，民間投資家の関心を低開発州に引き付ける，というものである（Malaysia 1991, 50）。その一方で，先進州やすでに確立された工業地域などにおいては，民間部門による工業団地開発を推奨し，政府の役割はその前提となる基礎的なインフラ整備などに限定されると明記されている（Malaysia 1991, 148）。6MP ではこのように，NDP に沿う形で政府の役割を基礎的インフラ開発などに限定する一方で，産業立地に関しては市場メカニズムが機能することが想定されている。たとえば，すでにサービス業や製造業の中心となっているクランバレーに引き続き国家経済を牽引する役割を期待する一方で，渋滞（congestion）が深刻になりつつあるとして，同地域からマラッカ州，ヌグリスンビラン州，ペラ州などへのスピル・オーバーが生じることが想定ないし期待されている。また，1989年にシンガポールのゴー・チョク・トン首相が提唱した SIJORI 成長三角形（Singapore-Johor-Riau Growth Triangle）構想も6MP に反映されており，ジョホール州はシンガポールとの近接性だけでなく，SIJORI 成長三角形全体からも好影響を受け，全国平均よりも高い経済成長が期待されている[3]。

第7次マレーシア計画（1996-2000）（7MP）でも民間主導路線が維持されて

おり，地域格差を縮小し，バランスのとれた地域開発をめざすというNDPの政策目標が継承されている。低開発州の経済構造の多様性を反映して，資源ベースの製造業，観光業，経済回廊開発などの開発構想が示されている。1996年にはマルチメディア・スーパー・コリドー構想が打ち出されるなど，政府主導の開発戦略も再び目立つようになっているが，その背景には，小国であるマレーシアが周辺国との競争に打ち勝っていくためには産業高度化が必要である，との認識があった。ここで，立地や産業の選択を市場に委ねるという姿勢から一歩踏み込んで，政府の役割が再定義されたとみることができる。

マハティール政権で最後の5カ年計画となる第8次マレーシア計画（2001-2005）（8MP）における地域開発の目的は，①低開発州の経済構造の多様化，②都市サービスの質の改善，③村落地域開発の加速，④成長三角地帯協力の促進，とされており，7MPの路線を踏襲している。ここでも，低開発州の経済構造の多様性に応じて，資源ベースの製造業，観光業，経済回廊開発などを振興するという方向性を維持している。低開発州においても，クダ州のクリム，サラワク州のクチン，サバ州のコタキナバルなどが製造業，パハン州のグブン，サラワク州のビントゥル，トレンガヌ州のクルティなどが石油化学産業に適していると明記されている。さらに8MPでは，こういった産業の裾野産業に対して，相対的に低い事業コストを活用するためにもこれら低開発州に立地することを推奨している。

3．アブドラ政権：経済回廊構想の導入

2003年10月に政権についたアブドラ・バダウィ首相にとって第9次マレーシア計画（2006-2010）（9MP）の策定は自身の政治信条を示す場となった。「ビジョン2020」を引き続き最高位の政策目標とする点においてはマハティール前首相の開発戦略を継承しており，大きな方針転換はみられない。しかし，9MPの冒頭に掲げた「国家の使命」（The National Mission）を中核とした開発

戦略の構成に着目すると，経営管理的なアプローチをより強く打ち出したものとなっており，この意味において，合理的・効率的な政策運営を強調するアブドラ首相の特徴が表れているといえよう（梅崎・中村 2007）[4]。

　NEP 以降，民族間格差の是正をめざすブミプトラ政策がマレーシアの経済政策の中核に位置づけられてきた。ムハメド（本書第 9 章）が論じているとおり，「非ブミプトラの所得は引き続きブミプトラのそれを上回っているが，格差は縮小している」。その一方で，9MP では，8MP 期の総括として，すべての州で経済成長が実現され生活水準が向上した一方で，地域間格差は拡大していることが指摘されている。2001年から2005年の8MP 期間中，所得水準の高いスランゴール州，ジョホール州，ペナン州の GDP 成長率が，それぞれ5.2％，5.1％，5.0％と全国平均の4.5％を上回ったのに対して，クランタン州，パハン州，トレンガヌ州からなる東部地域は3.5％にとどまった（Malaysia 2006, 357）。同期間中に認可された製造業投資は4807件，1324億リンギに上るが，そのうちの55.6％に相当する736億リンギはスランゴール州，ジョホール州，ペナン州，マラッカ州に集中している。もっとも少なかったプルリス州への製造業投資は8300万リンギ（全国比0.06％），クランタン州が4億7490万リンギ（同0.36％）であった。その理由として，先進諸州における高水準のインフラ，港湾や空港への近接性，すでに形成された産業集積などがさらなる投資の呼び水となっており，地域間経済格差の拡大要因となっていることが明確に指摘されている（Malaysia 2006, 359）。

　このような現状分析，社会経済的な不平等に対処するという「国家の使命」をふまえて，9MP では，①経済的機会の創出，都市・村落間格差を縮小するためのインフラ，社会的な施設やアメニティの改善などを通じて低開発州の開発を加速すること，②公共サービスの提供方法の改善を通じて村落部，都市部における生活の質を向上すること，③村落開発と地域開発を一体的に調整，実施するために，サバ州，サラワク州に新しい地域開発機構（RDAs）を設立すること，④低開発州の経済成長を高めるために，成長センターおよび州境をまたぐ成長回廊を開発すること，⑤ IMT-GT[5]，BIMP-

EAGA[6]などASEANのサブリージョナルな開発協力を通じて国境州の開発を強化することの5点を地域開発政策のおもな目標と定めている（Malaysia 2006, 363）。地域間，州間，都市・村落間の格差の是正が引き続き重要な政策課題と位置づけられている一方で，マハティール期に制定された8MPと比較するといくつかの変化がみられる。

　第1は，経済回廊構想を地域開発政策の中核に位置づけ，州境や国境などの「境界地域」に開発の焦点を当てていることである[7]。従来は各州の州都をはじめとした都市部を成長センターと位置づけた開発が推進されたが，境界地域に焦点を当てることで経済開発が空間的な広がりをもちやすくなる。また，IMT-GTやBIMP-EAGAはSIJORI成長三角形の成功を背景とした構想であり，国内の地域格差よりも大きな生産条件の相違をもちやすい国境に着目するという地域開発政策へのアプローチが定着しつつあることが示唆されている[8]。

　9MPでは，ジョージタウン，クアンタン，ジョホールバルを中核として，マレー半島北部，東部，南部に広域都市圏を設定し，地域開発の拠点とすることが定められた。とくに重点が置かれるジョホール州南部はイスカンダル開発地域に指定され，新行政都市ヌサジャヤ建設，タンジュン・プラパス港やスナイ空港を中心とした物流拠点開発などの大規模な地域開発プロジェクトが進められた。クダ州，プルリス州，ペナン州，ペラ州などの半島北部地域は，ハラルを含む食品産業のハブをめざすこととされている。サバ州，サラワク州にもそれぞれ，新しいRDAsが創設され，州内の村落地域開発を担うこととなった。結果的に，9MP期間中に，①イスカンダル開発地域，②北部回廊経済地域，③東海岸経済地域，④サラワク再生可能エネルギー回廊，⑤サバ開発回廊という5つの広域地域開発構想が形成された。マレー半島部の3つの経済回廊構想の大きな特徴は，州境を越える地理的範囲を指定し，また，シンガポール，タイなどの隣国との相互作用，相乗効果までもが明示的に想定されていることである。これに対して，サバ州，サラワク州の経済回廊構想は，両州の地理的，行政的な枠組みを与件として，その比較優位を

活かすという従来型の地域開発政策が踏襲されていると考えられる。

4．ナジブ政権期：経済回廊開発の精緻化

2009年4月に政権についたナジブ・ラザク首相は，「ひとつのマレーシア，国民優先，今こそ実行を」（One Malaysia, People First, Performance Now）という施政スローガンを掲げ，国家ビジョン政策（NVP）の後継となる新しい長期経済政策の策定に着手した。2010年2月には「政府変革計画」（Government Transformation Programme: GTP）を発表し，その実施状況を管理することを目的として，首相府内に業績評価局（PEMANDU）が設置された。2010年3月には，2011～2020年を対象とする長期経済政策である「新経済モデル」（NEM）が発表された[9]。NEM の具体的施策を盛り込んだ第10次マレーシア計画（2011-2015）（以下10MP）は同年7月に国会で承認された（Malaysia 2011）。さらに10月には，10MP の内容をより精緻化した「経済改革プログラム」（ETP）が公表され，PEMANDU のもとで進捗管理されることになった。

地域開発政策に関しては，10MP ないし ETP は，9MP において形成された5つの広域開発構想を継承し，その内容を具体化させていくものとなっている。特徴的な点は，経済回廊上で，立地優位性をもつ，限られた数の高密度の産業クラスターに焦点を当てて地域開発を推進するという点である（Malaysia 2011, 118）。産業クラスターとは，ある地域に特定の産業が集積することにより，クラスター内部での競争，規模の経済，ネットワーク効果などを通じて各企業の生産性のみならず地域全体としての対外的な競争力が高められていくという概念である。このような考え方にもとづき，10MP では，①優先産業の発展のための民間企業との協力，②明白な競争優位をもつ，限られた数の産業部門やクラスター，③民間投資の促進，関係機関間の調整，産業のエコシステムの支援，雇用機会の創出，④経済回廊開発の推進役となる中心的な投資家（anchor investors）の特定，⑤地域内の小規模な産業クラスター開発などに焦点が当てられることになった。

　2011年6月には，各開発地域の中核都市および，実施機関が指定され，PEMANDU のもとで ETP を推進する体制が整えられてきた（図10-2）。マレー半島部の3つの経済回廊の実施機関は，連邦法にもとづいて設立され，ナジブ首相が会長を務めており，理事には，連邦政府の閣僚，関連州の州首相，民間企業経営者などが含まれる。他方，サバ州，サラワク州の経済回廊の実施機関は州法により設立され，州首相が会長を務める。理事は州政府の閣僚などであり，こちらも民間企業経営者などが含まれている。

　NEM の提言にもとづいて2013年1月に導入された法定最低賃金制度は，地域開発のあり方に少なからぬ影響を及ぼしつつある。導入当初，マレー半島部で月額900リンギ，サバ州，サラワク州で800リンギであった最低賃金は，2016年7月にはそれぞれ，1000リンギ（11.1％増），920リンギ（15.0％増）へと引き上げられた。法定最低賃金の導入，引き上げは，所得下位階層40％（B40）の生活支援策の一環と位置づけられている。実際に，最低賃金の引き

図10-2　広域開発計画とその中核都市および実施機関

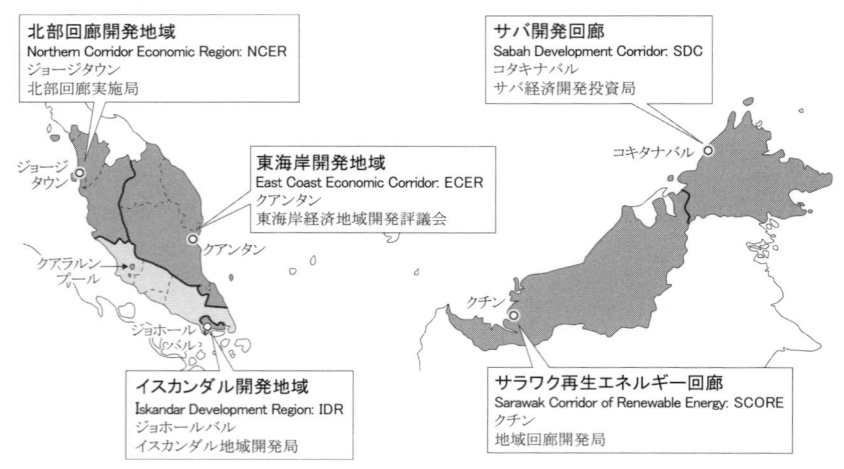

（出所）　PEMANDU, "Five Regional Cities and Economic Corridors to Propel National Transformation Agenda," Media Release, 21 June 2011. などにもとづき筆者作成。
（注）　吹き出しのなかは，上から開発計画の名称，英語名称：略称，中核都市，実施機関を表す。

上げ幅は同期間中の消費者物価指数の上昇率（8.7％）を上回っているため，最低賃金が適用される低所得層の実質賃金が政策的に引き上げられたことになる。

　マレー半島北部や東部などの低開発地域では，クランバレーを中心とした中部地域に比べると所得水準が低い。その差は，労働市場における需給条件のちがいによって説明される。低開発地域では，労働供給に対して相対的に労働需要，すなわち雇用機会が少ないということである。雇用機会を増やすためには投資が必要である。公共事業などの公的投資によって雇用機会を増やすことも可能であるが，その変化を持続可能なものとするためには，やはり民間投資を喚起することが求められる。民間企業がさまざまなインフラの整備が遅れている低開発地域にあえて投資をする場合には，それなりの理由が必要である。たとえば，天然資源や観光資源など，その地域に特有の資源を利用する場合がひとつの典型例である。多くの製造業の場合，賃金水準は投資決定における重要な決定要因のひとつである[10]。

　マレー半島部に共通の最低賃金を適用するということは，低開発地域の所得水準を引き上げる一方で，同地域への投資を減少させ，雇用機会の増加を妨げてしまう可能性もある。また，多くの製造業は現在ではグローバルな競争に晒されているため，最低賃金の引き上げが国際競争力の低下につながるという可能性もある。NEM で明らかにされているように，マレーシアは低賃金労働への依存からの脱却をめざしていることから，このようなリスクは想定の範囲内であると考えられる。ここで必要になるのは，法定最低賃金の引き上げに見合う，あるいはそれ以上の労働生産性の上昇であり，そのための人的資源開発への政策的関与が不可欠であり，これも NEM の政策目標のひとつに掲げられている。しかし，鈴木（2014）が指摘するように，不法就労も含まれる外国人労働者に対して法定最低賃金を適用しないという事例もある。そのような行為が常態化すれば，法定最低賃金導入を契機として低開発地域の所得水準と労働生産性の向上をめざすという政策目標の達成が危ぶまれることになろう。

おわりに

　本章の目的は，2003年10月のマハティール首相退任を契機として，マレーシアの地域開発政策にどのような変化が生じたのか，あるいは生じていないのかを明らかにし，その原因を究明することであった。そのためにまず，マレーシアの州間経済格差の推移を整理し，中核的な政策文書であるマレーシア計画における地域開発政策の位置づけ，ASEAN の経済統合や局地経済圏協力といった外部環境の変化などについて，検討を加えてきた。

　まず，マハティール政権期とそれ以後を比較して，大きな変化がみられない点を確認しておこう。第 1 は，地域開発政策が格差是正という所期の目的を達成できていないため，その必要性が高いままであることである。マレーシアはとくにマハティール政権期以降に比較的順調な経済成長を続けており，その結果，貧困は全国的にみてもほぼ解消されている。その一方で，一人当たり GDP，平均月収などでみる州間の経済格差は固定的であり，その背後にある産業構造についても州ごとに異なる特徴を残している。各州の内部に目を転じても，人口や経済活動の都市部への集中はいまだに顕著である。すなわち，マレーシアが独立以降継続的に取り組んできた村落開発，都市・村落間格差の是正，地域（州間）格差の是正という政策課題は依然として解消されておらず，その必要性は高いままである。これは貧困削減という，もう一つの独立以来の政策課題が達成されたこととは対照的であるといえよう。

　第 2 は，地域開発の担い手としての州政府の役割が，とくにマレー半島部においては限定的であり，連邦政府への依存度が高いままである点である。第 1 節で論じたとおり，マレーシアの財政連邦主義は連邦政府の州政府に対する優位性を担保するものとなっており，水供給に関する財源の連邦政府への移譲といった制度変更はその傾向をさらに強めている。河野（2012）が論じたような「賞罰の政治」，あるいは鷲田（2014; 2017）が明らかにした開発予算の政治的分配なども州政府の連邦政府への依存を高める要因となってき

たといえる。また，半島部における経済回廊構想の実施機関であるイスカンダル地域開発機構（IRDA），北部回廊実施機構（NCIA），東海岸経済地域開発評議会（ECERDC）が連邦法にもとづいて設立され，そのトップをナジブ首相が務めている点も，半島部諸州における連邦政府の優位性を示している。他方で，サバ州，サラワク州では状況が異なっている。両州では，独立時の経緯，それによる憲法の規程を反映して，財政的には連邦への依存度が高い一方で，政治的には高い自由度が認められている。半島部諸州とは逆に，水供給に関する財源が州政府に移譲されており，サバ州のサバ経済開発投資機構（SEDIA），サラワク州の地域回廊開発機構（RECODA）がそれぞれ州法にもとづいて設立され，そのトップを州首相が務めている。詳細な分析は本章の範囲を超えるが，これら両州に対しては，財政的，行政的な権限を委譲することによって，国政レベルでの与党連合への支持を取り付けるという政治判断が働いているものと推察される。

　他方で，マハティール政権期以降に生じた最大の変化は，マレーシアの地域開発政策に経済回廊を含む広域経済開発というアプローチが導入されたことである。経済回廊構想はアブドラ政権期の9MPで正式に導入され，ナジブ政権期の NEM，10MP，11MP でその精緻化が進められている。従来，格差是正対策の中心は，民族を軸としたブミプトラ政策，あるいは居住区域を対象とした村落開発政策であったが，その焦点が広域的な地域へと移ってきている。このような変化には，国際的に展開されている局地経済圏構想，経済回廊構想などの新しい開発戦略も影響しているものと考えられる。

　この背景には，経済統合を深化させながら製造業を中心とした工業化を実現し，高い経済成長を実現してきたアジア諸国の経済開発の経験がある。マレーシアを含むアジア新興国は，FDI を積極的に受け入れて製造業を誘致して，製品の多くを輸出するという輸出指向工業化を推進して，著しい経済成長を達成してきた。その背後では，原材料や部品，資本，技術などが国境を越えて取引される国際的な生産・流通ネットワークが構築されてきていた。2015年末の ASEAN 経済共同体（AEC）創設が象徴するような制度的な経済

統合の深化は，この地域に張り巡らされた生産・流通ネットワークのさらなる拡大，精緻化をもたらすと期待されている。そして，その過程で中心的な役割を果たすのが経済回廊構想である。経済回廊構想の根幹は，制度的，物理的なインフラを整備することによって，発展段階の異なる国や地域のあいだの連結性を高めることで，個々の国や地域が固有の競争優位を活用して発展することができるという考え方である。これは，マレーシアがこれまでに推進し，成功を収めてきた輸出指向工業化戦略と整合する考え方であり，現在マレーシアが取り組んでいる経済回廊構想を中心とした地域開発政策はその延長線上に位置づけることができる。

　アジア開発銀行（ADB）が大メコン圏（GMS）で経済回廊開発に着手して20余年が経過し，その効果や課題を示す研究や報告書も数多く発表されている[11]。しかし，第2節で詳述したとおり，マレーシアの州間経済格差はいまだに固定的なままであり，アブドラ政権以降の地域開発政策が州間格差是正に効果的であったという論拠は今のところ得られていない。地域間経済格差の是正はマレーシアに限らず，先進国を含む多くの国において重要な政策課題であり続けており，均整成長をめざすマレーシアの挑戦が終わる見通しは立っていない。

〔注〕────────────────

(1) もともとは1964年にラーマン首相が提唱したもので，1970年に着工，1982年にペラ州ゲリク（Gerik）とクランタン州ジェリ（Jeli）のあいだで開通した。

(2) フセイン・オン政権下の1980年に設立されたマレーシア重工業公社（HICOM）のもとで，1980年代前半には国策として自動車，鉄鋼，メタノールなどの生産に乗り出している（佐藤 2008）。他方，1983年3月に発表された民営化政策にもとづき，1987年には最初の民営化事業として通信局が民営化されている。

(3) SIJORI成長三角形は，域内先進国であるシンガポール，橋梁で接続され，後背地となりうるマレーシアのジョホール州，安価な労働力が利用可能なインドネシアのリアウ州の1国2地域における経済協力を推進することにより，個々がもつ比較優位を活用して相乗効果を実現することを目的とした国際協力枠組みである。1994年12月17日には，三国間の覚書により，インドネシア

＝マレーシア＝シンガポール成長三角形（IMS-GT）へと名称変更され，国際的な枠組みへと変革されている。竹川（2006）は IMS-GT の成功要因を「冷戦構造の終結，プラザ合意による世界経済の変化，変化に対応するために大胆な経済・貿易政策を実施できたシンガポール政府（強力なリーダーシップを有する政府，小さな経済規模，良好な治安）と特殊な条件が重なって出来上がったもの」と分析しており，その経験の他地域への適用には検討すべき課題が多いと指摘している。

(4)　「国家の使命」は，①経済を価値連鎖の軌道に乗せること，②知識・革新能力を向上させ「一流の精神性」を醸成すること，③建設的・生産的な方法で社会経済的な不平等に対処すること，④「生活の質」の水準および持続可能性を改善すること，および，⑤制度・政策実施能力を強化すること，の5点に集約される。9MP はこれらの目標に沿って構成されており，従来の5カ年計画と比較すると，目的と手段の整合性を強く意識したものとなっている。

(5)　インドネシア＝マレーシア＝タイ成長三角形（IMT-GT）構想は，1993年にマハティール首相が提案し，インドネシアのスハルト大統領，タイのチュアン・リークパイ首相が賛同したことにより始動した局地経済圏協力である。この枠組みには，インドネシアのスマトラ島を中心とした10州，タイ南部の14州，マレーシアからはマレー半島北部の8州（クダ州，クランタン州，マラッカ州，ヌグリスンビラン州，ペナン州，ペラ州，プルリス州，スランゴール州）が含まれる。

(6)　ブルネイ＝インドネシア＝マレーシア＝フィリピン東 ASEAN 成長地域（BIMP-EAGA）は，1992年にフィリピン政府が，ムスリム人口の多い同国南部地域への対応として，同じ文化的背景をもつ周辺地域との経済圏構想を打ち出し，1994年に始動した新しい局地経済圏構想である。この枠組みには，ブルネイは国として参加し，インドネシアからはカリマンタン島，スラウェシ島，マルク諸島，西パプアの諸州，フィリピンからはミンダナオ島およびパラワン諸島，マレーシアからはサバ州，サラワク州，およびラブアンが参加している。

(7)　経済回廊構想は，1990年代に普及しはじめた経済開発戦略のひとつであり，一般には，複数国にまたがる地域を対象として，道路，鉄道，港湾などの輸送インフラを中核に据え，物品，サービス，資金，人などの越境移動を円滑化することにより，経済活動の活性化をめざすというものである。東南アジア地域でもっとも広く認知されている大メコン圏（GMS）経済協力プログラムの経済回廊は，1998年に開催された第8回 GMS 閣僚会議において，深刻化するアジア通貨・経済危機から脱するための起爆剤としてアジア開発銀行（ADB）が提案したものである（石田 2007）。

(8)　国境地域にみられる生産条件の格差を活用した地域開発は，マレーシアに

おいては SIJORI 成長三角形が最初の試みであるが，アジア開発銀行の大メコン圏経済協力プログラムなどが実施されてきたタイとその周辺諸国では，経済回廊構想の一環として幅広く行われている。たとえば，石田編（2010），浅野・三好（2017）などを参照。

(9)　NEM は「アジア通貨危機以降の成長鈍化の原因として，民間投資の減少，低付加価値産業や低賃金労働の持続，労働生産性の停滞，イノベーションや創造性の欠如，人材不足を指摘したうえで，①規制緩和や民営化による民間セクターの再活性化，②労働の質向上と外国人労働者への依存からの脱却，③補助金削減等による競争的な国内経済の創出，④公共部門の強化，⑤透明性が高く市場友好的な優遇政策，⑥知的インフラの整備，⑦成長セクターの強化，⑧環境と財政両面で持続可能な成長，⑨所得水準下層40％の能力開発，を政策目標として定めた」（鈴木 2016, 69）。この時点では，アジア通貨危機後の成長鈍化は一時的なものでなく，構造的なものであるとみなされるようになっている。

(10)　マレー半島東部の低開発州のひとつであるクランタン州で操業する日系企業ローム・ワコー社の経験は示唆に富んでいる。同社は1988年7月にクアラルンプール近郊のシャーアラムの工場で抵抗器や半導体部品の生産を開始した。従業員数が当初の約400人から1年以内で1200人を超えるほどに急成長を遂げたが，同地域に日系企業の進出が相次いだため，従業員の引き抜きが激しくなったという。安定的に操業するためには賃金を引き上げて従業員を確保する必要があるが，それでは製品の価格競争力が失われてしまうというジレンマに直面した同社は，翌1989年にはクランタン州コタバルへの移転を決定した（吉岡洋介（ローム・ワコー名誉会長）「人生を語る」『山陽新聞』2008年10月2〜4日）。原材料を輸入し，製品を輸出する同社にとっては，国際空港から距離のあるクランタン州は立地的に不利であり，電力，水道，道路などのインフラの整備状況もシャーアラムに比べれば劣る。それでも同社がクランタン州を選択したという事実は，立地選択における労働市場の重要性を示している。

(11)　ERIA（2010），石田編（2010），ADB（2012），浦田・牛山編（2017）などを参照。

〔参考文献〕

＜日本語文献＞
浅野義人・三好克哉　2017.「タイと周辺国の国境開発の現状と課題」石田正美・梅崎創・山田康博編『タイ・プラス・ワンの企業戦略』勁草書房　216-246.

石田正美　2007.「大メコン圏経済協力と３つの経済回廊」石田正美・工藤年博編
　　　『大メコン圏経済協力：実現する３つの経済回廊』アジア経済研究所　16-
　　　33.

石田正美編　2010.『メコン地域：国境経済をみる』アジア経済研究所.

梅﨑創　2004.「ブミプトラ政策と所得分配」『アジ研ワールド・トレンド』（103）
　　　４月　8-12.

梅﨑創・中村正志　2007.「2006年のマレーシア：長期開発政策が出揃う」アジア
　　　経済研究所編『アジア動向年報』アジア経済研究所　334-364.

浦田秀次郎・牛山隆一編　2017.『躍動・陸のASEAN．南部経済回廊の潜在力：メ
　　　コン経済圏の新展開』文眞堂.

小長谷一之　1997.「マレーシアの地域格差構造と地域開発」『季刊経済研究』19
　　　（4）　３月　1-38.

熊谷聡　2007.「マレーシアは格差社会か：異例のマジョリティー優遇政策の帰結」
　　　『アジ研ワールド・トレンド』（136）　１月　24-27.

河野元子　2012.「多民族社会マレーシアの地方行政：一党優位体制下における安
　　　定した行政」船津鶴代・永井史男編『変わりゆく東南アジアの地方自治』
　　　アジア経済研究所　231-264.

佐藤創　2008.「マレーシアの鉄鋼業：段階的な輸入代替の新興とその困難をめ
　　　ぐって」佐藤創編『アジア諸国の鉄鋼業：発展と変容』アジア経済研究所
　　　297-343.

鈴木絢女　2014.「上位中所得国家マレーシアの福祉政治：『新経済モデル』下の
　　　社会保障・雇用保障改革」末廣昭編『東アジアの雇用・生活保障と新たな
　　　社会リスクへの対応』東京大学社会科学研究所　リサーチシリーズ　No.56
　　　141-166.

──── 2016.「アジア通貨危機後のマレーシア：彷徨する国家と財政赤字」『国際
　　　政治』（185）　10月　66-81.

瀬田史彦　2002.「マレーシアの地域格差是正政策と産業立地政策・産業立地動向」
　　　『地域格差是正政策とグローバル化に伴うその変容過程：日本・タイ・マ
　　　レーシアにおける比較研究』第５章　博士論文　東京大学.

竹川郁夫　2006.「BIMP-EAGA 等 ASEAN 成長地域」『東南アジア地域援助研究会
　　　報告書 各論 課題別分析資料』国際協力機構　63-73.

鳥居高　2005.「マレーシアにおける『開発』行政の展開：制度・機構を中心に」
　　　RIETI Discussion Paper Series 05-J-008　経済産業研究所.

鳥居高・竹下秀邦　1996.「マレーシア連邦憲法：解説と翻訳」『総合的地域研究の
　　　手法確立：世界と地域の共存のパラダイムを求めて』重点領域研究総合的
　　　地域研究成果報告書シリーズ　26-160.

中村正志　2006.「ポスト1990年問題をめぐる政治過程：ビジョン2020誕生の背景」

鳥居高編『マハティール政権下のマレーシア：「イスラーム先進国」をめざした22年』アジア経済研究所　69-113.

堀井健三　1993.「マレー農民の階層分化と労働力移動：FELDA の役割を中心に」梅原弘光・水野広祐編『東南アジア村落階層の変動』アジア経済研究所　165-209.

鷲田任邦　2014.「集票インセンティヴ契約としての資源配分政治：マレーシアの開発予算・閣僚ポスト配分」『レヴァイアサン』（55）　10月　118-144.

―――2017.「権威主義体制における一票の格差と財政配分：マレーシアを事例に」『公共選択』（67）　2月　122-139.

<英語文献>

ADB (Asian Development Bank). 2012. *Greater Mekong Subregion: Twenty Years of Partnership*. Manila: ADB.

ASEAN. 2010. *Master Plan on ASEAN Connectivity*. Jakarta: ASEAN Secretariat.

Cho, George. 1990. *The Malaysian Economy: Spatial Perspectives*. New York: Routledge.

ERIA. 2010. *The Comprehensive Asia Development Plan*. Jakarta: ERIA.

Higgins, Benjamin. 1982. "Development Planning." In *The Political Economy of Malaysia*, edited by Fisk, E.K. and Osman-Rani, H. Kuala Lumpur: Oxford University Press, 148-183.

Jomo, Kwame Sundaram and Wee Chong Hui. 2014. *Malaysia@50: Economic Development, Distribution, Disparities*. Petaling Jaya: Strategic Information and Research Development Centre.

Malaysia. 1965. First Malaysia Plan 1966-1970. Kuala Lumpur: Government Press.

――― 1971. Second Malaysia Plan 1971-1975. Kuala Lumpur: Government Press.

――― 1976. Third Malaysia Plan 1976-1980. Kuala Lumpur: Government Press.

――― 1981. Fourth Malaysia Plan 1981-1985. Kuala Lumpur: National Printing Department.

――― 1986. Fifth Malaysia Plan 1986-1990. Kuala Lumpur: National Printing Department.

――― 1991. Sixth Malaysia Plan 1991-1995. Kuala Lumpur: Percetakan Nasional Malaysia Berhad (PNMB).

――― 1996. Seventh Malaysia Plan 1996-2000. Kuala Lumpur: PNMB.

――― 2001. Eighth Malaysia Plan 2001-2005. Kuala Lumpur: PNMB.

――― 2006. Ninth Malaysia Plan 2006-2010. Kuala Lumpur: PNMB.

――― 2011. Tenth Malaysia Plan 2011-2015. Kuala Lumpur: PNMB.

――― 2015. Eleventh Malaysia Plan 2016-2020. Kuala Lumpur: PNMB.

マレーシアの現在地

——政治発展と経済発展の不均衡——

中 村 正 志

改革から反動へ転じた政治

かつてマハティール元首相が先進国入りの期限目標とした2020年まで，あと2年あまりとなった。マレーシアはいま，どのような地点にいるのか。ポスト・マハティール時代の政治経済の現状とその背景を，各章の考察に依拠してまとめておきたい。

開発独裁といわれたマハティール政権が2003年に終わり，ミスター・クリーンと評されたアブドラが第5代首相に就任したとき，政治面で期待されたのは民主化であり，汚職防止などガバナンスの改善であった。中国系，インド系の市民のなかには，ブミプトラ優遇策の見直しへの期待もあっただろう。UMNO が苦戦した1999年の総選挙で，与党連合の BN を支えたのはかれらだったからだ。首相就任当初のアブドラは，こうした期待に応えようとする姿勢をみせた。汚職根絶を目標とする国家健全化計画を立案したほか，開かれた政治を標榜して議会とメディアの活性化を促し，警察改革，司法改革にも着手した。さらには，UMNO が「レント・シーキング中毒」に陥り，事業を横流しして儲ける「仲介人文化」がはびこっていると認めて，ブミプトラ企業に政府からの自立を求めた（第1章・第4章）。

だが，現状はどうか。マハティール退陣から14年が経過したいま，民主化

やグッドガバナンス，ニーズにもとづく再分配などへの期待は裏切られたと評価せざるをえない。政府は一時，政治の自由化に向けた法制度改革に着手したものの，いまでは社会統制のための法律を温存ないし復活させる方向に転じている。ブミプトラ政策についても，一時はナジブ副首相（当時）が民族別割当制を段階的に撤廃するとまで述べたにもかかわらず，のちに再強化へと転じている。

　政府はなぜ改革に挫折し，反動へと向かったのか。本書第Ⅰ部の考察を総合すると，つぎのようにいえそうだ。「グッドガバナンスや能力主義といった普遍的な価値観にもとづく改革に関してマレー人と華人のあいだに意識のズレがあり，それが選挙と政党政治，党内政治を通じて増幅された結果，政府・与党の幹部を民族と宗教を通じた動員と権威主義的統治手法の回復へと向かわせた」のだと。

　第3章の分析によれば，2008年総選挙前の時点ではマレー人か華人かを問わず，民主主義体制を志向する人はBNを支持しない傾向にあった。くわえて，マレー人については汚職や選挙の運営，メディアの公平性に不満をもつ人ほど野党を支持し，華人の場合は分配に関する政府の役割に不満をもつ人が野党を支持する傾向にあった。社会にこうした傾向が生じたなかで，2008年総選挙ではとくに華人の与党離れが顕著に表れた。この投票行動の変化は，5年前の選挙区割り変更の影響を受けて野党に大幅な議席増をもたらす。1999年総選挙でのマレー人の与党離れを受けて実施された2003年の区割り変更によって，華人票の動きが議席の増減に強い影響を及ぼすようになっていたからだ。この区割り変更は2004年総選挙ではBNの完勝をもたらしたが，2008年総選挙では逆に野党の躍進を促した。

　2008年総選挙の後も，民族にかかわらず民主主義を志向する人はBNを支持しない傾向が続いた。都市部においては，それが社会運動として目にみえるかたちで表出された。数万の市民が民族の垣根を越えて，BNに有利な選挙制度の改革を求めるデモに参加したのである。従来は政府がデモを厳しく統制していたため，それでもなお実施されるデモは民族色，宗教色の強いも

のが多かった。対して，選挙改革を求めるブルシ2.0は市民社会組織であり，参加者が「マレーシア人」としての意識を共有するための機会としてデモを提起し，連帯を促すフレーミングを通じて市民を動員した（第5章）。

こうした動きを受けて，2009年4月に発足したナジブ政権は政治の自由化に向けた法制度改革に乗り出す。同時に，民族の枠にとらわれずに低所得層をターゲットとする新たな再分配政策をつぎつぎに導入した。とりわけ多くの国民の生活に影響を与えたのが，ワン・マレーシア国民支援（BR1M）と名づけられた現金給付プログラム（2012年開始）と最低賃金法の施行（2013年）である。2009年を境にジニ係数は低下しはじめており，これらの政策が要因のひとつだと考えられる。

ただし，政府の再分配政策に対する評価は民族によってちがった。2013年選挙の前には，再分配政策を支持するマレー人が与党を支持する傾向が顕著になっていたのに対し，華人のあいだではそのような傾向は表れなかった（第3章）。2013年選挙ではマレー人の比率が高い選挙区ほどBNの得票率が高まる傾向がさらに強まる。マレー人と華人のあいだの再分配政策に対する評価のずれと投票行動の差異は，マレー人の多い農村部が過大代表された選挙制度によって増幅され，2013年選挙では与党側でUMNOの議席が増える一方，野党側では華人が主力のDAPの議席が増えた。

その結果，2008年選挙を経て誕生した，民族の垣根を越えた政党連合が2つ並び立つ二大政党連合制に質的な変化が生じた（第2章）。与党側では華人政党のMCAとグラカンが壊滅的な敗北を喫し，BN議員のうち9割近くをブミプトラが占めた。選挙での敗北を受けて両党が内閣への参加を拒んだため，BN政権は一時，ブミプトラ内閣の様相を呈する。対して野党側では，DAPが野党連合PR内の最大党派となる一方，PASは議席を減らし，非ブミプトラがPR議員の過半数を占めた。

2013年選挙の4カ月後，ナジブ政権は「ブミプトラ経済活性化アジェンダ」を掲げてブミプトラ政策の再強化へと舵を切る（第1章）。BN政権にとってマレー人票の維持が死活的な重要性をもち，かつ，マレー人の与党支

持をつなぎ止めるうえで再分配政策が有効だという状況にあっては，必然的な政策転換だったといえよう。同時期に野党側ではPASがクランタン州でのハッド刑施行に向けた法整備に乗り出す。イスラーム主義政党のPASはPRにおいて宗教政策の面で大きな妥協を強いられたが，それは党勢拡大にはつながらなかった。この結果を受けて，PASのウラマー幹部が元来の政策を追求する方針に転じたのである。

　マレー・ナショナリズムに回帰したUMNOと，再びイスラーム主義を前面に打ち出したPASは，与野党の垣根を越えて接近しはじめる。ハッド刑の施行をめざすPASの動きを，連邦政府とUMNOがサポートした（第2章）。ハッド刑実施のための法整備に突き進むPASはDAPとの対立を深め，2015年6月にPRは瓦解する。その後PASの進歩派が新党アマナを結成し，DAP，PKRとともに希望連盟（PH）を立ち上げるが，野党連合の内部ではDAPのプレゼンスがますます高まった。PHの下院議員の3分の2近くが非ブミプトラである。

　UMNOがPAS主導のイスラーム法整備に協力した動機は，野党連合の分断であったにちがいない。PASがハッド刑施行のための準備に突き進めば，PRが瓦解するのは目にみえていた。PAS側の動機は，ウラマーが党の政策決定の主導権を回復することにあったのだろう。PASのハディ・アワン総裁は，今後は政権奪取をめざすのではなく，政府のアドバイザーとして政策に影響を与えていくと述べている。

　UMNOとPASが接近し，両党がDAPとの対立を深めるなかで，一般のマレー人がDAPに対して抱くイメージが悪化している。2015年11月にスランゴール州住民を対象に実施されたある世論調査では，「DAPは華人の利益のためだけに戦う人種政党である」という意見に対し，マレー人回答者（1716人）のうち72％が同意すると答えた。「DAPは反マレー，反イスラーム政党である」という意見についても，マレー人の64％が同意している（*The Malaysian Insider*, January 7, 2016）。この調査は，DAPも与党として参加するスランゴール州政府の影響下にある研究所（Institut Darul Ehsan）が実施し

たものであり，結果が意図的に歪められているとは考えがたい。こうして再び民族問題が与野党間の主要な対立軸として認識されるようになったことは，選挙で BN に有利に働くと考えられる（第3章）。

　政治の「再民族化」の動きは，民族の垣根を越える連帯によって興隆した社会運動にも影を落としはじめた。2015年7月，ナジブ首相の個人口座に7億ドル近い現金が振り込まれていたことが発覚すると，翌月の独立記念日（8月31日）前の週末に，ブルシ2.0がナジブ首相の退陣を求めて2日間にわたりデモを実施した（第5章）。このデモには10万人が参加したともいわれるが，過去のブルシ・デモに比べてマレー人の参加者の割合が目立って低かった。デモの2カ月あまり前に PR が瓦解し，PAS がブルシとも距離をおいたことがその原因である。さらに，9月16日のマレーシア結成記念日には，揃いの赤シャツを着たマレー人の集団がブルシに対抗するデモをクアラルンプールの中心部で実施した。UMNO の地方幹部らが組織したこのデモ隊は，チャイナタウンに押し入ろうとして警官隊と衝突している。

　2013年選挙後には，権威主義への揺り戻しも生じた。ナジブ首相は2012年に扇動法を廃止する方針を表明していたが，同法の維持を求める UMNO からの声に押されて2014年にその存続を決断し，さらに翌年には扇動罪の対象を拡大する内容の法改正を実施した。UMNO から扇動法存続を望む声があがったのは，マレー人の「特別の地位」や国教としてのイスラームが脅かされる可能性への懸念が党内で広く共有されたためである（第4章）。この時期，ナジブ首相は自らのイニシアティブで設立した国営投資会社ワン・マレーシア開発公社（1MDB）の経営不振をめぐってマハティール元首相らの批難を浴びており，選挙前に発表した公約より党内の要求を優先せざるをえなかった。ブミプトラ政策や宗教政策の先行きに対する不安の声が，UMNO の党内権力闘争というフィルターを通じて増幅され，強い影響力をもつに至ったのである。

　ポスト・マハティール期の政治は，改革の試みと挫折を経て，いまでは民族・宗教を通じた動員と権威主義的社会統制に回帰しつつある。2008年総選

挙を契機とする二大政党連合制の誕生は，抜本的な政治改革，すなわち政権
交代のある民主主義には至らなかった。PR の結成は，マレーシア政治史上
の画期的事件として特別視するよりも，1990年選挙時の APU・人民の力や
1999年選挙時の代替戦線の類似例として，マハティール時代から続く野党の
協調と対立のサイクルの３度目の波ととらえるのが適切なのかもしれない。
これまでも，野党が民族的・宗教的志向性より民主主義やガバナンスを重視
するときには野党連携が成立して選挙で善戦し，その後エスニックな争点を
めぐって野党どうしが再び対立するということを繰り返してきた。もちろん，
今回はまだ PH が存続していることや，PR がその前の２事例よりも大規模
化するのを促進した社会的条件，すなわち市民的連帯にもとづく社会運動や
インターネットを利用した対抗言説空間が維持されていることは無視できな
い。だが少なくとも現時点では，民主主義やグッドガバナンスという近代社
会の普遍的な価値の実現に向かうモメンタムは失われつつあり，再びエスノ
ナショナリズムや宗教にもとづく内向きの論理を主軸として政治が回り始め
たとみるのが妥当であろう。

多様化する経済活動

　一方経済面では，マハティールが退任した2003年時点での最重要課題は，
さらなる成長に向けた戦略の見直しであった。通貨危機への対応策が完了し
つつあったこの頃は，2020年までに先進国並みの所得水準＝一人当たり国民
所得１万5000ドルを実現するという目標に向けた仕切り直しの時期にあたる。
成長軌道への復帰とともに，格差の改善も重要課題であった。アジア通貨危
機で主要なブミプトラ企業が経営危機に陥ったことから，再分配政策の抜本
的な見直しが必要なことは明らかだった。マハティール政権期を通じて民族
間の格差は縮小したが，社会全体の所得格差は依然として大きかった。
　ポスト・マハティール期の経済成長の軌跡を振り返ると，平均で約５％の
実質 GDP 成長率を記録している。マレーシアは「中所得国の罠」にはまっ

た国，すなわち価格競争力では発展途上国に負け，技術力では先進国に及ばず停滞している経済の例とされるが，この成長率はそれほど低くない。一人当たり国民所得は2012年に1万ドルを超えた。2014年中頃からのリンギ安のため2020年に1万5000ドルという目標を達成するのは困難だが，世界銀行による高所得国の定義（1万2476ドル［2016年］）にはかなり近づいている。

　安定した経済成長を支えたのは，この時期になって再び伸びた一次産品と関連製品の輸出であり，需要面では内需の拡大である。マハティール時代には，製造業品，とりわけ電子・電機製品の輸出が経済の主軸であり，輸出依存度（輸出額/GDP）は1999年には121.3％にまで達した。輸出指向工業化の成功によって高度成長を実現した一方で，世界経済の変動に著しく左右されるというリスクも負っていた。ポスト・マハティール期には，石油・ガスやパームオイルなどの輸出の伸びと資源利用型産業の成長，ならびに民間消費の拡大によって，極端な輸出依存，製造業依存から脱却した（第6章）。

　ただし，他国と比較すればマレーシアは依然として小国開放経済の特性が強い。2015年の輸出依存度は71.0％であり，ピーク時に比べれば大幅に低下したが，この数値は韓国（55.6％）や台湾（64.5％）よりも高く，タイ（69.0％）と同水準である。外国市場とのつながりはいまでもきわめて重要である。

　小国開放経済という特性は，ポスト・マハティール期に入って地場企業の海外進出を促し始めた。マレーシアから他国に向かう海外直接投資は2000年代後半に急速に拡大しており，流出額が流入額を上回るに至った。多国籍企業化したマレーシア企業を象徴する事例が格安航空会社のエアアジアである。内需が拡大しているとはいえ，人口3000万人あまりの国内の市場には限界がある。そのことが，進出先の投資環境の整備などのプル要因と相まって，マレーシア企業の海外展開を促している（第8章）。

　ポスト・マハティール期のマレーシアが堅実な成長を続けていくためには，マハティール時代のような過度な電子・電機製品輸出依存から脱却し，成長基盤を多角化する必要があった。一次産品市況の改善や地域経済統合の進展などの国際環境の変化に経済主体がうまく適応した結果，この課題はある程

度達成されたといえる。

　ただし，外国人労働者への依存というマハティール政権期から続く問題は改善しておらず，むしろますます深刻化している。低賃金で働く外国人労働者の存在はポスト・マハティール期の経済成長に寄与してきたが，その一方で企業から生産性改善のために設備投資や能力開発を行う意欲を奪っており，長期的には悪影響が懸念される（第6章）。

　マハティール退任時のもうひとつの重要課題は格差の是正であった。1971年の新経済政策開始以降，マレーシアの再分配政策は民族間格差の是正に重点をおいてきた。いわゆるブミプトラ政策である。長年この政策を続けてきたが社会全体の所得格差は依然として大きく，首相交代前年（2002年）のジニ係数は0.46を超えていた。

　首相交代直後の時期は，ブミプトラ企業家支援策の見直しが急務であった。マハティール時代の民営化によって生み出された大手ブミプトラ企業がアジア通貨危機で破綻したためである。そこでなされたのが，「ブミプトラ企業家育成から政府関連企業（GLC）重視へ」の方針転換だった。民営化で事業を完全に委ねる手法から，国有企業を外国企業などで経験を積んだブミプトラの専門経営者に経営させ，パフォーマンスを監視する手法に変えたのである。第7章が示したように，経営効率の改善という観点からみてこの手法は理論的にもベターな手法であり，GLCの主要20社は海外展開などを通じて利益をあげてきた。

　ブミプトラ政策の軌道修正がなされただけでなく，ポスト・マハティール期にはマハティール時代の成長最優先から分配の重視へと開発政策の転換が図られた。アブドラ政権はマハティール政権下で等閑視された地域開発を改めて重視し，5つの経済回廊構想を立てた。現時点ではいまだ州間格差や都市・農村格差の是正は進んでいないが，2015年のASEAN経済共同体創設にあわせて加盟国間の局地経済圏協力が再び注目されはじめており，国境を越える連携の強化が地方経済の活性化につながる可能性を秘めている（第10章）。

　ナジブ政権は前政権よりもさらに積極的に格差是正策に取り組んだ。ナジ

ブは首相就任の翌年に下位40％の家計の所得改善を再分配政策の柱に据え，前述したように BR1M や最低賃金法を導入した。

　月額ベースの世帯間所得格差の推移をみると，2009年からジニ係数が減少しはじめている。ところが政府統計には表れない資産格差に着目すると，第9章がその実態を明らかにしたように格差は依然として非常に大きく，改善の兆しもない。所得格差が若干改善したとはいえ，現状では貧富の格差が縮小したとはいいがたい。

　ポスト開発主義の政治経済学に向けて

　このようにポスト・マハティール期のマレーシアは，経済的には高所得国の仲間入りに近づいたが，政治的には改革が頓挫し，民族・宗教にもとづく動員と権威主義的社会統制に回帰しつつある。最後にこうした政治と経済との関係性について，ここまでの考察をもとに何がいえるかを簡潔に示しておきたい。

　ポスト・マハティール期の政治経済体制は，開発主義，開発体制という概念でかなりの程度把握できたマハティール時代のそれとは大きく変わった。変化の根底にあるのは政治権力の多元化である。新任首相は，マハティール政権末期から台頭した在野勢力との競合のなかで有権者の支持を調達し，同時に党内の支持を固める必要があった。そうした環境のもとでアブドラ政権は地域開発の推進に注力し，ナジブ政権は野党のアジェンダを先取りするかたちで民族にかかわらず低所得層を支援する再分配政策を開始した。マハティール時代の成長最優先の開発政策から分配重視への転換の背景には，再分配政策の組み換えを通じて権力基盤を固めようという新任首相の意図があったはずだ。

　同時にこの方針転換は，極端な外需依存を脱却して成長基盤を多角化するという経済的な要請にも合致していた。「成長から分配へ」の政策変更は，「輸出から内需へ」という経済構造の転換と並行して進み，マハティール時

代には及ばないものの堅実な成長に結び付いた。

　しかし，2013年総選挙を経て反動に向かった政治は経済に悪影響を与えはじめている。前述のとおり，政治要因により第2次ナジブ内閣はブミプトラ政策の強化に回帰した。再分配政策はUMNOの支持調達の道具としての性質が強まっている。そうなると懸念されるのが財政である。2013年総選挙後にナジブ政権は一般消費税である物品サービス税（GST）の導入とガソリン・軽油補助金の廃止を断行しており，財政赤字は即座に心配されるほどの問題ではない。だが，2020年に財政赤字ゼロという長期目標の達成は困難になっている。

　さらに近年は，国営投資会社1MDBにかかわるスキャンダルが発覚し，ナジブ首相が批判者をパージしたことも含めてガバナンス上の問題が露呈した。政府の信用低下は，2016年になってアジア通貨危機以来の水準となったリンギ安の一因になっている。

　政治権力の多元化，具体的には野党の台頭と与党内での競争の激化により，ポスト・マハティール期の首相がその座を守るためにとるべき政策はときどきの政局に強く左右されるようになった。総選挙に向けて多民族社会の有権者に広くアピールするための政策と，マレー人政党であるUMNO内部での支持固めに必要な政策はおのずと異なる。目先の政治的競争を乗り切るための政策を場当たり的にとり続けているために，しばしば政策が大きくぶれることになる。その影響は経済政策にも及んでいる。当面は，内向きに転じた政治の力学に経済政策も引きずられることになろう。

　変化の激しいポスト・マハティール時代の政治経済は，これからどうなっていくのか。それを考えるうえで重要なのが，本書で扱うことのできなかった対外関係，とりわけ中国との関係である。2000年代半ば以降，中国とのあいだの経済活動が急速に拡大しており，近年はインフラ開発や不動産開発の出資者として中国企業のプレゼンスが非常に高まっている。

　その影響は政治にも及んでいる。華人系与党のMCAは，中国企業に対する投資誘致活動をさかんに行っており，これが党活動のひとつの柱になりつ

つある。華人政党は，数のうえでは政府・与党内での存在感が著しく低下したが，地方政府を含む中国当局や中国企業との仲介役という重要な役割を新たに得た。これが市民にも好感されており，最近は中国政府・企業とのパイプ役を果たしていることを党幹部がさかんにアピールしている。つまり中国の経済的影響力の高まりには，華人のプレゼンスが著しく減退したBN政府がマレー・ナショナリズムに傾いていくのを抑制するという政治的効果もあるのである。

　その一方で，中国は経営難に陥った1MDBの救済に手を貸すなど，権威主義統治手法に頼るようになったナジブ政権の後ろ盾になりつつある。アジアの地域覇権国としての中国の影響力の高まりは，マレーシアにおける経済発展と政治発展の不均衡を固定化する方向に作用している。

　本書が扱うことのできなかった課題は，対外関係のほかにもある。なかでも重要なのは，政治面では連邦政府と州政府の関係性の変化である。州の立憲君主であるスルタンが自らの意思で政治的な行動をとりはじめたり，サバ，サラワクでは分離独立を求める運動が生じたりしており，BNの支配体制が緩むなかで国家の基本的なあり方にまで変化の兆候が出てきている。経済面では，産業分野ごとの動きなどは本書にほとんど盛り込むことができなかった。

　紙幅に限りがあるなかで，今回は政治と経済のそれぞれについてポスト・マハティール期に生じた変化を把握し，この時代の特徴を大づかみにとらえることをおもな目的とした。今後の重要課題は，対外関係も視野に収めて政治と経済の関係性に関する考察を深め，近隣諸国との比較研究もあわせて行って，ポスト開発主義の政治経済体制の特性を把握することだと考えている。

〔人名索引〕

【ア行】

アザリナ・オスマン（Azalina Othman）
68, 70
アジザン・アブドゥル・ラザク（Azizan
Abdul Razak）54
アズミ・シャーロム（Azmi Sharom）
161
アデナン・サテム（Adenan Satem）69
アブドゥル・カディル・ジャシン
（Abdul Kadir Jasin）159
アブドゥル・ガニ・パタイル（Abdul
Gani Patail）67, 79
アブドゥル・カリド・イブラヒム
（Abdul Khalid Ibrahim）54, 79
アブドゥル・ハディ・アワン（Abdul
Hadi Awang）60-66, 68-71, 78, 81,
382
アブドゥル・ラーマン・ダーラン
（Abdul Rahman Dahlan）250
アブドゥル・ラザク・フセイン（Abdul
Razak Hussein）27, 34, 240, 360, 362
アブドラ・アフマド・バダウィ（Abdul-
lah Ahmad Badawi）6, 16, 22-28, 34,
76, 77, 96, 140, 143, 146, 147, 166,
217, 310, 311, 349, 366, 367, 379
アフマド・アワン（Ahmad Awang）63
アフマド・ザヒド・ハミディ（Ahmad
Zahid Hamidi）68, 69, 164, 165, 167,
169, 170, 244
アフマド・バダウィ・アブドラ・ファヒ
ム（Ahmad Badawi Abdullah Fahim）
22
アフマド・ヤコブ（Ahmad Yacob）61,
62
アンビガ・スリーネヴァサン（Ambiga
Sreenevasan）182-184, 186, 198,
201, 202, 217
アンワル・イブラヒム（Anwar Ibrahim）
4, 17, 20-22, 27, 37, 39, 45, 47, 73, 77,
109, 127, 139, 140, 142, 143, 150, 156,
160, 176-178, 186, 187, 189, 192, 216,
217, 240, 274, 275
イドリス・ジャラ（Idris Jala）229
イブラヒム・アリ（Ibrahim Ali）127,
164
ウンク・アジズ（Ungku Abdul Aziz）
269
エリック・チア（Eric Chia Eng Hock）
23, 25
オン・キアミン（Ong Kian Ming）193

【カ行・サ行・タ行】

カイリー・ジャマルディン（Khairy
Jamaluddin）201
カシタ・ガダム（Kasitah Gaddam）22,
23, 25
サマッド・サイド（A. Samad Said）182,
183, 217
シェイク・アブドラ・ファヒム（Syeikh
Abdullah Fahim）22
シャハリザット・アブドゥル・ジャリル
（Shaharizat Abdul Jalil）158, 168
シャフィ・アブダル（Mohd Shafie
Apdal）70, 80, 158, 160
シャムスル・アズハル・アバス
（Shamsul Azhar Abbas）247
スハイラ・ノア（Suhaila Noah）34
ゼティ・アジズ（Zeti Aziz）247
ダイム・ザイヌディン（Daim Zainud-
din）240, 274
タキユディン・ハッサン（Takiyuddin
Hassan）69
タジュディン・ラムリ（Tajudin Ramli）
274
チェ・カリブ（Che Khalib Mohamad
Noh）289
チュア・ティアンチャン（Chua Tian
Chang）157, 177, 216
チュア・ティーヨン（Chua Tee Yong）
253

〔事項索引〕

執筆者一覧（＊編者）

第 I 部　政治篇

＊中村　正志（なかむら・まさし）［序章，第 1 章，第 2 章，終章］
アジア経済研究所 地域研究センター・東南アジア I 研究グループ長。『パワーシェアリング——多民族国家マレーシアの経験』東京大学出版会（2015年），『東南アジアの比較政治学』（編著）アジア経済研究所（2012年）。

鷲田　任邦（わしだ・ひでくに）［第 3 章］
東洋大学 法学部准教授。「権威主義的政党支配下におけるゲリマンダリング：GIS を用いたマレーシアの事例分析」『日本比較政治学会年報19号：競争的権威主義の安定性と不安定性』ミネルヴァ書房（2017年），「集票インセンティヴ契約としての資源配分政治：マレーシアの開発予算・閣僚ポスト配分」『レヴァイアサン』55号（2014年）。

鈴木　絢女（すずき・あやめ）［第 4 章］
同志社大学 法学部准教授。「自由の守護者か，権力の擁護者か：マレーシアにおける政治的自由と裁判所」玉田芳史編『政治の司法化と民主化』晃洋書房（2017年），『〈民主政治〉の自由と秩序：マレーシア政治体制論の再構築』京都大学学術出版会（2010年）。

伊賀　司（いが・つかさ）［第 5 章］
日本学術振興会 特別研究員 / 京都大学 東南アジア地域研究研究所 研究員。「マレーシアにおけるメディア統制と与党 UMNO の起源——脱植民期のマレー語ジャーナリズムと政治権力」『東南アジア研究』55巻 1 号（2017年），「マレーシアにおける華語紙をめぐる政治——MCA による『南洋商報』買収事件に注目して」『アジア・アフリカ地域研究』第10-1号（2010年）。

第 II 部 　経済篇

***熊谷 　聡**（くまがい・さとる）［第 6 章，第 7 章，第 9 章訳］
アジア経済研究所 開発研究センター・経済地理研究グループ長。『経済地理シ
ミュレーションモデル――理論と応用』（共編著）アジア経済研究所（2016年），
「貿易コスト」黒岩郁雄編著『東アジア統合の経済学』日本評論社（2014年）。

川端 　隆史（かわばた・たかし）［第 8 章］
株式会社ユーザベース チーフ・アジア・エコノミスト／株式会社ニューズピッ
クス編集部記者。「グローバル・ハラール・マーケットへの挑戦」床呂郁哉・西
井凉子・福島康博編『東南アジアのイスラーム』東京外国語大学出版（2012年），
「ウラマー指導体制下での汎マレーシア・イスラーム党（PAS）」鳥居高編『マハ
ティール政権下のマレーシア』アジア経済研究所（2006年）。

ムハメド・アブドゥル・カリド［第 9 章］（訳：熊谷 聡）
マレーシア科学大学政策研究・国際研究センター（CenPRIS）名誉リサーチフェ
ロー。*Colours of Inequality: Ethnicity, Class, Income and Wealth in Malaysia*, MPH
Group Publishing（2014）。

梅﨑 　創（うめざき・そう）［第10章］
アジア経済研究所 開発研究センター・経済統合研究グループ長。『タイ・プラ
ス・ワンの企業戦略』（共編著）勁草書房（2017年），「ASEAN 経済共同体の到達
点と展望」鈴木早苗編『ASEAN 共同体――政治安全保障・経済・社会文化――』
第 3 章，アジア経済研究所（2016年）。

― 執筆順 ―

ポスト・マハティール時代のマレーシア
——政治と経済はどう変わったか—— 研究双書No.634

2018年3月22日発行　　　　　　定価［本体6400円＋税］

編　者　　中村正志・熊谷　聡

発行所　　アジア経済研究所
　　　　　独立行政法人日本貿易振興機構
　　　　　〒261-8545　千葉県千葉市美浜区若葉3丁目2番2
　　　研究支援部　　電話　043-299-9735
　　　　　　　　　　FAX　043-299-9736
　　　　　　　　　　E-mail syuppan@ide.go.jp
　　　　　　　　　　http://www.ide.go.jp
印刷所　　日本ハイコム株式会社

「研究双書」シリーズ

（表示価格は本体価格です）